Ekbert Hering
Stephan Sienz

AutoCAD 12 für Windows

Vieweg Software-Trainer Microsoft Access
von Dagmar Sieberichs und Hans-Joachim Krüger

Telekommunikation mit dem PC
von Albrecht Darimont

Quattro Pro für Windows
von Bernd Kretschmer und Uwe Grigoleit

AutoCAD 12 für Windows
von Ekbert Hering und Stephan Sienz

DTP-Praxis mit PageMaker 5
von Wolfgang Müller

Das Vieweg Buch zu FoxPro für Windows
von Dieter Staas

Management-Support mit Lotus Improv
von Bernd Kretschmer und Uwe Grigoleit

Multimedia PC
von Arnim Müller

Ekbert Hering
Stephan Sienz

AutoCAD 12 für Windows

Die umfassende Einführung für
Studenten und Konstrukteure

Alle Rechte vorbehalten
© Springer Fachmedien Wiesbaden 1993
Ursprünglich erschienen bei Friedr. Vieweg & Sohn Verlagsgesellschaft 1993.
Softcover reprint of the hardcover 1st edition 1993
Der Verlag Vieweg ist ein Unternehmen der Verlagsgruppe Bertelsmann International.

Gedruckt auf säurefreiem Papier
ISBN 978-3-528-05369-7   ISBN 978-3-663-06847-1 (eBook)
DOI 10.1007/978-3-663-06847-1

Inhaltsübersicht

Inhaltsverzeichnis

Vorwort

CAD-Systeme sind bereits seit geraumer Zeit auf dem Markt. Sie waren in der Anschaffung jedoch sehr teuer und nur mit großen EDV-Anlagen einsetzbar. Mit AutoCAD ist ein preiswertes CAD-System auf dem Markt, das auf PC's lauffähig ist und damit auch in Klein- und Mittelbetrieben wirtschaftlich eingesetzt werden kann. Grafiksoftware erfordert große Speicherkapazitäten und eine schnelle und genaue Verarbeitung. Die neueste Version 12, erstmalig unter WINDOWS, läuft deshalb nur mit einem 386DX Prozessor oder höher. Selbstverständlich ist es möglich, eine volle 3D-Grafik zu erstellen, mehrere Ansichtsfenster aufzubauen und benutzerspezifische Koordinatensysteme festzulegen. Die Version 12 bietet darüber hinaus die Möglichkeit, ein *3D-Volumenmodell* zu erzeugen, zu analysieren und bestimmte Berechnungen durchzuführen (z. B. Trägheitsmomente zu berechnen). Dies wird im Zusatzpaket AME (Advanced Modeling Extension) vorgenommen, zu dem ebenfalls ein deutsches Handbuch mitgeliefert wird. Um weitere, externe Anwendungen laden zu können (z.B. die Untersuchung nach der Methode der finiten Elemente: FEM), dient die Programmierschnittstelle API (Application Programming Interface). Spezielle Programme in AutoLISP und C können über die Entwicklungsumgebung ADS (AutoCAD Development System) benutzt werden. Des weiteren können SQL-Programme über die neu entwickelte ASE-Schnittstelle (Advanced SQL Extension) eingebunden werden. Mit diesen geschilderten Möglichkeiten ausgestattet, bietet AutoCAD in der Version 12 ein leistungsstarkes, professionell anwendbares CAD-Programm, das zu den weltweit am häufigsten angewendeten Programmen gehört.

Es ist das Anliegen dieses Buches, eine systematische Einführung in das Konstruieren mit AutoCAD zu geben. Es lag uns am Herzen, das Software-Paket in seinen Strukturen deutlich zu machen und an Konstruktionsbeispielen seine Leistungsfähigkeit vor Augen zu führen. Damit wenden wir uns in diesem Buch an die Konstrukteure in der Praxis, die sich häufig im Selbststudium diese Kenntnisse aneignen müssen. Weiterhin kann dieses Buch als Schulungsgrundlage eingesetzt werden. Außerdem soll dieses Buch den Studenten aller technischen und naturwissenschaftlichen Fakultäten sowie anderen Auszubildenden, für die das Konstruieren und der Umgang mit Konstruktionsdaten einen umfassenden Aufgabenbereich darstellt, eine wesentliche Hilfe bieten. Das Buch ist so aufgebaut, daß der Umgang mit AutoCAD Schritt für Schritt im Selbststudium erlernt werden kann. Weil wir glauben, daß eine solide Ausbildung im 2D-Bereich die Grundlage für komplexere Konstruktionen (auch im 3D-Bereich) ist, haben wir uns schwerpunktmäßig mit der 2D-Konstruktion beschäftigt. Selbstverständlich wird der Leser auch in die neuen Möglichkeiten von 3D-Volumenmodellen (AME) eingeführt (s. Abschn. 7.6).

Jedes Kapitel erklärt die AutoCAD-Funktionen anhand eines Beispiels. Die Eingabeform wird folgendermaßen dargestellt:

⇨ **Fettdruck** für Eingabe aus dem **Menüfeld**;

⇨ Befehle zwischen < > als Eingabe über die *Tastatur, den Digitizer* oder die *Maus*;

⇨ <u>unterstrichen</u> als Eingabe über die <u>Tastatur</u>.

Notwendige Erläuterungen werden hinter den Befehlseingaben in Kleinsatz hinzugefügt.

Am Ende jedes Kapitels werden die verwendeten Befehle nochmals zusammengestellt und erklärt. Für die meisten Befehle bzw. Funktionen wurden Übersichten erstellt, die leicht erkennen lassen, welche Möglichkeiten der Befehl bietet und wie diese sich auf die Zeichnung auswirken. Auch der geübte AutoCAD-Anwender wird unserer Meinung nach gerne auf diese strukturierten Übersichten zurückgreifen, weil sie alle Möglichkeiten des Befehls sofort vor Augen führen.

Da AutoCAD nicht nur eine rechnerunterstützte Konstruktion erlaubt, sondern auch alle Zeichnungsdaten so in einer Zeichnungsdatenbank ablegt, daß sie weiterverarbeitet werden können, sind vor allem weitergehende Anwendungen ohne große Schwierigkeiten entwickelbar. Im letzten Kapitel werden einige wenige genannt, wobei vor allem die automatische Generierung eines NC-Programms aus den Geometriedaten einer AutoCAD-Zeichnung ein entscheidender Schritt in Richtung einer weiterführenden Fertigungsautomatisierung bedeutet.

In den einzelnen Kapiteln werden folgende Fragen behandelt:

Im *ersten* Kapitel werden die *Aufgabengebiete von CAD* aufgezeigt.

Das *zweite* Kapitel gibt eine *Einführung* in AutoCAD. Es werden die Hardwarevoraussetzungen beschrieben, die Installation von AutoCAD gezeigt sowie die Anpassungen an die Peripheriegeräte wie Maus, Digitalisiertablett und Plotter erklärt. Die unterschiedlichen Eingabemöglichkeiten über Tastatur, Maus und Digitalisiergerät werden besprochen sowie die Änderungen des eingestellten Status des Computers behandelt.

Im *dritten* Kapitel werden am Beispiel der Zeichnung eines Namensschildes der Umgang mit *Linien* und *Texten* vorgestellt.

Das *vierte* Kapitel zeigt die Anwendungen *geometrischer Grundkonstruktionen* sowie die Möglichkeit des Dehnens, des Verkleinerns und Vergrößerns des Bildschirmausschnittes.

Im *fünften* Kapitel wird ein Drehzapfen konstruiert und bemaßt. Im Mittelpunkt stehen die unterschiedlichen Möglichkeiten der *Bemaßung*.

Das *sechste* Kapitel führt in das Arbeiten mit *Blöcken* am Beispiel des *Schraffierens* von Teilen ein.

In Kapitel *sieben* wird die Möglichkeit der *räumlichen Darstellung* (3D) von Körpern vorgestellt und eine Schwalbenschwanzführung sowie ein Pyramidenstumpf in den verschiedenen Ansichten gezeigt.

Das *achte* Kapitel gibt eine Einführung in *isometrisches Zeichnen*.

Die Anwendung von *Attributen* zeigt das *neunte* Kapitel am Beispiel einer *Stücklistenerstellung*.

Alle AutoCAD-Befehle, die in den vorigen Kapiteln noch nicht besprochen wurden, werden in Kapitel *zehn* erklärt.

Im *elften* Kapitel wird am Beispiel einer *Schraubenverbindung* das Programmieren in *AutoLISP* vorgestellt.

Befehle mit *Dialogfenster* sind in Kapitel *zwölf* zusammengestellt.

Kapitel *dreizehn* zeigt die einzelnen *Menüs* in AutoCAD.

In Kapitel *vierzehn* sind Übungsbeispiele zusammengestellt, die Anleitungen zum *Training* in AutoCAD geben.

Kapitel fünfzehn ist den Zusatzanwendungen von AutoCAD gewidmet. Diese enthalten die Zeichnungsverwaltung, die Normteile-Bibliothek, die Variantenkonstruktion und das Erstellen eines NC-Programmes aus einer AutoCAD-Zeichnung.

Im *Anhang* sind die *Systemvariablen* zusammengestellt.

Wir haben, wie stets, dem bewährten und vertrauten Team des Vieweg-Verlags für die intensive und angenehme Betreuung zu danken. Hier möchten wir vor allem Herrn Robert Schmitz erwähnen. Besonderer Dank gebührt Herrn Weissenberger von der Firma AutoDESK in Frankfurt, der uns mit Rat und Tat und einem von ihm entwickelten Konstruktionsbeispiel in AutoLISP unterstützt hat. Dank sind wir auch den Herren Schleiter und Semm von Mensch und Maschine und den Herren Oechsle und Sieber von der Firma COMUKOS schuldig, die uns die weiterführenden Anwendungen von AutoCAD zur Veröffentlichung überließen. Besonderer Dank geht auch an Frau Ute Fallscheer, auf deren Grundideen wir zurückgreifen konnten. Zuletzt und ganz besonders herzlich danken möchten wir unseren Partnerinnen, Frau Christiane Hering und Gerlinde Wörner, deren Einsatz in Haus und Familie uns eine ungestörte und intensive Beschäftigung mit dem Thema des Buches ermöglichte.

Es ist unser Wunsch, daß viele Anwender von AutoCAD durch dieses Buch diese CAD-Software so ausführlich kennenlernen, daß sie diese Software noch effizienter zur Problemlösung einsetzen können. In diesem Sinne wünschen wir uns von diesem Buch auch in dieser Auflage zufriedene Leser, die mit ihren Anregungen dieses Standardwerk verbessern helfen.

Ekbert Hering und Stephan Sienz

Heubach-Lautern und Aalen   Im September 1993

1 Einführung in CAD

1.1 Aufgaben und Bedeutung des CAD-Einsatzes

Unter CAD (Computer Aided Design) wird die computergestützte Konstruktion verstanden. Mit der Einführung von CAD-Systemen werden neben der rechnergestützten Zeichnungserstellung noch folgende Verbesserungen hinsichtlich des Aufbaus und der Struktur der Produkte, der Qualität und der Rationalisierung erreicht:

- ❏ kürzere Bearbeitungszeiten in Konstruktion und Projektierung,

- ❏ Standardisierung der Konstruktionsgegenstände im Hinblick auf fertigungsgerechtes, d. h. automatisierbares Konstruieren,

- ❏ hohe Flexibilität durch Variantenkonstruktion,

- ❏ rechnergestützte Zeichnungsverwaltung,

- ❏ automatische Berechnungen der kritischen Kenngrößen der Konstruktion,

- ❏ automatische Simulation des Verhaltens der Konstruktion,

- ❏ Einsatz von Optimierungsprogrammen,

- ❏ fehlerfreie Weitergabe der Geometriedaten in die Fertigung.

Die automatisierte Erstellung und Verwaltung von Zeichnungen, Stücklisten und Berechnungen stellt eine große Produktivitätsreserve dar und muß dringend mobilisiert werden, um den Forderungen des Marktes nach kurzen Lieferzeiten und höchster Qualität bei vergleichbar niedrigen Preisen gerecht zu werden. Die Konstruktionsabteilung ist mit sehr vielen anderen Abteilungen des Unternehmens verbunden, seien es die vorgelagerten Stellen des Einkaufs oder die nachgelagerten Stellen der Fertigung und des Vertriebs. Das bedeutet, daß der Konstrukteur vom Rechner nicht nur Hilfe bei der reinen Zeichenarbeit erhält, sondern auch Informationen aus den genannten anderen Bereichen, z. B. Kosten im Einkauf und in der Fertigung oder Umsätze und Erträge der einzelnen Produkte. V. a. Kosteninformationen sind wichtig, da in der Konstruktion weit mehr als die Hälfte aller Produktkosten festgelegt werden.

Die zunehmende Komplexität der Erzeugnisse, die immer kürzer werdenden Innovationszeiten und der Zwang, individuelle Kundenwünsche schnell und kostengünstig zu befriedigen, zwingen die Unternehmen geradezu, rechnergestützte Entwicklungs- und Verwaltungssysteme, zu denen auch CAD-Systeme gehören, einzusetzen.

Die Vorteile des CAD-Einsatzes liegen im wesentlichen in der Steigerung der Produktivität der Produktionsfaktoren Mensch und Maschine, in der Flexibilität innerhalb der Konstruktion bei plötzlich auftretenden Änderungen durch den Kunden, in der Flexibilität in der Fertigung und in der Steigerung der Produktqualität.

1.2 Typische Aufgaben in den einzelnen Branchen

Im folgenden werden die für einige Branchen typische Konstruktionsaufgaben genannt, die von CAD-Systemen gelöst werden müssen.

a) Anlagenbau

Darstellung von Fließbildern für die Verfahrensabläufe, einschließlich der Verwendung normierter Symbole (z. B. für Ventile).

b) Architektur

Zeichnen von Hausgrundrissen und Innenausstattungen sowie der erfoderlichen Arbeitsplänen für den Heizungsbauer, Sanitärinstallateur oder Elektriker.

Zeichnen von Plänen im Straßenbau und Verkehrswesen sowie Erstellen von topographischen und nautischen Karten.

c) Elektrotechnik

Erstellen von Stromlaufplänen.

d) Elektronik

Entwurf und Layout von Leiterplatten oder integrierten Schaltungen, einschließlich Funktionstest.

e) Maschinenbau

Konstruktion von Maschinen, Baugruppen, Teilen von Baugruppen und Einzelteilen, einschließlich der Simulation des Systemverhaltens (z. B. Festigkeitsberechnung nach der Methode der Finiten Elemente).

f) Vermessungwesen

Hierbei geht es um automatisches Erstellen, Verändern und Verwalten von Grundstücksplänen, Stadtplänen und Landkarten.

g) Softwareentwicklung

Darstellung von Programmablaufplänen und Struktogrammen.

Vor der erfolgreichen Einführung von CAD sollte im Betrieb eine gründliche Vorbereitung getroffen werden, hinsichtlich

⇨   der Zeichnungsnumerierung,

⇨   der verwendeten Werksnormen,

⇨   der eingesetzten DIN- bzw. ISO-Normen,

⇨   der gesetzlichen Vorschriften,

⇨   der Berechnungsmethoden,

⇨   der Verwaltung von Varianten.

Diese Vorarbeiten müssen mit großer Sorgfalt durchgeführt werden, da rechnerunterstütztes Arbeiten klare Informationsflüsse in Form von Daten- und Verarbeitungsstrukturen verlangt. Mängel in diesem Bereich werden durch die Einführung der Datenverarbeitung nicht überdeckt, sondern erschweren einen wirtschaftlich sinnvollen Rechnereinsatz.

Während in früheren Jahren die CAD-Systeme eine gewaltige Rechnerleistung benötigten und somit eine teure Investition darstellten, können heute leistungsfähige CAD-Programme für einen erschwinglichen Preis auf PC's eingesetzt werden. Dies ist gerade für Klein- und Mittelbetriebe von großer Wichtigkeit, da auch diese Unternehmenklasse im verschärften Wettbewerb bestehen muß und deshalb gezwungen ist, die geschilderten Rationalisierungs- und Flexibilitätspotentiale auszuschöpfen. Zu den überaus erfolgreichen CAD-Paketen auf PC's gehört seit vielen Jahren AutoCAD. Deshalb wurde dieses Programm für unser Buch ausgewählt und in den folgenden Kapiteln gezeigt, wie es sich für die eigenen betrieblichen Belange einsetzen läßt.

2 Einführung in AutoCAD für Windows

Im großen und ganzen basiert das „AutoCAD für Windows"-Paket auf den gleichen Voraussetzungen wie die AutoCAD12 DOS-Version. Ebenso wird AutoCAD für Windows sehr ähnlich, um nicht zu sagen genau gleich bedient wie AutoCAD12 für DOS.

Unter Windows treten einige Vorteile zu Tage:

⇨ Sie können zum Beispiel bis zu drei AutoCAD-Sitzungen unter Windows gleichzeitig laufen lassen.

⇨ Sie können die verschiedenen Fenster nach Belieben vergrößern und verkleinern.

⇨ Unter den Abrollmenüs ist eine Leiste mit freien „Schaltern" entstanden, die Sie Ihrem Bedarf anpassen können.

⇨ Viele Kommandos können Sie nun auch als Symbole anpicken.

⇨ Einer der größten Vorteile besteht darin, daß Sie unter Windows bis zu drei AutoCAD-Sitzungen gleichzeitig ablaufen lassen können. Dies bedeutet, daß Sie in einem Fenster eine Zeichnung bearbeiten können, Elemente aus einem zweiten Fenster einfügen und in einem dritten Fenster plotten können.

Hierbei müssen Sie allerdings folgendes beachten:

Für Ihre erste geöffnete AutoCAD-Sitzung benötigen Sie 8 MB Arbeitsspeicher und für jede der beiden weiteren geöffneten Sitzungen je 4.5 MB zusätzlichen Arbeitsspeicher. In diesem Falle können Sie dann je Sitzung Zeichnungs-Dateien bis zu einer Größe von 1.5 MB bearbeiten. Wie Sie eine zweite oder gar dritte Sitzung dieses Programms eröffnen, entnehmen Sie bitte Ihrem Windows-Handbuch.

Bei all diesen Vorteilen muß allerdings auch hinzugesagt werden, daß es auch einen Nachteil gibt: AutoCAD für Windows läuft unter Umständen bei manchen Befehlen etwas langsamer als AutoCAD12 unter DOS.

2.1 System-Voraussetzungen

2.1.1 Hardware-Voraussetzungen

Um das Programmpaket AutoCAD12 für Windows einsetzen zu können, sind folgende Hardwarevoraussetzungen notwendig:

⇨ Ein 386-er (oder 486-er) Rechnersystem mit mindestens 8 MB RAM und einem Diskettenlaufwerk (5,25" 1,2MB oder 3,5" 1,44MB),

⇨ eine Festplatte mit mindestens 37MB freiem Speicherplatz,

⇨ ein mathematischer Coprozessor 80387 (bei 486 bereits integriert),

⇨ ein Grafik-Bildschirm mit möglichst hoher Auflösung (mindestens 320 x 200),

⇨ eine serielle Schnittstelle RS-232C,

⇨ eine zweite serielle Schnittstelle, falls eine Maus verwendet werden soll,

⇨ eine parallele Schnittstelle für einen Druckeranschluß bzw. den Softwareschutz.

An Ausgabegeräten sind zu empfehlen:

⇨ Ein grafikfähiger Drucker zur schnellen (aber nicht exakten) Zeichnungsausgabe,

⇨ ein Plotter zur endgültigen Zeichnungsausgabe.

An weiteren Eingabegeräten sind sinnvoll:

⇨ Maus,

⇨ Digitalisier-Tablett,

⇨ TouchPen.

2.1.2 Software Voraussetzungen

Um das Programmpaket AutoCAD12 für Windows einsetzen zu können, sind folgende Softwarevoraussetzungen notwendig:

⇨ DOS-Betriebssystem, mindestens Version 3.3 oder eine neuere Version;

⇨ Microsoft Windows Version 3.1 oder höher.

2.2   Das Softwarepaket AutoCAD12 für Windows

Im Softwarepaket AutoCAD12 für Windows wurden gegenüber der 11er Version von AutoCAD unter DOS 174 Einzelverbesserungen vorgenommen. Des weiteren wurden die unter Abschnitt 2 angesprochenen Verbesserungen gegenüber der 12er Version für DOS vorgenommen. Laut Autodesk, dem Hersteller von AutoCAD, erhält man jetzt rund 40% mehr CAD für das gleiche Geld.

Einer der wichtigsten Punkte für den Praktiker ist wohl, daß AutoCAD in sehr vielen Bereichen schneller wurde. So gibt es beispielsweise kaum mehr Zeichnungsregenerierungen in einer Sitzung. D.h. viele ZOOM-Befehle bauen Ihre Zeichnung jetzt wesentlich schneller auf.

Es wurden aber auch der Objektfang und die Auswahl von Zeichnungselementen 40mal schneller gegenüber den alten Versionen. Dies zeigt sich als unschätzbaren Vorteil bei großen Konstruktionszeichnungen.

AutoLISP-Programme werden ebenfalls um etwa 30 Prozent schneller geladen als in der vorherigen Version.

Verdeckte Kanten im 3-D-Bereich werden 5- bis 50mal schneller berechnet als in der Version 11. Dies ermöglicht ein neu programmierter „Verdeckt-Algorithmus".

AutoCAD12 ist auch einfacher zu bedienen:

Die Abrollmenüs verschwinden jetzt nicht mehr beim Aufrufen zugehöriger Untermenüs. Die Untermenüs erscheinen jetzt kaskadisch angeordnet neben den Abrollmenüs. Es sind auch viele neue übersichtlichere Dialogboxen entstanden, wobei allerdings als wichtigste Neuerung der Wegfall des antiquierten Hauptmenüs zu sehen ist.

In der neuen Version gibt es auch einen wesentlich einfacheren Schraffuralgorithmus.

Hinzu kommt die neue erweiterte Plotmöglichkeit mit der bedienerfreundlichen Plotvoransicht, wie es möglicherweise viele Leser bereits aus Textverarbeitungssystemen gewohnt sind.

Die neue Version 2.1 von AME (Advanced Modeling Extension) besitzt ebenfalls eine höhere Rechengenauigkeit und einige weitere Verbesserungen.

Es wurde eine Datenbank-Schnittstelle für SQL geschaffen. D.h. AutoCAD kann jetzt mit verschiedenen Datenbank-Systemen verknüpft werden.

Ebenso wurde das Einlesen von Pixelgraphiken verbessert.

Das Software-Paket AutoCAD in der Version 12 für Windows besteht aus folgenden Teilen:

a) Vor der Installation lesen

Diese Übersicht gibt den Inhalt Ihres AutoCAD-Programmpakets an und was Sie erhalten, wenn Sie Ihre Registrierkarte einsenden. Ebenso erfahren Sie hier, was Sie bei Problemen unternehmen können.

b) readme.doc

Es wird empfohlen, diese Datei von der AutoCAD-Release-Diskette zu lesen, da auf dieser eventuelle zwischenzeitliche Neuerungen und Veränderungen Ihrer Software vermerkt sind.

c) Installationshandbuch

In diesem Installationshandbuch finden Sie eine Übersicht über die von AutoCAD unterstützten Peripheriegeräte. Für Bildschirme, Digitalisier-Tabletts, Mäuse, Joy-Sticks, TouchPens und Plotter werden ausführliche Installationshinweise und Konfigurationstips zur Optimierung von AutoCAD auf Ihrem Computer gegeben.

d) Benutzerhandbuch

Sobald Sie AutoCAD installiert und konfiguriert haben, können Sie Übungen aus diesem Buch dazu verwenden, sich mit 2- und 3-D AutoCAD vertraut zu machen und damit zu arbeiten.

e) AutoCAD Bonus Programmhandbuch

In diesem Handbuch wird die Verwendung von mitgelieferten Autolisp- und ADS-Anwendungen beschrieben. Außerdem wird der Umgang mit verschiedenen anderen Zeichnungsapplikationen erläutert.

f) AutoCAD Render Handbuch

Hier wird erklärt, wie Sie Modelle in AutoCAD schattieren können. Ebenso wird hier gezeigt, wie Sie Beleuchtung und Oberflächen verändern können. AutoCAD Render ermöglicht auch das Abspeichern von Bildern in den Dateiformaten TGA, TIF, RND und GIF.

g) AutoCAD Handbuch für Benutzeranpassungen

In diesem Handbuch ist beschrieben, wie Sie in AutoCAD Menüs, Dialogfenster und Scripts Ihren Bedürfnissen anpassen können. Außerdem wird die Arbeit mit den Dateiformen DXF, DXB, PostScript, IGES und diversen Rasterdateien erklärt.

h) AutoLISP Handbuch für Programmierer

Mit der Programmiersprache AutoLISP können bestimmte Konstruktionsaufgaben programmiert werden, wobei die Möglichkeiten von AutoCAD optimal ausgenützt werden.

i) AutoCAD Development System (ADS) Programmer's Reference Manual

Mit dieser C-Programmier-Umgebung können AutoCAD-Anwendungen geschrieben werden.

j) Advanced Modelling Extension (AME) Programmierhandbuch

Dieses Handbuch erhalten Sie nur beim Kauf des AME Programmpakets. In ihm wird beschrieben, wie Sie 3D-Volumenmodelle auf dem Bildschirm erzeugen und analysieren können.

k) SQL Extension Manual

AutoCAD12 für Windows besitzt eine SQL-Schnittstelle zur Verknüpfung mit Datenbanken. Diese Verknüpfungsmethoden werden hier erläutert.

l) Programm-Disketten

Die AutoCAD-Version 12 für Windows ist auf 16 1,44 MB-Disketten (3,5") enthalten (davon auf drei Disketten das Volumenmodell AME und auf 13 Disketten die restlichen Programmteile von AutoCAD) und beinhaltet ein eigenes Installationsprogramm. In Tabelle 2-1 sind die 3,5"-Disketten mit den jeweiligen Dateien und deren Funktionen zusammengestellt.

Tabelle 2-1
Die 3,5" Disketten und ihre Dateien

Diskette	Bezeichnung	Inhalt
1	Executables 1 Deutsch	Installation und Konfiguration
2	Executables 2 Deutsch	Installation und Konfiguration
3	Support 1 Deutsch	AutoCAD-Programmdateien
4	Support 2 Deutsch	AutoCAD-Programmdateien
5	Support 3 Deutsch	AutoCAD-Programmdateien
6	Bonus/Sample	Beispielzeichnungen und Zusatzprogramme
7	ASE	SQL-Schnittstelle
8	ADS1	Programmierumgebung in C für Anwendungen
9	ADS2	Programmierumgebung in C für Anwendungen

10	DDE	DDE-Programme
11	Render	Render-Programme
12	Region	Region-Programme
13	Help	Hilfeapplikationen zu AutoCAD für Windows
14	AME2 Disk 1/3 Deutsch	AME-Volumenmodell Teil I
15	AME2 Disk 2/3 Deutsch	AME-Volumenmodell Teil II
16	AME2 Disk 3/3 Deutsch	AME-Volumenmodell Teil III

2.2.1   Installation von AutoCAD12 für Windows

2.2.1.1 Das Installationsprogramm „Setup"

Um AutoCAD12 für Windows zu installieren, gehen Sie wie folgt vor:

Legen Sie zuerst die Diskette 1 mit der Aufschrift Executables1 Deutsch in Ihr Laufwerk a bzw. b ein. Wenn Sie von DOS aus installieren, so geben Sie nun den Befehl

<c:\ win a:\setup> ein.

Der Rechner startet zunächst Windows und anschließend das Setup-Programm von AutoCAD für Windows auf Ihrer Diskette. Es erscheint ein erstes Fenster auf dem Bildschirm, in welchem Sie das Setup-Programm mit <OK> starten oder mit <abbrechen> beenden können.

Im nächsten Fenster werden Sie aufgefordert, Name, Firma, Händler, und Händleradresse einzugeben. Dies müssen Sie ebenfalls mit Anpicken der <OK>-Taste Ihrer Maus bestätigen.

In einem weiteren Fenster werden Sie nochmals zur Bestätigung dieser Daten aufgefordert.

Wieder erscheint ein Fenster, in welchem Sie sich entscheiden können, was Sie alles installieren wollen. Wir entscheiden uns für „alle Dateien" durch Anpicken dieses Schriftzugs mit der Maus. Beachten Sie allerdings nochmals, daß Sie hierfür mindestens 37MB freien Speicherplatz auf Ihrer Festplatte benötigen.

Sie werden jetzt zweimal gefragt, ob Sie auch AME gekauft haben. Dies müssen Sie je nachdem mit ja bzw. mit nein beantworten.

Jetzt beginnt die eigentliche Installation des Programms. Entscheiden Sie sich in dem angezeigten Fenster, ob Sie das Programm in das Verzeichnis „c:\acadwin" installieren wollen.

Falls Sie ab jetzt die Installation irgendwann abbrechen wollen, so brauchen Sie nur die Funktionstaste F3 zu drücken. Ansonsten folgen Sie den weiteren Anweisungen in den Fenstern, welche Sie zum Wechseln der Disketten auffordern. In dem Installationsfenster wird Ihnen zum Überblick an einem Balkendiagramm angezeigt, wieviel Prozent des Programms Sie bereits installiert haben.

Nach dem Installieren werden Sie abermals in einem Fenster gefragt, wie der „Windows-Gruppenname" heißen soll, von dem aus Sie AutoCAD aufrufen können. Hierfür ist AutoCAD vorgegeben. Anschließend können Sie unter fünf Symbolen (Icons) auswählen, welches Sie für AutoCAD verwenden wollen. Wenn Sie dies alles ausgewählt und mit <OK> bestätigt haben, ist die Installation beendet.

Unter Windows können Sie nun AutoCAD durch Anpicken der Gruppe AutoCAD und anschließendes Anpicken des AutoCAD-Symbols starten.

2.2.1.2 Hardwareschutz

Selbstverständlich ist auch dieser Version von AutoCAD ein sogenannter Hardwareschutz beigefügt. Bevor Sie AutoCAD starten wollen, müssen Sie ihn installieren. Hierzu stecken Sie diesen auf den parallelen Ausgang Ihres Rechners.

Den Hardwareschutz können Sie wie folgt testen:

Starten Sie AutoCAD. Wenn Sie mit AutoCAD arbeiten können, ist Ihr Hardwareschutz in Ordnung. Im anderen Falle erscheint folgende Meldung:

Hardwarelock-Fehler

Wiederhohlen, Abbrechen?

In diesem Falle schauen Sie nach, ob der Hardwareschutz auf den parallelen Ausgang Ihres Rechners richtig aufgesteckt ist. Wenn nicht, so bringen Sie dies in Ordnung und beantworten Sie die letzte Meldung des Rechners mit W für wiederhohlen.

Falls der gleiche Fehler nochmals auftritt, so ist mit Ihrem Hardwareschutz etwas nicht in Ordnung. Wenn dies der Fall ist, so müssen Sie sich an Ihren AutoCAD-Fachhändler wenden.

Wenn Sie versuchen, den Hardwareschutz bei laufendem Rechner bzw. während einer AutoCAD Sitzung abzuziehen, so kann es passieren, daß Ihr Rechner abstürzt, bzw. der Bildschirm „eingefroren" wird. AutoCAD wird hierbei versuchen, Ihr zuletzt bearbeitetes Bild durch Abspeichern zu retten.

Allerdings sollten Sie das Abnehmen des Hardwareschutzes bei laufendem Rechner unbedingt unterlassen, da dies zu bleibenden Schäden an Ihrem Rechner führen kann.

2.3 Konfiguration der Hardware und Starten von AutoCAD

Sie haben zwar alle wichtigen Dateien von AutoCAD in den gewünschten Pfad auf Ihre Festplatte geladen, allerdings ist AutoCAD noch nicht *konfiguriert*, d. h. Ihre Hardware ist noch nicht optimal an AutoCAD angepaßt.

Hinweis! Bevor Sie AutoCAD starten können, müssen Sie den mitgelieferten Softwareschutz (Stecker) am Parallelausgang Ihres Rechners eingesteckt haben. Die Anschlußseiten zum Rechner (Computer) und zur Peripherie (Peripheral) sind gekennzeichnet!

Ziehen Sie den Softwareschutz nie bei eingeschaltetem Rechner ab. Ihr System könnte sonst eventuell einen Schaden erleiden.

Starten Sie AutoCAD unter Windows durch Anpicken der „AutoCAD-Hauptgruppe" mit Ihrem Zeigegerät. Anschließend müssen Sie das von Ihnen ausgewählte AutoCAD-Icon anpicken. Es erscheint der Anfangsbildschirm.

Bild 2-1
Anfangsbild-
schirm

```
AutoCAD Text - NAMENLOS
Befehl: _config              A U T O C A D (R)                .
Copyright (c) 1982-93  Autodesk, Inc.  Alle Rechte vorbehalten.
Release 12_c1a International (5/4/93) Microsoft Windows
Seriennummer:  027-06000306
EVALUATION VERSION -- NICHT FÜR DEN WEITERVERKAUF
Lizenziert für:    XXXXX, XXXXX
Erhalten von:  XXXXX - XXXXX

Aktuelle AutoCAD Konfiguration

  Bildschirm:
    Beschleunigter Windows Bildschirm-Treiber ADI 4.2 - von Autodesk, Inc
      Version: 12

  Digitalisierer:
    Aktuelles Systemzeigegerät

  Plotter:
    Hewlett-Packard (HP-GL) ADI 4.2 - von Autodesk, Inc
      Model:   7475
      Angeschlossen an: com2
      Version: A.1.80


Mit RETURN fortfahren:
```

a) Angaben zur Grafikkarte und zum Bildschirm

Sie drücken zunächst die ⏎-Taste und es erscheint Bild 2-2, mit dem Sie Ihre Grafikkarte festlegen können.

Bild 2-2
Auswahl der
Grafikkarte

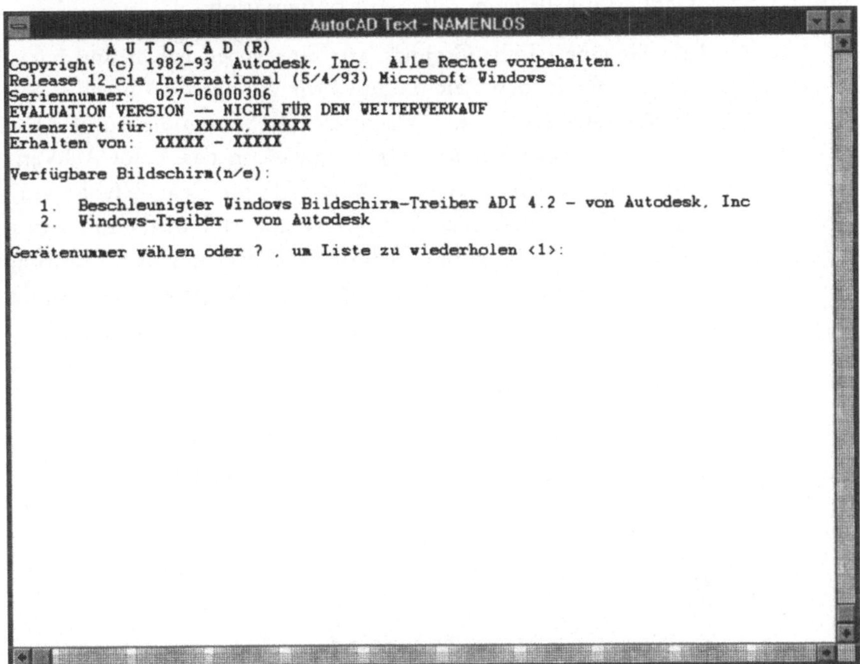

Da wir mit einer *SVGA-Karte* arbeiten, geben wir die Nummer 9 ein:

9 ⏎.

Hinweis! Alle Vorschläge des Systems (gekennzeichnet durch spitze Klammern < >) werden in AutoCAD durch Drücken der ⏎-Taste bestätigt. Nur abweichende Werte müssen Sie eingeben.

b) System-Einstellungen

Folgende Systemvorgaben werden bestätigt bzw. geändert:

SVGA-Anzeige detailliert konfigurieren? (Nein)

n ⏎.

Ausgabe einer Statuszeile (Ja)

j ⏎.

Dialog (Ja)

j ⏎.

Hinweis: Hinweis! Eventuell müssen Sie Ihre SVGA-Karte detailliert konfigurieren. In diesem Falle müssen Sie den Chipsatz Ihrer Graphikkarte und einige andere Systemparameter eingeben. Folgen Sie hierfür einfach den Menüanweisungen.

Wichtig im Falle einer falschen Konfiguration:

Falls Sie eine falsche Graphikkarte eingegeben haben und nach der Konfiguration nicht in den Zeichnungseditor gelangen, so brechen Sie AutoCAD12 für Windows durch einen Warmstart ab. Starten Sie AutoCAD erneut, indem Sie zuerst mit dem Befehl <cd acadwin> in das AutoCAD-Verzeichnis wechseln. Anschließend starten Sie AutoCAD mit dem Befehl <win acad -r>, dies hat zur Folge, daß zuerst Windows gestartet wird, und AutoCAD danach nicht mit dem Zeichnungseditor, sondern mit dem Konfigurationsmenü hochfährt. Sie können nun also Ihre Graphikkarte erneut konfigurieren sowie auch andere Änderungen vornehmen.

c) Wahl der Zeigegeräte

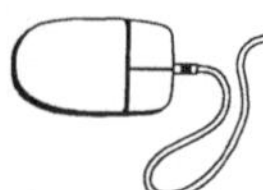

Wir wählen die Microsoft Mouse und geben ein:

16 ⏎.

Mausparameter verändern? *(Nein)*

n ⏎.

d) Plotterauswahl und -anpassung

Da wir einen Plotter von Hewlett-Packard benutzen, geben wir ein:

10 ⏎.

Für die Modellbezeichnung 7475 wird eingegeben:

3 ⏎.

Zeitsperre für Plotter aktivieren? (30)

0 ⏎.

Die Schnittstelle ist COM1:

com1 ⏎.

Plottervoreinstellungen ändern? (N)

⏎.

Im Menü auf Bild 2-3 erkennen Sie, daß Sie auf Wunsch weitere Plotter hinzufügen können. Ebenfalls können Sie die angegebenen Drucker hinzufügen bzw. wieder entfernen. Achten Sie allerdings darauf, die richtigen Schnittstellen einzugeben. (LPT1 für den parallelen Ausgang des Druckers und COM1 oder COM2 je nach Ihrer Hardware für den seriellen Ausgang des Plotters).

Alle weiteren Angaben können Sie auch noch später in der Zeichnung vor
dem Plotvorgang verändern.

Bild 2-3
Auswahl des
Plotters bzw.
Druckers

Nachdem Sie alle Geräte konfiguriert haben, erscheint folgende Anzeige der
von Ihnen gewählten Konfiguration am Bildschirm (Bild 2-4):

Bild 2-4
Eingestellte
Konfiguration

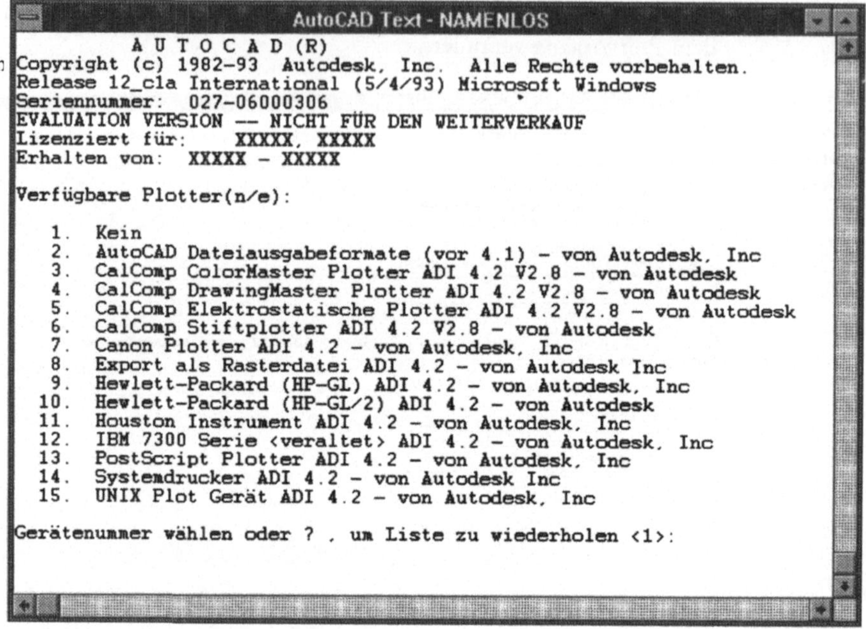

Sie müssen nun noch folgende Eingaben erledigen, bevor AutoCAD in den Zeichnungsmodus wechselt:

Standardanmeldungsname

⏎ .

Sperren von Dateien aktivieren? (N)

⏎ .

Es erscheint der Zeichnungseditor nach Bild 2-5.

Bild 2-5
Der Zeich-
nungseditor

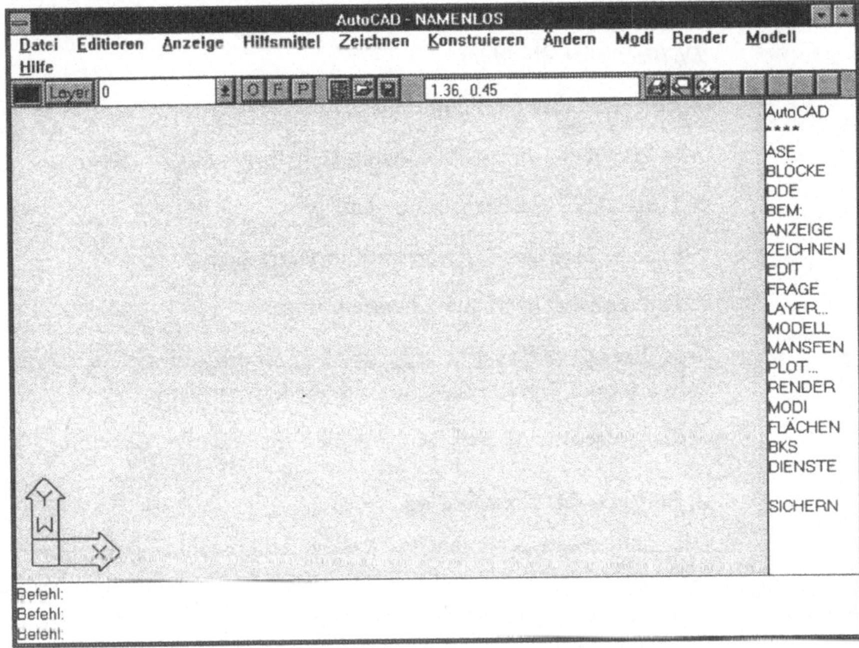

2.4 Vereinbarungen für Bezeichnungen und Markierungen

In diesem Buch werden besondere Bezeichnungen und Markierungen gewählt.
Spezielle Bezeichnungen dienen zur Orientierung im AutoCAD-Befehlsmenü,
und besondere Markierungen wurden gewählt, um beispielsweise Eingaben
über das Menüfeld von Eingaben über die Tastatur unterscheiden zu können.

a) Bezeichnungen für die Ebenen im AutoCAD-Menü

Um sich im AutoCAD-Menü besser orientieren zu können, haben wir folgende Bezeichnungen gewählt:

❑ Menü für das AutoCAD-Menü im Zeichnungseditor (z.B. ZEICHNEN-
Menü);

❑ Funktion für die erste Ebene darunter (z.B. Funktion LINIE:)

❑ Befehl für die unterste Ebene. (z.B. Befehl WEITER).

b) Markierungen

1. Markierung mit <...>.

Dieser Befehl wird entweder über die *Tastatur* eingegeben (Abschluß durch Drücken der ⏎-Taste) oder über *Knopfdruck* bei der Eingabe über den *Digitizer* oder die *Maus*.

2. Fettgedruckte Bezeichnungen

Alle Eingaben, die aus dem **Menüfeld** ausgewählt werden, sind **fettgedruckt**.

3. Unterstrichene Bezeichnungen

Eingaben über die Tastatur sind unterstrichen.

4. Fett und unterstrichene Bezeichnungen

Sind Eingaben **fett** und unterstrichen, dann können sie sowohl vom **Menüfeld** als auch über die Tastatur eingegeben werden.

5. *Kursiv* gedruckte Angaben beziehen sich auf die Abrollmenüs.

c) Eingabe der Koordinaten

Die *Koordinaten* eines Punktes werden in unserem Buch immer über die *Tastatur* eingegeben. Sie lassen sich auch durch entsprechende Positionierung des Cursors auswählen, wobei allerdings die Koordinatenanzeige (Funktionstaste F6) eingeschaltet sein sollte.

Die meisten Koordinaten, die eingegeben werden, sind in einer dazugehörenden Zeichnung eingezeichnet.

Hinweis! Damit Sie die Beispiele des Buches nachvollziehen können, muß Ihr Computer die gleichen Anfangseinstellungen, d.h. den gleichen Status aufweisen wie unserer.

Diese Einstellungen können mit dem Befehl **STATUS** angezeigt werden (Abschn. 2.8).

2.5 Tastaturbelegung

Im Programmpaket AutoCAD sind einige Tasten oder Tastenkombinationen sowie die Festfunktionstasten F1 bis F10 mit bestimmten Funktionen belegt. Das Zeichen @ ist ebenfalls von Bedeutung. Es dient der Kennzeichnung von relativen Koordinaten oder von Polarkoordinaten. Falls es sich nicht auf der Tastatur befindet, können Sie es als ASCII-Zeichen Nr. 64 (in MS-DOS Alt 64) auf dem Bildschirm erzeugen. Sie können das @-Zeichen allerdings auch erzeugen, indem Sie AltGr und Q drücken.

2.5.1   Festfunktionstasten [F1] bis [F10]

Alle Festfunktionstasten sind Umschalter, mit denen Sie zwischen zwei Wahlmöglichkeiten wählen können. Die Festfunktionstasten und ihre Umschaltmöglichkeiten zeigt Tabelle 2-2.

Tabelle 2-2
Festfunktionstasten und ihre Bedeutung

Taste	Wirkung
[F1]	Textbildschirm - Graphikbildschirm
[F6] oder [Strg] [D]	Koordinatenanzeige ein oder aus
[F7] oder [Strg] [G]	Rasteranzeige ein oder aus
[F8] oder [Strg] [O]	Orthogonalbewegung des Cursors ein oder aus
[F9] oder [Strg] [B]	Fangmodus ein oder aus
[F10] oder [Strg] [T]	Tablett ein oder aus

2.5.2   Cursorsteuerung bei Eingabe über die Tastatur

Folgende Cursor-Tasten haben eine spezielle Bedeutung:

Tabelle 2-3
Cursortasten und ihre Bedeutung

Cursor-Taste	Wirkung
[Einfg]	Cursor wird auf das Menüfeld umgeschaltet
[Ende]	[Ende] + [↵] Punkteingabe direkt am Bildschirm
[Bild ↑]	Bewegungsbeschleunigung des Cursors um Faktor 10
[Bild ↓]	Bewegungsverlangsamung des Cursors um Faktor 10

2.5.3   Tasten mit Löschfunktion

Diese Tasten befinden sich je nach Rechnertyp an verschiedenen Stellen. Tabelle 2-4 zeigt ihre Wirkung.

Tabelle 2-4
Tasten mit Löschfunktion

Taste	Wirkung
[⇐]	Löschen der links vom Cursor stehenden Zeichen
[Strg] [H]	Löschen der rechts vom Cursor stehenden Zeichen
[Strg] [X]	Löschen aller Zeichen einer Zeile; die Eingabe kann wiederhohlt werden
[Strg] [C]	Löschen der gesamten Eingabezeile; Abbrechen des laufenden Befehls; ein neuer Befehl kann eingegeben werden
[Strg] [Q]	Drucker schreibt Befehlsablauf mit

2.5.4   Der AutoCAD-Bildschirm

Wenn AutoCAD installiert ist, erscheint der Zeichnungseditor auf dem Bildschirm (Bild 2-6).

Wenn Sie eine neue Zeichnung erstellen wollen, so wählen Sie mit Ihrem Zeigegerät im Abrollmenü links oben **<DATEI> <Neu>**. Nun können Sie auswählen, ob Sie einen <prototyp>, <kein prototyp> oder eine <vorgabe verwenden> wollen. Für Prototyp oder Vorgabe können Sie verschiedene Namen bereits vorhandener Zeichnungen eingeben.

Hinweis! als Prototypzeichnung wird normalerweise die Standard-Prototypdatei *acad.dwg* gewählt.

Anschließend geben Sie den Namen und gegebenenfalls das Verzeichnis Ihrer neuen Zeichnung ein. Mit Ihrem Zeigegerät können Sie nun den <ok>-Schalter anpicken, worauf AutoCAD wieder in den Zeichnungseditor zurückschaltet. Sehen Sie hierzu Bild 2-6.

Bild 2-6
Der Auto-
CAD12-
Bildschirm

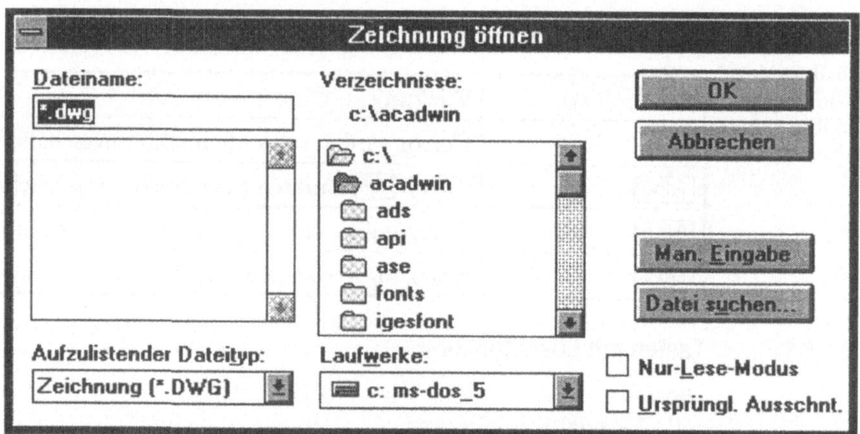

Wollen Sie eine bereits vorhandene Zeichnung ändern, so wählen Sie mit Ihrem Zeigegerät ebenfalls **<DATEI>** und anschließend **<Öffnen>**. Wenn Sie vor der Eingabe dieses Befehls bereits mit AutoCAD gearbeitet haben, können Sie die zuvor erstellte Zeichnung zunächst in einem Dialogfenster sichern. Anschließend öffnet sich ein Dialogfenster mit dem Titel „Zeichnung öffnen". Geben Sie in diesem Fenster den Zeichnungsnamen und das Verzeichnis ein, oder picken Sie mit Ihrem Zeigegerät diejenige Zeichnung im Auswahlfenster an, welche Sie öffnen möchten. Bestätigen Sie dies durch ⏎ oder durch Anpicken des **<ok>**-Schalters mit Ihrem Zeigegerät (Bild 2-7).

Bild 2-7
Dialogfenster
Neue Zeich-
nung laden

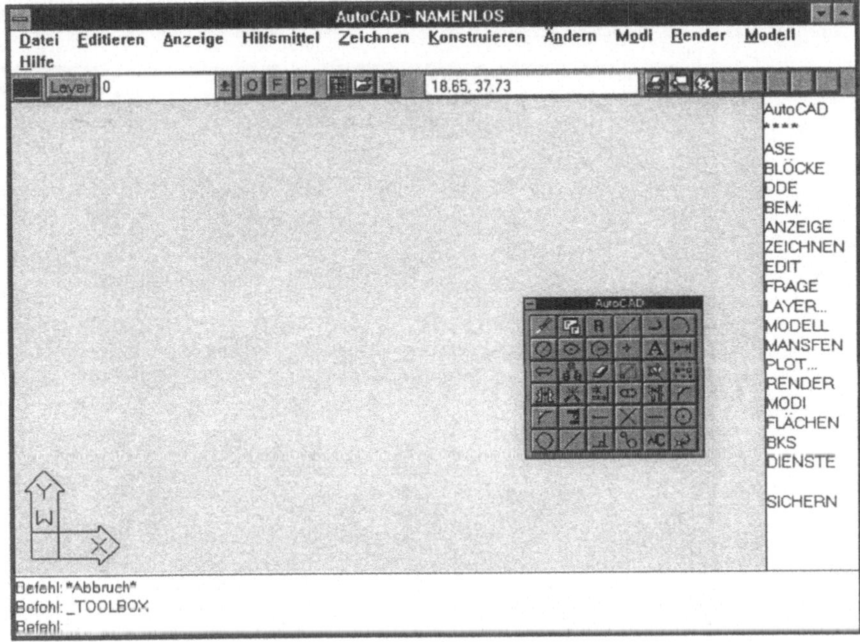

Den größten Teil des Bildschirms nimmt der *Grafikbereich* ein. In diesem Bereich wird gezeichnet. Im oberen Bereich des Grafikfeldes werden Angaben über die aktuelle Zeichenebene (Layer, s. Abschn. 4.3) und die Koordinaten des Cursors gemacht. Der Cursor befindet sich in der unteren linken Ecke und ist erst nach einer Bewegung mit den Cursortasten oder dem Zeigegerät nach oben rechts sichtbar. Auf der rechten Bildschirmseite befindet sich der *Bildschirm-Menübereich.* Am unteren Bildschirmrand befindet sich das *Anfrage- oder Befehlsfeld.* Hier werden die Befehle angezeigt, die entweder direkt über die Tastatur oder über den Menübereich eingegeben werden. Wenn Sie die F1-Taste drücken, verschwindet die Bildschirmaufteilung und es wird nur noch der Text des Befehlsfeldes angezeigt. Bei zwei Bildschirmen gibt es einen Text- und einen Grafikbildschirm, in die Sie durch Drücken der F1-Taste wechseln können. Mit der F1-Taste schaltet man wieder in den Grafikbildschirm.

Die AutoCAD Version 12 bietet noch zusätzliche Menüs an. Diese sind nur mit einem Zeigegerät (Maus, Digitizer oder Touch Pen) zugänglich. Fahren Sie dazu mit Ihrem Zeigegerät am oberen Bildschirmrand von links nach rechts. Es tauchen nacheinander verschiedene sogenannte Abrollmenüs auf (Bild 2-8). Von links nach rechts lautet die Reihenfolge:

Datei, Hilfen, Zeichnen, Konstruieren, Ändern, Anzeige, Modi, Render, Modell.

Bild 2-8
Abrollmenüs

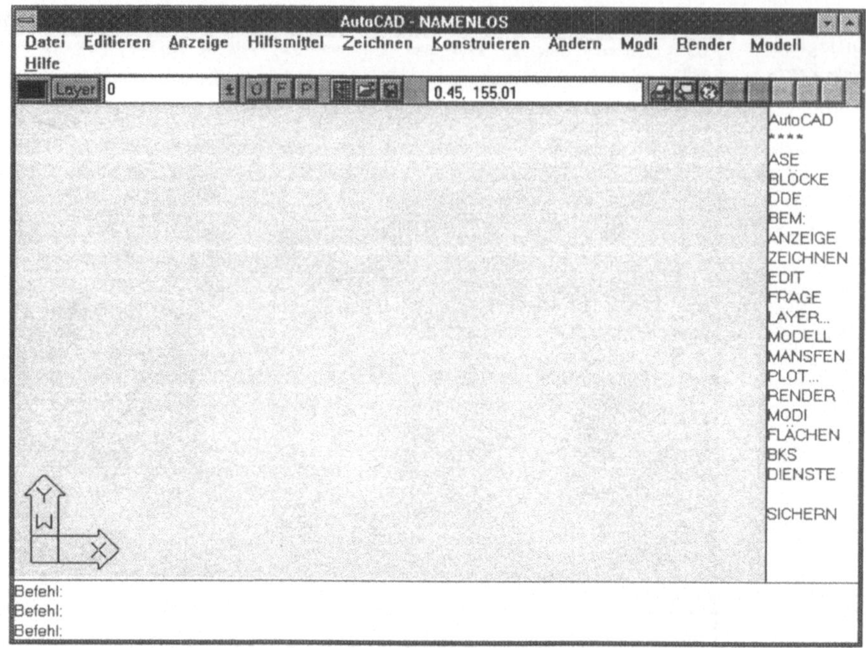

Jedes dieser Menüs besteht aus weiteren Untermenüs, die sichtbar werden, sobald Sie ein Menü über den Pickknopf Ihres Zeigegerätes gewählt haben. Die Befehle des Untermenüs lassen sich ebenfalls über den Pickknopf Ihres Zeigegeräts anwählen. Das Standardbildschirmmenü sowie die Standardabrollmenüs können nach Ihren Bedürfnissen verändert werden. (Die einzelnen Abrollmenüs sind in Abschnitt 13.5 zusammengestellt).

AutoCAD 12 kennt außerdem noch 2 weitere Bildschirmarten:

☐ den Bildschirm mit einem Bildmenü,

☐ den Bildschirm mit einem Dialogfenster.

a) Bildschirm mit einem Bildmenü

Für ein Bildmenü muß ein geeigneter Bildschirmtreiber vorhanden sein. Ansonsten wird das Bildmenü ignoriert. Wählt man beispielsweise das Abrollmenü *Zeichnen*, dort das Untermenü *Schraffur*, dann *Schraffuroptionen* und anschließend das Feld *Muster*, erscheint ein Bildmenü mit dem Titel *Schraffurmuster-Wahl*.

Bild 2-9
Dialogfenster
Schraffurmuster

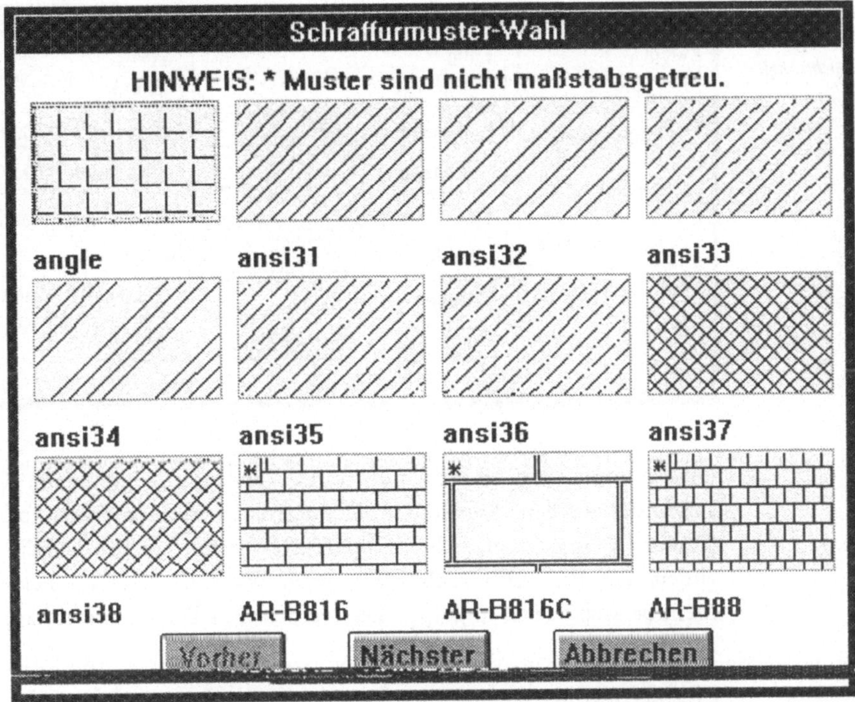

In dem Bildmenü befindet sich ein Pfeil, der sich mit dem Zeigegerät bewegen läßt. Wird dieser Pfeil über eines der Kästchen geführt, die neben den Schraffurmustern sind, dann leuchtet dieses auf. Drückt man jetzt den Pickknopf des Zeigegerätes, so ist die angewählte Schraffur ausgewählt. Wählt man das Kästchen für *Nächster*, so werden weitere Schraffurmuster angezeigt.

Hinweis! Wenn Sie sich in einem Bildmenü befinden, müssen Sie eine Eingabe mit dem Zeigegerät machen. Eine Eingabe über die Tastatur ist nicht möglich.

b) Der Bildschirm mit einem Dialogfenster

Bei einigen Befehlen erscheint unter AutoCAD 12 ein Dialogfenster. Bild 2-10 zeigt das Dialogfenster für die Zeichnungshilfen (unter Abrollmenü Modi).

Bild 2-10
Dialogfenster
Zeichnungs-
hilfen

Die Dialogfenster können nur unter Verwendung geeigneter Grafikkarten verwendet werden. Sobald ein Dialogfenster erscheint, verwandelt sich der Cursor in einen Pfeil. Jedes Dialogfenster besitzt ein Feld „OK", die meisten zudem ein Feld „Abbruch". Erst nach Wahl eines dieser Felder kann der Menübereich wieder angesprochen werden. Ein Dialogfenster kann vier Felder aufweisen:

- Überprüfungsfelder,

- Ausführungsfelder,

- Eingabefelder,

- Anfragefelder.

Ein *Überprüfungsfeld* ist ein kleines Rechteck mit einem Häkchen. Meist wird damit aus einer Möglichkeit ausgewählt, beispielsweise eine bestimmte Isoebene (Bild 2-11).

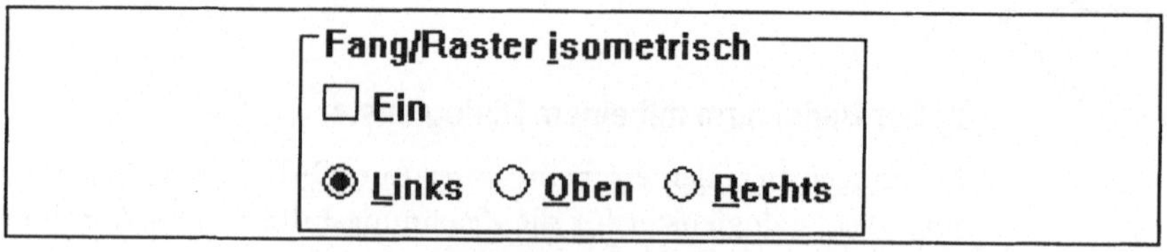

Bild 2-11
Überprüfungs-
feld Isoebene

Werden voneinander abhängige Überprüfungsfelder bearbeitet, so werden die Häkchen entsprechend verwaltet, d. h. ein „Abhaken" eines Feldes führt auch zum Abhaken des von ihm abhängigen Feldes.

Ein *Ausführungsfeld* führt die gewählte Funktion aus. Die am meisten verwendeten sind „Abbruch", „Lösch" und „OK".

Über ein *Eingabefeld* kann ein Wert oder eine Zeichenkette eingegeben werden. Als Beispiel zeigen wir das Eingabefeld für den Layernamen (unter Abroll-menü Modi, Layersteuerung).

Bild 2-12
Dialogfeld
Layersteuerung

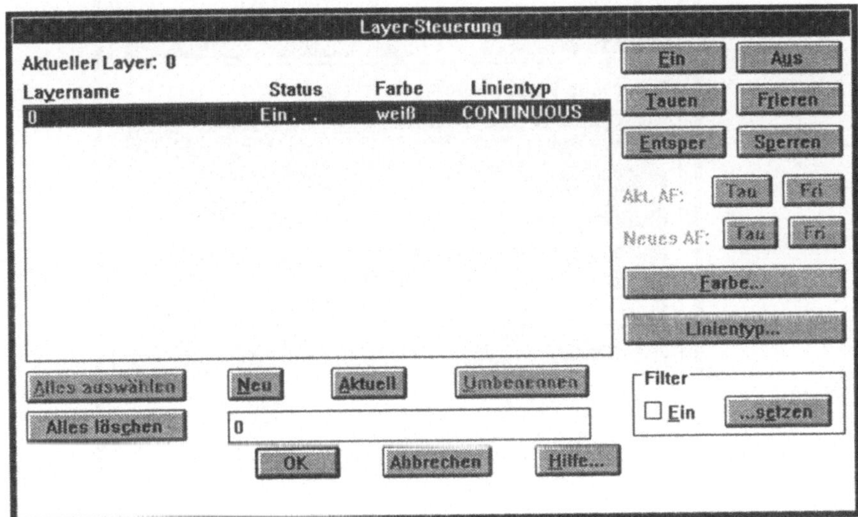

Setzen Sie den Pfeil auf das entsprechende Feld, das dann ausgeleuchtet wird. Wenn Sie dieses Feld anpicken, können Sie den Wert direkt über die Tastatur eingeben.

Die Eingaben werden übernommen, wenn das Feld „OK" gepickt wird. Bei Auswahl des Feldes „Abbruch" wird der Befehl abgebrochen. Eine Falschein-gabe kann durch Auswahl des Feldes „Lösch" gelöscht werden.

Ein *Anfragefeld* sieht wie ein *Eingabefeld* aus. Wenn es gewählt wird, erscheint aber ein Dialogfenster, über das der gewünschte Wert eingegeben werden kann. Dieser Wert wird im Anfragefenster anschließend angezeigt.

Als Beispiel wird die Farbe des Layers 0 von weiß auf blau geändert. Dazu wird der Pfeil auf das entsprechende Feld für den Layer 0 (weiss) gerichtet und der Pickknopf gedrückt. Die Zeile des Layer 0 wird ausgeleuchtet. Nun kann das Feld für Farbe angepickt werden. Folgendes Dialogfenster erscheint (Bild 2-13).

Bild 2-13
Dialogfeld
Farbe
auswählen

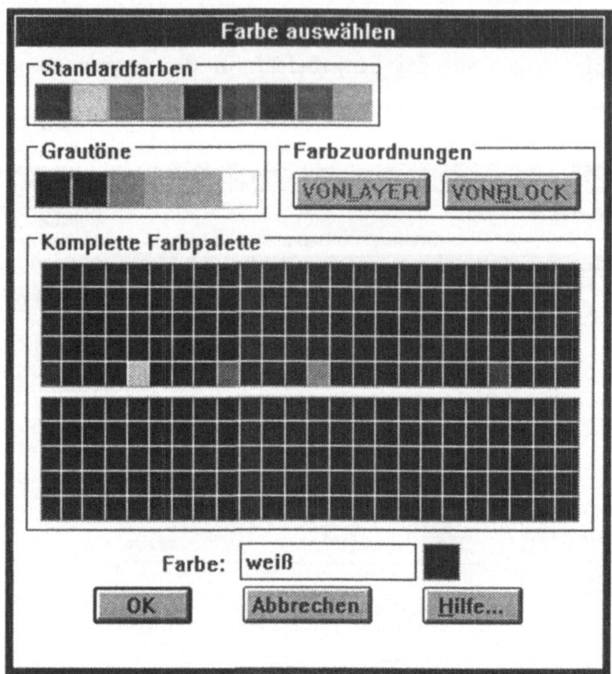

Der Pfeil wird auf das blaue Feld gerichtet und der Pickknopf gedrückt. Danach erscheint als Bestätigung der Name „blau" und ein blaues Kästchen hinter „Farbe". Anschließend wird der Pfeil zum „OK"-Feld gebracht und der Pickknopf gedrückt. Es erscheint das Dialogfenster „Layer modifizieren" mit der geänderten Farbe.

Alle Befehle, die ein Dialogfenster benützen, haben als Kennzeichen ein DD als Anfangsbuchstaben. Es sind dies:

- DDATTE
- DDBKS
- DDEDIT
- DDLMODI
- DDOMODI
- DDRMODI.

2.6 Eingabe der Befehle

Wenn im Befehlsbereich das Wort <Befehl:> steht, erwartet AutoCAD eine Befehlsanweisung. Eine Liste der zur Verfügung stehenden Befehle wird durch Eingabe des Befehls **HILFE** und durch Drücken der ↵-Taste auf dem Bildschirm angezeigt. Im Hilfsmenü bewegen Sie sich mit dem Zeigegerät. Picken Sie **<Index>** an, um eine Auswahl an verschiedenen Hilfepunkten zu bekommen. Picken Sie den gewünschten Punkt an, und es erscheint die Hilfe zum angepicktem Thema. Sie können das Hilfsmenü durch Anpicken von **<ok>** oder **<abbrechen>** wieder verlassen.

Ein Befehl kann unter AutoCAD auf verschiedene Weise eingegeben werden:

1. Vollständige Eingabe über die Tastatur,

2. Eingabe über das Bildschirmmenü,

3. Eingabe über das Tablettmenü,

4. Eingabe über das Knopfmenü,

5. Eingabe über Abrollmenüs.

2.6.1   Vollständige Eingabe über Tastatur

Der Befehl wird *vollständig über die Tastatur* eingetippt und anschließend mit der ⏎-Taste bestätigt (der Menübereich ändert sich dadurch nicht). Diese Eingabe wird in diesem Buch durch <u><...></u> gekennzeichnet.

2.6.2   Eingabe über das Bildschirmmenü

Das Bildschirmmenü befindet sich auf der rechten Seite des Bildschirms (Bild 2-6). Die Vielzahl der Befehle ist in drei Ebenen gegliedert. Damit wir wissen, auf welcher Befehlsebene wir uns befinden, wurden die in Abschnitt 2.5 vorgestellten unterschiedliche Bezeichnungen gewählt (*Menü* für das Hauptmenü, *Funktion* für die erste Unterebene und *Befehl* für die zweite Unterebene).

2.6.2.1 Befehlsauswahl

Die Auswahl der einzelnen Befehle kann entweder über ein *Zeigegerät* oder über die *Tastatur* vorgenommen werden.

a) Auswahl über ein Zeigegerät

Wir verstehen unter Zeigegeräten Geräte für die *grafische Eingabe*. Dies sind eine Maus, ein Tablett oder ein TouchPen.

Die **Maus** wird auf dem Tisch verschoben. Dabei verändert sich die Stellung des Fadenkreuzes auf dem Grafikbildschirm. Um einen Punkt im Zeichenbereich festzulegen oder einen Befehl einzugeben, wird die Maus an die betreffende Position gefahren und durch Drücken des *Pickknopfes* der gewünschte Befehl oder der Punkt „gepickt".

Das **Tablett** kann ähnlich einer Maus benützt werden. Man bewegt das Zeigegerät aber auf dem Tablett. Bei der Verwendung eines Tabletts eröffnen sich zwei besondere Vorteile:

❏ Digitalisierung vorhandener Zeichnungen

Eine bereits erstellte Zeichnung kann auf den Bildschirm kopiert werden;

❏ spezielle Befehlsmenüs

Es ist möglich, bis zu vier Menübereiche zu definieren.

Mit dem **TouchPen** können Befehle aus dem Bildschirmmenü ausgewählt, oder es kann ein Punkt markiert werden.

Hinweis! Im folgenden sprechen wir nur noch von Zeigegeräten und meinen eines der oben beschriebenen drei möglichen Geräte.

Um einen Befehl auszuwählen, wird das Zeigegerät auf den gewünschten Befehl geführt, der dann hell aufleuchtet, und der jeweilige Knopf des Zeigegerätes gedrückt.

b) Auswahl über die Tastatur

Durch Drücken der ⌊Einfg⌋-Taste gelangt man in den Menübereich. Mit den Cursor-Tasten wird der entsprechende Befehl angefahren (erkennbar an der gelben Unterlegung) und durch Drücken der ⌊↵⌋-Taste ausgewählt. Die meisten Befehle oder Dateneingaben können auch durch Drücken der ⌊____⌋-Taste abgeschlossen werden. Texte, die Leerzeichen enthalten, müssen mit der ⌊↵⌋-Taste beendet werden. In diesem Buch werden aus Gründen der Einfachheit alle Eingaben mit der ⌊↵⌋-Taste abgeschlossen.

Durch Drücken der ⌊Entf⌋-Taste gelangen Sie in den Grafikbereich des Bildschirms.

Der gewünschte Befehl kann auch *teilweise* über die *Tastatur* eingetippt werden. Wieviele Zeichen Sie eingeben müssen, hängt davon ab, wieviele Befehle mit demselben Buchstaben beginnen. Sobald die eingegebene Zeichenfolge den Befehl eindeutig identifiziert, leuchtet er im Menüfeld hell auf. Durch Drükken der ⌊Entf⌋-*Taste* wird dieser Befehl dann ausgewählt.

Ein Beispiel soll dies verdeutlichen:

Im Menübereich erscheint folgende Auswahl:

>   ZEICHNEN
>
>   Z
>
>   EDIT

Wird e eingetippt, dann leuchtet der Befehl **EDIT** auf.

Tippt man ein z ein, so leuchtet der Befehl **Z** auf. Erst bei der weiteren Eingabe eines e (Zeichenfolge ze) leuchtet der Befehl **ZEICHNEN** auf.

2.6.2.2 Standardbildschirmmenü

Zunächst wenden wir uns dem Hauptmenü des Zeichnungseditors zu (Bild 2-14).

```
AutoCAD
****

ASE
BLÖCKE
DDE
BEM:
ANZEIGE
ZEICHNEN
EDIT
FRAGE
LAYER...
MODELL
MANSFEN
PLOT...
RENDER
MODI
FLÄCHEN
BKS
DIENSTE


SICHERN
```

Bild 2-14
Bildschirm-
menü des
Zeichnungs-
editors

In jedem Menü findet sich das Zeichen <****>. Es entspricht dem Untermenü **OFANG,** d. h. Objektfang.

Die Eingabe von <LETZTES> führt in das vorherige Menü zurück.

Hinweis! Ein Befehl, der nur mit Großbuchstaben geschrieben ist, führt in ein Untermenü.

Ein Befehl, der mit einem Doppelpunkt endet, führt in ein Untermenü und beginnt mit der Durchführung des Befehls.

Sind Worte klein oder groß und klein geschrieben, können sie nur nach Wahl eines Befehls aufgerufen werden. Dies sind keine eigentliche Befehle.

2.6.3   Eingabe über das Tablettmenü

Das Tablett kann auch als *Befehlsschablone* verwendet werden. AutoCAD liefert dazu ein Standardtablett-Menü an. Hierbei entsprechen genau festgelegte Teile des Tabletts vorgegebenen Befehlen. Eine Befehlsschablone ermöglicht das schnelle Auffinden der gesuchten Befehle. Tablettmenü und Bildschirmmenü sind gekoppelt, so daß sich der Bildschirmmenübereich ändert, wenn ein Befehl auf dem Tablett aufgerufen wird.

Eine nähere Beschreibung des Tablettmenüs und seiner Konfiguration folgt in Abschnitt 2.10.1.

2.6.4   Eingabe über ein Knopfmenü

Hat das Zeigegerät mehrere Knöpfe, so können die nicht zur Positionierung benötigten Knöpfe mit anderen Befehlen belegt werden. Diese Befehle sind abhängig vom Zeigegerät.

2.6.5   Befehlswiederholung

Soll ein Befehl wiederholt werden, ist lediglich die ⏎-Taste zu betätigen.

2.6.6   Übernahme von Vorgaben

Besteht eine Auswahlmöglichkeit aus verschiedenen Befehlen oder numerischen Eingabewerten, so schlägt AutoCAD meist eine durch spitze Klammern < > angezeigte Möglichkeit vor. Durch Drücken der ⏎-Taste kann sie übernommen werden, beispielsweise:

Radius <5>:

Durch Drücken der ⏎-Taste wird der Wert 5 als Radius eingegeben.

2.6.7   Transparente Befehle

Transparente Befehle sind Befehle, die auch aufgerufen werden können, *während* ein anderer Befehl gerade ausgeführt wird. Diese Befehle sind durch einen *vorangestellten Apostroph* (') gekennzeichnet. (Selbstverständlich können die Befehle auch normal, d. h. ohne Apostroph, verwendet werden).

2.7   Dateneingabe

Werden als Eingabe *Koordinatenwerte*, beispielsweise die Position eines Punktes verlangt, bietet AutoCAD mehrere Möglichkeiten der Eingabe an (s. Bild 2-15).

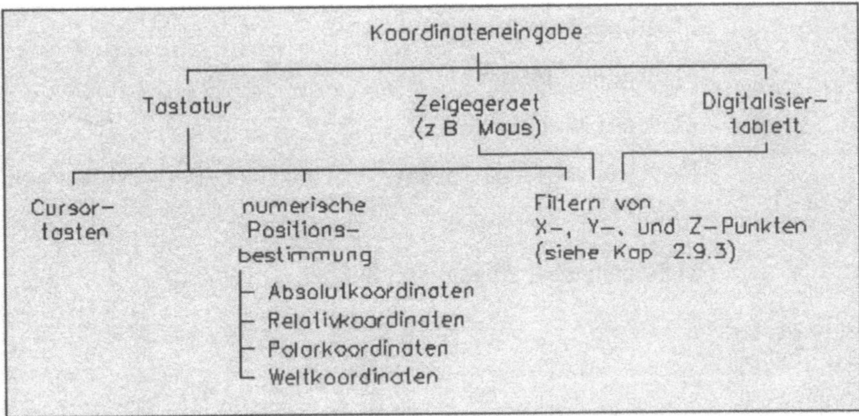

Bild 2-15
Möglichkeiten
der Koordi-
nateneingabe

2.7.1   Bewegen des Strichkreuzes

Das Strichkreuz im Zeichenfeld kann mit Hilfe des Zeigegerätes oder den Cursortasten der Tastatur in die gewünschte Position gebracht werden.

a) Bewegen des Strichkreuzes durch das Zeigegerät

Das Strichkreuz folgt dem Zeigegerät und kann damit positioniert werden. Wurde der gewünschte Punkt durch Knopfdruck eingegeben, verschwindet das Strichkreuz, und es erscheint stattdessen ein *Konstruktionskreuz*. Das Konstruktionskreuz verschwindet, wenn die Befehle **NEUZEICH** oder **REGEN** (von regenerieren) eingegeben werden.

b) Bewegen des Strichkreuzes mit Hilfe der Cursortasten

Wird das Strichkreuz mit den Cursortasten bewegt, ist folgendes zu beachten:

1. Durch Drücken der Pfeiltasten kann das Strichkreuz über den Bildschirm bewegt werden.

2. Die Schnelligkeit der Strichkreuzbewegung läßt sich mit den Tasten `Bild ↑` bzw. `Bild ↓` um den Faktor 10 beschleunigen bzw. verlangsamen.

3. Ist die gewünschte Position erreicht, wird diese durch Drücken der Taste [⎯⎯⎯] in den Rechner eingegeben.

4. Wird die `Einfg`-Taste gedrückt, verschwindet das Strichkreuz aus dem Grafikbereich, und es wird in den Menübereich umgeschaltet.

2.7.2   Numerische Eingabe der Koordinaten über die Tastatur

Die Koordinaten eines Punktes können auch über die Tastatur eingegeben werden, ohne daß sich die Lage des Strichkreuzes auf dem Bildschirm ändert. Je nach Zeichenproblem sind folgende Eingaben möglich:

☐ Absolutkoordinaten,

☐ Relativkoordinaten,

☐ Polarkoordinaten.

Dies wird im folgenden für den Punkt P(4,5) mit den Koordinaten 4 und 5 ausgeführt.

a) Eingabe über Absolutkoordinaten

Bild 2-16
Eingabe über
Absolut-
koordinaten

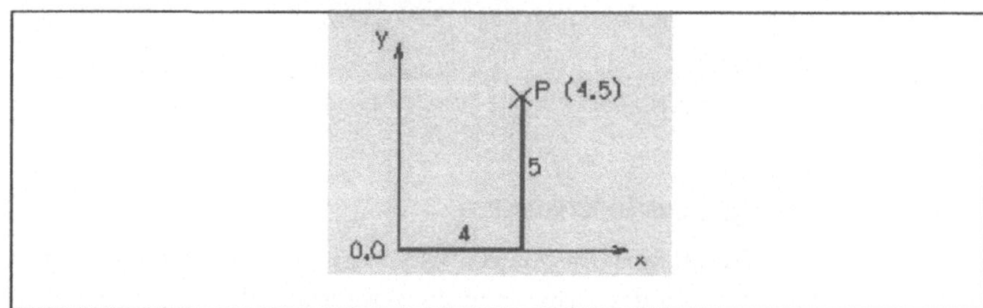

Die Absolutkoordinaten von P sind **4** und **5**. Deshalb erfolgt die Eingabe: <u>4,5</u>.

b) Eingabe über Relativkoordinaten

Bild 2-17 Ein-
gabe über
Relativ-
koordinaten

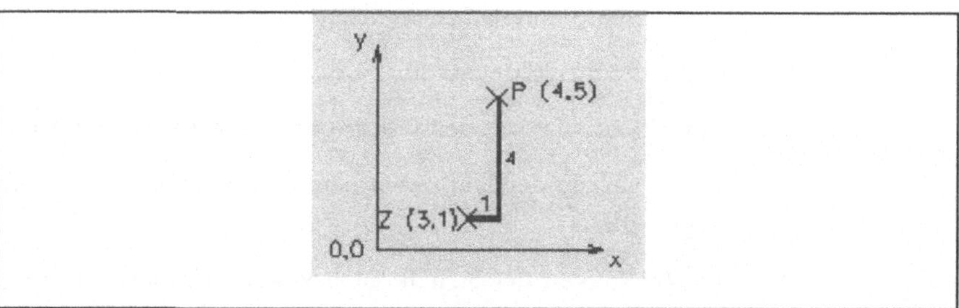

Ist der Punkt Z(3,1) der zuletzt eingegebene Punkt, so hat der Punkt P(4,5) relativ zu diesem Punkt die *Relativkoordinaten* (1,4). Um diese Koordinaten als *Relativkoordinaten* zu *kennzeichnen*, muß vor den Zahlenwerten das *Zeichen* @ eingegeben werden. Eingabe: <u>@1,4</u>.

Hinweis! Das „Klammeraffenzeichen" wird durch die Tastenkombination [AltGr] + [Q] eingegeben

c) Eingabe über Polarkoordinaten

Bild 2-18
Eingabe über
Polar-
koordinaten

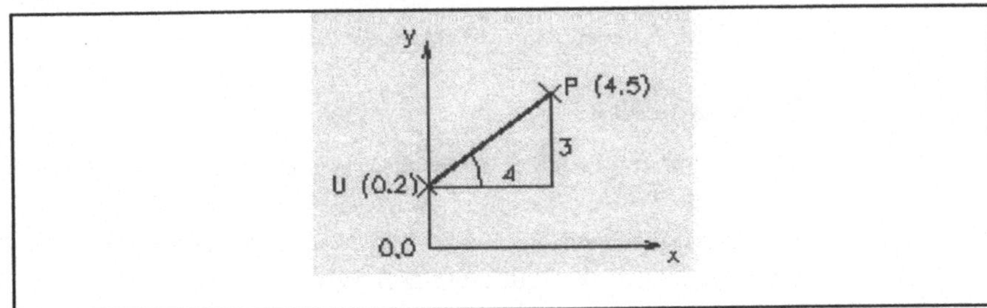

Ist U(0,2) der zuletzt eingegebene Punkt mit den Absolutkoordinaten (0,2), so hat der Punkt P(4,5) relativ dazu die *Polarkoordinaten (5,36.87)*.

Da Polarkoordinaten den *Abstand* beider Punkte und den zugehörigen *Winkel* angeben, beträgt der Abstand zwischen P und U nach Pythagoras die Wurzel aus $(4^2 + 3^2) = 5$. Der Winkel zwischen den beiden Punkten errechnet sich zu $\tan = 3/4 = 0{,}75$. Der Winkel beträgt deshalb $36{,}87^{\circ}$. Deshalb lautet die Eingabe folgendermaßen:

Eingabe: <@5<36.87>

Hinweis! Bezugspunkt bei der Eingabe der Relativkoordinaten oder der Polarkoordinaten ist der jeweils zuletzt eingegebene Punkt.

Die Winkel werden normalerweise in Dezimalgrad angegeben. Mit dem Befehl **EINHEIT** können auch andere Winkelangaben (z.B. im Bogenmaß) eingestellt werden.

2.7.3   Koordinateneingabe über Filter

Mit der Eingabe über *Filter* können bereits bekannte Koordinatenwerte (für 2D- und 3D-Punkte) mit einem Zeigegerät *übernommen* werden. Eventuell fehlende Koordinaten werden von AutoCAD automatisch angefordert (Sie sehen die Meldung:„benötige *.Koordinate*") und können über die Tastatur eingegeben werden.

Ein Beispiel soll dies erläutern: Der Anfangspunkt einer Linie soll festgelegt werden, wobei die x-Koordinate übernommen wird. AutoCAD fordert Sie dann mit „benötige Y" zur Eingabe der zugehörigen y-Koordinate auf:

Befehl: <LINIE>
Von Punkt: <.X> *Eingabe eines Punktes*
(benötige Y) <7>
Nach Punkt:

2.7.4   Übernahme der letzten Koordinaten

Gibt man bei der Frage nach der Koordinateneingabe nur <@> ein, so werden
die zuletzt eingegebenen Koordinaten übernommen.

2.7.5   Weltkoordinaten

Üblicherweise werden Punkte im aktuellen Benutzerkoordinatensystem (BKS)
dargestellt. Sollen Punkte im *Weltkoordinatensystem* definiert werden, muß den
Koordinatenwerten das Zeichen "*" vorangestellt werden (z. B. *3,4). Dies gilt
auch für relative Koordinaten (z.B. @*0,1,6)

2.8   Verändern des eingestellten Status des Computers

Damit Sie Ihre Eingaben und Ihre Zeichnungen mit denen des Buches ver-
gleichen können, müssen Sie folgende Parameter einstellen:

1. Zeichnungslimiten

2. Anzeige

3. Fangauflösung

4. Rasterwert

5. Zeichnungshilfen

6. Objektfangmodus.

Achtung! Da Sie sich auf jeden Fall nach dem Starten von AutoCAD 12 bereits im Zeichnungsmodus befinden, sehen Sie das Menü im rechten Bildschirmrand. In diesem Menü können Sie direkt die unten angegebenen Einstellungen vornehmen.

2.8.1   Einstellen der Zeichnungslimiten

Mit der Funktion **LIMITEN** werden die *Zeichnungsgrenzen* festgelegt. Damit
wird, bildlich gesprochen, Ihre Papiergröße festgelegt, innerhalb derer Sie
konstruieren können. Diese Funktion erfüllt die beiden folgenden Aufgaben:

a) Sichtbares Raster

Nur innerhalb der festgelegten LIMITEN kann ein sichtbares Raster einge-
blendet werden.

b) Vergrößern der Zeichnung

Nur der Zeichenbereich, der in den festgelegten Grenzen (LIMITEN) liegt,
kann mit dem Befehl <ZOOM: Alles> auf den ganzen Bildschirm gebracht
werden. Zu der Funktion LIMITEN gelangen wir über den Menü-Befehl
MODI:

<MODI>   Auswahl des Menü-Befehls MODI.

Anschließend wird die Funktion LIMITEN aufgerufen:

<LIMITEN>   Auswahl der Funktion LIMITEN.

Folgendes Eingabefeld wird daraufhin sichtbar:

Ein/Aus/<Linke untere Ecke> <0.00,0.00>:

Um die LIMITEN unseren Vorgaben anzupassen, werden für die linke untere Ecke die Koordinaten (0,0) und für die obere rechte Ecke die Koordinaten (410,287) eingegeben. Da dies die Standardeinstellung ist, können die Vorgaben durch Drücken der ⏎-Taste bestätigt werden:

Ein/Aus/linke untere Ecke <0.00,0.00)>: ⏎.

Obere rechte Ecke <410,287>: ⏎.

Die Funktion **LIMITEN** kann **Ein-** und **Aus-**geschaltet werden. Bei der Stellung **Ein** wird jedes Zeichnungselement daraufhin überprüft, ob es vollständig innerhalb der festgesetzten Grenzen liegt. Ist dies nicht der Fall, so erscheint die Fehlermeldung:

ausserhalb Limiten.

Wird die Funktion LIMITEN **Aus-**geschaltet, dann unterbleibt diese Prüfung. Da die Werte für LIMITEN aber gespeichert bleiben, kann diese Überwachung jederzeit mit **Ein** wieder eingeschaltet werden.

Mit der Funktion **STATUS** werden die Einstellungen angezeigt. Dazu verlassen wir mit dem Befehl <AUTOCAD>   das MODUS-Menü und gelangen über den Menü-Befehl **FRAGE** zur Funktion **STATUS**.

<FRAGE>   Auswahl des Menü-Befehls FRAGE.

<STATUS>   Anzeige der eingestellten Parameter (STATUS).

Bild 2-19 zeigt die Einstellungen zum Arbeiten mit AutoCAD.

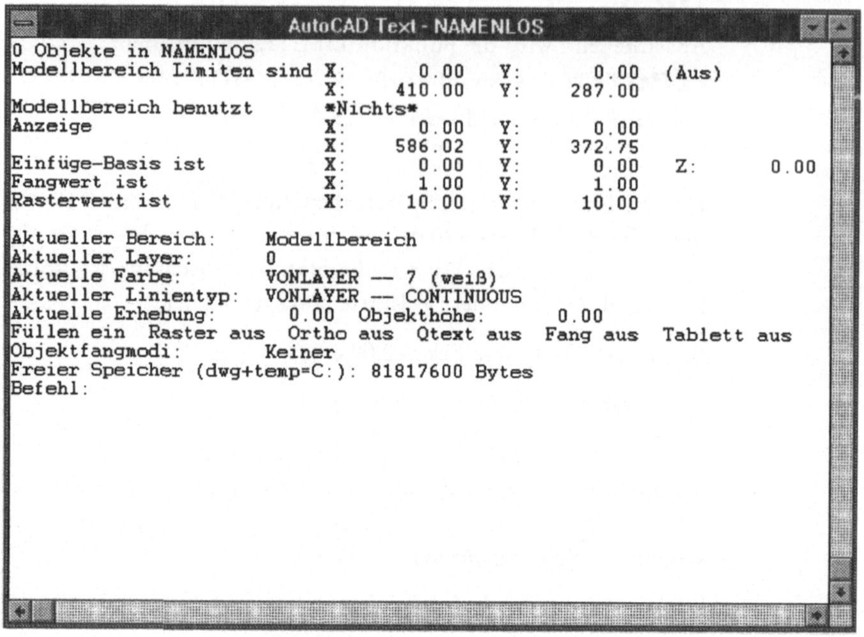

Bild 2-19
Standard-
Einstellungen
für AutoCAD

```
AutoCAD Text - NAMENLOS
0 Objekte in NAMENLOS
Modellbereich Limiten sind X:       0.00   Y:       0.00   (Aus)
                           X:     410.00   Y:     287.00
Modellbereich benutzt      *Nichts*
Anzeige                    X:       0.00   Y:       0.00
                           X:     586.02   Y:     372.75
Einfüge-Basis ist          X:       0.00   Y:       0.00   Z:       0.00
Fangwert ist               X:       1.00   Y:       1.00
Rasterwert ist             X:      10.00   Y:      10.00

Aktueller Bereich:     Modellbereich
Aktueller Layer:       0
Aktuelle Farbe:        VONLAYER -- 7 (weiß)
Aktueller Linientyp:   VONLAYER -- CONTINUOUS
Aktuelle Erhebung:       0.00  Objekthöhe:       0.00
Füllen ein  Raster aus  Ortho aus  Qtext aus  Fang aus  Tablett aus
Objektfangmodi:        Keiner
Freier Speicher (dwg+temp=C:): 81817600 Bytes
Befehl:
```

Um zum Grafikbildschirm zurückzugelangen, wird die Taste ⒡ gedrückt.

2.8.2   Einstellung der Fangauflösung

Um bequemer zeichnen zu können, kann der Zeichnung ein unsichtbares Raster unterlegt werden. Ist der Fangmodus eingeschaltet, kann sich der Cursor bzw. das Fadenkreuz nur noch auf den Rasterpunkten bewegen.

Hinweis: Hinweis! Wenn Sie das Fangraster ändern, werden bereits erstellte Zeichnungen davon nicht beeinflußt. Die Änderung wirkt nur auf die anschließend eingegebenen Punkte.

Befehl: **<FANG>**

Fangwert oder Ein/Aus/ASpekt/Drehen/Stil <1.00>: ⏎

Der Fangwert von 1 wird übernommen.

Damit der Fangmodus auch wirksam wird, muß er durch die Eingabe von **Ein** aktiviert werden. Dies soll jedoch im Augenblick unterbleiben.

Hinweis: Hinweis! Das Ein- und Ausstellen des Fangmodus kann auch direkt über die Taste ⒡⒐ erfolgen.

Weitere Möglichkeiten des Befehls **FANG** sind in Abschnitt 8.2.2 zu finden.

2.8.3 Einstellung des sichtbaren Rasters

Die Zeichnung kann mit einem Punkte-Raster hinterlegt werden. Dazu dient die Funktion **RASTER**. Mit ihr können die Punktabstände festgelegt und das Raster ein- und ausgeschaltet werden.

Hinweis: Hinweis! Das Raster dient lediglich der besseren Einschätzung der Größenverhältnisse der gezeichneten Teile. Es ist also kein Bestandteil der Zeichnung. Deshalb wird das Raster auch nicht mit ausgeplottet.

Um das Raster einzustellen, muß folgendes eingegeben werden:
Befehl: <**RASTER**>
Rasterwert(X) oder Ein/Aus/Fang/ASpekt <10.00>: ⏎

Damit wurde der Rasterwert auf 10 gesetzt.

Um die Rasterfunktion einzuschalten, wird der Befehl wiederholt und <**Ein**> eingegeben.

Hinweis: Hinweis! Das Raster läßt sich auch mit der Taste ⟨F7⟩ ein- und ausschalten.

In Tabelle 2-5 sind weitere Möglichkeiten der Funktion RASTER aufgeführt.

Tabelle 2-5
Einstellmöglichkeiten für die Funktion RASTER

Möglichkeiten	Wirkung
Der Abstand der Rasterpunkte soll ein Vielfaches der Fangrasterpunkte betragen	Befehl: <RASTER> Wert(X)...: <6X> (sechsfacher Fangwert)
Der Abstand der Rasterpunkte soll gleich dem Abstand der Fangrasterpunkte sein	Befehl: <RASTER> Wert(X)...: <Fang>
Eingabe unterschiedlicher horizontaler und vertikaler Abstände (auch Vielfache der Fangrasterabstände)	Befehl: <RASTER> Wert(X)...: <Aspekt> Horizontaler Abstand(X): <5> Vertikaler Abstand(X): <2>

2.8.4 Einstellung der Zeichnungshilfen

Über folgende Tasten können die Zeichnungshilfen ein- und ausgeschaltet werden (Tabelle 2-6).

Tabelle 2-6
Funktions-
tasten zum
Ein- und
Ausschalten
der Zeich-
nungshilfen

Taste	Wirkung
F7	Raster ein und aus
F8	Orthogonalverschiebung ein und aus; in dieser Einstellung wird nur die Horizontal- oder Vertikal-komponente einer Bewegung ausgeführt
F9	Fangmodus ein oder aus
F10	Konfiguriertes Tablettmenü ein oder aus

2.8.5   Einstellen des Objektfangmodus

Wird ein Objekt durch ein Zeigegerät angewählt, hängt es vom Objektfangmodus ab, welcher Punkt des Objektes zur Konstruktion benutzt wird. Da
kein Objektfangmodus eingestellt werden soll, geben wir ein:

Befehl: **<OFANG>**

Objektfang-Modi: **<Keiner>**

(Eine genaue Beschreibung des Befehls **OFANG** finden Sie in Abschnitt 7).

Durch Aufrufen der Funktion **STATUS** können Sie sich die Einstellungen
ansehen, die mit denen Ihres Computers übereinstimmen sollten, damit Sie
die folgenden Abschnitte genau verfolgen können.

Bild 2-20
Einstellungen
des Rechners

```
┌─────────────────────  AutoCAD Text - NAMENLOS  ──────────────────────┐
0 Objekte in NAMENLOS
Modellbereich Limiten sind X:        0.00   Y:        0.00   (Aus)
                           X:      410.00   Y:      287.00
Modellbereich benutzt      *Nichts*
Anzeige                    X:        0.00   Y:        0.00
                           X:      586.02   Y:      372.75
Einfüge-Basis ist          X:        0.00   Y:        0.00   Z:      0.00
Fangwert ist               X:        1.00   Y:        1.00
Rasterwert ist             X:       10.00   Y:       10.00

Aktueller Bereich:      Modellbereich
Aktueller Layer:        0
Aktuelle Farbe:         VONLAYER -- 7 (weiß)
Aktueller Linientyp:    VONLAYER -- CONTINUOUS
Aktuelle Erhebung:        0.00  Objekthöhe:       0.00
Füllen ein  Raster aus  Ortho aus  Qtext aus  Fang aus  Tablett aus
Objektfangmodi:         Keiner
Freier Speicher (dwg+temp=C:): 81817600 Bytes
Befehl:
```

2.9 Einstellen der Peripheriegeräte auf eine ähnliche Darstellung von Objekten

Selbst wenn die Peripheriegeräte wie Bildschirm, Drucker oder Plotter angeschlossen und konfiguriert wurden (Abschn. 2.5), ist es möglich, daß geometrische Formen von diesen Geräten nicht richtig wiedergegeben werden (z. B. erscheint ein Rechteck statt eines Quadrates). In diesem Fall muß jedes Gerät so eingestellt (kalibriert) werden, daß die ursprünglich eingegebene Form der dargestellten Form entspricht.

Beim Kalibrieren der Geräte wird in folgenden Schritten vorgegangen:

a) Erstellen eines Quadrates mit der Kantenlänge 100.

b) Ausmessen der Seitenlängen des Quadrates auf dem jeweiligen Gerät und Notieren der Längen, falls sie unterschiedlich sind.

c) Eingabe der gemessenen und der richtigen Längen im AutoCAD-Konfigurationsmenü.

2.9.1 Erstellen des Quadrates und Ausmessen der gezeichneten Kanten

Dazu wird vom Hauptmenü aus gestartet und eine neue Zeichnung mit Namen <KAL> angefertigt. Die Befehlsfolge lautet:

Funktion wählen: <DATEI>
Befehl wählen: <<u>NEU</u>>
Den ZeichnungsNAMEN eingeben <Vorgabe ...>: <<u>KAL</u>>
Bestätigen durch Anpicken von: <OK>

AutoCAD öffnet im Zeicheneditor die neue Zeichnung „KAL", und wir geben zum Zeichnen eines Quadrates mit der Seitenlänge 100 folgende Befehle ein:

Befehl: <<u>LINIE</u>>
Von Punkt: <<u>0,0</u>>
Nach Punkt: <<u>100,0</u>>   Zeichnen der unteren waagrechten Linie.
Nach Punkt: <<u>100,100</u>> Zeichnen der rechten senkrechten Linie.
Nach Punkt: <<u>0,100</u>>   Zeichnen der oberen waagrechten Linie.
Nach Punkt: <<u>0,0</u>> Zeichnen der linken senkrechten Linie.
Nach Punkt: ⏎ .

Das gezeichnete Quadrat wird auf dem *Bildschirm* mit dem Lineal ausgemessen. Dabei ergeben sich beispielsweise folgende Werte:

Horizontale Länge: 8 cm und vertikale Länge: 9 cm.

Diese Werte werden notiert, anschließend wird dieses Quadrat ausgedruckt. Dazu geben wir ein:

Befehl: <<u>PLOT</u>>

Für den Plotter wählen Sie im AutoCAD Plot-Dialogfenster links oben Ihren Drucker aus. Wählen Sie ebenfalls durch Anpicken mit Ihrem Zeigegerät die Option <<u>Limiten</u>> aus.

Bestätigen Sie Ihre eingestellten Plot-Parameter durch Anpicken von <**ok**>. Sie können nun nochmals entscheiden, ob Sie den Plot durch Eingeben von <**S**> für Stop beenden wollen. Ansonsten müssen Sie den Druck mit Drücken von ⏎ starten.

Falls Sie mit diesen Angaben nicht zurechtkommen, lesen Sie die detaillierten Angaben zum Drucken im Kapitel „Plotten" (Abschnitt 3.7).

Das ausgedruckte Quadrat wird wieder ausgemessen, wobei sich beispielsweise folgende Werte ergeben:

Horizontaler Wert: 6,9 cm und vertikaler Wert: 7,5 cm.

Den gleichen Vorgang wiederholen wir, um das Quadrat mit dem *Plotter* zu zeichnen. Dazu wird ebenfalls der Befehl <PLOT> eingegeben. Sie gehen genauso vor wie beim Drucken. Der einzige Unterschied ist, daß Sie im Plot-Dialogfenster rechts oben anstatt des Druckertreibers Ihren Plottertreiber wählen.

Folgende Werte werden bei der durch den Plotter erstellten Zeichnung gemessen:

Horizontaler Wert: 9,5 cm und vertikaler Wert: 9,8 cm.

Sämtliche Werte werden notiert, da sie später im Konfigurationsmenü zum Kalibrieren wieder benötigt werden.

Nachdem das Quadrat auf allen Ausgabegeräten ausgemessen wurde, wechseln Sie, wie im nächsten Abschnitt beschrieben, in das Konfigurationsmenü.

2.9.2   Kalibrieren der Ausgabegeräte

Zum Kalibrieren der Peripheriegeräte müssen Sie zuerst in das Konfigurationsmenü wechseln. Dies geschieht durch Anpicken von <**DATEI**> in der oberen Menüleiste. Im Untermenü dazu picken Sie <**Konfigurieren**> an. Es erscheint eine Aufstellung der aktuellen Konfiguration. Durch Drücken der ⏎-Taste gelangt man in das Konfigurationsmenü.

a) Kalibrieren des Bildschirms

Um den Bildschirm zu kalibrieren, wird im *Konfigurationsmenü* die Zahl <**3**> (Video konfigurieren) eingegeben. Das eingestellte Gerät soll nicht verändert werden. Deshalb werden auf die Fragen nach dem Bildschirmtyp die von AutoCAD vorschlagenen Antworten übernommen. Lediglich auf die Frage:

Das Aspekt-Verhältnis korrigieren? <N>:

antworten wir mit <J>.

AutoCAD fragt anschließend nach den gemessenen und den richtigen Längen. Nach unserem oben genannten Beispiel geben wir folgendes ein:

Breite des Quadrats <1.00>: <8>

Höhe des Qadrats <1.00>: <9>

AutoCAD fährt nun mit der Videokonfiguration fort (Abschn. 2.5). Die angezeigten Einstellungen werden übernommen.

b) Kalibrieren des Plotters

Zum Kalibrieren des Plotters wird im Konfigurationsmenü die Zahl <5> (Plotter konfigurieren) eingegeben. Auch hier läuft der bereits geschilderte Vorgang ab, wobei die entsprechenden gemessenen Werte der Plotterzeichnung eingegeben werden müssen.

Nach erfolgter Konfiguration wird das Konfigurationsmenü durch Eingabe der Zahl <0> (Zurueck zum Hauptmenue) verlassen und die Daten durch Eingabe von <J> gesichert.

2.9.3   Allgemeine Hinweise zur Kalibrierung der Peripheriegeräte

Zur Kalibrierung der Peripheriegeräte können folgende allgemeine Hinweise gegeben werden:

1   Wenn das Quadrat mit der neuen Einstellung noch nicht exakt dargestellt wird, muß der Kalibrierungsvorgang mit den veränderten Seitenlängen wiederholt werden.

2   Um den alten Konfigurationszustand wieder herzustellen, wird auf die Frage, ob man kalibrieren will, mit <N> geantwortet.

2.10   Konfiguration des Digitalisiertabletts und Einstellen des Standardtablettmenüs

2.10.1   Konfiguration des Digitalisiertabletts

Hinweis: Hinweis! Haben Sie nur eine serielle Schnittstelle zur Verfügung, schließen Sie je nach Bedarf den Plotter oder das Tablett an die serielle Schnittstelle an.

Achtung! Wenn Sie den Plotter- bzw. das Tablett umstecken, kann die serielle Schnittstelle beschädigt werden. Deshalb sollten Sie den Plotter und das Tablett über eine Weiche an die serielle Schnittstelle anschließen.

Zunächst befindet man sich im Zeichnungseditor. Um von dort in das Konfigurationsmenü zu gelangen, picken Sie das linke obere Abrollmenü *DATEI* an. Hier picken Sie *konfigurieren* an. Daraufhin werden die bereits eingestellten Peripheriegeräte angezeigt. Durch Drücken der [⏎]-Taste gelangt man in das Konfigurationsmenü.

Wenn das Digitalisiertablett an eine zweite serielle Schnittstelle angeschlossen werden soll, muß zuerst eine <**2**> (I/O Schnittstellen-Konfiguration) eingegeben werden, damit bei der Konfiguration des Tabletts die Bezeichnung der Schnittstelle (com2:) eingegeben werden kann.

Haben wir, wie im vorliegenden Fall, nur *eine* serielle Schnittstelle zur Verfügung, dann wird sofort die Zahl <**4**> (Digitalisiergeraet konfigurieren) eingegeben, um unser Digitalisiertablett einzustellen. In der Folge wird das Tablett *Summagraphics MM Series* verwendet und deshalb auf die Frage nach dem Zeigegerät die Nummer <**18**> eingegeben.

Die Schnittstelle ist COM1.

AutoCAD stellt nun Fragen, die von dem gewählten Gerätetyp abhängen, d.h. der nun folgende Frage- und Antwortdialog bezieht sich ausschließlich auf das gewählte *Summagraphics-Digitalisiertablett, Modell 1812 mit einem Vier-Knopf-Cursor.*

AutoCAD fragt zuerst nach dem Modell:

Das MM Series Digitalisiergerät ist in folgenden Modellen erhältlich:

- ❐ 961 - 9 auf 6 Zoll Tablett

- ❐ 1201 - 12 auf 12 Zoll Tablett

- ❐ 1812 - 18 auf 12 Zoll Tablett

Eingabe der Modell-Nummer <1201>: <**1812**>

Eingabe des gegenwaertig benutzten Cursor-Typs <3>:

Die Zahl <**4**> wird eingegeben.

Das Digitalisiertablett kann im normalen Digitalisier- oder auch im Mausmodus benutzt werden:

1. Digitalisiergeraet (absoluter) Modus

2. Maus (relativer / delta) Modus

Der TABLETT-Modus kann nicht benutzt werden, wenn Maus-Modus gewählt wird.

Eingabe des Modus, den Sie benutzen moechten <1>:

Da das Digitalisiertablett mit dem Standardtablettmenü benutzt werden soll,
bestätigen wir den von AutoCAD vorgeschlagenen absoluten Modus durch
Drücken der ⏎-Taste. AutoCAD schaltet dabei in das Konfigurationsmenü
zurück. Wir wählen <0>, um in das Hauptmenü zurückzugelangen. Durch
Eingabe von <J> werden die Konfigurationsänderungen gespeichert.

2.10.2   Einstellen des Standardmenütabletts für das Digitalisiergerät

AutoCAD stellt ein Standardmenütablett zur Verfügung (Bild 2-21).

Bild 2-21
Standard-
menütablett

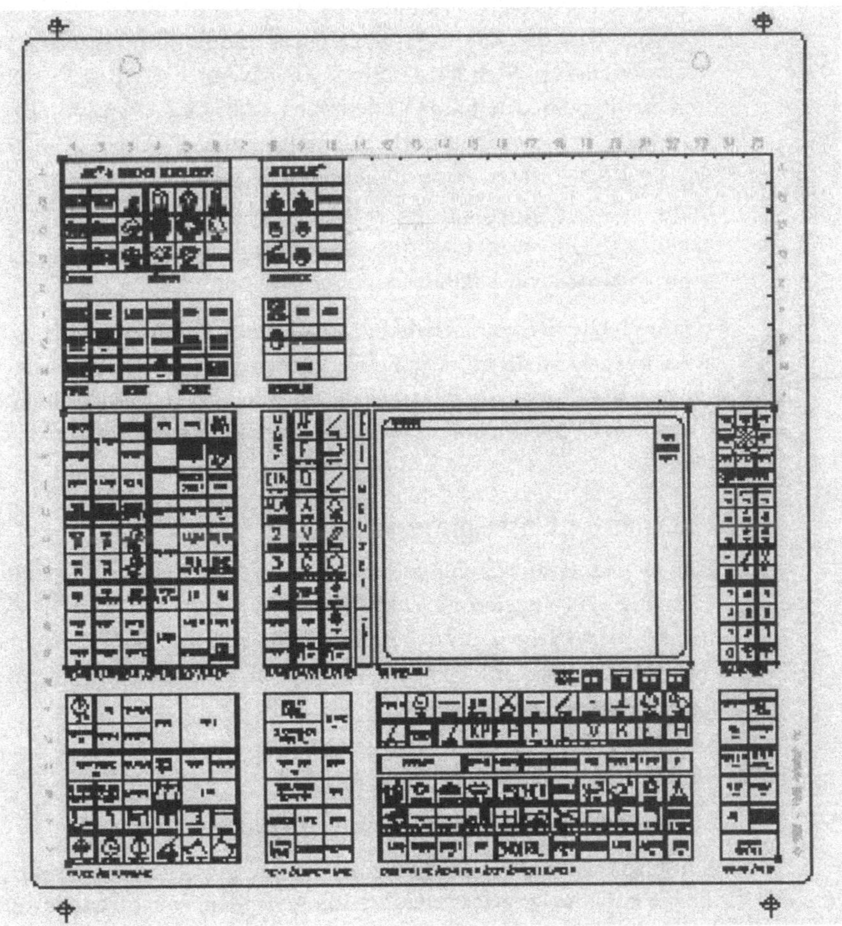

Wenn das Standardmenütablett eingestellt worden ist, können die aufgeführten Befehle über das Tablett angesteuert werden. Dadurch ist eine schnellere Befehlseingabe möglich. Die Einstellung des Tabletts wird in folgenden Schritten durchgeführt:

1. Zeichnen der Standardtablettschablone,

2. Starten der Einstellprozedur,

3. Benennen und Bestimmen der Menübereiche.

a) Zeichnen der Standardschablone

Die Standardschablone kann in jeder gewünschten Größe gezeichnet werden; sie darf nur nicht größer als das Digitalisiertablett sein. Zunächst befinden wir uns im AutoCAD-Hauptmenü. Um die Menüschablone ausplotten zu können, wird die Zahl <u>3</u>> (Zeichnung plotten) eingegeben. Auf die Frage nach der auszuplottenden Datei wird der Namen <u>TABLETT</u>> eingegeben, da sich die Standardschablone in der Datei TABLETT.DWG im Unterverzeichnis \SAMPLE befindet. Die restlichen Einstellungen werden alle durch Drücken der ⏎-Taste übernommen. Der Plotter zeichnet dann die Standardschablone. Nach Beendigung des Zeichnungsvorgangs gelangen wir durch Drücken der ⏎-Taste in das AutoCAD-Hauptmenü zurück. Die fertige Zeichnung wird auf dem Digitalisiertablett befestigt.

Hinweis! Die Standardschablone wird, wenn möglich, mit mehreren Farben gezeichnet. Deshalb müssen Sie alle Halterungen mit Stiften bestücken, da ansonsten der Plotter ohne Stift weiterzeichnet. Bei der Zeichnungsausgabe über einen Einstiftplotter oder über einen Drucker ergeben sich diese Schwierigkeiten nicht.

b) Starten der Einstellprozedur

Um in den Grafikmodus zu gelangen, wird eine neue Zeichnung mit dem Namen **KON** angefertigt. Deshalb wird die Zahl <u>1</u>> (NEUE Zeichnung erstellen) eingegeben und anschließend der Zeichnungsname <KON>. AutoCAD schaltet in den Grafikmodus um, und wir geben folgendes ein:
Befehl: <**MODI**>
<u>TABLETT</u>>
Option (Ein/Aus/KAl/KFg): <u>konfig</u>>

Anzahl gewünschter Tablettmenüs eingeben (0-4) <0>: <u>4</u>>

AutoCAD will jetzt die Begrenzungspunkte der einzelnen Menüfelder wissen, die Sie auf Ihrer gezeichneten Schablone finden. Im folgenden Bild sind diese Bezugspunkte noch einmal vereinfacht dargestellt. Außerdem ist die entsprechende Anzahl der Zeilen und Spalten in dem jeweiligen Menüfeld angegeben.

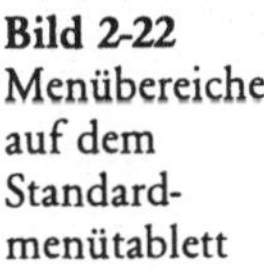

Bild 2-22
Menübereiche
auf dem
Standard-
menütablett

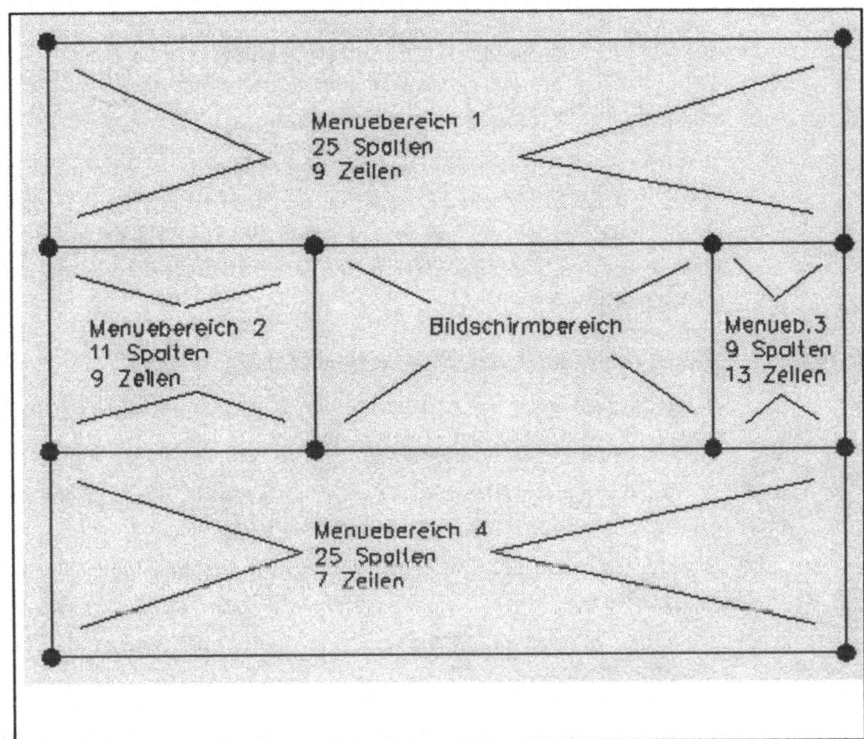

Geben Sie nun ein:

Digitalisieren Sie die obere linke Ecke des Menübereichs 1: <Eingabe des oberen linken Punktes>.

Digitalisieren Sie die untere linke Ecke des Menübereichs 1: <Eingabe des zweiten Punktes>.

Digitalisieren Sie die untere rechte Ecke des Menübereichs 1: <Eingabe des ersten rechten Punktes>.

Geben Sie die Zahl der Spalten für den Menübereich 1 ein: <<u>25</u>>

Geben Sie die Zahl der Zeilen für den Menübereich 1 ein: <<u>9</u>>

Die Menübereiche 2 bis 4 werden entsprechend eingestellt.

Wir wollen den gesamten Bereich des Bildschirms über den **MONITOR-**
(Bildschirm-)-**Bereich** der Standardschablone ansteuern. Deshalb werden auf
die gestellten Fragen folgende Antworten gegeben:

Zeigebereich auf Bildschirm neu spezifizieren? <N>: <<u>J</u>>.

Digitalisieren Sie die linke untere Ecke des Zeigebereichs: <Wahl des entsprechenden Punktes auf der Schablone>.

Digitalisieren Sie die obere rechte Ecke des Zeigebereichs: <Wahl des entsprechenden Punktes auf der Schablone>

Danach ist das Digitalisiertablett auf die Standardtablettmenüschablone eingestellt. Wählen Sie zur Probe einen beliebigen Befehl aus, und geben Sie ihn
durch Drücken des entsprechenden Knopfes am Zeigegerät ein. Der Befehl erscheint dann im Befehlsbereich des Bildschirms, und mit der Durchführung
wird begonnen.

2.10.3   Kurzeinführung in das Standardmenütablett

Folgende Hinweise zur Benutzung des Standardmenütabletts sind angebracht:

1. Der Menübereich 1 kann zum Teil für eigene Menüs benützt werden.

2   Wird ein Befehl über das Tablett ausgewählt, dann erscheint das zugehö-
    rige Untermenü im Bildschirm-Menübereich.

3   Die leeren Streifen zwischen den Menübereichen haben die Bedeutung der
    ⏎-Taste.

4   Sollen Winkel eingegeben werden, dann muß vorher das Feld „<" ange-
    tippt werden.

2.11   Unterschiede zwischen AutoCAD12 für Windows und AutoCAD12 unter DOS

In diesem Abschnitt werden die Unterschiede zwischen den beiden verschiedenen AutoCAD12 Versionen beschrieben.

Eine Bemerkung vorweg: Wenn Sie AutoCAD12 für Windows beherschen, so
beherrschen Sie auch Autocad12 und umgekehrt.

Der größte Unterschied besteht darin, daß Sie mit AutoCAD für Windows
sämtliche Windows-Vorteile nutzen können. Ebenso bekommen Sie für Zei-
chen- und Modifizier-Befehle eine sogenannte Dialogbox zur Verfügung gestellt, mit der Sie diese Befehle schneller und ohne Untermenüs aufrufen
können.

2.11.1   AutoCAD12 für Windows Bildschirm

BildÜ 2-23 zeigt den Bildschirm von AutoCAD für Windows.

Bild 2-23
Der Bild-
schirm in
AutoCAD für
Windows

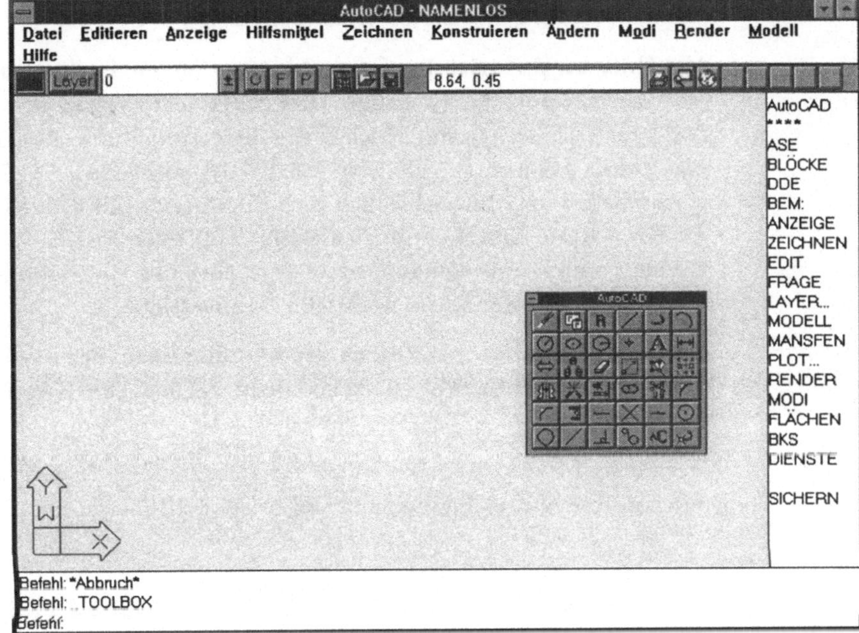

Die wichtigsten Anzeigen des Bildschirms sollen hier in Kürze aufgezeigt
werden:

Titel-Leiste:

Diese Leiste ist eine Windows-Einrichtung und gibt Ihnen den Namen Ihres
Programms, in diesem Fall AutoCAD, sowie Ihren Zeichnungsnamen an.

Rechts auf dieser Leiste befinden sich ebenfalls die beiden Schalter mit dem
⬆-, bzw. ⬇-Symbol. Durch Anpicken dieser Schalter wird das Grafikfenster
größer oder kleiner.

In der linken Ecke dieser Leiste befindet sich ein weiterer Schalter mit einem
Strich. Durch Anpicken dieses Schalters erscheint ein Windows-Menü, in welchem Sie entscheiden können, ob Sie Ihr AutoCAD-Programm beenden oder
die Fenstergröße Ihres Programms verändern wollen.

Falls Sie Näheres über diese Schalter wissen wollen, so schauen Sie dies in Ihrem Windows-Handbuch nach.

„Tool-Leiste":

Diese Leiste erscheint unter Ihrem Abrollmenü. In der linken Ecke finden Sie
den Schalter *Layer*. Wenn Sie diesen anpicken, öffnet sich das Menüfeld
Layersteuerung (Abschnitt 4.3).

Im nächsten Feld wird der Layername angezeigt.

Mit Hilfe der drei nächsten Schalter können Sie die Funktionen *Ortho*, *Fang* oder *Raster*, ein- bzw. ausschalten. Dies ersetzt den Griff zu den Funktionstasten [F6], [F7] und [F8], mit welchen Sie diese Funktionen ebenfalls ein- oder ausschalten können. Ein weiterer Schalter ist vorhanden, um Ihre Toolbox einzuschalten und unterschiedlich zu positionieren. Mit dem nächsten Schalter können Sie Ihre Koordinatenanzeige ein- oder ausschalten. Dies kann ebenfalls durch eine Funktionstaste geschehen. Ist die Koordinatenanzeige eingeschaltet, so wird Sie im nächsten Feld angezeigt.

Der nächste Schalter rechts neben der Koordinatenanzeige ist für die Plotterfunktion vorgesehen. Mit diesem können Sie die Funktion Plot aufrufen (Abschn. 3.7).

Es sind in dieser Leiste noch einige leergelassene Schalter vorhanden, welche durch geübte AutoLISP-Programmierer belegt werden können.

„Toolbox“:

Wie bereits erwähnt, können Sie mit dem Schalter für die „Toolbox“ in der Tool-Leiste eine sogenannte Toolbox ein- und ausschalten.

Beim ersten Anpicken dieses Schalters erscheint eine beinahe quadratische Toolbox in der rechten unteren Ecke des Bildschirms. Durch weiteres Anpicken des Schalters wird diese Toolbox auf die linke Seite des Bildschirms verschoben. Die Toolbox ist nun hochkantig angeordnet. Ein nochmaliges Anpicken des Schalters verschiebt die hochkantige Toolbox auf die rechte Bildschirmseite. Durch weiteres Anpicken des Schalters können Sie die Toolbox wieder ausschalten.

2.11.2   Toolbox

Die Toolbox ist ein kleines Fenster, welches auf Ihrem Bildschirm entweder beinahe quadratisch oder hochkantig erscheint (Bild 2-24).

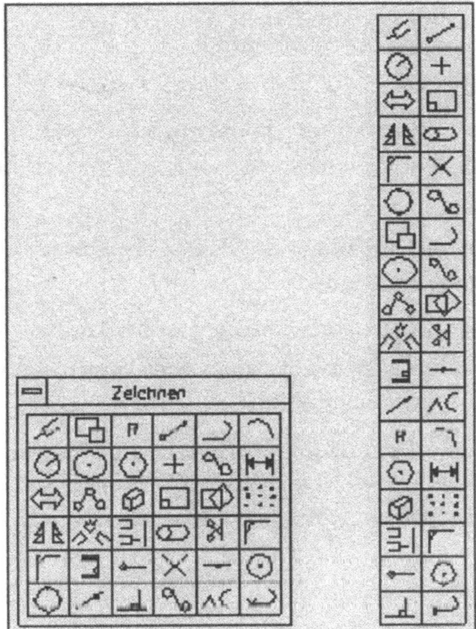

Bild 2-24
Die Toolbox

Die Toolbox können Sie wie jedes andere Fenster unter Windows durch Anpicken der Titelleiste und Halten des Mausknopfes beliebig auf dem Bildschirm verschieben. Das Verschieben von Fenstern können Sie in Ihrem Windows-Handbuch nachlesen. In der Toolbox befinden sich verschiedene
Knöpfe, vergleichbar einem Taschenrechner. Durch Anpicken einer dieser
Knöpfe rufen Sie eine Funktion auf.

Alle Funktionen in der Toolbox stammen vom „Zeichnen"- bzw. vom „Edit"-
Menü. Außerdem sind in der Toolbox die Fangfunktionen enthalten. In der
Tabelle 2-7 sind die Funktionen aufgeführt, welche Sie in der Toolbox aufru-
fen können.

Funktionen der Toolbox:

Zurück	Vektoren kopieren	Neuzeichnen	Linie	Polylinie	Bogen
Kreis	Ellipse	Polygon	Punkt	Tangente	Abstand
Schieben	Kopieren	Löschen	Varia	Drehen	Ändern
Spiegeln	Bruch	Strecken	Dehnen	Stutzen	Abrunden
Fase	Align	Endpunkt	Schnitt-punkt	Mittel-punkt	Bogen wählen
Quadrant	nächster	Lot	Tangential	Abbrechen	Pedit

Wird eine Taste in der Toolbox von Ihnen angepickt, so erscheint auch der Name des angepickten Befehls in der Titelleiste der Toolbox.

2.11.3　Arbeiten mit AutoCAD

In den folgenden Abschnitten wird Ihnen AutoCAD mit Hilfe des Bildschirmmenüs erläutert. Einige Funktionen werden auch durch Aufruf der Abrollmenüs erklärt.

Arbeiten Sie mit AutoCAD für Windows, schalten Sie vorerst die Toolbox aus und benutzen das Bildschirmmenü.

Mit der Toolbox machen Sie sich am besten erst vertraut, wenn Sie die Befehle in den anderen Bildschirmmenüs beherschen. Es wird Ihnen dann sehr leicht fallen, mit der Toolbox umzugehen.

Ein weiterer Vorteil für das vorläufige Arbeiten ohne Toolbox ist, daß Sie problemlos mit einer DOS-Version von AutoCAD arbeiten können, da diese mit den gleichen Bildschirm- und Abrollmenüs arbeitet wie die Windows-Version.

3 Linien und Texte am Beispiel eines Namensschildes

Folgendes Namensschild soll mit AutoCAD gezeichnet werden:

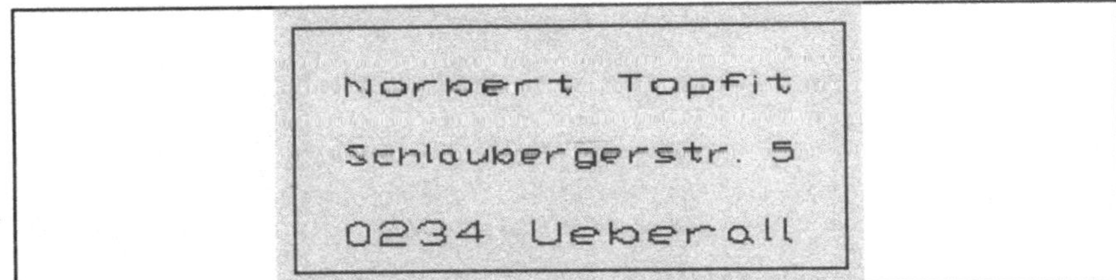

Bild 3-1
Namensschild
(Ursprungs-
zustand)

Dazu wird in folgenden Schritten vorgegangen:

1. Neue Zeichnung öffnen

2. Zeichnen des Rechtecks

3. Zeichnen des Textes

4. Unterstreichen des Namens

5. Änderung der Zeichnung

   - Abrunden der Ecken

   - Ändern des Textstils

   - Ändern der Linie

6. Sichern der Zeichnung

7. Plotten der Zeichnung

3.1 Neue Zeichnung öffnen

Um im *Zeichnungs-Modus* eine *neue Zeichnung* zu erstellen, picken Sie in dem oberen Abrollmenü <DATEI> an. Bei der Frage „*Neuen ZeichnungsNAMEN*", wird der Name **Schild** eingegeben.

Befehl: <DATEI>

    <NEU>

Erstellen einer neuen Zeichnung.

Den ZeichnungsNAMEN eingeben: <u>Schild</u>.

Die Zeichnung erhält den Namen Schild.

Daraufhin wird Bild 3-2 am Bildschirm dargestellt.

Bild 3-2
AutoCAD-
Bildschirm

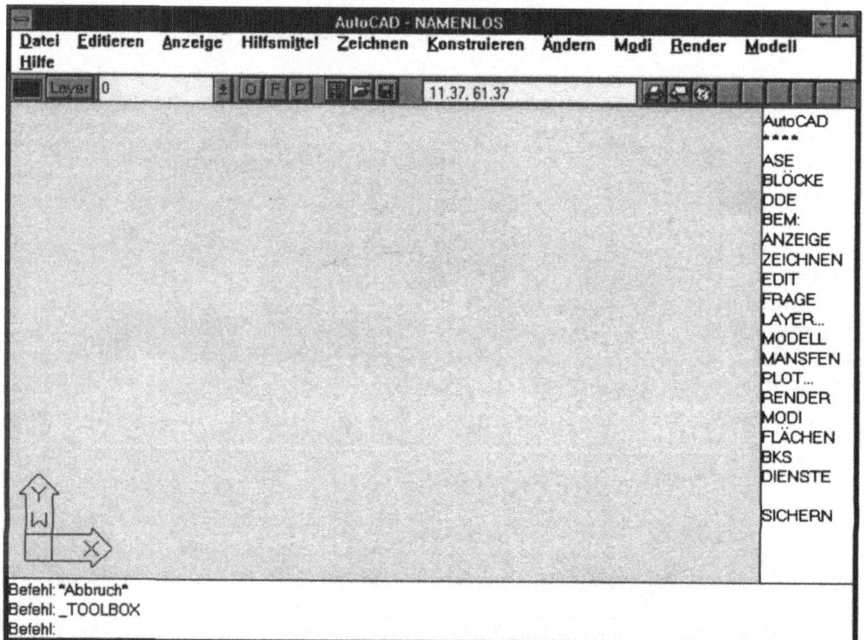

In der rechten äußeren Spalte von Bild 3-2 sind die Menü-Befehle von AutoCAD zu sehen. Am unteren Rand des Bildschirms ist das Befehlsfeld sichtbar. Wenn Sie mit dem Zeigegerät (Maus, TouchPen o. ä.) den oberen Bildschirmrand abfahren, sehen Sie dort die Abrollmenüs. Wir gehen auf die Abrollmenüs bei der Zeichnungsbeschreibung nur in einzelnen Fällen ein. Im linken unteren Eck des Zeichenbereiches sehen Sie das Symbol für das Weltkoordinatensystem (W). Im nächsten Schritt wird mit der Zeichnung des Rechtecks begonnen.

3.2   Zeichnen des Rechteckes

Das Rechteck wird mit 4 *Linien* gezeichnet. Dazu dient der Menü-Befehl **ZEICHNEN** und die Funktion **LINIE**. Wie bereits in Abschnitt 2.8.2.1 erwähnt, können die entsprechenden Befehle bspw. über Menüfelder (Darstellung im Fettdruck), Abrollmenüs oder direkt über die Tastatur (Darstellung in < > und unterstrichen) eingegeben werden. Wir wählen die Eingabe über die Menüfelder.Die Zeichnung soll an der linken oberen Ecke mit den Koordinaten: 100, 200 begonnen werden. Dann lauten die Eingaben:

Befehl: <ZEICHNEN>

Darauf erscheint das zum Menü-Befehl Zeichnen gehörende Auswahlmenü (Bild 3-3).

Bild 3-3
Auswahlmöglichkeiten des
Menü-Befehls
ZEICHNEN

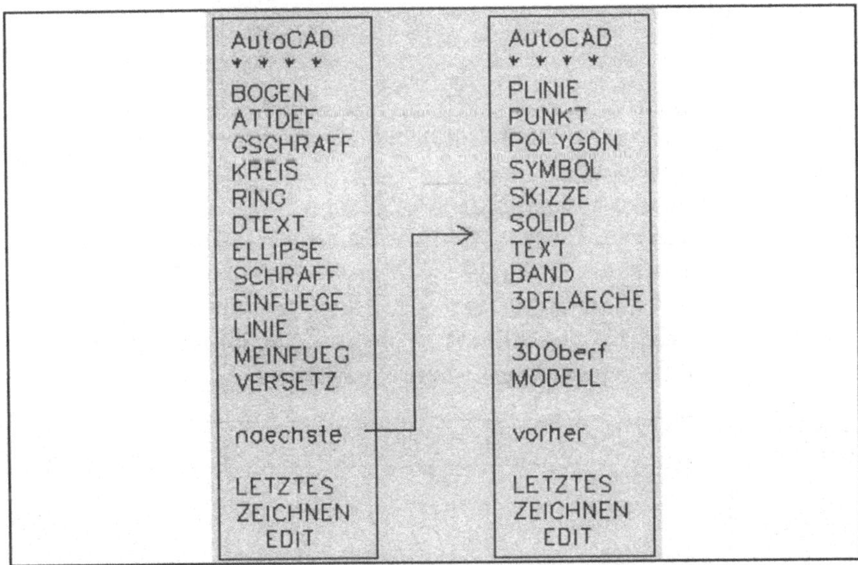

Der Menü-Befehl ZEICHNEN wurde nur über das Bildschirm-Menü eingegeben (fett). Benützt man zur Befehlseingabe die Tastatur, dann wird gleich der Befehl LINIE eingegeben (unterstrichen).

<LINIE>

Am unteren Rand des Bildschirms ist folgender Text zu erkennen.

Bild 3-4
Auswahlmög-
lichkeiten
Linie

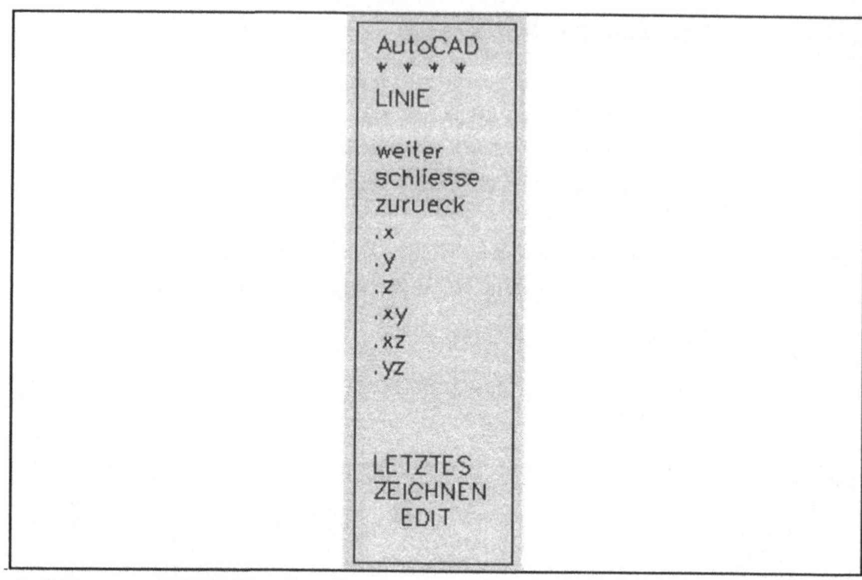

Befehl: LINIE Von Punkt:

Wir geben ein:

Von Punkt: **<100,200>**

Nach Punkt: **<300,200>**: Zeichnen der oberen waagerechten Linie .

Nach Punkt: **<300,110>**: Zeichnen der rechten senkrechten Linie.

Nach Punkt: **<100,110>**: Zeichnen der unteren waagrechten Linie.

Nach Punkt: **<schließe>**: Zeichnen der linken senkrechten Linie.

Bild 3-5 zeigt das gezeichnete Rechteck:

Bild 3-5
Rechteck mit
der Funktion
LINIE
gezeichnet

3.3 Zeichnen des Textes

Jede Textzeile soll einzeln gezeichnet werden, wobei die Länge einer Textzeile zweckmäßigerweise 160 Einheiten beträgt.

a) Zeichnen der ersten Textzeile

In der ersten Textzeile wird der Namen **Norbert Topfit** gezeichnet. Daher wählen wir aus dem Hauptmenü den Menü-Befehl **ZEICHNEN** und aus diesem Untermenü die Funktion **TEXT**. Die Schrift kann zwischen zwei Punkten der Textzeile **eingepaßt** werden. Dazu dient der Befehl **Einpass**, wobei der erste und letzte Punkt der Zeile eingegeben werden. Anschließend wird die *Texthöhe* in *Zeichnungseinheiten* eingegeben und zum Schluß der zu zeichnende Text.

Über den Menü-Befehl **ZEICHNEN,** der sich im **LINIE**-Menü befindet, gelangt man direkt in das **ZEICHNEN**-Menü.

Die Funktion **TEXT** befindet sich auf der zweiten Seite des **ZEICHNEN**-Menüs. Wir wählen deshalb:

<nächste> Damit werden die weiterenFunktionen angezeigt .

Hinweis! Bestehen in einem Menü mehr als 12 Auswahlmöglichkeiten, dann werden die weiteren Möglichkeiten durch Wahl der Funktion **nächste** angezeigt.

Im Menüfeld erscheint die zweite Seite des **ZEICHNEN**-Menüs. Wir wählen die Funktion **TEXT**.

<TEXT>   Auswahl der Funktion **TEXT**.

In der unteren Befehlsfeld ist folgendes zu sehen:

Position/Stil/<Startpunkt: **<Einpass>**
     Einpassen des Textes zwischen zwei Punkte.
Erste Textzeile Punkt: **<120,175>**
     Beginn der Texteinpassung.
Zweiter Textzeilenpunkt: **<@160,0>**
     Eingabe der Relativverschiebung.
Höhe <3.50>:**<6.5**   Die Texthöhe beträgt 6,5Zeichnungseinheiten .
Text <Norbert Topfit>
     Eingabe des Textes.

Hinweis: Hinweis! Wenn Sie das Zeichen @ nicht auf der Tastatur finden, dann drücken Sie die Tastenkombination [Alt]-64 oder [AltGr] + [Q] (dies entspricht dem ASCII-Zeichen 64).

b) Zeichnen der zweiten Textzeile

Befehl: ⏎

   Übernahme der Funktion **TEXT:**.

Hinweis! Beim Drücken von ⏎ nach der Ausführung eines Befehls wird dieser wiederhohlt.

TEXT Position/Stil/<Startpunkt: **<u>Einpass</u>**
Erste Textzeile Punkt: <u>120,150</u>

   Beginn der zweiten Zeile.

Zweiter Textzeilenpunkt: <<u>@160,0</u>>

   Endpunkt der zweiten Texteinpassung.

Höhe <6.5>: ⏎

   Bestätigen der Texthöhe von 6,5mm.

Text: <Schlaubergerstr. 5>

   Eingabe des zu zeichnendenTextes.

c) Zeichnen der dritten Textzeile

Befehl: ⏎

   Bestätigen der Funktion **TEXT:**
TEXT Position/Stil/<Startpunkt: **<u>Einpass</u>**
Erste Textzeile Punkt: <u>120,120</u>

   Beginn der dritten Textzeile.

Zweiter Textzeilenpunkt: <<u>@160,0</u>>

   Endpunkt der dritten Texteinpassung.

Höhe <6.5>: <<u>8.5</u>>

   Vorgabe:6.5, gewünschte Texthöhe 8.5.

Text: <0234 Überall>

   Eingabe des zu zeichnenden Textes.

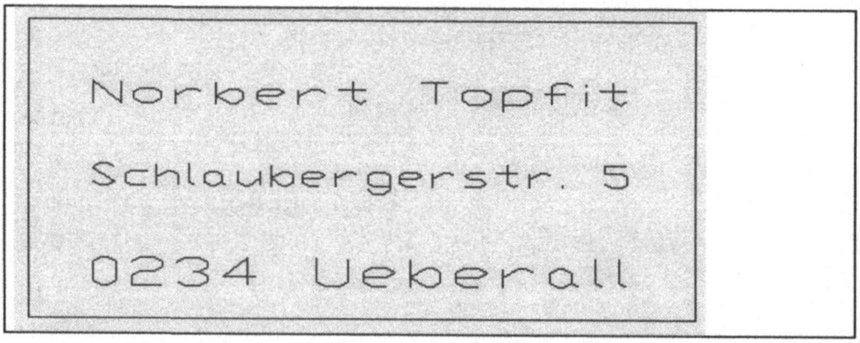

Bild 3-6
Gezeichnetes
Namensschild

Norbert Topfit

Schlaubergerstr. 5

0234 Ueberall

Hinweis: Hinweis! Wenn Sie von einem Untermenü aussteigen möchten, so brauchen Sie nur **<AUTOCAD>** in der rechten oberen Ecke Ihres Bildschirms anzu-picken. Ihr laufender Befehl wird dann sofort abgebrochen und es erscheint wieder das Hauptmenü.

3.4 Unterstreichen des Namens

Der Name soll auf seiner gesamten Länge mit einer einfachen Linie unterstri-chen werden. Dies geschieht mit dem Befehl **ZEICHNEN LINIE**. Die Unter-streichung beginnt bei den Koordinaten **120,170**. Ab diesem Punkt wird ein Strich, der 160 Einheiten lang ist, gezogen:

Befehl: **<ZEICHNEN>** Befehl zum **Zeichnen** einer **Linie**.

<LINIE>

Von Punkt: **<120,170>**
  Beginn der Linie.

Nach Punkt: **<@160,0>**
  Die Länge der Linie relativ zum Anfangspunkt beträgt **160** Einheiten in x-Richtung und **keine** Verschiebung (gleich Null) in y-Richtung.

Nach Punkt: **Ü**
  Eingabeabschluß.

3.5 Änderung der Zeichnung

Die Zeichnung aus Bild 3-6 soll nun geändert werden. Das Ergebnis dieser Änderung können Sie in Bild 3-7 sehen.

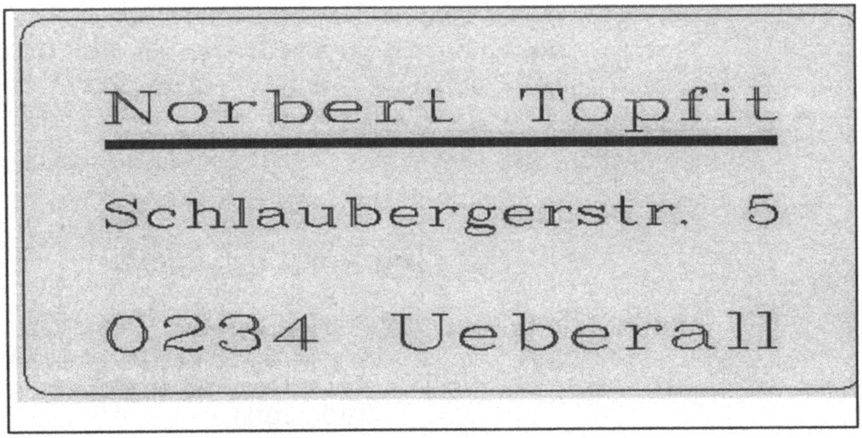

Bild 3-7
Geändertes
Namensschild

Um die Änderungsschritte besser nachvollziehen zu können, wird das Aus-gangsbild (Bild 3-1) bemaßt (Bild 3-8).

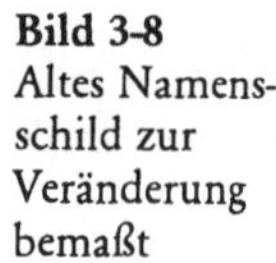

Bild 3-8
Altes Namens-
schild zur
Veränderung
bemaßt

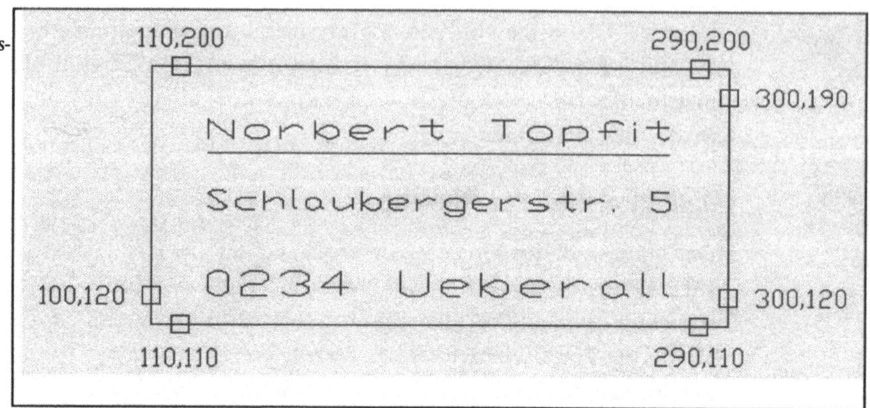

3.5.1   Abrunden der Ecken

Zum *Abrunden* von Ecken wird im EDIT-Menü die Funktion **ABRUNDEN**
eingesetzt. Hier dient der Befehl **Radius** dazu, den *Rundungsradius* einzugeben.
Anschließend müssen die abzurundenden Linien angewählt und die Abrundung vorgenommen werden. Sobald die abzurundenen Objekte zu wählen
sind, verschwindet das Fadenkreuz, und an dieser Stelle erscheint ein Quadrat;
das sogenannte Fangfenster. Das Quadrat kann wie das Fadenkreuz mit den
Pfeiltasten, dem Zeigegerät o.ä. bewegt werden. Will man ein Objekt auswählen, muß es innerhalb des Fangfensters liegen. Mit der Abrundung soll in der
rechten oberen Ecke begonnen werden. Folgende Befehlseingaben sind vorzunehmen:

Befehl: <EDIT>

Befehl: <ABRUNDEN>
                 Auswahl des Befehls **ABRUNDEN** aus dem EDIT-Menü.

Polylinie/Radius/<Zwei Objekte wählen>:   <<u>R</u>adius>.

Rundungsradius eingeben <0.00>:   <<u>5</u>>

                 Wahl des Rundungs**radius** von
                 5 Einheiten.

Befehl: [⏎]

             Der Befehl **ABRUNDEN** wird wiederholt.

ABRUNDEN Polylinie,.../<Zwei Objekte wählen>:   <<u>290,200</u>>
                 Auswahl des rechten Teils der oberen
                 waagerechten Linie (ungefähre Koordinaten
                 290,200).

<300,190>   Wahl der oberen Hälfte der rechten senkrechten
                 Linie (ungefähre Koordinaten **300,190**).

Zur Abrundung der rechten unteren Ecke wird ebenso vorgegangen.

Befehl: ⏎

ABRUNDEN Polylinie/.../<Zwei Objekte wählen>:

<300,120> <290,110>

Mit folgenden Befehlen wird die linke untere Ecke abgerundet:

Befehl: ⏎

ABRUNDEN Polylinie,.../<Objekte wählen>:

<110,110> <100,120>

Zum Schluß wird noch die linke obere Ecke abgerundet:

Befehl: ⏎

ABRUNDEN Polylinie,.../<Objekte wählen>:

<100,120> <110,200>

3.5.2 Ändern des Textstils

AutoCAD kann mit verschiedenen Textstilen arbeiten. Soll ein bestehender Textstil geändert werden, muß der neue Textstil vorher festgelegt werden. Dazu wird im **MODI**-Menü die Funktion **STIL** verwendet. Wir *ändern unseren Stil* (Textstil STANDARD ist voreingestellt) von der Zeichensatzdatei .txt8 auf die Zeichensatzdatei **complex8** und nennen diesen Textstil **COMPLEX1**. Anschließend kann durch Wahl der einzelnen Textzeilen jede für sich geändert werden. Im vorliegenden Fall sollen keine Maßstabsveränderungen oder Drehungen vorgenommen werden. Deshalb werden die Standardvorgaben durch Drücken der ⏎-Taste übernommen.

Die Änderung des Textstils für die einzelnen Zeilen wird in folgenden Schritten vorgenommen:

☐ Definieren des neuen Textstils,

☐ Auswahl der zu ändernden Textzeilen,

☐ Ändern der einzelnen Textzeilen.

a) Definieren des neuen Textstils

Wechseln Sie zurück in das AutoCAD Hauptmenü mit <AUTOCAD>.

Wie bereits erwähnt, geschieht dies im **MODI**-Menü durch Auswahl der Funktion **STIL**.

Befehl: <MODI> <nächste>

Befehl: <STIL>

Name des Textstils (oder ?) <STANDARD>: <COMPLEX1>

Es erscheint auf dem Bildschirm das Dialogfenster *Schriftdatei wählen*. Wählen Sie mit dem Zeigegerät das Feld *Datei* und geben Sie über die Tastatur als gewünschten neuen Textstil Zeichensatzdatei <u>**<complex8>**</u> anstelle von TXT.SHX ein.

Die restlichen Standardeinstellungen werden übernommen:

Höhe <0.00>: ⏎

Breitenfaktor: <1.00>: ⏎

Neigungswinkel <0>: ⏎

Rückwärts? <N>: ⏎

Auf dem Kopf? <N>: ⏎

Vertikal? <N>: ⏎

COMPLEX1 ist jetzt der aktuelle Textstil.

b) Auswahl der zu ändernden Textzeilen

Dazu dient im **EDIT**-Menü die Funktion **ÄNDERN**. Anschließend werden die ungefähren Koordinaten der zu ändernden drei Textzeilen eingegeben. Die Koordinaten sind so gewählt, daß das zu wählende Objekt innerhalb des auf dem Bildschirm erscheinenden Fangfensters liegt. Eine exakte Angabe der Textanfangskoordinaten ist nicht notwendig.

Befehl: **<ÄNDERN>**
              Auswahl der Funktion **ÄNDERN**.

Objekte wählen: <<u>125,180</u>>
                Koordinaten der ersten zu ändernden Zeile.

1 gewählt, 1 gefunden

Objekte wählen: <<u>125,155</u>>
                                    Zweite zu ändernde Zeile.
1 gewählt, 1 gefunden

Objekte wählen: <<u>125,120</u>>
                Koordinaten der dritten zu ändernden Zeile.

1 gewählt, 1 gefunden

Objekte wählen: ⏎
                Beenden der Schriftart.

c) Ändern der einzelnen Textzeilen

In den drei Textzeilen wird der Textstil verändert. Zusätzlich wird in der ersten Textzeile noch die Texthöhe verändert. Um den Textstil zu ändern, wird anstelle des Textstils STANDARD der neue Textstil **COMPLEX1** angegeben, um die Änderung vorzunehmen. Daran anschließend wird bei der ersten Textzeile noch die Texthöhe geändert.

Ändern der ersten Textzeile
Eigenschaften<Modifikationspunkt>: ⏎

Eingabe des Texteinfügepunktes: ⏎

Textstil: STANDARD

Neuer Stil oder ⏎,...: <<u>COMPLEX1</u>>

Eingabe des neuen Textstils.

Neue Höhe <6.5>:   <u><7.5></u>

Eingabe der neuen Texthöhe.

Neuer Text <Norbert Topfit>:   ↵

Ändern der zweiten Textzeile

Eingabe des Texteinfügepunktes: ↵

Textstil: Standard

Neuer Stil oder RETURN,...:<u><COMPLEX1></u>

Neue Höhe: ↵

Neuer Text <Schlaubergerstr. 5>: ↵

Ändern der dritten Textzeile

Eingabe des Texteinfügepunktes: ↵

Textstil: STANDARD

Neuer....:   <u><COMPLEX1></u>

Neue Höhe <8.5>:   ↵

Neuer Text <0234 Überall>: ↵

Das Ergebnis der Änderungsarbeiten an dem Namensschild können Sie in
Bild 3-9 sehen.

Bild 3-9
Geändertes
Namensschild

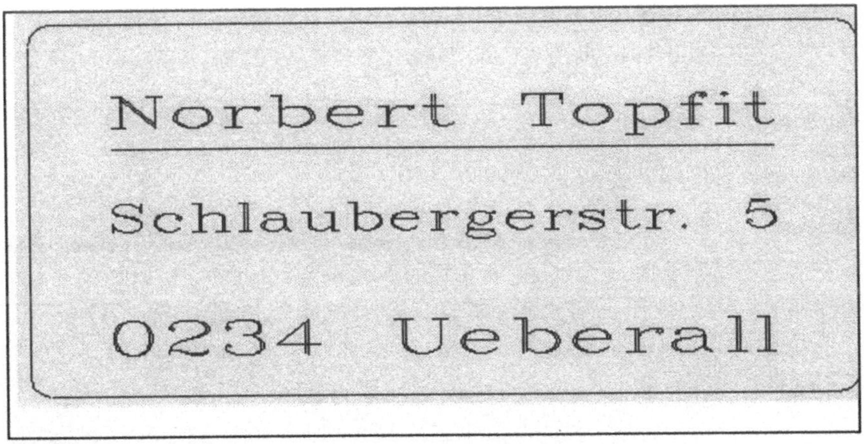

3.5.3   Ändern der Linie

Die Linie, die den Namen Norbert Topfit unterstreicht, soll kräftiger werden.
Um dies zu erreichen, kann man entweder einen dickeren Zeichenstift nehmen oder die Linie mit einer sogenannten *Polylinie*, bei der die *Strichstärke* va-
riiert werden kann, neu zeichnen. Diese Möglichkeit wird im folgenden beschrieben.

Die alte Linie wird zuerst gelöscht. Dies geschieht mit der Funktion
LÖSCHEN aus dem Menü-Befehl **EDIT**.

Befehl: <LÖSCHEN>
  Objekte wählen: <120,170>
  Auswahl der zu löschenden Linie.
  1 gewählt, 1 gefunden.
  Objekte wählen: ⏎
  Beenden des Befehls.

Daran anschließend wird mit dem Menü-Befehl **ZEICHNEN** durch Wahl der Funktion **PLINIE** die *Polylinie* ausgewählt. Der Befehl **BREITE** legt die Breite der Polylinie fest.

Befehl: <ZEICHNEN> <nächste>
Befehl: <PLINIE>
          Aus dem Menü-Befehl **ZEICHNEN** wird die *Polylinie* ausgewählt.
Von Punkt: <120,170>
Aktuelle Linienbreite beträgt 0.00
Kreisbogen/Schliessen/..../Breite/<...>: **<BREITE>**
Festlegen der Linienbreite.
Startbreite <0.00>: <2>
Endbreite <2.00>: ⏎
Kreisbogen/...<Endpunkt der Linie>: <@160,0>
Kreisbogen/Schliessen,...: ⏎

Bild 3-10 zeigt, wie der Namen mit einer dicken Linie unterstrichen ist.

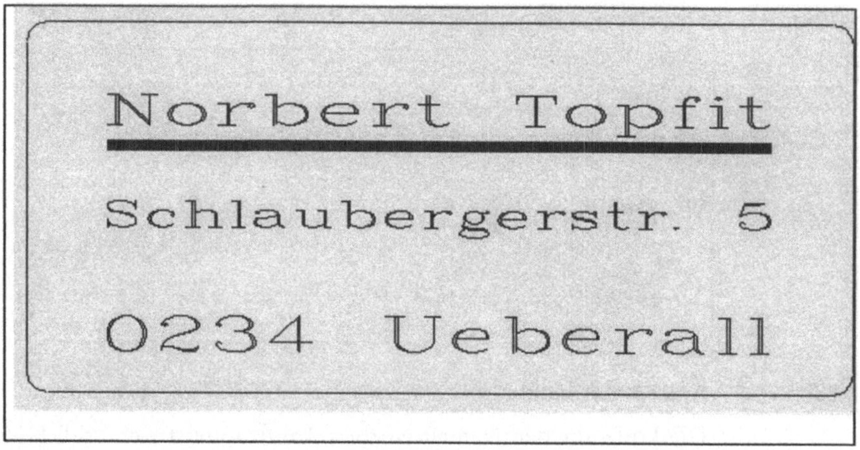

Bild 3-10
Dicke
Unterstrei-
chung des
Namens

3.6 Sichern der Zeichnung

Hinweis! Es ist immer zu empfehlen, die Zeichnung vor dem Ausplotten zu speichern, da es vorkommen kann, daß durch Fehler am Plotter oder in der Einstellung des Plotters das Software-Paket AutoCAD abschaltet. In diesen Fällen ist Ihre Zeichnung verloren; Sie haben Ihre aktuellen Daten verloren und befinden sich in der Betriebssystemebene.

Wir wollen die erstellte Zeichnung unter dem Namen <SCHILD> auf Diskette speichern. Der Menü-Befehl **SICHERN** wird hierfür benutzt.

Befehl: <DIENSTE> <nächste>
             <SICHERN>

Nach dem Kommando „sichern" erscheint das Dialogfenster *Zeichnung*datei wählen. Wählen Sie mit der Maus das Feld *Datei,* falls sich dort noch nicht der Dateiname befindet, und geben Sie über die Tastatur den neuen Dateinamen ein:

<SCHILD>

3.7 Plotten der Zeichnung

Die Zeichnung soll über einen Plotter gezeichnet werden. Der *Zeichenvorgang* wird mit dem Menü-Befehl **PLOT** bestimmt und das Ausgabegerät festgelegt, im vorliegenden Fall ist das Ausgabegerät ein **Plotter.**

Befehl: <PLOT>

Bei Eingabe über das Plot-Dialogfenster ändern Sie die einzelnen Dialogmenüs nach Ihren Wünschen ab.

Da *kein Ausschnitt* der Zeichnung ausgewählt werden soll, picken Sie mit Ihrem Zeigegerät im unteren linken Dialogfeld den Schalter *Bildschirm* an.

Im rechten oberen Dialogfeld müssen Sie den richtigen Treiber für Ihren Plotter auswählen. Das Dialogfeld Plot-Konfiguration sehen Sie in Bild 3-11.

Bild 3-11
Dialogfeld
Plot-
Konfiguration

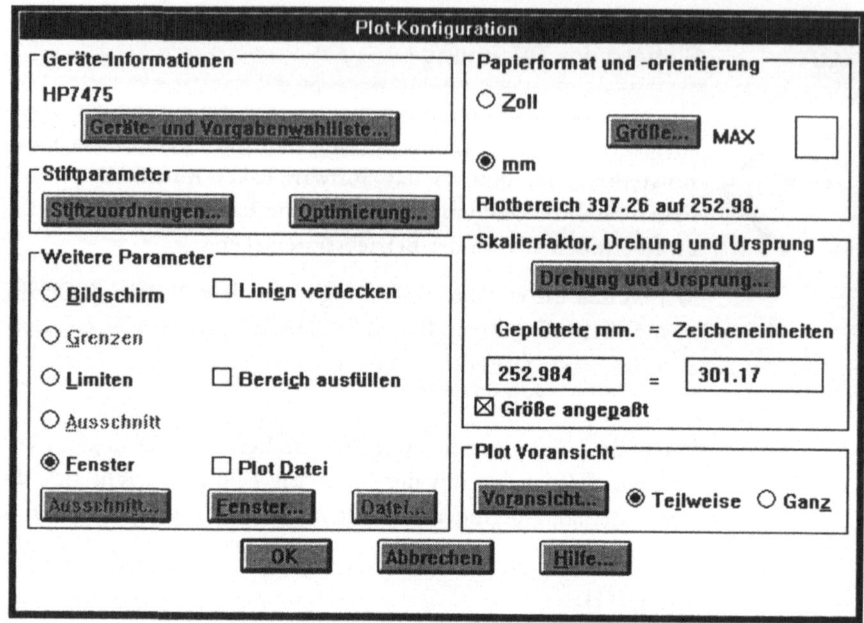

Um Ihren Plot zu beginnen, picken Sie im Plot-Dialogfeld <ok> an. Anschließend müssen Sie dies noch in der Befehlszeile mit ⏎ bestätigen, um den Plotvorgang zu starten. Anstatt den Plotvorgang zu starten, können Sie ihn allerdings auch mit der Eingabe von <s> abbrechen.

Weitere Angaben hierzu finden Sie in Abschnitt 10.10.

Dem Plotter oder dem grafikfähigen Drucker liegt die Zeichnung als Datei einzelner *Grafik-Vektoren* vor, die während der Zeichnung abgearbeitet werden. Sie werden auch *„processing vectors"* genannt. Die Anzahl der Grafik-Vektoren bestimmt den Umfang einer Zeichnung und damit die Zeichendauer. Während der *Plotter* die einzelnen Grafik-Vektoren *nacheinander* abarbeitet, werden beim *Drucker vor dem Ausdruck* alle Grafik-Vektoren erfaßt und anschließend ausgedruckt.

Hinweis! Wenn Ihr Computer eine andere Voreinstellung (Bild 3-11) aufweist, dann probieren Sie einen Ausdruck mit Ihrer Einstellung aus. Sollte eine Fehlermeldung erscheinen oder das Programm verlassen werden, dann geben Sie bei der Frage nach Änderungen <J> ein und stellen die Parameter nach Bild 3-6 ein. AutoCAD führt Sie dabei durch das Programm.

3.8   Erklärung der verwendeten Befehle

Folgende Befehle wurden für die Erstellung des Namensschildes verwendet:

1. LINIE
2. TEXT
3. PLINIE
4. ABRUNDEN
5. STIL
6. ÄNDERN
7. Objektwahl (Es wird erklärt, auf welche Weise ein Objekt ausgewählt werden kann.)
8. LÖSCHEN
9. SICHERN, ENDE und QUIT
10. PLOT

3.8.1   LINIE

Mit der Funktion **LINIE** aus dem **ZEICHNEN**-Menü können einzelne oder auch zusammenhängende Linien gezeichnet werden (2D oder 3D). Die Befehlsfolge lautet:

Befehl: <u><LINIE></u>
Von Punkt:
Nach Punkt:
Nach Punkt:

Sie wird mit der ⏎-Taste abgeschlossen. Die Punkte können, wie in Abschnitt 2.7.2 beschrieben, unterschiedlich eingegeben werden, unter anderem als polare, als rechtwinklige oder als relative Koordinaten. Sie können aber auch direkt über das Zeigegerät bestimmt werden.

Es gibt beim Zeichnen einer Linie noch weitere Möglichkeiten. Wurde die Eingabe einer Linie aus Versehen vor der geplanten Beendigung abgeschlossen, kann man diesen Fehler wieder korrigieren. Hierzu muß die Funktion **LINIE** erneut eingegeben werden und man antwortet auf die Frage *Von Punkt:* mit <<u>w</u>eiter>. Die Linie wird nun vom Endpunkt der letzten Linie aus weitergezeichnet.

Soll der Endpunkt einer Linienfolge mit dem Anfangspunkt der Linienfolge zusammenfallen, gibt man beim letzten Linienelement auf die Frage *Nach Punkt:* die Antwort <<u>s</u>chlies> ein.

Wurde ein Bogen als letztes Element gezeichnet und der letzte eingegebene Punkt war sein Endpunkt, so kann dieser Punkt als Anfangspunkt der Linie benutzt werden, die als nächste zu zeichnen ist. Dies wird erreicht, indem man auf die Frage „*Von Punkt*"' das Zeichen <@> eingibt.

3.8.2   TEXT

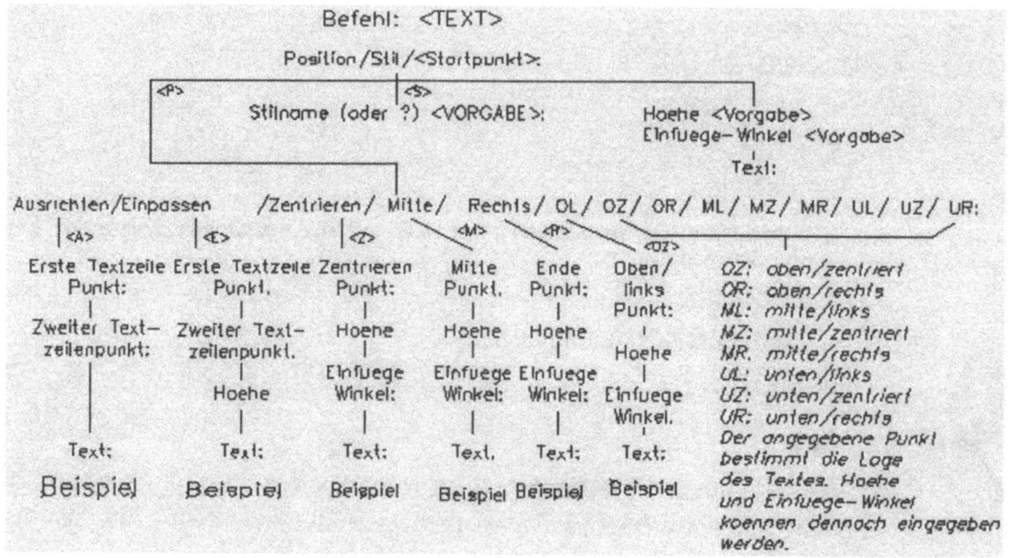

Bild 3-12 Möglichkeiten der Funktion TEXT

Befehl: <**Text**>

Position/Stil/<Startpunkt>: <**P**>

Ausrichten/Einpassen/Zentrieren/Mitte/Rechts/OL/OZ/OR/ML/MZ/MR/ UL/UM/UR:

Höhe <Vorgabe>:

Einfügewinkel <Vorgabe>:

Mit der Funktion **TEXT** aus dem **ZEICHNEN**-Menü kann ein Text in die Zeichnung eingefügt werden. Bei der Positionierung des Textes kann man unter mehreren Möglichkeiten auswählen:

Startpunkt

Textanfang ist am Startpunkt.

Ausrichten

Der Text wird zwischen zwei einzugebende Punkte gesetzt. Seine Höhe wird entsprechend verändert.

Zentrieren

Die Mitte des Textes wird auf den eingegebenen Punkt gelegt. Der Punkt gibt die untere Grenze des Textes an.

Einpassen

Der Text wird zwischen die zwei wählbaren Punkte gesetzt. Seine Höhe bleibt
wie angegeben und wird nicht der Länge des Textes angepaßt.

Mitte

Der eingegebene Punkt wird zum Mittelpunkt des Textes sowohl in waagrechter, als auch in senkrechter Richtung.

Rechts

Der eingegebene Punkt ist der rechte Endpunkt des Textes.

Der einzugebende Text wird unter den zuvor geschriebenen Text gesetzt.

OL-UR

Der jeweils gewählte Punkt, wird zur Positionierung des Textes benutzt (Bild
3-12)

Diese Möglichkeiten können abgekürzt jeweils mit der Eingabe des Groß-
buchstabens (A, Z, E, M, R) ausgewählt werden. Um den Text zeichnen zu
können, braucht AutoCAD noch die Angaben der Texthöhe, des Einfügewin-
kels und des Textes.

Will man den Textstil ändern, kann dies durch Eingabe der Funktion <Stil>
bei der Anfrage „*Startpunkt oder Ausrichten.../Stil*" geschehen. Der gewünschte
Stil muß vorher schon definiert worden sein. Trifft dies nicht zu, kann man
mit der Funktion **STIL** aus dem **MODI**-Menü den Stil festlegen (s. Abschn.
3.8.5 STIL).

Zusätzlich zum Alphabet (mit Ausnahmen der Umlaute) stellt AutoCAD weitere Zeichen zur Verfügung. Sie werden als Bestandteil des Textes eingegeben.

Die Eingabe von *%%uBeispiel* bedeutet, daß das Wort *Beispiel* unterstrichen
wird. Tabelle 3-1 zeigt die entsprechenden Steuerzeichen.

Tabelle 3-1
Steuerzeichen
und ihre
Wirkung

Steuerzeichen	Wirkung
%%o	Überstreichen des Textes ein- oder ausschalten
%%u	Unterstreichen des Textes ein- oder ausschalten
%%d	Gradsymbol (°)
%%p	Plus-Minussymbol
%%c	Kreisdurchmessersymbol
%%%	einzelnes Prozentzeichen
%%nnn	Spezialzeichen „nnn" zeichnen

Hinweis: Hinweis! Diese Steuerzeichen werden sich später beim Bemessen als außerordentlich wichtig erweisen.

3.8.3   PLINIE

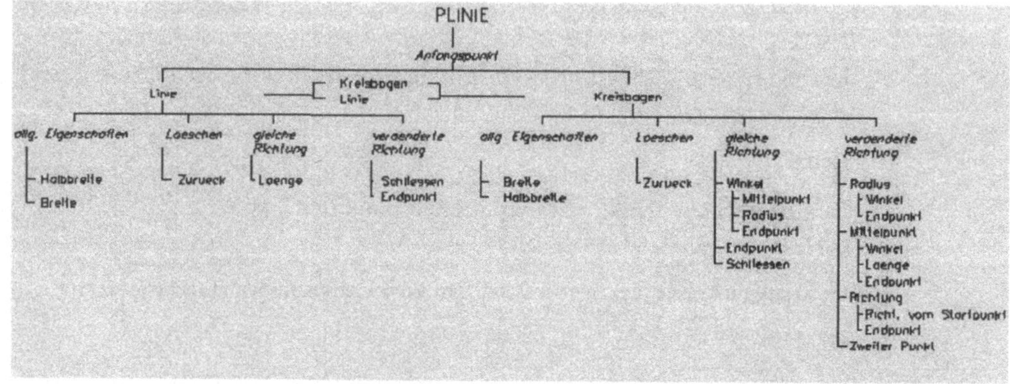

Bild 3-13 Möglichkeiten der Funktion PLINIE

Eine Polylinie ist eine Linie mit festlegbarer Breite. Mit dem Befehl PLINIE können Sie allerdings nur eine 2D-Polylinie zeichnen. Zum Zeichnen von 3D-Polylinien verwenden Sie den Befehl **3POLY** (s. Abschn. 7.1).

Es können zwei unterschiedliche Typen aufgerufen werden:

1   Eine gerade Linie

2   Ein Kreisbogensegment

Befehl: <u><PLINIE></u>

Von Punkt: *Eingabe des Polylinienanfangspunktes*

Aktuelle Linienbreite beträgt *Vorgabe*

Kreisbogen/Schliessen/Halbbreite/Sehnen/Zurück/Breite/<Endpunkt   der Linie>:

a) Polylinie als gerade Linie

Bei Eingabe eines Punktes wird ein Polyliniensegment vom Polylinienanfangspunkt zu diesem Punkt hin gezeichnet. Die Auswahl „*Kreisbogen/Schliessen/.../<Endpunkt der Linie>:*" erscheint wieder. Es kann aber auch der Anfangsbuchstabe einer der folgenden Unterbefehle eingegeben werden.

b) Polylinie als Kreisbogen

Die Befehlsfolge lautet:

Befehl: <u><PLINIE></u>

Von Punkt: (Punkt eingeben)

Aktuelle Linienbreite beträgt *Vorgabe*

Kreisbogen/Schliessen/Halbbreite/Länge/Zurück/Breite/<Endpunkt   der Linie>: <u><K></u>

Folgende Auswahl erscheint:

Winkel/Mittelpunkt/Schliessen/Richtung/Halbbreite/Linie/RAdius/zweiter
Pkt/Zurück/Breite/<Endpunkt des Bogens>:

Gibt man einen Punkt ein, wird ein Kreisbogen zu diesem Punkt hin gezeichnet. Der Bogen beginnt dann am vorher gezeichneten Punkt und verläuft
tangential zum letzten Polyliniensegment. Wenn eine andere Richtung gewünscht wird, kann einer der nächsten Unterbefehle benutzt werden. Diese
können durch ihren Großbuchstaben abgekürzt eingegeben werden (z.B. bei
RIchtung ein RI).

Die Unterbefehle **Halbbreite**, **Breite** und **Zurück** entsprechen den Befehlen,
wie sie unter a) beschrieben sind.

Winkel

Legt den Winkel zwischen Kreisbogenanfang und -ende fest. Ein positiver
Winkel bedeutet eine Drehung gegen den Uhrzeigersinn. Es folgt die Frage
nach Mittelpunkt, Radius oder Endpunkt.

Mittelpunkt

Es kann der Kreisbogenmittelpunkt eingegeben werden. Es folgt die Frage
nach eingeschlossenem Winkel, Sehnenlänge oder Endpunkt.

Schliessen

Dieser Unterbefehl entspricht dem Befehl unter a). Die Polylinie wird hier
mit einem Kreisbogen geschlossen.

RIchtung

Normalerweise wird ein Polyliniensegment tangential an das vorhergehende
angesetzt. Mit diesem Unterbefehl kann eine andere Startrichtung angegeben
werden. Die nächste Anfrage lautet *„Endpunkt"*.

Linie

Mit diesem Unterbefehl wird wieder in den Linien-Modus zurückgeschaltet.
Es erscheint die Anfrage *„Kreisbogen/Schliessen/.../<Endpunkt der Linie>:"*.

Radius

Der Kreisbogenradius kann eingegeben werden. Es folgt die Frage nach dem
Winkel oder dem Endpunkt.

zweiter Pkt

Der zweite Punkt eines 3-Punkte-Bogens kann bestimmt werden. Es folgt die
Anfrage *„Endpunkt"*.

Eine Folge von Polyliniensegmenten wird als eine Polylinie aufgefaßt. Polylinien können nur mit der Funktion **PEDIT** in einzelne Teile geteilt werden.

ABRUNDEN und **FACETTE** dürfen nur mit den für Polylinien vorgesehenen Unterbefehlen angewendet werden.

3.8.4   ABRUNDEN

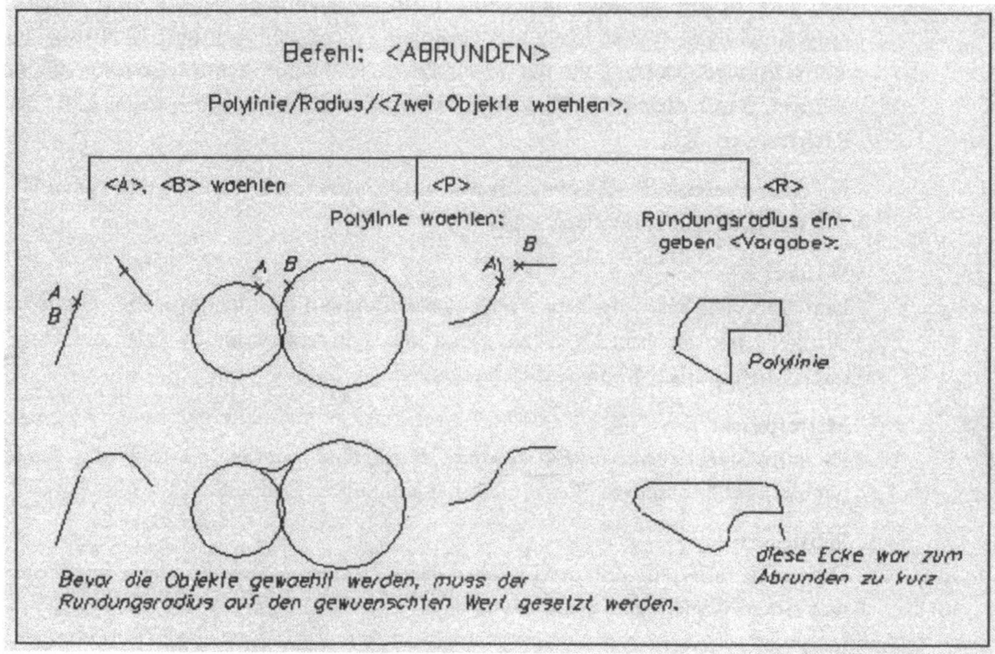

Bild 3-13 Möglichkeiten der Funktion PLINIE

Mit der Funktion **ABRUNDEN** aus dem EDIT-Menü können Linien, Kreise, Bögen und Polylinien abgerundet werden. AutoCAD erwartet nur zwei Elemente, die gewählt werden. Die Objektauswahl ist deshalb nicht mit der ⏎-Taste abzuschließen.

Befehl: **<ABRUNDEN>**
Polylinie/Radius/<Zwei Objekte wählen>:

Mit dem Unterbefehl **Radius** wird der Rundungsradius gesetzt. Er kann auch den Wert null haben.

a) Abrunden von zwei Linien

Die beiden gewählten Linien werden, falls erforderlich, so weit verlängert, bis sie sich schneiden. Dann werden sie gekürzt und mit dem aktuellen Rundungsradius abgerundet. Falls es sich bei den Linien um Segmente einer Polylinie handelt, müssen diese benachbart liegen, oder nur durch *ein* Segment getrennt sein. Dieses wird beim Abrunden entfernt und durch einen Abrundungsbogen ersetzt.

b) Abrunden von Kreisen und Kreisbögen

Auf die abzurundenden Objekte muß *gezeigt* werden. Sie können nicht mit einem Objektwahlfenster (s. Abschn. 3.8.7) gewählt werden. Das Objekt muß in der Nähe von dem Punkt gewählt werden, an dem der Rundungsbogen ansetzen soll. Kreise werden beim Abrunden nicht gestutzt; sie gehen nahtlos ineinander über.

Bild 3-15
Abrunden von
Kreisen und
Bögen

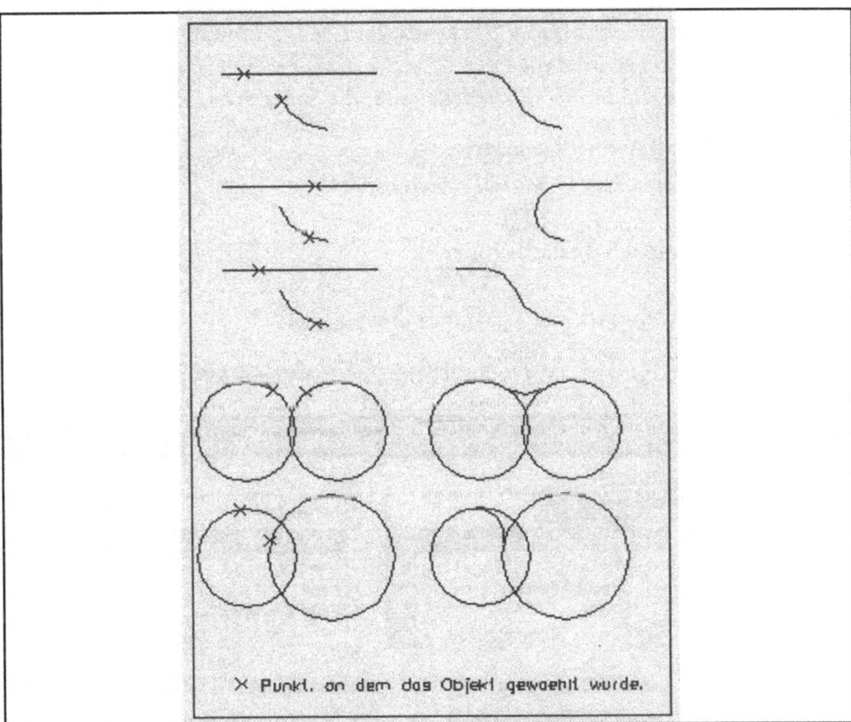

c) Abrunden einer ganzen Polylinie

Es wird jeder Scheitelpunkt, an dem sich Liniensegmente treffen, abgerundet. Sind zwei Liniensegmente durch einen Kreisbogen getrennt und divergieren nicht in Richtung des Kreisbogens, wird der Kreisbogen entfernt und durch einen Rundungsbogen ersetzt.

Folgende Polyliniensegmente können nicht abgerundet werden:

☐ parallele Liniensegmente,

☐ zu kurze Segmente,

☐ Segmente mit einem Schnittpunkt außerhalb der Zeichnungslimiten,

☐ Liniensegmente, die in Richtung des trennenden Kreisbogens divergieren.

Es erscheint dann beispielsweise folgende Fehlermeldung:

4 sind parallel 3 sind ausserhalb Limiten 2 sind zu kurz 6 sind divergierend

Das bedeutet, 4 Polyliniensegmente sind parallel, 3 außerhalb der Grenzen, 2 zu kurz und 6 divergieren.

3.8.5   STIL

Mit der Funktion **STIL** aus dem **MODI**-Menü kann die Stilart eines Textes definiert werden. Eine Stildefinition besteht aus Angaben über den Zeichensatz, die Höhe, die Schriftweite, die Schriftneigung und die Schriftrichtung.

Die Befehlsfolge lautet:

Befehl: <MODI> <nächste>
               <STIL>
Name des Textstils (oder ?): ⏎,

falls der Stil nicht geändert werden soll.

Es erscheint das Dialogfenster *Schriftdatei wählen* (Bild 3-16).

Bild 3-16
Dialogfenster
Schriftdatei
wählen

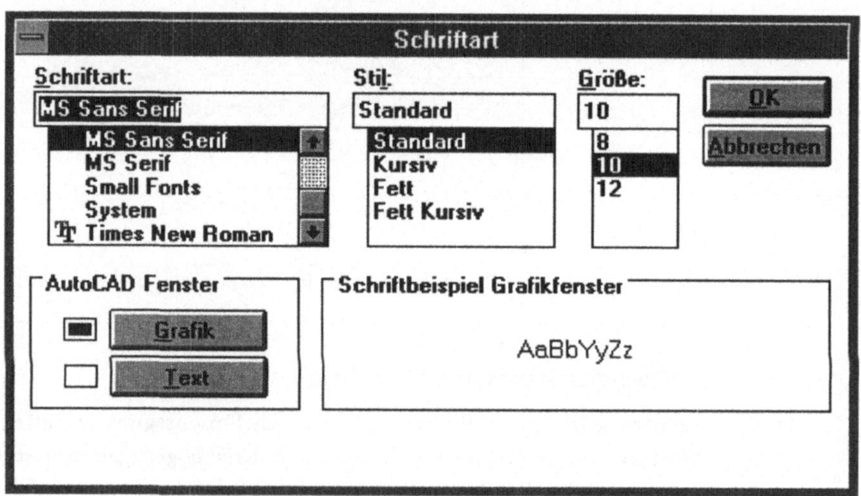

Durch Anpicken der ⬆- oder ⬇-Taste mit dem Zeigegerät können Sie im „Dateien"feld auf- und abfahren und Ihre gewünschte Schriftdatei suchen. Wenn Sie Ihre gesuchte Schriftdatei gefunden haben, picken Sie die Datei mit dem Zeigegerät an und sie erscheint dann im Feld „Datei". Durch Anpicken von <OK> verschwindet das Dialogfeld und nacheinander erschienen in der Befehlszeile die folgenden Anfragen:

Höhe <0.00>:
Breitenfaktor <*Vorgabe*>:

Höhe <0.00>:
Breitenfaktor <*Vorgabe*>:
Neigungswinkel <*Vorgabe*>:
Rückwärts? <N>:
Auf dem Kopf? <N>:
Vertikal? <N>:
Vorgabe ist jetzt der aktuelle Textstil.

AutoCAD stellt unter anderem folgende Zeichensätze für Text und für spezielle Anwendungen zur Verfügung:

Bild 3-17
Zeichensätze
für Text

txt8	Das ist ein Beispieltext. ABC 456 ???
monotxt8	Das ist ein Beispieltext. ABC 456 ???
iso8	Das ist ein Beispieltext. ABC 456 ???
simplex8	Das ist ein Beispieltext. ABC 456 ???
complex8	Das ist ein Beispieltext. ABC 456 ???
romans8	Das ist ein Beispieltext. ABC 456 ???
scipts8	Das ist ein Beispieltext. ABC 456 ???
greeks	Δασ ιστ ειν Βεισπιελτεξτ. ABX 456 ???
romand	Das ist ein Beispieltext. ABC 456 ???
romanc8	Das ist ein Beispieltext. ABC 456 ???
italicc8	Das ist ein Beispieltext. ABC 456 ???
scriptc8	Das ist ein Beispieltext. ABC 456 ???
italict8	Das ist ein Beispieltext. ABC 456 ???
romant8	Das ist ein Beispieltext ABC 456 ???
gothice8	Das Iste ein Beispieltext. ABC 456 ???
gothicg8	Daß ist ein Beispieltext ABC 456 ???

Bild 3-18
Spezial-
zeichensätze

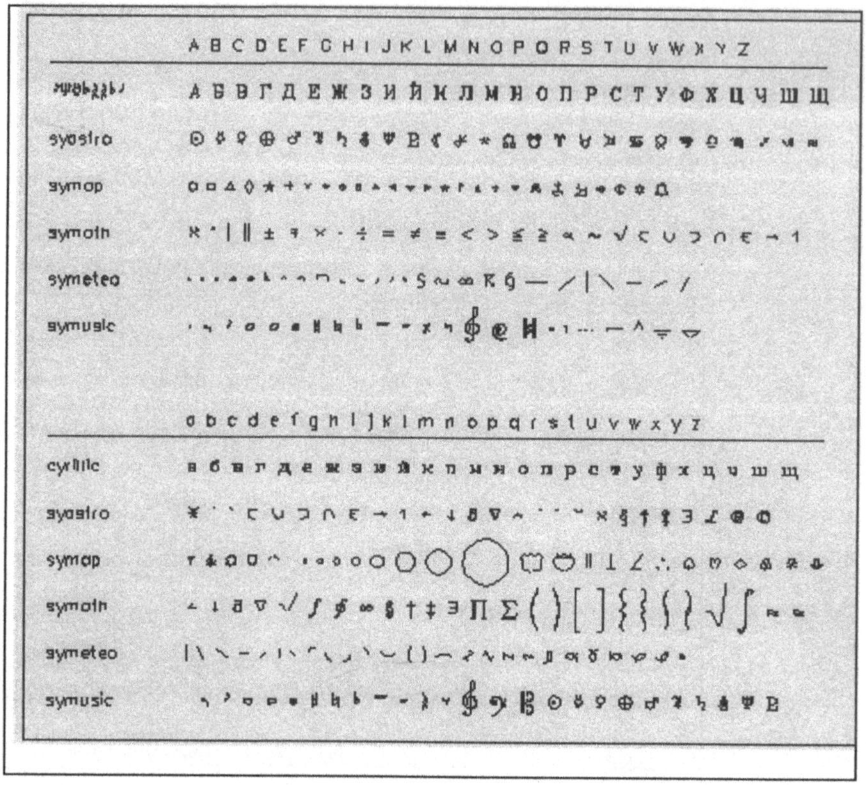

Folgende Vorgaben können eingestellt werden:

Schrifthöhe

Soll der gesamte Text eine konstante Höhe haben, ist diese hier einzugeben.
Setzt man die Höhe gleich Null, wird bei der Texteingabe jedesmal nach der
Höhe gefragt. Sie kann also in jeder Textzeile neu festgelegt werden.

Schriftweite

Dies sind die Abstände zwischen den einzelnen Zeichen.

Bild 3-19 zeigt einige Definitionen des Textstils.

Bild 3-19
Beispiele für
Stildefini-
tionen

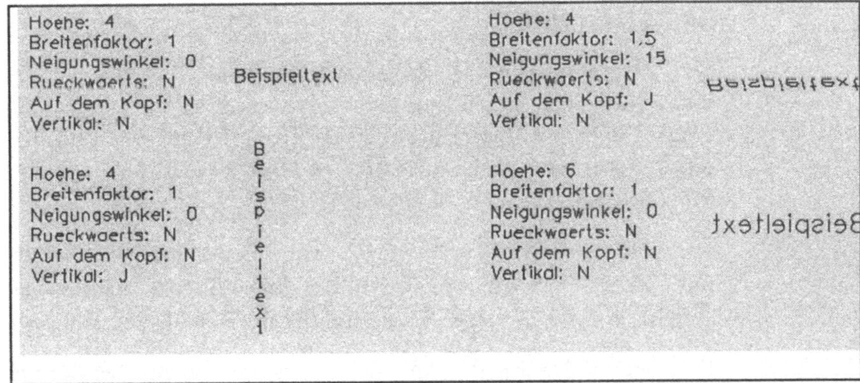

3.8.6   ÄNDERN

Dieser Befehl ist komplizierter. Um ihn verstehen zu können, ist noch weiteres Wissen erforderlich, das in den nächsten Kapiteln dargelegt wird. Aus diesem Grunde wird der Befehl an dieser Stelle nicht näher erläutert, sondern erst in Abschnitt 10.3.1.

3.8.7   Objektwahl

Bei den meisten AutoCAD-Befehlen muß ein Objekt gewählt werden, auf das der Befehl angewandt wird. In diesen Fällen erscheint im Befehlsfeld die Anfrage *„Objekte wählen"*. Bei der Objektwahl verwandelt sich das Fadenkreuz in ein kleines Quadrat, das sogenannte *Fangfenster,* das an die gewünschte Stelle verschoben werden kann. Durch Drücken der ⏎-Taste wird die Objektwahl abgeschlossen. Im folgenden sind die verschiedenen Möglichkeiten der Objektwahl zusammengestellt.

3.8.7.1 Eingabe eines Punktes

Man führt das Fangfenster mit Hilfe der Cursortasten oder des Zeigegeräts zu dem gewünschten Objekt. Sobald ein Teil des Objekts innerhalb des Fangfensters liegt, kann es durch Drücken der ⏎-Taste (oder des Pickknopfes am Zeigegerät) gewählt werden. Die Position des Fangfensters kann auch über Koordinateneingabe festgelegt werden.

Hinweis: Hinweis! Ein Band, eine Fläche oder eine breite Polylinie kann nur an ihrem Rand gewählt werden.

Nachdem Sie ein Objekt gewählt bzw. entfernt haben, erscheint wiederum die Aufforderung „Objekte wählen" oder „Objekte entfernen". Sie können jetzt entweder wie oben beschrieben ein neues Objekt wählen, oder durch Drücken von ⏎ die Objektwahl verlassen und fortfahren mit der Ausführung des zugehörigen Befehls.

3.8.7.2 N (Nochmal)

Der Befehl <u><Nochmal „gewünschter Befehl"></u> dient zur Wiederhohlung eines Befehls. Er wiederholt diesen, hinter „nochmal" angegebenen Befehl so lange, bis er mit ⎡Strg⎤ + ⎡C⎤ abgebrochen wird. Bei der Eingabe von z.B. <u><N KREIS></u> wird der Befehl „KREIS" so lange wiederhohlt, bis Sie Ihn mit ⎡Strg⎤ ⎡C⎤ abbrechen.

Hinweis: Hinweis! Beim Befehl „Nochmal" wird nur der angegebene Befehl wiederholt und nicht die Optionen. Optionen, wie z.B. der Radius bei dem Befehl „Kreis", müssen bei jeder Wiederholung des Befehls neu eingegeben werden.

Den Befehl „Nochmal" können Sie allerdings ebenso bei der Objektwahl verwenden. Geben Sie beim ersten Aufruf „Objekte wählen" <u><NOCHMAL></u> ein. Sie können nun alle auszuwählenden Elemente anpicken und müssen erst nach Anpicken des letzten Elements mit ⎡↵⎤ bestätigen.

Hinweis: Hinweis! Der Vorteil der Option „NOCHMAL" bei der Objektwahl liegt darin, daß keine Zeitverzögerung durch den Suchvorgang von Objekten entsteht. Dies kann sich vor allem bei komplexen Zeichnungen als sehr nützlich erweisen.

3.8.7.3 F (Fenster)

Mit diesem Unterbefehl lassen sich alle Objekte wählen, die vollständig innerhalb dieses Fensters liegen. Das Fenster wird durch zwei Punkte festgelegt. Es erscheinen die Anfragen:

Erster Punkt:

Zweiter Punkt:

Der erste Punkt ist der linke untere Punkt des Fensters. Der rechte obere Eckpunkt wird durch die aktuelle Position des Cursors bestimmt. AutoCAD zeichnet zur besseren Vorstellung das entsprechende Rechteck. Der rechte obere Punkt kann so lange verschoben werden, bis ein geeignetes Fenster festgelegt wurde (Bestätigung des rechten oberen Punktes mit ⎡↵⎤).

Hinweis: Hinweis! Sie finden den Befehl „Fenster" auch einfacher, indem Sie mit Ihrem Zeigegerät einfach nach der Aufforderung „Objekte wählen" die linke untere Ecke Ihres Fensters an einer freien Stelle im Zeichnungseditor anpicken. Anschließend werden Sie ebenfalls nach dem zweiten Punkt gefragt.

3.8.7.4 K (Kreuzen)

Dieser Befehl entspricht dem Unterbefehl *Fenster*. Es werden hier sämtliche Objekte gewählt, die vollständig oder nur teilweise innerhalb des Rechtecks liegen.

Hinweis: Hinweis! Sie können auch zu diesem Befehl ohne extra Aufforderung gelangen, indem Sie die rechte obere Ecke Ihres „kreuzen"-Fensters an einer freien Stelle des Zeichnungseditors anpicken. Anschließend werden Sie ebenfalls nach dem zweiten Punkt gefragt.

3.8.7.5 B (BOX)

Auch bei diesem Unterbefehl werden zwei Punkte als Eingabe verlangt. Befindet sich der zweite eingegebene Punkt rechts des ersten, verhält sich der Unterbefehl *Box* wie der Unterbefehl *Fenster*. Befindet sich der zweite Punkt links des ersten Punktes, entspricht der Unterbefehl *Box* dem Unterbefehl *Kreuzen*.

Hinweis: Hinweis! Siehe hierzu auch die Hinweise von Abschnitt 3.8.7.3 und 3.8.7.4.

3.8.7.6 A (Auto)

Auto ist normalerweise immer die Voreinstellung zu „Objekte wählen". Zuerst wird nach einem Punkt gefragt. Liegt dieser Punkt auf dem Objekt, so wird dieses gewählt. Im anderen Falle wird dieser Punkt als erster Eckpunkt einer *Box* angesehen.

Hinweis: Hinweis! Siehe hierzu auch die Hinweise von Abschnitt 3.8.7.3 und 3.8.7.4.

3.8.7.7 EI (Einzel)

Mit diesem Unterbefehl kann ein einzelnes Objekt gewählt werden. Die Objektwahl muß in diesem Fall nicht mit der ⏎-Taste abgeschlossen werden. AutoCAD beendet die Objektauswahl automatisch, sobald ein Objekt gewählt wurde.

3.8.7.8 L (Letztes)

Wählt das zuletzt gezeichnete Objekt.

3.8.7.9 V (Vorher)

Mit diesem Unterbefehl können bereits im vorhergegangenen Befehl bearbeitete Objekte wieder angewählt werden.

3.8.7.10 Z (Zurück)

Wenn versehentlich ein Objekt gewählt wurde, kann dies durch den Unterbefehl *Zurück* rückgängig gemacht werden. Durch mehrmaliges Eingeben von *Zurück* kann man zurückliegende Objekte Schritt für Schritt löschen (Abschn. 10.5).

3.8.7.11 E (Entferne)

Das gewählte Objekt wird von den ausgewählten Objekten wieder entfernt. Es erscheint die Anfrage: *„Objekt entfernen"*. Sie können nun die Objekte, welche Sie aus Ihrer Auswahl wieder entfernen wollen, mit Ihrem Zeigegerät anpicken. Beendigen Sie diese Auswahl ebenfalls mit [←].

3.8.7.12 H (Hinzufügen)

Die mit diesem Unterbefehl gewählten Objekte werden den bereits bestehenden Objekten hinzugefügt. Dies ist die Voreinstellung bei der Objektwahl.

3.8.7.13 Leertaste oder [←]-Taste

Diese Tasten beenden die Objektauswahl. Nach Drücken einer dieser Tasten wird der Befehl weiter ausgeführt, d.h. Ihre Objekte werden jetzt entsprechend modifiziert.

Hinweis! Wenn Sie als Zeigegerät eine „Microsoft"-Maus mit zwei Tasten verwenden, können Sie die Objektauswahl auch durch Anklicken der rechten Maustaste beenden.

3.8.7.14 [Strg][C]

Diese Tastenkombination unterbricht die Objektwahl. Sämtliche markierten Objekte werden wieder normal angezeigt.

Hinweis! Durch Anpicken des jeweiligen laufenden Befehls in der Menüleiste mit Ihrem Zeigegerät können Sie ebenfalls die Befehlsausführung abbrechen.

3.8.7.15 „?"

Das Fragezeichen zeigt die Liste aller gültigen Antworten.

3.8.8   LÖSCHEN

Mit der Funktion **LÖSCHEN** aus dem **EDIT**-Menü können Objekte gelöscht werden.
Befehl: <LÖSCHEN>
Objekte wählen:
Objekte wählen:
Die Wahl der Objekte wird mit der [←]-Taste abgeschlossen.

Hat man die Funktion LÖSCHEN eingegeben, verschwindet das Fadenkreuz vom Bildschirm und es erscheint ein kleines Quadrat, das mit dem Zeigegerät oder den Cursortasten bewegt werden kann. Mit diesem Quadrat werden die zu löschenden Objekte gewählt. Ist ein Objekt gewählt, wird es auf dem Bildschirm gestrichelt dargestellt. Erst wenn alle Objekte, die gelöscht werden sollen, ausgewählt sind und die [←]-Taste gedrückt wurde, verschwinden die Objekte vom Bildschirm. Soll das zuletzt gezeichnete oder geänderte Objekt gelöscht werden, gibt man bei der Objektwahl <letztes> ein. Es kann jede Möglichkeit der Objektwahl benutzt werden (s. vorhergehender Abschnitt).

3.8.9   SICHERN, ENDE und QUIT

SICHERN

Wählen Sie hierfür <DIENSTE> <nächste> und anschließend <sichern>. Sie können auch nur „sichern" über die Tastatur eingeben.

Es erscheint das Dialogfenster *Zeichnung sichern als* (Bild 3-20)

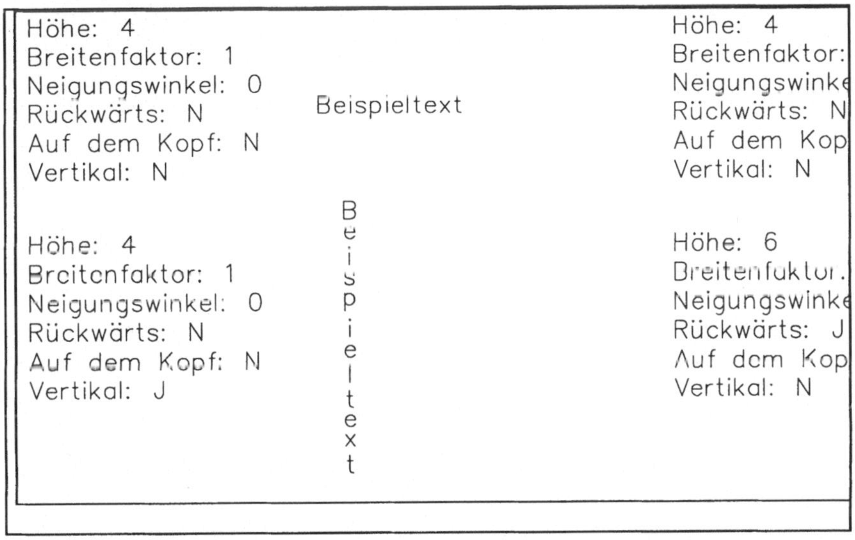

Bild 3-20
Dialogfenster
Zeichnung
sichern als

```
Höhe:  4                              Höhe:  4
Breitenfaktor: 1                      Breitenfaktor:
Neigungswinkel: 0     Beispieltext    Neigungswinke
Rückwärts:  N                         Rückwärts:  N
Auf dem Kopf: N                       Auf dem Kop
Vertikal: N                           Vertikal: N

                         B
                         e
                         i
Höhe:  4                 s            Höhe:  6
Breitenfaktor: 1         p            Breitenfuktor.
Neigungswinkel: 0        i            Neigungswinke
Rückwärts:  N            e            Rückwärts:  J
Auf dem Kopf: N          l            Auf dem Kop
Vertikal:  J             t            Vertikal:  N
                         e
                         x
                         t
```

Wählen Sie im Dialogfenster den Dateinamen durch anpicken mit dem Zeigegerät und bestätigen Sie dies durch Anpicken der Taste <OK>.

Der Zeichnungseditor wird nicht verlassen. Deshalb kann anschließend weitergezeichnet werden.

Die Funktionen **BEENDEN** und **QUIT** befinden sich im **DIENSTE-nächste**-Menü.

ENDE

Die aktuelle Zeichnung wird gespeichert und der Zeichnungseditor verlassen. Man befindet sich anschließend im AutoCAD-Hauptmenü.

QUIT

Es erscheint die Anfrage:

„Wollen Sie wirklich alle Änderungen in der Zeichnung verlieren?"

Wenn Sie <J> eingeben, wird der Zeichnungseditor verlassen, die Zeichnung wird nicht gespeichert und Sie befinden sich anschließend im AutoCAD-Hauptmenü.

3.8.10   PLOT

Die Erklärungen zur Funktion **PLOT** befinden sich in Abschnitt 10.10.

4. Anwendung der geometrischen Grundkonstruktionen

AutoCAD besitzt eine Reihe von Hilfsbefehlen, mit denen die Konstruktion erleichtert wird. Man kann beispielsweise den Mittelpunkt eines Kreises zur Konstruktion eines weiteren Kreises verwenden, ohne dessen genaue Koordinaten zu kennen. Zum Zeichnen muß in diesem Fall die Funktion des *Objektfangs* verwendet werden. Damit können, wie der Name sagt, Bezugspunkte von früher gezeichneten *Objekten eingefangen* und zur Konstruktion weiterer Objekte herangezogen werden. Dabei genügt es, daß der gewünschte Punkt innerhalb des *Objektfang-Fensters* liegt. AutoCAD bestimmt dann den gewünschten Bezugspunkt mit seinen genauen Koordinaten. Soll beispielsweise vom Endpunkt einer bestehenden Linie aus weiterkonstruiert werden, wird folgendes eingegeben:

Befehl:	**<LINIE>**
	Auswahl der Funktion
	LINIE.
Von Punkt:	**<Endpunkt>**
	Fangen des Endpunktes der Linie.
von	Anwählen der Linie.

Hinweis! Die Fangfunktionen finden Sie immer durch Anpicken von <****> in der AutoCAD-Menüleiste.

Auf dem Bildschirm verschwindet das Achsenkreuz und es erscheint das sog. *Fangfenster*, ein Quadrat. Man führt das Fangfenster so in die Nähe des gesuchten Endpunktes einer Linie, daß sich ein Teil der Linie innerhalb des Fangfensters befindet.

Bild 4-1
Fangfenster

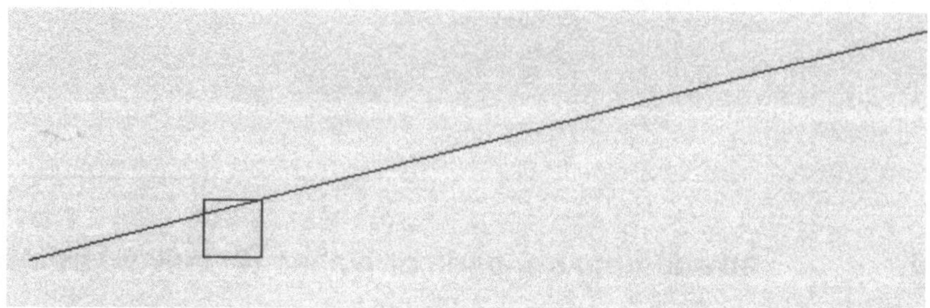

Die folgende Tabelle 4-1 zeigt, mit welchen Befehlen Punkte einer geometrischen Grundfigur ausgewählt werden können.

Tabelle 4-1
Bestimmung
von Punkten

Befehl	Wirkung
NAEchster	Fängt nächstgelegenen Punkt
ENDpunkt	Fängt nächsten Endpunkt
MITtelpunkt	Fängt Mittelpunkt
ZENtrum	Fängt das Zentrum
PUNkt	Fängt Punkt
QUAdrant	Fängt Quadrantenpunkt bei 0, 90, 180 oder 270 Grad
SCHnittpunkt	Fängt Schnittpunkt
BASispunkt	Fängt Einfügepunkt
LOT	Errichtet Lot vom zuletzt eingegebenen Punkt auf das Objekt
TANgente	Zeichnet Tangente vom zuletzt eingegebenen Punkt zum gewählten Objekt
QUIck	Bei mehreren Elementen wird dasjenige gewählt, dessen Punkt zuerst vom Fangmodus erkannt wird
KEIner	Schaltet Objektfangmodus aus

Es wird immer zuerst eingegeben, welche Art von Punkt gewählt werden soll. Anschließend wird das gewünschte Objekt mit den bekannten Wahlmöglichkeiten (s. Abschn. 3.8.7) ausgewählt.

Hinweis! Liegen mehrere Objekte im Fangfenster, wird von AutoCAD willkürlich irgendein Objekt gewählt. Um eine eindeutige Auswahl vornehmen zu können, sollten Sie die entsprechenden Teile,beispielsweise mit der Funktion

„**ZOOM Fenster**" vergrößern, um die gewünschte Anzahl eindeutig treffen zu können.

Sollen für eine Konstruktion beispielsweise nur Endpunkte verwendet werden, wird folgendes eingegeben:

Befehl: <****> oder <OFANG>
Wahl des Menübefehls Objektfang.
Objektfang-Modi: <**endpunkt**>
                   Es werden nur Endpunkte ausgewählt.

4.1   Konstruieren der Ellipsentangente von einem Punkt aus

An eine Ellipse E1, die durch ihre Halbachsen a und b gegeben ist, soll vom Punkt P1 aus eine Tangente gezeichnet werden (s. Bild 4-2). Von den zwei möglichen Ellipsentangenten wird aus Gründen der Übersichtlichkeit nur eine konstruiert.

Bild 4-2
Ellipsen-
tangente vom
Punkt P1

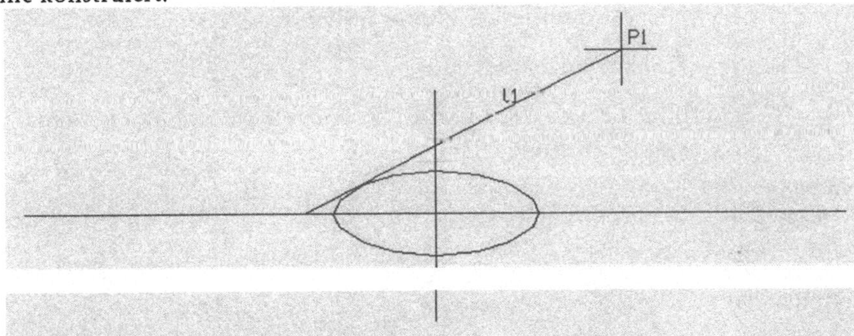

Diese Aufgabe soll ausschließlich konstruktiv gelöst werden, d.h. es werden weder Strecken berechnet, noch gemessen. Zunächst wird über <DIENSTE> <**nächste**> <NEU> als neuer Zeichnungsname <Ellipse> eingegeben.

<DIENSTE>
<nächste>
<NEU>
<ELLIPSE>   den Zeichnungsnamen eingeben.
Unsere Zeichnung heißt nun Ellipse.
<**OK**>   Eingabe bestätigen.

AutoCAD baut den Zeichnungseditor neu auf und meldet sich im Befehlsfeld wie folgt:
Befehl:

Um die Entstehung der Zeichnung besser verfolgen zu können, werden mit der Funktionstaste ⌨F7 das *Raster* und mit ⌨F6 die *Koordinatenanzeige* eingeschaltet (sichtbar in der letzten Befehlszeile durch <Raster ein> und <Koordinaten ein>).

Die gesuchte Tangente von Punkt P1 an die Ellipse wird in folgenden Schritten gezeichnet:

1 Zeichnen der Ellipse E1 und des Punktes P1

2. Wechseln der Zeichenebene

3. Abbildung der Ellipse E1 in einen Kreis K1

4. Abbildung des Punktes P1 auf seinen Bildpunkt P1'

5. Zeichnen der Kreistangenten t1' und t2' vom Punkt P1'

6 Affine Rückabbildung der Kreistangenten t1' und t2' in die Ellipsentangenten t1 und t2

7 Löschen sämtlicher Hilfslinien

8. Kontrollieren des Berührungspunktes (Vergößern von Zeichnungsbereichen und Erhöhen der Ellipsenauflösung)

9. Sichern der Zeichnung.

Bild 4-3 zeigt die fertige Tangentenkostruktion mit sämtlichen Hilfslinien und Beschriftungen.

Bild 4-3
Fertiggestellte
Tangenten-
konstruktion
an eine Ellipse

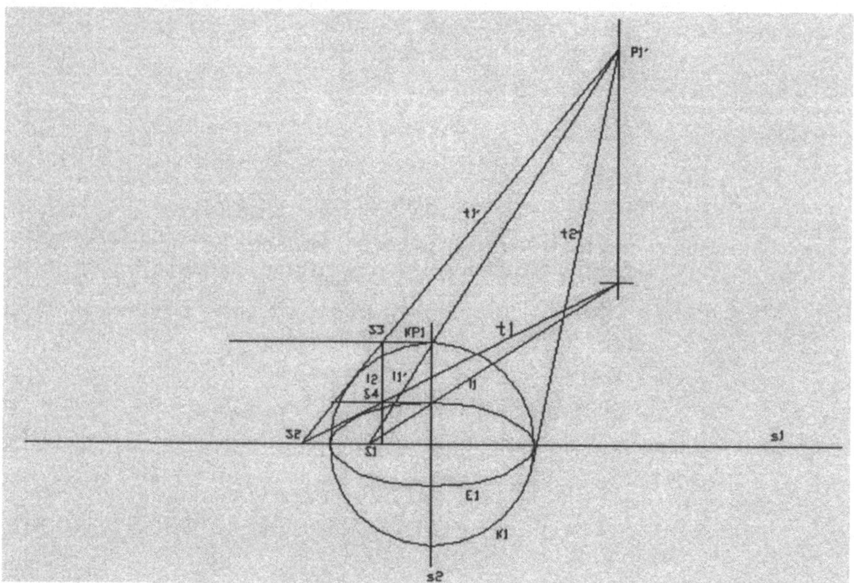

4.1.1   Zeichnen der Ellipse E1 und des Punktes P1

Die gegebene Ellipse hat den Mittelpunkt bei den Koordinaten (210,70); die Hauptachse sei a = 50 und die Nebenachse b = 20.5. Der Punkt P1 mit den

Koordinaten (300,150) ist durch ein senkrecht stehendes Kreuz markiert. Zuerst zeichnen wir die Ellipse mit der Funktion **ELLIPSE** aus dem Menü **ZEICHNEN**. Das Feld **ZEICHNEN** (Fettdruck) wird nur beim Benutzen des rechten Menüfeldes eingegeben. Wenn Sie die Befehle über Tastatur eingeben, müssen Sie nur <u>ELLIPSE</u> (unterstrichen) eingegeben.

Befehl: <<u>Z</u>EICHNEN>

<ELLIPSE>

<Achsenendpunkt 1>/Mittelpunkt: <<u>m</u>>

Mittelpunkt der Ellipse: <<u>210,70</u>>

Achsenendpunkt: <<u>@50,0</u>> Eingabe der Hauptachse a.

<Abstand der anderen Achse>/Drehung: <<u>@0,20.5</u>>

        Eingabe der Nebenachse b.

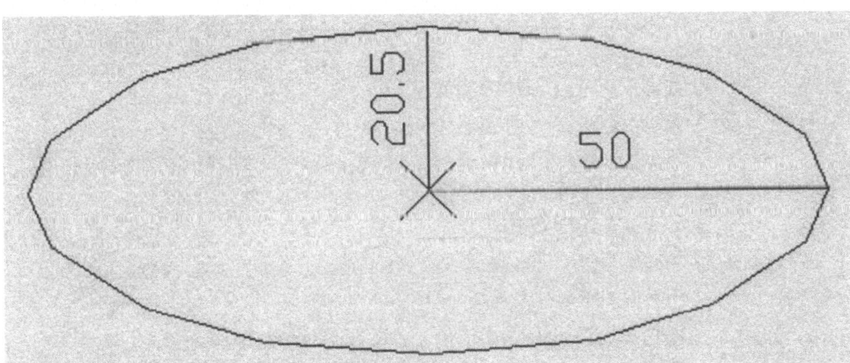

Bild 4-4
Ellipse mit
Mittelpunkt
und
Halbachsen

Hinweis! Picken Sie <AutoCAD> an, um wieder in das AutoCAD Hauptmenü zu gelangen.

Anschließend wird eingegeben, daß der Punkt P1 durch ein Kreuz dargestellt werden soll. Normalerweise würde der Punkt nur durch einen einfachen Punkt dargestellt, weshalb er auf dem Bildschirm nicht gut zu sehen wäre. Zur Änderung der Punktdarstellung dient im Menübefehl **MODI** die Funktion **SETVAR**. Mit ihr können die in AutoCAD festgelegten Systemvariablen überprüft und verändert werden. Eine Zusammenstellung aller Systemvariablen finden Sie im Anhang. Mit dem Befehl **PDMODE** wird der Modus der Punktanzeige eingestellt. In Abschnitt 4.2 sind in Bild 4-19 die Punktsymbole zusammmengestellt. Da ein *senkrechtes Kreuz* gewünscht wird, wählen wir die Zahl *2*.

Befehl: <**MODI**> <**nächste**>

<SETVAR>

Variablenname oder ?   <<u>PDMODE</u>>

        Wählen der Variablen für die Wahl des Modus der Punktanzeige.

Neuer Wert für PDMODE <0>: <u>2</u>>

        Wahl des senkrechten Kreuzes.

Mit dem Menübefehl **ZEICHNEN** und der Funktion **PUNKT** wird der Punkt P1 mit den Koordinaten 300,150 im angegebenen Punktmodus gezeichnet.

Befehl: <ZEICHNEN> <nächste>

<PUNKT>

Punkt: <<u>300,150</u>>

Um die Konstruktion der Tangente vorzubereiten, werden die senkrechte und die waagrechte Achse durch den Ellipsenmittelpunkt gezeichnet. Dazu dient, wie bereits früher besprochen, im Menübereich **ZEICHNEN** die Funktion **LINIE**, für welche die entsprechenden Koordinaten eingegeben werden.

Befehl: <**ZEICHNEN**>

<LINIE>

Zeichnen der waagerechten Achse durch folgende Eingaben:

Von Punkt: <<u>10,70</u>>

Nach Punkt: <@400,0>

Nach Punkt: <<u>RETURN</u>>

Zeichnen der senkrechten Achse durch folgende Eingaben:

Befehl: ⟨↵⟩ oder <<u>LINIE</u>>

Von Punkt: <<u>210,10</u>>

Nach Punkt: <@<u>0,120</u>>

Nach Punkt: ⟨↵⟩

Bild 4-5 zeigt die Ellipse, das Kreuz des Punktes P1 sowie die waagrechte und die senkrechte Koordinatenachse.

Bild 4-5
Ellipse mit
den
Koordinaten-
achsen

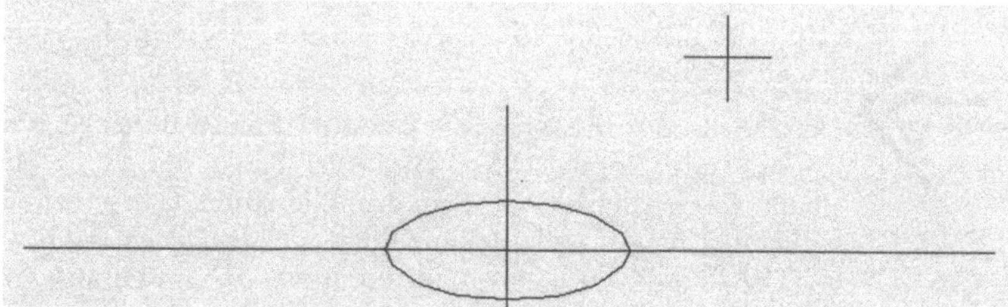

4.1.2   Wechseln der Zeichnungsebene

Sämtliche Konstruktionshilfslinien sollen in einer anderen Zeichnungsebene (vorgegeben ist die Zeichnungsebene 0) gezeichnet werden; die konstruierten Tangenten sollen allerdings in die ursprüngliche Zeichnung eingezeichnet werden. Dies hat den Vorteil, daß man sämtliche Hilfslinien nach Fertigstellen der Konstruktion aus dem Bildschirm ausblenden kann. Mit der *LAYER-Technik* ist es in AutoCAD möglich, Teile der Zeichnung in verschiedenen Zeichnungsebenen, d.h. Layern abzulegen. Anschaulich könnte man sich *Layer* wie *übereinander gelegte Klarsichtfolien* vorstellen. Jede Folie stellt eine Ebene (d. h. einen Layer) dar und zeigt dabei einen wichtigen Teil der gesamten Zeichnung. Die Anzahl der Layer ist unbegrenzt; ferner können unterschiedliche Layer miteinander kombiniert werden. Alle Einstellungen der Zeichnung, beispielsweise das Koordinatensystem oder die Grenzen (Limiten) sind für alle Layer gleich.

Um einen neuen Layer anzulegen, dient die Befehlsfolge **LAYER Mach**.

Befehl: <<u>LAYER</u>>

Es erscheint das Layer-Dialogfeld. Picken Sie hier abbrechen an und geben Sie anschließend nochmals den Befehl <<u>LAYER</u>> ein.

?/Mach/Setzen/Neu/Ein.../Tauen: <<u>Mach</u>>
                                      Erzeugen eines Layers.

Neuer aktueller Layer <0>: <<u>2</u>>
       Der erzeugte Layer wird mit **2** bezeichnet und ist der aktuelle Layer.

?/Mach/Setzen/Neu/Ein.../Tauen: ⏎

Die neue Zeichnungsebene (LAYER) wird auf dem Bildschirm links oben angezeigt.

Hinweis: | Hinweis! Die Layertechnik wird beim Konstruieren hauptsächlich zum Bemessen, Zeichnen von Symmetrielinien, verdeckten Linien und Schraffuren angewandt.

4.1.3   Abbildung der Ellipse E1 in einen Kreis K1

Die Ellipse E1 kann als *affine* Abbildung des Kreises K1 im Verhältnis der beiden Halbachsen verstanden werden. (Unter affin versteht man in der Mathematik Abbildungen, die umkehrbar, geradentreu, parallelentreu und verhältnistreu sind). Wegen der Umkehrbarkeit kann die Ellipse E1 wieder zum Kreis K1 abgebildet werden, wie dies in diesem Abschnitt gezeigt wird. Dieser affin abgebildete Kreis K1 hat den gleichen Mittelpunkt wie die Ellipse E1 und den Radius der Hauptachse a (50) der Ellipse. Deshalb wird mit der Befehlsfolge **ZEICHNEN KREIS** dieser Kreis gezeichnet.

Befehl: <**ZEICHNEN**>
<**<u>KREIS</u>**> <**Radius**>
3P/2P/TTR/<Mittelpunkt>: <<u>210,70</u>>
                        Der Mittelpunkt des Kreises entspricht dem
                        Mittelpunkt der Ellipse.

Durchmesser/<Radius>: <<u>50</u>>
                    Eingabe des Kreisradius.

Der Kreis wird am Bildschirm bei einer Cursorbewegung laufend mitverändert, bis der Radius endgültig eingegeben wird. Dieses *sichtbare Nachziehen* von *Radien, Verschiebungen, u.a.* ist automatisch eingestellt. Es kann auch mit der Funktion **ZUGMODUS** ausgeschaltet werden.

Bild 4-6
Kreis und
Ellipse

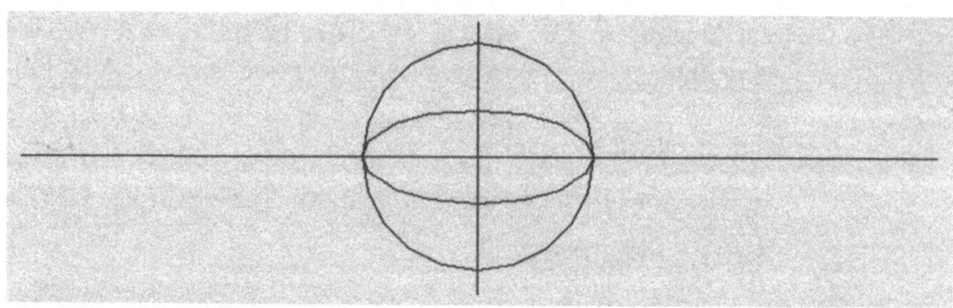

4.1.4   Abbildung des Punktes P1 auf seinen Bildpunkt P1'

Als nächstes wird der Punkt P1 im Verhältnis der Halbachsen der Ellipse
(50/20.5) ebenfalls affin abgebildet. Dazu wird eine gerade Linie l1 gezeichnet,
die durch P1 und den obersten Punkt der kleinen Halbachse b der Ellipse
geht und die waagrechte Achse s1 im Punkt S1 schneidet.
Befehl: <ZEICHNEN>
<LINIE>
Von Punkt: <u>300,150</u>

> Koordinaten des Punktes P1.

Nach Punkt: <u>210,90.5</u>

> Koordinaten des äußersten Punktes der kleinen
> Halbachse b.

Nach Punkt: ⏎

Um die Gerade l1 bis zum Schnitt mit der waagrechten Achse zu verlängern,
wird aus dem EDIT-Menü die Funktion **DEHNEN** ausgewählt:
Befehl: <EDIT>
<u><DEHNEN></u>
Grenzkante(n) wählen...
Objekte wählen: Wahl der waagrechten Symmetrielinie s1
1 gewählt, 1 gefunden
Objekt wählen: ⏎
<Objekt wählen, das gedehnt werden soll>/Zurück: *Wahl von l1*
<Objekt wählen, das gedehnt werden soll>/Zurück: ⏎
Nun verbinden wir S1 mit dem Kreispunkt KP1.
Befehl: <ZEICHNEN>
<LINIE>
Von Punkt: <u>sch</u>   Wahl des **Sch**nittpunktes.
von Wahl eines Punktes in der Nähe von S1
Nach Punkt: <u>qua</u> Wahl des **Qua**dranten.
von Wahl eines Punktes in der Nähe des obersten Punktes des Kreises K1
Nach Punkt: ⏎

Die Gerade durch S1-KP1 wird l1'genannt (s. Bild 4-7).

Bild 4-7
Linienzüge bis
zum Punkt
KP1

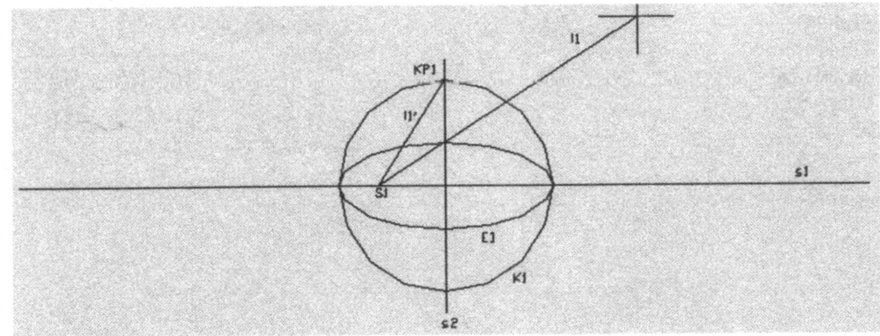

Anschließend wird von P1 die Senkrechte zu s1 gezeichnet und mit l1' zum Schnitt gebracht. Wir erhalten dann den Bildpunkt P1' von P1.

Zeichnen der Senkrechten durch P1:

Befehl: <u><LINIE></u>

Von Punkt: <<u>300,150</u>>

Nach Punkt: <<u>300,280</u>>

Nach Punkt: ⏎

Verlängern der Strecke S1-KP1 bis zum Schnitt mit der Senkrechten durch P1.

Befehl: <EDIT>

<DEHNEN>

Grenzkante(n) wählen ...

Objekte wählen: Wahl der Senkrechten durch P1

Objekt wählen: ⏎

<Objekt wählen, das gedehnt werden soll>/Zurück: *Wahl von l1'*

<Objekt wählen, das gedehnt werden soll>/Zurück: ⏎

Bild 4-8 zeigt das Ergebnis.

Bild 4-8
Konstruktion
des affinen
Bildpunktes
P1'

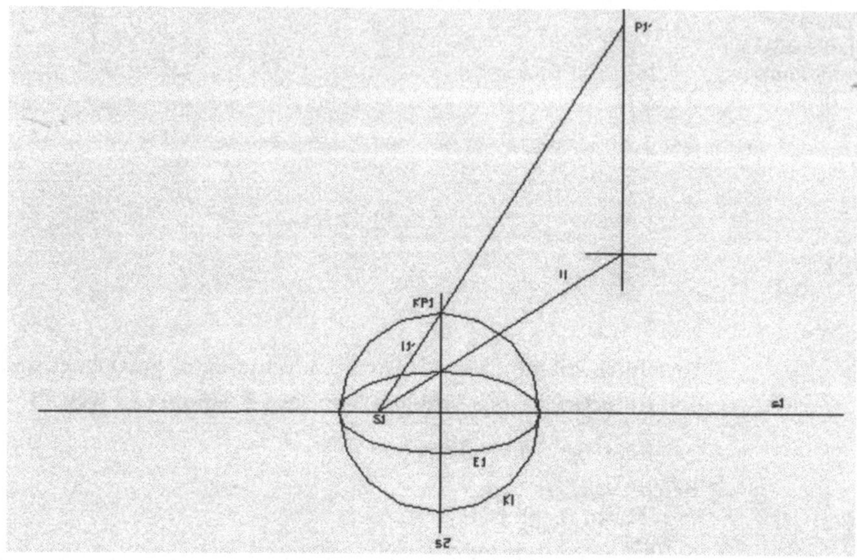

4.1.5   Zeichnen der Kreistangenten t1' und t2' vom Punkt P1'

Zeichnen der ersten Tangente t1' an die obere Kreishälfte
Befehl: <ZEICHNEN>
<LINIE>
Von Punkt: <sch>   Wahl des **Sch**nittpunktes.
von Wahl eines Punktes in der Nähe von P1'
Nach Punkt: <tan> Wahl der **Tan**gente.
nach Wahl eines Punktes auf dem linken oberen Kreisumfang K1
Nach Punkt: [↵]
Zeichnen der zweiten Tangente t2' an die untere Kreishälfte:
Befehl: [↵] oder <LINIE>
Von Punkt: <sch>   Wahl von **Sch**nittpunkt.
von Wahl eines Punktes in der Nähe von P1'
Nach Punkt: <tan> Wahl der **Tan**gente.
nach Wahl eines Punktes in der rechten unteren Kreishälfte K1
Nach Punkt [↵]

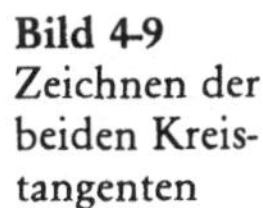

Bild 4-9
Zeichnen der
beiden Kreis-
tangenten

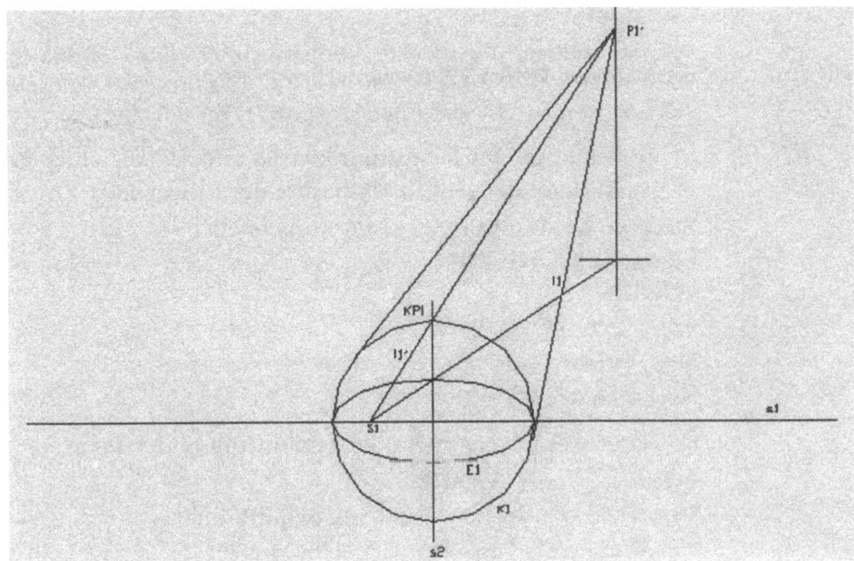

4.1.6   Affine Rückabbildung der Kreistangenten t1' und t2' in die Ellipsentangenten t1 und t2

Dazu wird in folgenden Schritten vorgegangen:

a) Die Tangente t1' wird soweit verlängert, bis sie die waagerechte Achse s1 in S2 schneidet.

b) Dann wird der Schnittpunkt S3 von t1' mit einer Parallelen zu s1 im Abstand der großen Halbachse a der Ellipse (50) bestimmt.

c) Durch diesen Schnittpunkt S3 wird das Lot l2 auf s1 gefällt.

d) Anschließend wird der Punkt S4 auf l2 im Abstand der kleinen Halbachse b der Ellipse (20.5) von der waagerechten Achse s1 bestimmt.

e) S4 wird mit S2 verbunden. Diese Gerade schneidet den Punkt P1 und ist die gesuchte Tangente.

f) Die Tangente t2 kann entsprechend konstruiert werden.

Die erwähnten Stufen der Konstruktion werden durch folgende Befehle realisiert:

a) Verlängerung der Tangente t1' bis zum Schnitt der waagerechten Achse s1 im Punkt S2

Befehl: <EDIT>
<DEHNEN>
Grenzkante(n) wählen ...
Objekte wählen: Wahl der Symmetrielinie s1

Objekt wählen: [↵]

<Objekt wählen, das gedehnt werden soll>/Zurück: Wahl eines Punktes in der Nähe der linken Hälfte von t1'

<Objekt wählen, das gedehnt werden soll>/Zurück: [↵]

b) Bestimmung des Schnittpunktes S3 von t1' mit einer Parallelen zu s1 im Abstand der großen Halbachse der Ellipse (50)

Zeichnen der Parallelen zu s1 im Abstand 50:

Befehl: <ZEICHNEN>

<LINIE>

Von Punkt: <210,120>

Nach Punkt: <@-100,0>

Nach Punkt: [↵].

c) Fällen des Lotes durch diesen Schnittpunkt S3 auf s1

Befehl: [↵] oder <LINIE>

Von Punkt: <sch> Wahl von **Sch**nittpunkt.

von Wahl eines Punktes in der Nähe von S3

Nach Punkt: <lot> Wahl eines **Lot**es.

nach Wahl der Symmetrielinie s1

Nach Punkt: [↵].

d) Bestimmung des Punktes S4 auf dem Lot 12 im Abstand der kleinen Halbachse der Ellipse (20.5) von der waagrechten Symmetrielinie s1

Wir zeichnen zuerst eine Parallele zu s1 im Abstand 20.5 und der Länge 50 nach links und erhalten den Schnittpunkt S4:

Befehl: [↵] oder <LINIE>

Von Punkt: <210,90,5>

Nach Punkt: <@-50,0>

Nach Punkt: [↵]

Da die verschiedenen Schnittpunkte in der Zeichnung nur noch schwer zu erkennen sind, vergrößern wir die Zeichnung mit dem Menübefehl **AN-ZEIGE** und der Funktion **ZOOM**. Mit dem Befehl **Fenster** kann der zu vergrößernde Zeichnungsausschnitt festgelegt werden. Dazu werden die Koordinaten zweier gegenüberliegender Ecken angegeben:

Befehl: <ANZEIGE>

<ZOOM>

Alles/Mitte/Dynamisch/.../Fenster/<Faktor(X/XP)>: <Fenster>

Erste Ecke: <80,60> Wahl der Ecke links unten.

Andere Ecke: <303,200> Wahl der Ecke rechts oben.

Bild 4-10 zeigt die vergrößerte Zeichnung.

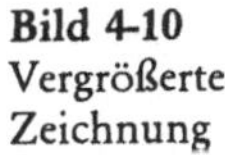

Bild 4-10
Vergrößerte
Zeichnung

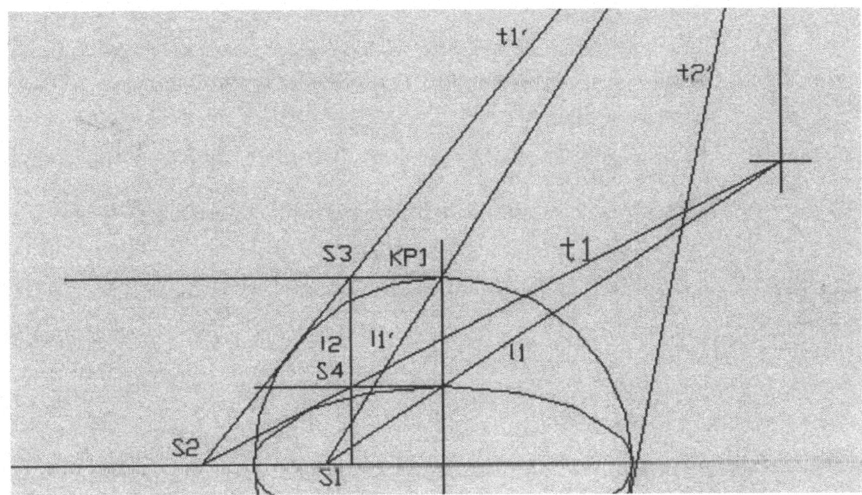

e) Verbinden der Punkte S4 und S2

Diese Linie ist die Tangente t1 von P1 an die Ellipse. Sie soll wieder in der ursprünglichen Zeichnungsebene (LAYER 0) liegen.

Befehl: <LAYER>
<LAYER>

Das AutoCAD Dialogfenster „Layersteuerung" öffnet sich. Picken Sie den Layer 0 mit ihrem Zeigegerät an. Er wird jetzt blau unterlegt. Anschließend picken Sie <AKTUELL> und bestätigen dies mit <OK>.

Auf der oberen Anzeigeleiste wird Ihnen der Layer 0 als aktueller Layer angezeigt.

?/Mach/Setzen/.../Tauen: <<u>S</u>etz>
                                              Wahl des aktuellen Layers.

Neuer aktueller Layer <2>:   <<u>0</u>>
                                              Wahl des Layers 0 als aktueller Layer.

?/Mach/.../Tauen: ⏎
Nun verbinden wir S4 mit S2:
Befehl: <ZEICHNEN>
<LINIE>
Von Punkt: <<u>sch</u>>   Auswahl von <u>Sch</u>nittpunkt.
von Wahl eines Punktes nahe bei S2
Nach Punkt: <<u>sch</u>> Wahl von <u>Sch</u>nittpunkt.
von Wahl eines Punktes nahe bei S4
Nach Punkt: ⏎.
Als nächstes soll die Linie bis P1 verlängert werden:
Befehl: <EDIT>
<DEHNEN>

Grenzkante(n) wählen...

Objekte wählen: Wahl eines Punktes der Linie zwischen P1 und P1'

Objekte wählen: 1 gewählt, 1 gefunden.

Objekte wählen: [⏎]

<Objekt wählen, das gedehnt werden soll>/Zurück: Wahl eines Punktes in der rechten Hälfte von t1

<Objekt wählen, das gedehnt werden soll>/Zurück: [⏎]

Bild 4-11
Ellipsen-
tangente

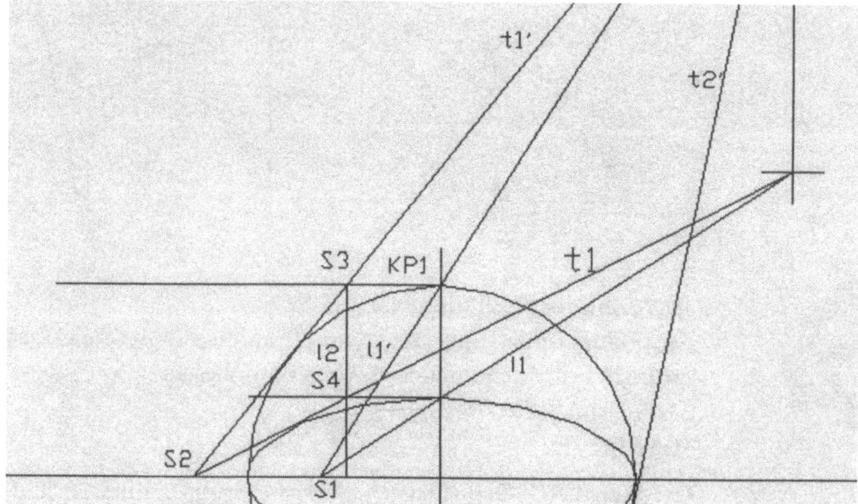

4.1.7 Löschen sämtlicher Hilfslinien

Die in der Zeichnungsebene 2 (LAYER 2) eingetragenen Hilfslinien können unsichtbar gemacht werden, wenn dieser **LAYER aus**geschaltet wird. Dann sehen wir die ursprüngliche Zeichnung mit der angelegten Tangente.

Befehl: **<LAYER:>**

<LAYER>

Picken Sie im AutoCAD-Dialogfenster „Layersteuerung" den Layer 2 an. Er wird blau unterlegt. Anschließend picken Sie die Taste **<AUS>** an, welche nun ebenfalls blau unterlegt wird. Diese Eingaben bestätigen Sie nun mit **<OK>**. Der Layer 2 wird jetzt ausgeschaltet!

Hinweis! Erst bei Anpicken des <OK>-Schalters wird die Zeichnungsebene 2 ausgeschaltet.

Bild 4-12
Ellipse mit
Tangente

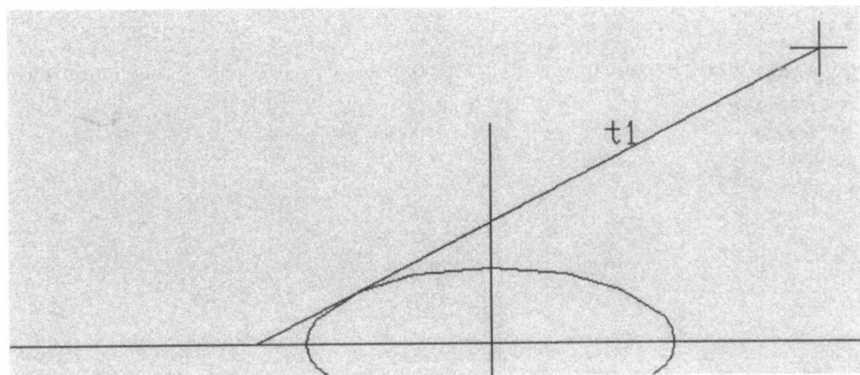

Um die ursprüngliche Zeichnungsgröße wieder einzustellen, wird mit dem Menübefehl **ANZEIGE** die Funktion **ZOOM** auf **Vorher** eingestellt. Dazu wird mit dem Befehl **AUTOCAD** in das Zeichnungsmenü zurückgesprungen:

Befehl: <AUTOCAD>

<ANZEIGE>

<ZOOM>

Alles/Mitte/.../Vorher/.../<Faktor(X/XP)>: <<u>V</u>orher>

Bild 4-13
Ellipse mit
Tangente in
Ursprungs-
größe

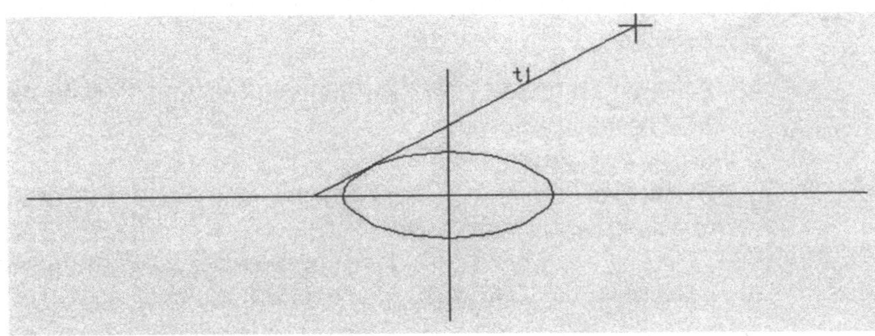

4.1.8   Kontrollieren des Berührungspunktes (Vergrößern von Zeichnungsbereichen und Erhöhen der Ellipsenauflösung)

Um nachzuprüfen, ob die Tangentenkonstruktion richtig ist, wird die unmittelbare Umgebung des Berührungspunktes vergrößert. Dazu wird wieder die Funktion **ZOOM** verwendet und die Eckpunkte des entsprechenden Fensters eingegeben.

Befehl: <<u>ZOOM</u>>
Alles/Mitte/.../Fenster/<Faktor(X/XP)>: <<u>F</u>enster>
Erster Punkt: <<u>163,77</u>>
Zweiter Punkt: <<u>179,88</u>>

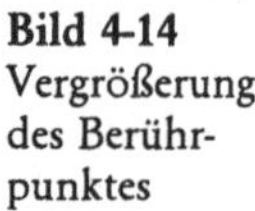

Bild 4-14
Vergrößerung
des Berühr-
punktes

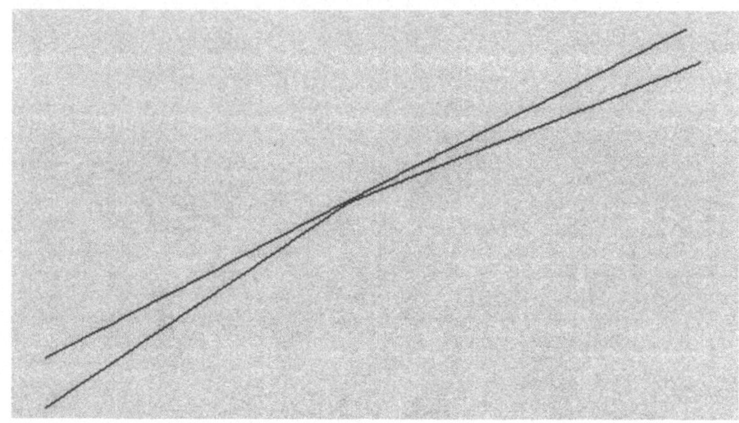

Wie Bild 4-14 zeigt, berührt die Tangente die Ellipse genau. Ebenfalls ist zu
erkennen, daß die Ellipse aufgrund der hohen Vergrößerung auf dem Bildschirm als Polygon dargestellt wird. Soll die Ellipse auch bei einer hohen Vergrößerung auf dem Bildschirm als Ellipse abgebildet werden, kann dies durch
die Funktion **AUFLÖS** erreicht werden. Damit ist jedoch ein Nachteil verbunden: Eine höhere Auflösung geht auf Kosten der Zeichengeschwindigkeit.

Hinweis! Wird die Ellipse mit dem Plotter gezeichnet, dann wird sie unabhängig von der Bildschirmauflösung als Ellipse und nicht als Polygon gezeichnet.

Zunächst kehrt man in das Zeichnungsmenü zurück (Wahl des Befehles **AU-
TOCAD**) und gibt ein:
Befehl: **<ANZEIGE>**
<AUFLÖS>
Wollen Sie Schnellzoom? <J>:   ⏎
                                    Hohe Geschwindigkeit beim Neuzeichnen.
Kreiszoomkomponente eingeben (1-20 000) <100>:   <<u>500</u>>
                                    Bestimmung der Genauigkeit der Bögen.

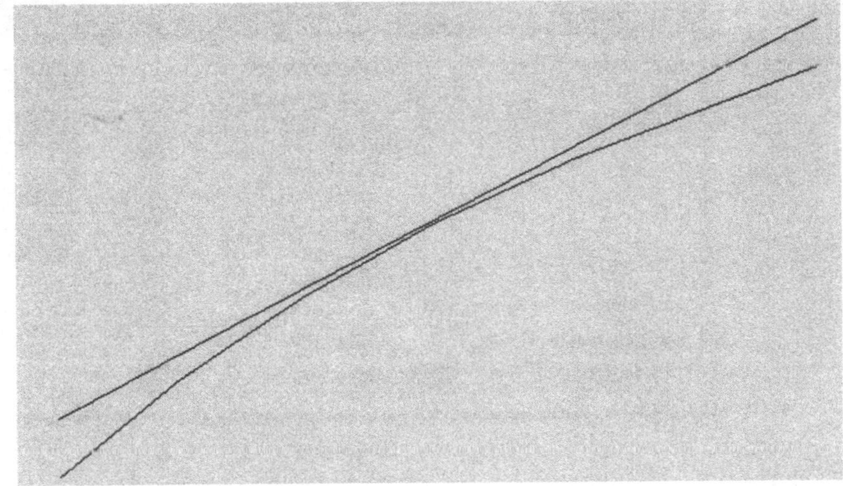

Bild 4-15
Berührpunkt
bei höherer
Auflösung

Um zum vorherigen Bildschirmausschnitt zurückzukehren, stellen wir die Funktion **ZOOM** wie Vorher ein:

Befehl: **<ZOOM>**
Alles/Mitte/.../Vorher/ /<Faktor(X/XP)>: **<Vorher>**

4.1.9   Sichern der Zeichnung

Zunächst kehren wir mit dem Menübefehl **AUTOCAD** in das AutoCAD-Menü zurück. Die Zeichnung soll unter dem Namen **Tangente** abgespeichert werden, und nicht unter dem Namen ELLIPSE. Dazu dient der Befehl **SICHERN**. Anschließend wird mit der Funktion **QUIT** aus dem DIENSTE-Menü AutoCAD verlassen.

Befehl: **<DIENSTE> <nächste>**
      <SICHERN>

Es erscheint das Dialogfenster Zeichnungsdatei wählen (siehe Bild 4-16)

Bild 4-16
Dialogfenster
Zeichnung
sichern

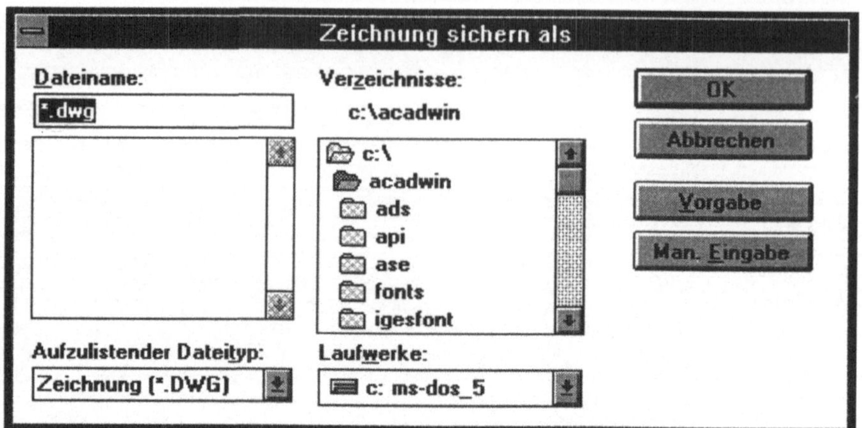

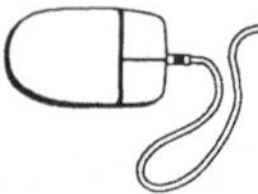

Wählen Sie das untere Feld mit der Maus und löschen Sie den Namen Datei mit Hilfe der „Entfernen"-Taste und geben Sie anschließend als Dateinamen den Namen <Tangente> ein. Bestätigen Sie dies mit <OK>.

Mit dem Zeichnungsmenü-Befehl **DIENST** und der Funktion **QUIT** gelangt man wieder ins AutoCAD-Hauptmenü.

Befehl: <DIENSTE> <nächste>

<QUIT>

Wir verlassen nun AutoCAD und befinden uns anschließend wieder in der DOS-Befehlsebene.

Unsere Zeichnung existiert jetzt nur noch unter dem Namen Tangente, da wir Sie unter dem Namen Ellipse nicht gesichert haben.

Wäre die Zeichnung mit <ENDE> beendet worden, hätte AutoCAD die neue Zeichnung unter dem alten Zeichnungsnamen ELLIPSE gespeichert.

Hinweis! Im Gegensatz zum Befehl „Ende" bricht der Befehl „Quit" AutoCAD ab, ohne die Datei zu sichern. Falls die Zeichnung nicht schon vorher gesichert wurde, gehen alle Daten verloren.

4.2   Erklärung der verwendeten Befehle

In Abschnitt 4.1 wurden folgende Befehle verwendet, die in diesem Abschnitt ausführlich erklärt werden:

1   OFANG

2   KREIS

3   ELLIPSE

4. PUNKT, PDMODE, PDSIZE und SETVAR

5   DEHNEN
6   ZOOM
7   AUFLÖS

4.2.1. OFANG

Wie bereits im vorigen Abschnitt beschrieben wurde, kann man mit bestimmten Befehlen bestehende Punkte als Bezugsbasis für weitere Zeichnungen heranziehen. Das Auffinden solcher geometrischer Bezugspunkte wird als *Objektfang* bezeichnet. Dabei können diese Möglichkeiten entweder auf sämtliche Konstruktionspunkte oder auf einen einzigen bezogen werden.

a) Festlegung sämtlicher einzugebender Punkte

Mit dem Befehl **OFANG** kann für alle Punkte ein *Fangmodus* eingegeben werden. Er ist über die Wahl von <****> von fast jedem Menü aus anwählbar oder kann als Befehl <OFANG> über die Tastatur eingegeben werden. Auch mehrere Angaben sind möglich, die einfach aneinandergereiht werden. Bei der Eingabe über die Tastatur werden sie durch Kommata getrennt.

b) Festlegen eines einzelnen Punktes

Jeder Punkt kann auch für sich ohne Rücksicht auf den bestehenden Objektfang-Modus angesteuert werden. Bei der Abfrage des Punktes gibt man die ersten drei Buchstaben des gewünschten Objektfangmodus ein. Werden mehrere Modi gewünscht, sind diese durch Kommata zu trennen.

Tabelle 4-2 zeigt die entsprechenden Befehle sowie die geometrischen Elemente, auf die sie wirken.

Tabelle 4-2
Möglichkeiten
des Objekt-
fangs

Befehl	Wirkung	Elemente
NAEchster	Fängt nächstgelegenen Punkt	Linie, Kreisbogen, Kreis (nicht bei Blöcken)
ENDpunkt	Fängt nächsten Endpunkt	Linie, Bogen
MITtelpunkt	Fängt Mittelpunkt	Linie, Kreisbogen
ZENtrum	Fängt das Zentrum	Kreis, Kreisbogen
PUNkt	Fängt Punkt	Punkt-Einheit
QUAdrant	Fängt Quadrantenpunkt bei0, 90, 180 oder 270 Grad	Kreis, Kreisbogen
SCHnittpunkt	Fängt Schnittpunkt	Linie, Bogen, Kreis (nicht Teile von Blöcken)
BASispunkt	Fängt Einfügepunkt	Symbol, Attribut, Text, Attributdefinition, Block

LOT	Errichtet Lot vom zuletzt eingegebenen Punkt auf das Objekt	Kreis (nicht Teile von Blöcken), Bogen, Linie (nicht Teile von Blöcken)
TANgente	Zeichnet Tangente vom zuletzt eingegebenen Punkt zum gewählten Objekt	Bogen, Kreis (nicht Teile von Blöcken)
QUIck	Bei mehreren Elementen wird dasjenige gewählt, dessen Punkt zuerst vom Fangmodus erkannt wird	
KEIner	Schaltet Objektfangmodus aus	

Zur besseren Verdeutlichung des Objektfangmodus folgt ein kleines Beispiel.

Es soll ein Kreis gezeichnet werden, dessen Mittelpunkt der Schnittpunkt der beiden Linien ist. Sein Radius soll die Entfernung der beiden Punkte A und B sein.

Bild 4-17
Beispiel für
Objekt-
fangmodus

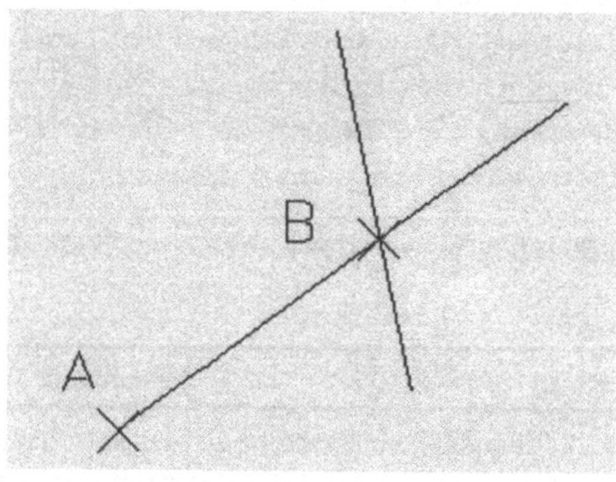

Dazu wird folgendes eingegeben:
Befehl: **<KREIS>**
3P/2P/TTR/<Mittelpunkt>: <_sch_>
von Wahl eines Punktes in der Nähe von B
Durchmesser/<Radius>: <_end_>
von Wahl eines Punktes in der Nähe von A.

Der Kreis wird exakt nach den Vorgaben gezeichnet. Eine Kenntnis der genauen Koordinaten von Mittelpunkt und Radius ist nicht nötig.

4.2.2   KREIS

Bild 4-18 zeigt die Möglichkeiten des Befehls KREIS.

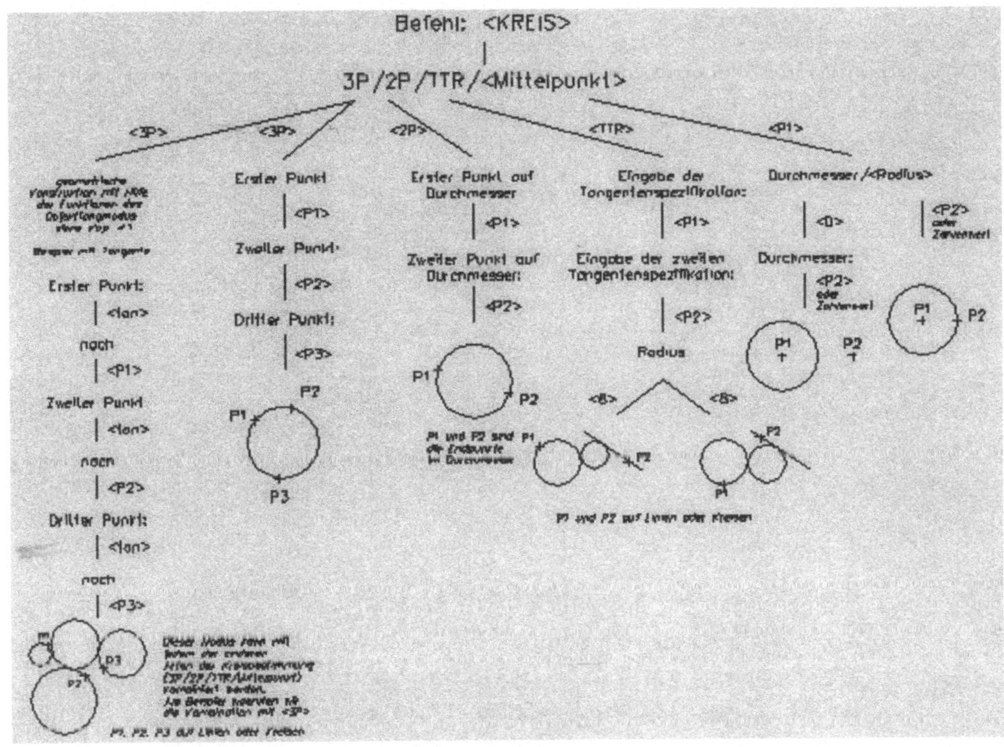

Bild 4-18 Möglichkeiten des Befehls KREIS

4.2.3   ELLIPSE

In Bild 4-19 werden die Möglichkeiten, die für das Zeichnen einer Ellipse zur Verfügung gestellt werden, dargestellt.

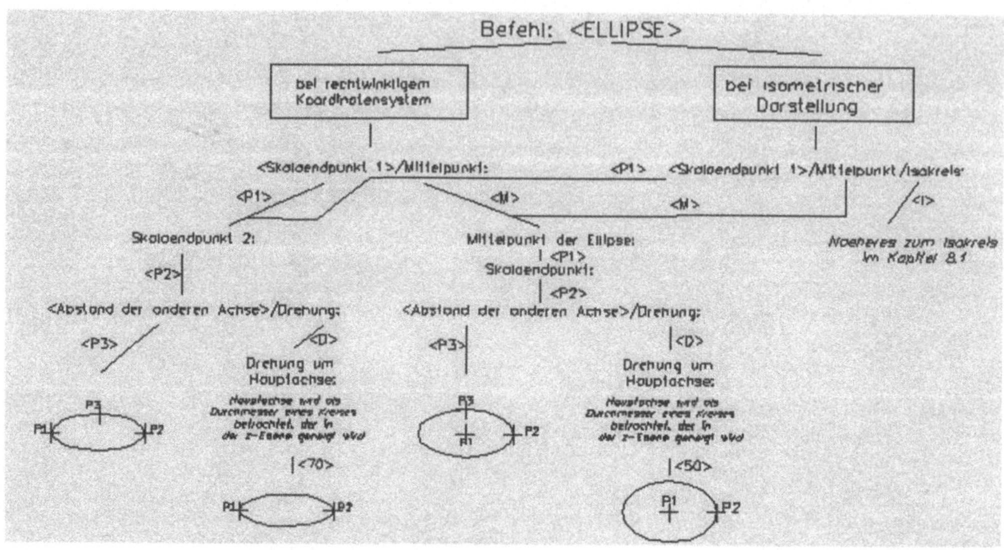

Bild 4-19 Möglichkeiten des Befehls ELLIPSE

AutoCAD behandelt eine Ellipse wie eine geschlossene Polylinie. Es können
also die Befehle **STUTZEN, DEHNEN, BRUCH, VERSETZ UND PEDIT**
auf die Ellipse angewandt werden. Einen elliptischen Kreisbogen zeichnet
man deshalb zuerst als vollständige Ellipse und verändert diese dann mit den
Befehlen **BRUCH** oder **STUTZEN**.

4.2.4   PUNKT, PDMODE, PDSIZE und SETVAR

AutoCAD kann einen Punkt unterschiedlich darstellen. Die Systemvariable
PDMODE gibt die Art des Punktsymbols an (s. Bild 4-20).

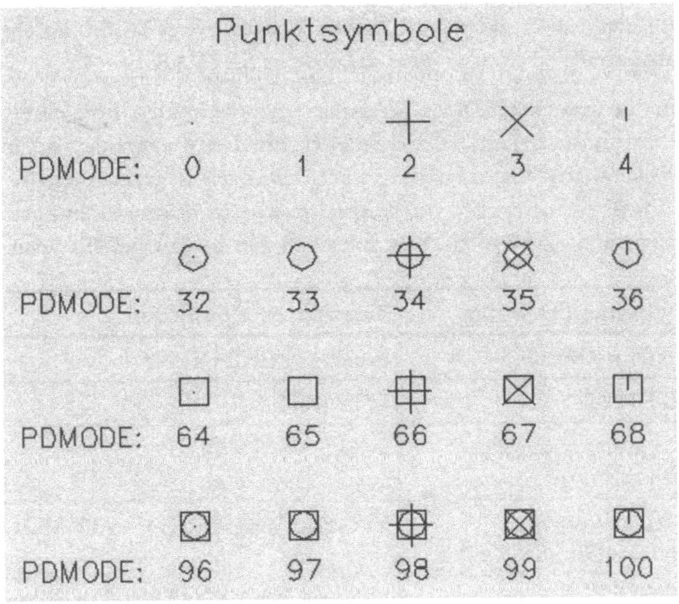

Bild 4-20
Punktsymbole

Wird das Punktsymbol geändert, dann betrifft dies zunächst die nach diesem Änderungsbefehl eingegebenen Punkte. Bereits vorher gezeichnete Punkte werden sofort beim nächsten Neuaufbau der Zeichnung entsprechend geändert, so daß eine Zeichnung nur eine Art von Punktsymbolen enthält.

Über die Systemvariable **PDSIZE** läßt sich die Größe des Punktsymbols verändern. Ist der Wert positiv, wird die Größe des Punktymbols als absolute Größe aufgefaßt. Verändert man den Bildschirmausschnitt, wird auch das Punktymbol in seiner Größe entsprechend verändert. Bei Eingabe einer negativen Zahl erscheint das Punktsymbol unabhängig vom Bildausschnitt immer gleich groß.

Die Systemvariablen **PDMODE** und **PDSIZE** werden über die Funktion **SETVAR** verändert, die sich im **MODI**-Menü befindet. Die Funktion **SETVAR** kann auf zwei Arten eingesetzt werden, zum einen als normale und zum anderen als transparente Funktion.

a) Normale Funktion
Als normale Funktion wird sie wie ein Befehl eingegeben:

Befehl: **<SETVAR>**.

b) Transparente Funktion
Ein *transparenter* Befehl wird ausgeführt, während ein anderer Befehl aktiv ist. Dazu muß dem Befehlsnamen ein Apostroph (') vorangestellt werden. AutoCAD führt den *transparenten* Befehl *zuerst* aus und nach dessen Beendi-

gung den zuvor aktivierten Befehl. Beispielsweise ist der Befehl **SETVAR** die transparente Funktionsweise des Befehls **SETVAR**.

Um die unterschiedliche Wirkung einer normalen und einer transparenten Funktion zu zeigen, wird ein *Punkt* mit den *Koordinaten 4,5* mit dem *Punktsymbol 64* und der *absoluten Punktsymbolgröße 2* gezeichnet. In Beispiel A ist SETVAR eine normale, in Beispiel B eine transparente Funktion. Tabelle 4-3 verdeutlicht den Unterschied zwischen den beiden Befehlstypen.

Tabelle 4-3
Der Befehl SETVAR als normale und transparente Funktion

Normale Funktion	Transparente Funktion
Befehl: <MODI>	Befehl: <ZEICHNEN>
<SETVAR>	<PUNKT>
Variablenname oder ?: <PDMODE>	Punkt: <'SETVAR>
Neuer Wert für PDMODE <0>: <64>	>>Variablenname oder ?: <PDMODE>
Befehl: ⏎ oder <SETVAR>	>>Neuer Wert für PDMODE <0>: <64>
Variablenname oder ? <PDMODE>: <PDSIZE>	Nehme PUNKT Befehl wieder auf.
Neuer Wert für PDSIZE: <2>	Punkt: <'SETVAR>
Befehl: <ZEICHNEN>	>>Variablenname oder ? <PDMODE>: <PDSIZE>
<PUNKT>	>>Neuer Wert für PDSIZE <0>: <2>
Punkt: <4.5>	Nehme Punkt Befehl wieder auf Punkt: <4.5>

4.2.5 DEHNEN

Mit dem Befehl **DEHNEN** können Objekte bis zu einer oder mehreren Grenzkanten hin verlängert werden. Solche Objekte können sein:

⇨ Linien,

⇨ Bögen,

⇨ Kreise,

⇨ 2D-Polylinien.

In Bild 4-21 sind die Möglichkeiten der Funktion DEHNEN zusammengestellt.

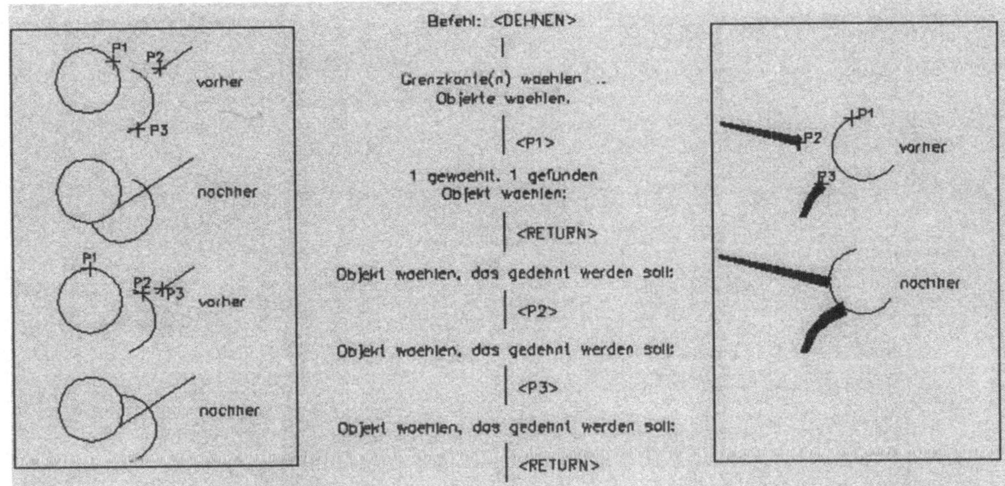

Bild 4-21 Möglichkeiten des Befehls DEHNEN

Die gewählten Grenzkanten werden nach der Bestimmung hell ausgeleuchtet.
Die zu verlängernden Objekte müssen an dem Ende gewählt werden, an dem
sie verlängert werden sollen. (Zur Objektwahl s. Hinweis in Abschn. 4.1.4 oder
in Abschn. 2.7.1).

Für Polylinien, die verlängert werden sollen, gilt (Bild 4-21):

1   Die Bezugslinie bei breiten Polylinien ist die Mittellinie.

2   Die Enden von breiten Polylinien werden immer im rechten Winkel abge-
    schnitten.

3   Bei verjüngten Polylinien wird die Verjüngung so korrigiert, daß sie zum
    neuen Anfangs- oder Endpunkt geht.

4.2.6   ZOOM

Die Funktion **ZOOM** befindet sich im **ANZEIGE**-Menü. In Bild 4-22 werden die Möglichkeiten dargestellt.

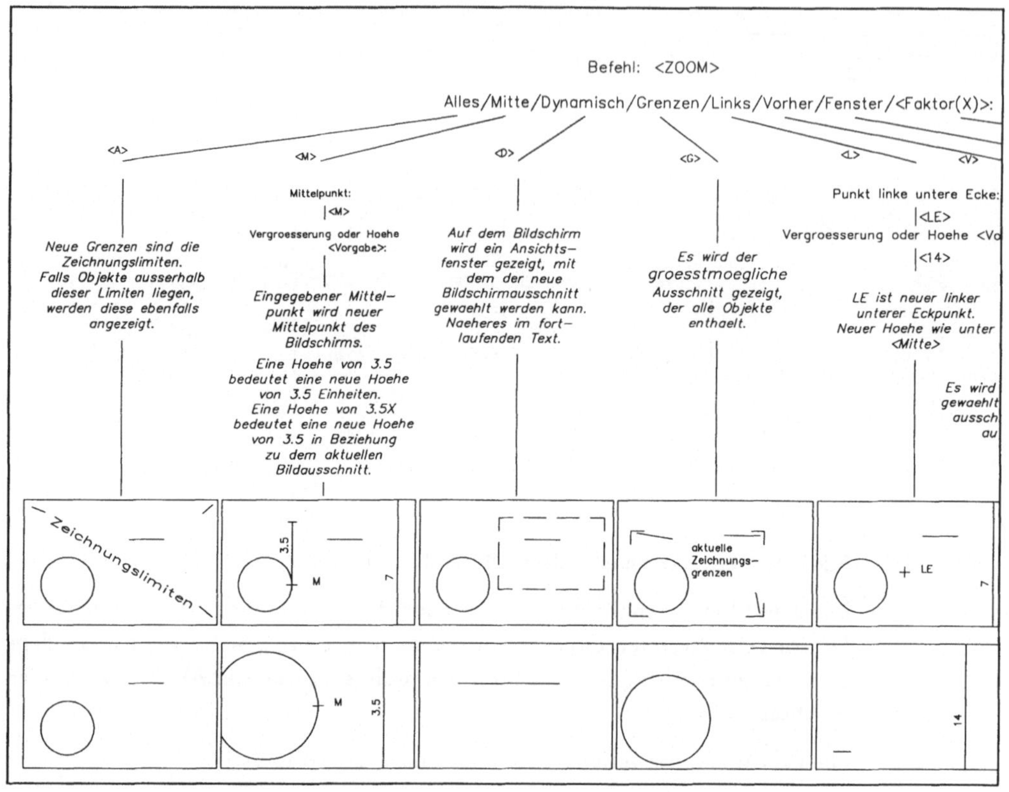

Bild 4-22 Möglichkeiten des Befehls ZOOM

Hier einige Erläuterungen zur Befehlsfolge **ZOOM Dynamisch**:

Bei der Funktion **ZOOM Dynamisch** wird der Bildausschnitt über ein Ansichtsfenster gewählt. Dazu dient folgende Eingabe:

Befehl: <<u>ZOOM</u>>

Alles/Mitte/...: <<u>Dynamisch</u>>.

Nach dieser Eingabe verschwindet der Grafikbildschirm und ein spezieller *Auswahlbildschirm* erscheint. In diesem Farbbildschirm werden die verschiedenen Ansichtsfenster durch Farben, in einem Monochrombildschirm durch unterschiedliche Formen unterschieden. Bei Farbbildschirmen erscheint der Bereich der *Zeichnungsgrenzen* (Limiten) in einem *weiß eingerahmten Fenster*. Der Bildschirmabschnitt, der sich im aktuellen Ansichtsfenster befand, ist grün gestrichelt, auf manchen Bildschirmen auch magentafarben eingerahmt. Die Information innerhalb dieses Rahmens füllte vor dem Aufruf von „Zoom dynamisch" den Bildschirm. Der Bereich, der im *Schnellgang* angesehen werden kann, ist durch *vier rote Ecken* gekennzeichnet (im Monochrombildschirm durch vier Markierungen der Ecken dargestellt). Diese verschiedenen Bereiche können auch gleich groß sein, so daß sie nicht mehr unterscheidbar sind.

Das Ansichtsfenster kann auf zwei Arten verändert werden:

a) Veränderung der Lage des Ansichtsfensters
Das Ansichtsfenster ist zu Beginn genauso groß wie der aktuelle Bildschirmausschnitt und zeigt in der Mitte des Fensters ein X.

Mit dem Zeigegerät kann das Fenster verschoben werden (entspricht der Funktion **PAN**).

b) Veränderung der Größe des Ansichtsfensters
Durch Drücken des Pickknopfes des Zeigegerätes erscheint auf der rechten Seite des Bildschirms ein „Pfeil", der den ZOOM-Modus anzeigt. Mit dem Zeigegerät kann durch eine *horizontale* Bewegung die Größe des Fensters verändert werden (da das Verhältnis Breite zu Höhe des Bildschirms festliegt, wird die Höhe automatisch festgelegt). Bei der Vergrößerung oder Verkleinerung des Ansichtsfensters bleibt die linke untere Ecke unverändert.

Durch Drücken des Pickknopfes wird wieder in den Modus der Verschiebung des Fensters ohne Größenänderung (PAN-Modus) umgeschaltet (sichtbar am Zeichen „X" in der Mitte des Bildschirmes). Haben Sie das Ansichtsfenster in die gewünschte Position gebracht, drücken Sie bitte die ⏎-Taste, und die gewünschte Verschiebung (PAN-Funktion) und/oder Vergrößerung (ZOOM-Funktion) des Bildschirmausschnitts kann durchgeführt werden.

Hinweise!

a) Abbruch des Befehls
Der Befehl **ZOOM Dynamisch** wird durch Drücken von Strg C abgebrochen oder mit ⏎ beendet. Zum Beendigen dieses Befehls können Sie auch die rechte Maustaste benutzen.

b) Verarbeitungsgeschwindigkeit
Sobald Sie einen Bereich außerhalb der rot markierten Ecken anwählen, berechnet AutoCAD die zu zeichnenden Gegenstände neu. Dies bedeutet einen großen Rechen- und Zeitaufwand. AutoCAD warnt Sie deshalb in diesen Fällen vor der Durchführung der Befehlsfolge **ZOOM Dynamisch** in der linken unteren Ecke des Bildschirms mit dem Zeichen der Sanduhr.

c) Zeigegerät
Für den Befehl **ZOOM Dynamisch** ist unbedingt ein Zeigegerät erforderlich.

4.2.7   AUFLÖS

Wird ein Kreis, eine Ellipse oder ein Kreisbogen sehr stark vergrößert, wird er auf dem Bildschirm als Polygon dargestellt. Mit der Funktion **AUFLÖS** kann die Auflösung des Bildschirms erhöht werden. Bei einer erhöhten Auflösung der Objekte am Bildschirm wird mehr Zeit zum Aufbau der Zeichnung benötigt.

Die Funktion **AUFLÖS** befindet sich im **ANZEIGE**-Menü. Die Befehlsfolge lautet:

Befehl: <AUFLÖS>
Wollen Sie Schnellzoom? <J>
Kreiszoomprozent eingeben (1-20000) <100>:

Wenn Sie die Funktionsweise Schnellzoom gewählt haben, wird die Zeichnung nicht bei jeder Größenänderung neu aufgebaut. Je höher der Wert für Kreiszoomprozent ist, desto höher kann ein Kreis, eine Ellipse oder Kreisbogen vergrößert werden, ohne daß diese als ein Polygon dargestellt werden. Je höher der eingegebene Wert ist, desto langsamer wird das Objekt gezeichnet. Der von AutoCAD vorgegebene Wert beträgt **100**.

Hinweis:

Hinweis! Der Befehl **AUFLÖS** bezieht sich nur auf die Bildschirmauflösung. Er hat keinen Einfluß auf die Ausgabe der Zeichnung über den grafikfähigen Drucker oder den Plotter. Diese Geräte zeichnen Kreise, Ellipsen und Kreisbögen optimal rund.

4.3 Layertechnik

Layer sind Zeichnungsebenen, auf denen nur ganz bestimmte Teile einer Zeichnung sichtbar sind. Werden diese Layer wie Klarsichtfolien übereinandergelegt, dann entsteht die komplette Zeichnung. In jedem Layer werden sinnvollerweise Objekte mit gemeinsamen Eigenschaften dargestellt, beispielsweise Farbe, Linientyp, Bearbeitungsvorgänge (Technologie), Installationsleitungen oder Einrichtungsgegenstände. Sämtliche Layer einer Zeichnung besitzen - da sie genau übereinander passen müssen - die gleichen Zeichnungsgrenzen, das gleiche Koordinatenssystem und den gleichen ZOOM-Faktor. Jedem Layer kann ein Name gegeben werden, und vorhandene Elemente können durch alle Layer hindurch verändert werden. Der aktuelle Layer wird am linken oberen Bildschirmrand angezeigt; die Voreinstellung ist der Layer 0 mit dem Linientyp AUSGEZOGEN und der Farbe 7. Die Funktion **LAYER** aus dem **LAYER**-Menü wird zur Bearbeitung von Layern verwendet.

Hinweis:

Hinweis! Es kann immer nur auf dem aktuellen Layer gezeichnet werden.

Für das Arbeiten mit Layern mit Hilfe der Abrollmenüs ist in Abschnitt 2.6.4 ein Beispiel gezeigt (Bild 2-12 und 2-13). Ein Übungsbeispiel für die Layertechnik ist in Abschnitt 14.3 beschrieben.

4.3.1   **LAYER**

Wenn Sie die Funktion **LAYER** eingeben, erscheint folgende Auswahl:

?/Mach/Setzen/Neu/EIn/Aus/FArbe/Ltyp/FRieren/Tauen/SPerren/ENtsperr
en:

Nachdem einer dieser Befehlen ausgewählt und ausgeführt wurde, erscheint
die Abfrage wieder im Befehlsfeld. Das bedeutet, daß mehrere Befehle hinter-
einander ausgeführt werden können. Meistens wird bei diesen Befehlen nach
dem jeweiligen Layernamen gefragt. Dieser kann ein Jokerzeichen beinhalten,
so daß Sie mehrere Layer gleichzeitig bearbeiten können.

4.3.2   **?**

Bei Eingabe von <?> erscheint eine Liste der zur Zeit definierten Layer. Es
werden dabei der Name, der Status (Ein/Aus), die Farbnummer und der Linientyp angegeben.

4.3.3   **Mach**

Mit dem Befehl **Mach** wird ein neuer Layer erzeugt und zum aktuellen Layer
gemacht. Er erhält den Linientyp AUSGEZOGEN und die Farbe Nr. 7
(weiss). Falls der neue Layer schon existiert, wird auf diesen Layer umgeschaltet.

4.3.4   **Setzen**

Mit diesem Befehl wird auf einen anderen, bereits existierenden Layer umgeschaltet.

4.3.5   **Neu**

Hiermit können neue Layer definiert werden, ohne daß der aktuelle Layer
verändert wird. Diesen neuen Layern wird die Farbe 7 und der Linientyp
AUSGEZOGEN zugeordnet. Will man mehrere Layer auf einmal neu definieren, so sind diese auf die Frage *„Neue(r) Layername(n):"* durch Kommata getrennt einzugeben.

4.3.6   **Ein**

Der Layer wird **eingeschaltet**. Dazu muß der Layer benannt werden. Nach
dem Einschalten ist dieser Layer auf dem Bildschirm zusätzlich zu sehen, ohne daß der aktuelle Layer verändert wurde.

4.3.7   **Aus**

Bei Verwendung dieses Befehls erscheint die Frage *„Layername(n) zum Ausschalten"*. Der jetzt eingegebene Layer wird **ausgeschaltet**. Das heißt, er verschwin-

det vom Bildschirm. Sämtliche Informationen über diesen Layer bleiben erhalten und können wieder abgerufen werden. Ein ausgeschalteter Layer wird auch nicht geplottet. Falls aus Versehen der aktuelle Layer ausgeschaltet werden soll, erscheint die Meldung *„Soll Layer (Name) (der AKTUELLE Layer) wirklich ausgeschaltet werden (N)?:"*. Wenn dieser ausgeschaltet wird, werden neue Objekte, die der Zeichnung hinzugefügt werden, erst dann auf dem Bildschirm angezeigt, wenn der Layer wieder eingeschaltet wird.

4.3.8   FArbe

Bei diesem Befehl wird nach der Farbe und dem Layernamen gefragt. Diesem Layer wird dann die angegebene Farbe zugeordnet. Sie können als Farbe eine Zahl zwischen 1 und 255 oder den Farbnamen angeben. Die ersten 7 Farben sind:

⇨ Nr. 1 ROT

⇨ Nr. 2 GELB

⇨ Nr. 3 GRÜN

⇨ Nr. 4 CYAN (dunkelblau)

⇨ Nr. 5 BLAU

⇨ Nr. 6 MAGENTA (karminrot)

⇨ Nr. 7 WEISS

Auf einem Monochrom-Bildschirm sind alle Farben gleich. Auf dem Plotter werden sie allerdings mit der entsprechenden Farbe gezeichnet. Normalerweise wird der Layer, dem eine Farbe zugeordnet wird, als aktueller Layer definiert. Soll dieses unterbleiben, ist vor der Farbnummer ein Minuszeichen zu setzen.

Die Funktion **FARBE** aus dem **MODI**-Menü setzt die Farbe für die nachfolgend gezeichneten Objekte unabhängig vom gerade aktuellen Layer. Die Farbe VONLAYER gibt den neuen Objekten die Farbe des Layers, auf dem sie gezeichnet werden. Werden Objekte mit der Farbe VONBLOCK gezeichnet, besitzen sie zunächst die Farbe weiß, bis sie zu einem Block zusammengefaßt werden. Wenn dieser Block anschließend in eine Zeichnung eingefügt wird, erhalten die Objekte die Farbe der Blockeinfügung. Mit der Funktion **AENDERN** aus dem **EDIT**-Menü kann die Farbe bestehender Objekte geändert werden.

4.3.9   Ltyp (Linientyp)

Mit diesem Befehl kann einem Layer ein existierender Linientyp zugeordnet werden. Befindet er sich in der Standardlinien-Bibliothek (acad.lin), wird er automatisch geladen. Ansonsten muß er mit der Funktion **LINIENTYP**

(Abschn. 5.3.4, Bild 5-26 und Bild 5-27) aufgerufen werden. Es wird zuerst nach dem Linientyp und dann nach dem Layernamen gefragt.

Mit der Funktion **LINIENTP** aus dem **MODI**-Menü kann ebenfalls der Linientyp für alle nachfolgend gezeichneten Objekte festgelegt werden. In diesem Fall werden die Objekte mit diesem Linientyp gezeichnet, unabhängig vom Linientyp des aktuellen Layers.

Der Linientyp eines bestehenden Objektes kann mit der Funktion **AEN-DERN** aus dem **EDIT**-Menü geändert werden. Sollen alle verfügbaren Linientypen angezeigt werden, so gibt man auf die Frage nach dem Linientyp ein Fragezeichen (?) ein.

4.3.10   FRieren

Es erscheint die Frage *„Layername(n) zum FRieren"*. Der eingegebene Layer wird in diesem Fall eingefroren, d. h. nicht mehr angezeigt und auch bei Regenerierungen der Zeichnung nicht mehr berücksichtigt. Im Unterschied dazu wird ein ausgeschalteter Layer, obwohl er nicht angezeigt wird, bei Regenerierung der Zeichnung mit berücksichtigt. Das Einfrieren eines Layers erhöht die Verarbeitungsgeschwindigkeit für eine Zeichnung, da weniger Grafikvektoren berechnet und gezeichnet werden müssen. Der aktuelle Layer kann nicht eingefroren werden, und nur ein aufgetauter Layer (Abschn. 4.3.1.10) kann zum aktuellen Layer ernannt werden.

4.3.11   Tauen

Der Befehl **Tauen** macht das Einfrieren eines Layers rückgängig.

4.3.12   Sperren

Bei der Wahl der Option **Sperren** werden Sie nach den zu sperrenden Layernamen gefragt. Geben Sie den (die) Name(n) des (der) zu sperrenden Layer ein.

Die Objekte eines gesperrten Layers sind weiterhin sichtbar, wenn der Layer aktiviert und aufgetaut ist. Die Objekte, die sich im gesperrten Layer befinden, können allerdings nicht mehr verändert werden.

4.3.13   Entsperren

Der Befehl **Entsperren** macht das Sperren des Layers rückgängig.

5   Bemaßung von Werkstücken

In diesem Kapitel wird ein Werkstück gezeichnet und bemaßt. Zu diesem Zweck wurde ein rotationssymmetrisches Teil, ein Drehzapfen, gewählt (Bild 5-1).

Bild 5-1
Gezeichneter
und bemaßter
Drehzapfen

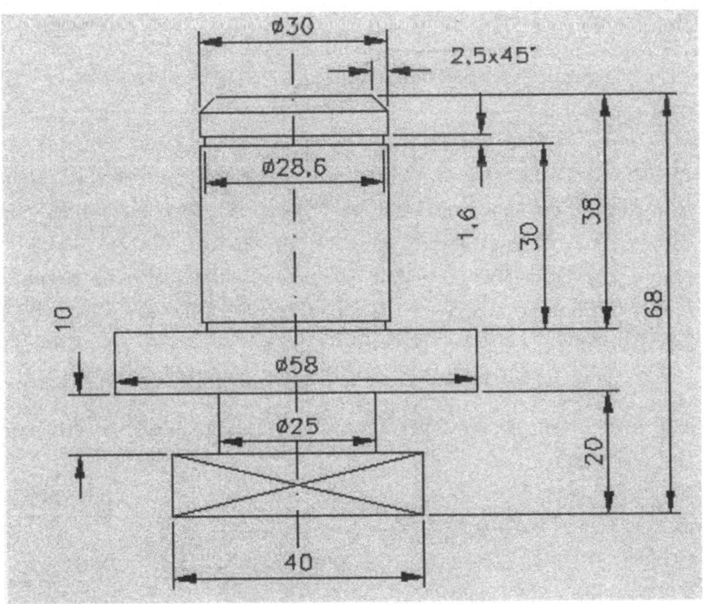

Das Kapitel gliedert sich in zwei Teile:

1   Zeichnen des Drehzapfens

2   Bemaßen des Drehzapfens

5.1   Zeichnen des Drehzapfens

Der in Bild 5-1 dargestellte Drehzapfen wird in folgenden Schritten gezeichnet:

1. Bestimmen günstiger Zeichnungsgrenzen (Limiten)

2. Zeichnen des Körpers ohne Phase

3. Anphasen

4. Zeichnen der Mittellinie.

5.1.1   Bestimmen günstiger Zeichnungsgrenzen (Limiten)

Nachdem AutoCAD12 gestartet wurde, wählen Sie <DIENSTE> <nächste> <NEU>. Es öffnet sich das Dialogfenster „Neue Zeichnung erstellen". Für den neuen Zeichnungsnamen geben Sie <DREHZAPF> ein. Dies wird mit <ok> oder ⏎ bestätigt. Anschließend baut sich der Zeichnungseditor neu auf.

Der Drehzapfen hat, wie Bild 5-1 zeigt, folgende Außenmaße:

Horizontal: 40 Einheiten.

Vertikal: 68 Einheiten.

Der Drehzapfen soll im Maßstab 1:1 gezeichnet werden, so daß die Zeichnungseinheiten gleichzeitig den Werten für die Bemaßung entsprechen. In diesem Fall können falsch gezeichnete Längen sofort erkannt und entsprechend korrigiert werden. Damit genügend Platz für die Beschriftung der Maße vorhanden ist, wird um den Drehzapfen eine Zone von 40 Einheiten freigehalten. Das bedeutet, daß die untere linke Ecke die Koordinaten (-40,-40) besitzt und die obere rechte Ecke die Koordinaten (80,128) aufweist.

Mit dem Menü-Befehl **MODI** und der Funktion **LIMITEN** werden die Grenzen festgelegt:
Befehl: <**MODI**>
<**LIMITEN**> Eingabe der Zeichnungsgrenzen.
Ein/Aus/<Linke untere Ecke> <0.00,0.00>: <-40,-40>
Obere rechte Ecke <410.00,287.00>: <80,128>

Mit der Funktion **ZOOM** aus dem Menü-Befehl **ANZEIGE** ist es möglich, den Bildschirmausschnitt sowohl zu vergrößern als auch zu verkleinern. Mit der Auswahl der Funktion **ZOOM Alles** wird die Zeichnung so vergrößert, daß sie den ganzen Bildschirm ausfüllt.

Befehl: <ANZEIGE>
<ZOOM>
Alles/Mitte/.../<Faktor(X(XP)>: **Alles>**
>Bildschirmgrenzen sind die Limiten.

Regeneriere Zeichnung.

Als Zeichnungshilfe wird das Raster und die Koordinatenanzeige eingeschaltet. Dazu betätigen Sie die Festfunktionstasten F7 und F6.

5.1.2   Zeichnen des Körpers ohne Phase

Der Drehzapfen besteht aus den folgenden 7 Teilen, die Schritt für Schritt nacheinander gezeichnet werden (s. Bild 5-2).

Bild 5-2
Teile des
Drehzapfens

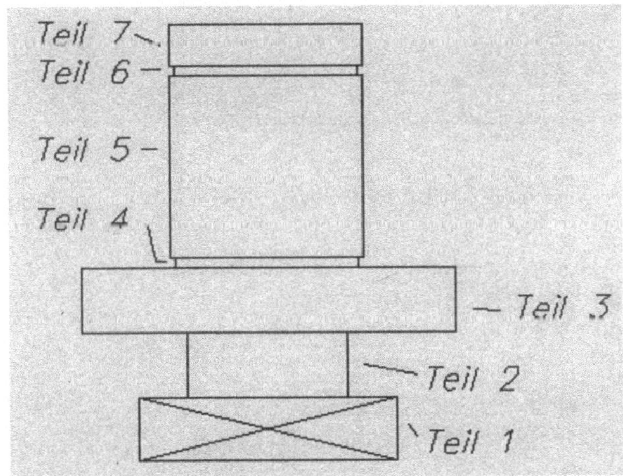

a) Zeichnen von Teil 1 als geschlossenes Rechteck mit Kreuz
Zunächst wird mit folgender Befehlsfolge das Rechteck gezeichnet:
Befehl: <ZEICHNEN>
<LINIE>
Von Punkt: <0,0>
>Linke untere Ecke des Rechtecks.

Nach Punkt: <@40,0>
>Zeichnen der unteren waagrechten Linie.

Nach Punkt: <@0,10>
>Zeichnen der rechten senkrechten Linie.

Nach Punkt: <@-40,0>
>Zeichnen der oberen waagrechten Linie.

Nach Punkt: <schlies>
>Schließen des Rechtecks.

Anschließend wird das Kreuz in das Rechteck gezeichnet:

Befehl: ⏎　Wiederholung des Befehls **LINIE**.

LINIE Von Punkt: <0,0>

Nach Punkt: <40,10>

   Zeichnen der ersten Diagonalenvon links unten nach rechts oben.

Nach Punkt: ⏎

Befehl: ⏎

LINIE Von Punkt: <0,10>

Nach Punkt: <40,0>

   Zeichnen der zweiten Diagonalen von rechts oben bis links unten.

Nach Punkt: ⏎.

Bild 5-3
Teil 1 des
Drehzapfens

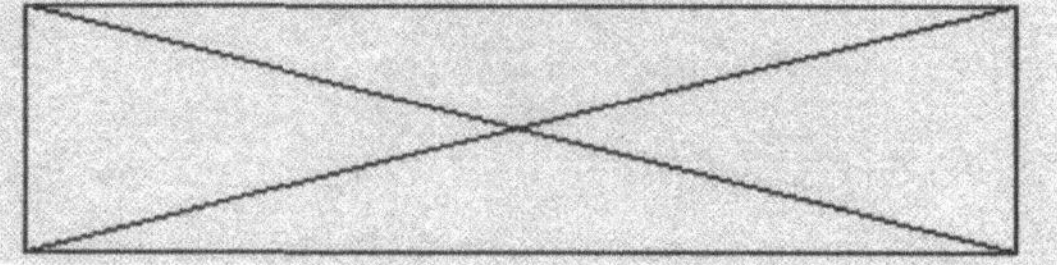

b) Zeichnen von Teil 2 als 2 getrennte Linien

Befehl: ⏎

LINIE Von Punkt: <7,5,10>

Nach Punkt: <@0,10>　　Linke senkrechte Linie.

Nach Punkt: ⏎

Befehl: ⏎

LINIE Von Punkt: <32.5,10>

Nach Punkt: <@0,10>　　Rechte senkrechte Linie.

Nach Punkt: ⏎

Bild 5-4
Teil 1 und 2
des Dreh-
zapfens

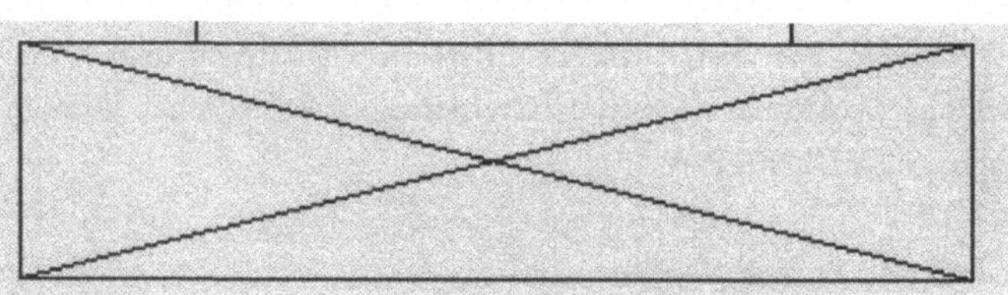

c) Zeichnen von Teil 3 als geschlossenes Rechteck

Befehl: ⏎

LINIE Von Punkt: <-9,20>

Nach Punkt: <@58,0>　　Untere waagrechte Linie.

Nach Punkt: <@0,10>　　Rechte senkrechte Linie.

Nach Punkt: <@-58,0>　　Obere waagrechte Linie.

Nach Punkt: <schlies>　　Schließen des Rechtecks.

d) Zeichnen von Teil 4 als 2 getrennte Linien
Befehl: (↵)
LINIE Von Punkt: <5.7,30>
Nach Punkt: <@0,1.6>   Linke senkrechte Linie.
Nach Punkt: (↵)
Befehl: (↵)
LINIE Von Punkt: <34.3,30>
Nach Punkt: <@0,1.6>   Rechte senkrechte Linie.
Nach Punkt: (↵).

e) Zeichnen von Teil 5 als geschlossenes Rechteck
Befehl: (↵)
LINIE Von Punkt: <5,31.6>
Nach Punkt: <@30,0>   Untere waagrechte Linie.
Nach Punkt: <@0,28.4>   Rechte senkrechte Linie.
Nach Punkt: <@-30,0>   Obere waagrechte Linie.
Nach Punkt: <schlies>   Schließen des Rechtecks.

f) Zeichnen von Teil 6 als 2 getrennte Linien
Befehl: (↵)
LINIE Von Punkt: <5.7,60>
Nach Punkt: <@0,1.6>   Linke senkrechte Linie.
Nach Punkt: (↵)
Befehl: (↵)
LINIE Von Punkt: <34.3,60>
Nach Punkt: <@0,1.6>   Rechte senkrechte Linie.
Nach Punkt: (↵).

g) Zeichnen von Teil 7 als geschlossenes Rechteck ohne Phase
Befehl: (↵)
LINIE Von Punkt: <5,61.6>
Nach Punkt: <@30,0>   Untere waagrechte Linie.
Nach Punkt: <@0,6.4>   Rechte senkrechte Linie.
Nach Punkt: <@-30,0>   Obere waagrechte Linie.
Nach Punkt: <schlies>   Schließen des Rechtecks.

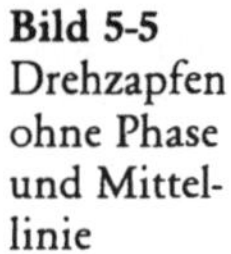

Bild 5-5
Drehzapfen
ohne Phase
und Mittel-
linie

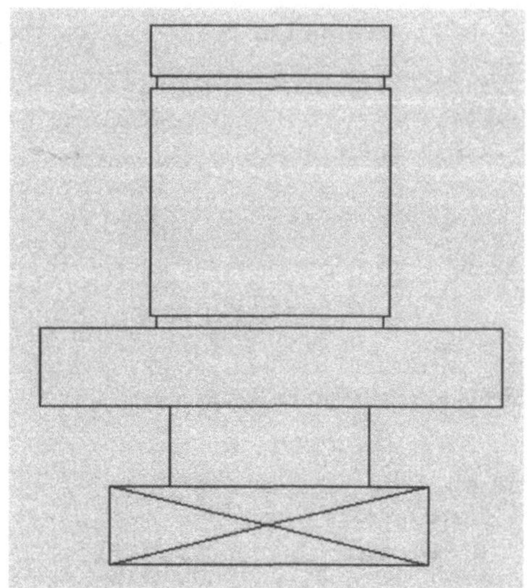

5.1.3.   Anphasen

Um die Phasen an der oberen Kante des Drehzapfens genauer zeichnen zu
können, wird dieser Bereich vergrößert. Dies geschieht mit der Funktion
ZOOM Fenster aus dem **ANZEIGE**-Menü. Durch Eingabe der Eckpunkte
links unten und rechts oben kann die Fenstergröße festgelegt werden.

Befehl: <ANZEIGE>

<ZOOM>

Alles/Mitte/...: <Fenster>

Erste Ecke: <0,60>

Andere Ecke: <40,80>   Festlegen des Fensters.

Auf dem Bildschirm erscheint vergrößert das obere Ende des Drehzapfens.

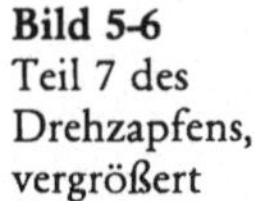

Bild 5-6
Teil 7 des
Drehzapfens,
vergrößert

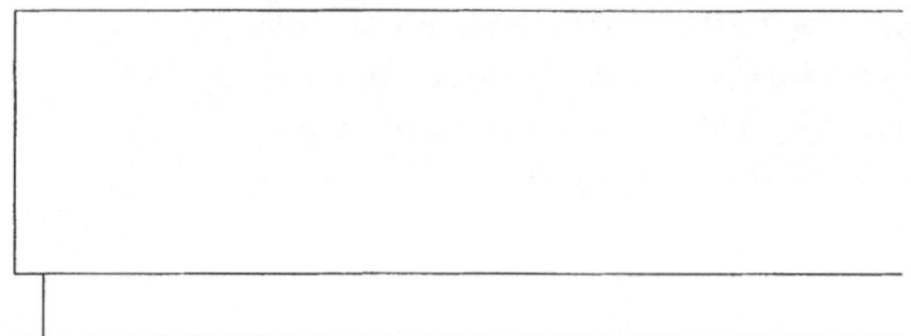

Die beiden oberen Kanten werden abgeschrägt. Dazu dient die Funktion
FASE aus dem **EDIT**-Menü. Die Abschrägung soll eine Tiefe und Höhe von
2.5 Einheiten haben. Diese Werte werden zunächst eingegeben. Anschließend
werden die beiden Linien gewählt, damit sie entsprechend verkürzt werden

können. Im letzten Schritt werden die beiden Enden mit einer Linie (Fase) verbunden.

a) Abschrägen der linken oberen Kante

Befehl: <EDIT>
<FASE>
Polylinie/Abstand/<Erste Linie wählen>: <**Abstand**>
  Wahl eines Abstandes.
Ersten Fasenabstand eingeben <0.00>: <2.5>
Zweiten Fasenabstand eingeben <2.5>: ↵
Befehl: ↵

_CHAMFER Polylinie/Abstand/<Erste Linie wählen>: *Wahl der linken oberen senkrechten Linie.*

(Zur Bewegung des Strichkreuzes, s. Abschn. 4.1.4 oder Abschn. 2.8.1).

Zweite Linie wählen: Wahl der obersten waagerechten Linie

Bild 5-7 zeigt die Abschrägung der linken oberen Kante.

Bild 5-7
Abschrägung
der linken
oberen Kante

b) Abschrägung der rechten oberen Kante

Befehl: ↵
Polylinie/Abstand/<Erste Linie wählen>: Wahl der rechten oberen senkrechten Linie.
Zweite Linie wählen: Wahl der obersten waagrechten Linie.

Bild 5-8 zeigt die Abschrägungen.

Bild 5-8
Beidseitige
Abschrä-
gungen

c) Erzeugen einer waagerechten Linie

Die unteren Kantenenden werden mit einer waagrechten Linie verbunden.
Befehl: <ZEICHNEN>
<LINIE>

Von Punkt: <<u>end</u>>
von Wahl der oberen Hälfte der rechten senkrechten Linie
Nach Punkt: <<u>@-30,0</u>>
Nach Punkt: ⏎

Bild 5-9
Oberes Ende
des Dreh-
zapfens

Wir schalten mit der Funktion **ZOOM Vorher** aus dem **ANZEIGE**-Menü in
den vorherigen Bildausschnitt zurück.
Befehl: <ANZEIGE>
<<u>ZOOM</u>>
Alles/Mitte/Dynamisch.../<Faktor(X/XP)>: <<u>V</u>orher>

Bild 5-10 zeigt den Drehzapfen mit der Abschrägung.

Bild 5-10
Drehzapfen
mit Ab-
schrägung

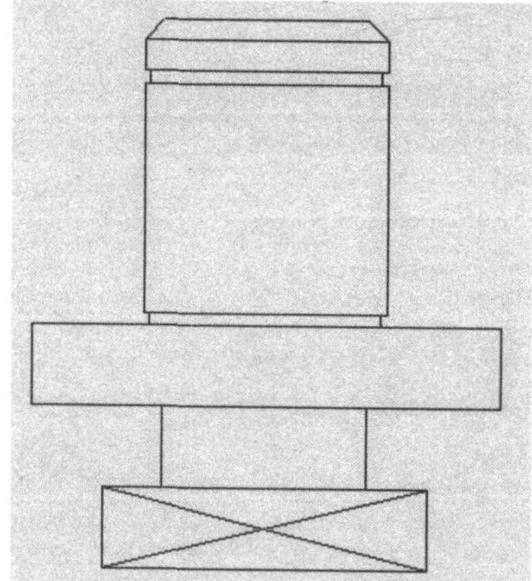

5.1.4.   Zeichnen der Mittellinie

Die Mittellinie soll strichpunktiert gezeichnet werden. Dazu wird aus dem
MODI-Menü die Funktion **LINIENTP** ausgewählt und **strich**punktiert ausgewählt. Anschließend wird die Linie gezeichnet.

a) Wahl des Linientyps strichpunktiert

Befehl: <MODI>

<LINIENTYP>

?/Erzeugen/Laden/Setzen: <<u>S</u>etzen>

Neuer Objektlinientyp (oder ?) <VONLAYER>: <<u>strichpunkt</u>>

?Erzeugen/Laden/Setzen: ⏎

b) Zeichnen der Mittellinie

Befehl: <ZEICHNEN>

<LINIE>

Von Punkt: <<u>20,-5</u>> Anfangspunkt der Linie.

Nach Punkt: <<u>@0,80</u>>   Endpunkt der Linie.

Nach Punkt: Ü.

Bild 5-11
Drehzapfen
mit Mittel-
linie

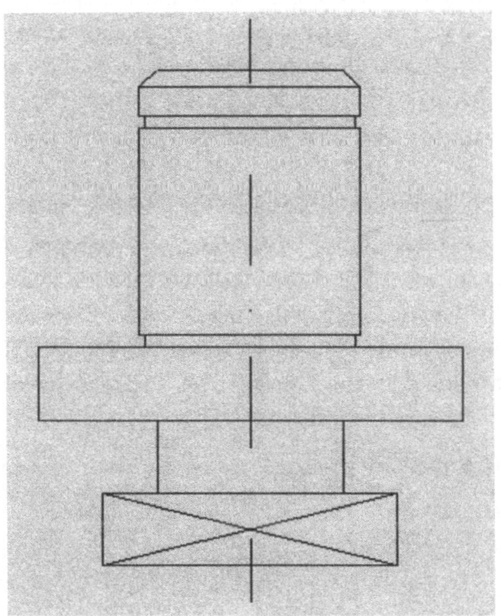

c) Ändern des Linientyps in VONLAYER

Die folgenden Bemaßungen sollen mit durchgezogenen Linien gezeichnet werden. Wir ändern daher den Linientyp entsprechend.

Befehl: <MODI>

<LINIENTP>

?/Erzeugen/Laden/Setzen: <<u>S</u>etzen>

Neuer Objektlinientyp (oder ?) <STRICHPUNKT>: <<u>CONTINUOUS</u>>

?/Erzeugen/Laden/Setzen: ⏎.

5.2   Bemaßen des Drehzapfens

Unter *Bemaßung* werden alle Informationen - meist Pfeile und Texte - verstanden, die zur genauen Bestimmung der Gegenstände notwendig sind. Dies sind häufig Längen von Linien, Winkel zwischen Linien oder Radien bzw. Durchmesser von Kreisen oder Kreisbögen. AutoCAD stellt deshalb unterschiedliche Bemaßungstypen bereit.

Die Bemaßung wird zunächst durch die von AutoCAD als Prototypen vorgegebenen elementaren Bemaßungstypen vorgenommen (Abschn. 5.2.1). In Abschnitt 5.2.2 werden eigene Einstellungen für die Bemaßungsvariablen vorgenommen.

Hinweis! In technischen Zeichnungen wird die Bemaßung normalerweise immer in einen anderen Layer gesetzt sowie durch eine andere Farbe dargestellt. Wir arbeiten hier allerdings der Einfachheit halber nur mit einem Layer. Zur Übung können Sie diese Zeichnung zweimal machen, mit dem Unterschied, daß Sie in der zweiten Zeichnung die Layertechnik anwenden.

5.2.1   Bemaßen mit den von AutoCAD vorgegebenen Bemaßungsvariablen

Der Bemaßungsvorgang wird durch viele Variablen gesteuert. In diesem Abschnitt wird der gezeichnete Drehzapfen zunächst mit den von AutoCAD zur Verfügung gestellten Befehlen und Variablen bemaßt. Diese besonderen Angaben sind im Bemaßungsmenü zu finden, das mit dem Menübefehl **BEM:** aufgerufen wird. (Eventuell ist ein Rücksprung in das Zeichnungsmenü mit dem Befehl **AUTOCAD** erforderlich).

Um in das Bemaßungsmenü zu gelangen, geben Sie bitte im Zeichnungsmenü ein:

Befehl: <**BEM:**>
Bem:

Da wir uns im *Bemaßungsmenü* befinden, erscheint im Befehlsbereich jetzt nicht mehr die Anfrage *BEFEHL:*, sondern der Ausdruck *BEM:*.

Hinweis! Sie können hier lediglich diejenigen Befehle verwenden, die sich im Bemaßungsmenü befinden. Alle anderen Befehle aus dem normalen AutoCAD-Befehlsvorrat können vom Bemaßungsmenü aus nicht aufgerufen werden. Eine Ausnahme sind die auch transparent zu verwendenden Befehle (z.B. **-ZOOM, -SETVAR**, Abschnitt 4).

Der Drehzapfen soll, wie in Bild 5-12 dargestellt, bemaßt werden:

Bild 5-12
Vollständige
Bemaßung des
Drehzapfens

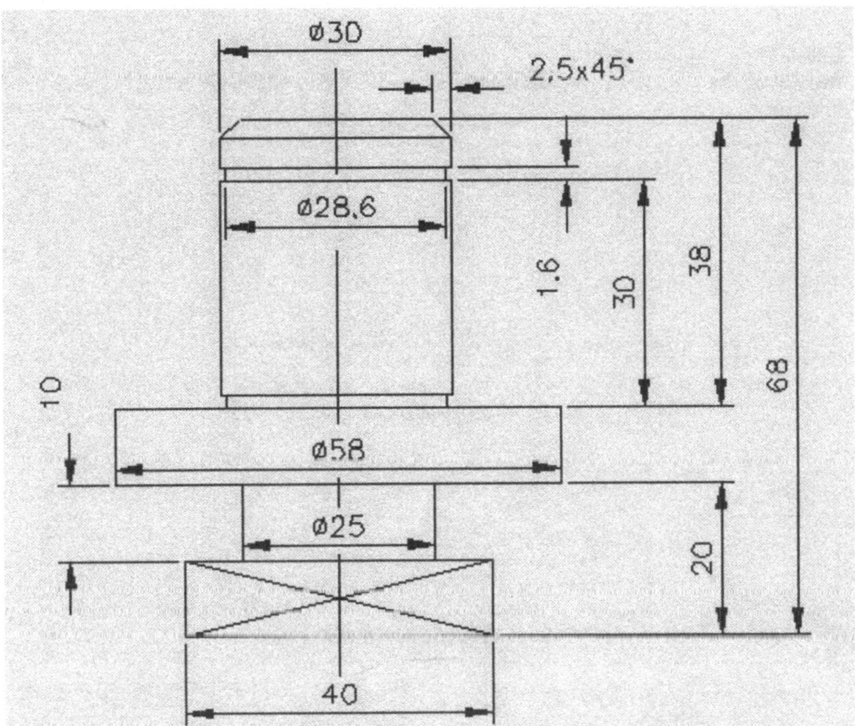

Wir bemaßen zuerst die unterste Linie des Drehzapfens mit einem horizontalen Bemaßungstext.

Bem: <<u>horizntl</u>>

Anfangspunkt der ersten Hilfslinie oder RETURN für Auswahl: ⏎

Linie, Bogen oder Kreis wählen: *Wahl der unteren Linie*

Hinweis: Hinweis! AutoCAD setzt die Hilfslinien automatisch an die Enden der gewählten Linie. Sie sind noch nicht sichtbar.

Position der Masslinie: <<u>5,-10</u>>

Hinweis: Hinweis! Es ist nur die vertikale Komponente der Punkteingabe von Bedeutung.

Masstext <40>: ⏎

AutoCAD bemaßt die untere Linie mit der Maßzahl 40 (s. Bild 5-13).

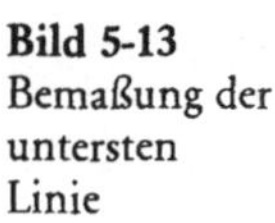

Bild 5-13
Bemaßung der
untersten
Linie

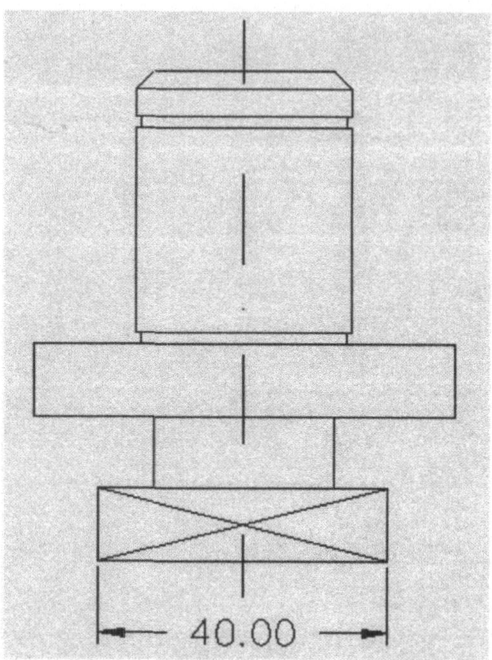

5.2.2.   Änderung der Voreinstellung

Die gezeichnete Bemaßung weist folgende Mängel auf:

1   Die Maßzahlen sollen keine Dezimalstelle enthalten.

2   Das Fangfenster zum Bestimmen der gewünschten Linie im Objektfangmodus (z.B. **end**) ist zu groß.

3   Der Textzeichensatz soll SIMPLEX anstelle von TXT sein.

4.   Der Maßtext muß oberhalb der Maßlinie stehen.

5.   Der Bemaßungstext ist im Verhältnis zum Drehzapfen zu hoch und paßt
deshalb nicht zwischen die Hilfslinien.

Hinweis: Um diese Mängel zu beheben, müssen Sie auf folgendes achten:

Die Punkte 1, 2 und 3 sind nur über das normale AutoCAD-Menü beeinfluß-
bar. Die Punkte 4 und 5 können nur innerhalb des Bemaßungsmenüs geändert werden.

Vom Bemaßungsmenü aus wird in das AutoCAD-Zeichnungsmenü zurückgekehrt, indem entweder der Befehl **EXIT** eingegeben wird oder die Tasten
[Strg][C] gedrückt werden. Sie können zum AutoCAD-Zeichnungsmenü auch
durch Anpicken von **<AUTOCAD>** zurückkehren.

Wir wechseln mit dem Befehl **EXIT** in das AutoCAD-Zeichnungsmenü.

Bem: <u><EXIT></u>

Befehl:

a) Ändern der angezeigten Dezimalstellen

Die von AutoCAD vorgegebene Anzahl der Dezimalstellen soll von 2 auf 0 geändert werden. Dazu dient im **MODI**-Menü die Funktion **EINHEIT**.

Befehl: **<MODI> <nächste>**

<EINHEIT>

AutoCAD schaltet in den Textbildschirm um und gibt folgende Tabelle aus:

Tabelle 5-1
Einheiten-
systeme und
Beispiele

System	Beispiel
Wissenschaftlich	1.55E+0.1
Dezimal	15.50
Engineering	1'-3.50"
Architectural	1'-3 1/2"

Auswahl eingeben, 1 bis 5 <2>: <u><2></u>
   Auswahl des Dezimalsystems.

Anzahl Dezimalstellen (0 bis 8) <2>: <u><0></u>
   Keine Dezimalstellen.

Daran anschließend werden die Eingaben für die Maßeinheiten der Winkel vorgenommen (s. Tabelle 5-2).

Tabelle 5-2
Winkelmaß-
einheiten

1.	Dezimal
2.	Grad/Minuten/Sekunden
3.	Neugrad
4.	Bogenmaß
5.	Feldmaß

Die Winkel sollen in Dezimalgrad ohne Dezimalstellen angezeigt werden. Deshalb wird eingegeben:

Auswahl eingeben, 1 bis 5 <1>: ⏎

Anzahl Dezimalstellen für Winkel (0 bis 8) <0>: ⏎

Als Winkelrichtung für den Nullpunkt (0) stehen zur Auswahl (s. Tabelle 5-3):

Tabelle 5-3
Lage des
Winkel-
ursprungs

Grad	Himmelsrichtung
0	O
45	N 45d0'0" O
90	N
135	N 45d0'0" W
180	W
225	S 45d0'0" W
270	S
315	S 45d0'0" O
207.5	S 67d30'0" W

Der Winkelursprung soll im Osten liegen (3 Uhr) und der Winkel soll mathematisch gemessen werden (nicht im Uhrzeigersinn). Deshalb wird eingegeben:

Winkelrichtung eingeben 0 <0>: ⏎

Sollen Winkel im Uhrzeigersinn gemessen werden? <N>: ⏎.

Durch Drücken der F1-Taste wird wieder in den Grafikbildschirm zurückgeschaltet.

b)Ändern der Größe des Objektfangfensters

Beim Bemaßungsvorgang ist es sinnvoll, von Endpunkten oder Schnittpunkten aus zu bemaßen. Um diese Punkte exakt zu wählen, wird über die speziellen Objektfangmodi (Abschn. 4.1 und 4.2) die Art des gewünschten Punktes eingegeben. AutoCAD benützt zum Anwählen des gesuchten Punktes nicht das normale Achsenkreuz, sondern ein Achsenkreuz, um dessen Ursprung ein Quadrat gezeichnet ist. Jedes Objekt, das in diesem Quadrat liegt, kann von AutoCAD als das gewünschte Objekt angesehen werden. Liegen mehrere Objekte innerhalb des Quadrates, wählt AutoCAD ein beliebiges aus.

Um den Wahlbereich zu begrenzen, kann die Größe des Wahlquadrates verringert werden. Dies geschieht mit der Funktion **ÖFFNUNG** im **MODI**-Menü. Das neue Quadrat (Objektfangfenster) soll eine Größe von *2 Bildschirmpunkten (Pixels)* besitzen.
Befehl: <MODI>
<ÖFFNUNG>
Grösse des Objektfangfensters (1 - 50 Pixels) <10>: <2>.

c) Ändern des Zeichensatzes für den Text

Der Textzeichensatz wird mit dem Befehl STIL geändert; der Textstilname
STANDARD soll beibehalten werden.

Befehl: <MODI>

<STIL>

Name des Textstils (oder ?): <STANDARD>: ⏎

Aktueller Textstil.

Dialogfenster Schriftdatei wählen

Zeichensatzdatei <txt> in <simplex> verändern. Dies wird durch Anpicken
von <ok> bestätigt.

Höhe <0>: ⏎

Breitenfaktor <1.00>: ⏎

Neigungswinkel <0>: ⏎

Rückwärts? <N>: ⏎

Auf dem Kopf? <N>: ⏎

Vertikal? <N>: ⏎

STANDARD ist jetzt der aktuelle Textstil.

Regeneriere Zeichnung

Die Zeichnung wird neu aufgebaut, wobei der Maßtext mit dem neu definierten Textstil gezeichnet wird.

d) Ändern der Lage des Maßtextes

Der Bemaßungsvorgang wird von etwa 42 Variablen gesteuert, die vom Au-
toCAD-Benutzer geändert werden können. Eine gesamte Liste der Variablen
finden Sie in Abschnitt 5.2.

Im vorliegenden Beispiel greifen wir auf die Bemaßungsvariable BEMTOM
zurück:

Wird die Variable **BEMTOM** eingeschaltet, dann befindet sich der **Bemaßungstext** oberhalb der **Maßlinie**. Ist **BEMTOM** demgegenüber ausgeschaltet,
wird der Text zwischen die Maßlinie geschrieben.

Wir teilen AutoCAD die gewünschten Veränderungen mit. Dazu wird ins
BEMaßungsmenü gewechselt und dort die Funktion **Bemvar** gewählt.

Hinweis! Bitte beachten Sie, daß Sie bei der Direkteingabe über die Tastatur
wesentlich weniger eingeben müssen.

Befehl: <BEM>

Bem: <Bemvar> <nächste> <nächste>

<BEMTOM>

Aktueller Wert <Aus> Neuer Wert: <Ein>

d)Ändern der Höhe (Größe) des Bemaßungstextes

Die Variable **BEMTXT** gibt die Höhe des **Bemaßungstextes** an. Standardmäßig sind in AutoCAD 4 Einheiten vorgegeben. Um 2.5 Einheiten einzustellen,
wird eingegeben:

Bem: <Bemvar> <nächste> <nächste>

<BEMTXT>

Aktueller Wert <4> Neuer Wert: <2.5>.

5.2.3 Bemaßen mit den neu eingestellten Variablen

Die bereits erfolgten Bemaßungen müssen nach einer Veränderung der Bemaßungsvariablen nicht gelöscht werden. Mit der Funktion **UPDATE** werden
vielmehr die gewählten Bemaßungsobjekte mit den aktuellen Bemaßungsvariablen gezeichnet.

Bem: <nächste>

<UPDATE>

Objekte wählen: Wahl der Bemaßung (an den Hilfslinien, der Maßlinie oder
dem Maßtext).

1 gewählt, 1 gefunden.

Objekte wählen: [↵].

AutoCAD ändert den bestehenden Bemaßungstext entsprechend den eingestellten Varibalen in der Lage (oberhalb der Maßlinie) und in der Höhe. Die
Maßlinie wird jetzt durchgezogen (s. Bild 5-14). Der Bemaßungstext wird in
der veränderten Genauigkeit ohne Dezimalstelle angezeigt.

Bild 5-14
Veränderte
Bemaßung

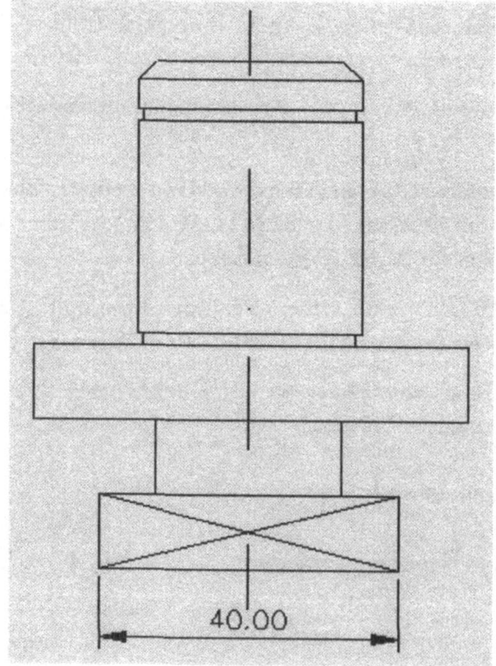

Damit die folgenden Bemaßungen besser verfolgt werden können, sind in
Bild 5-15 die Hilfspunkte für die Bemaßung angegeben.

Bild 5-15
Hilfspunkte
zum Bemaßen

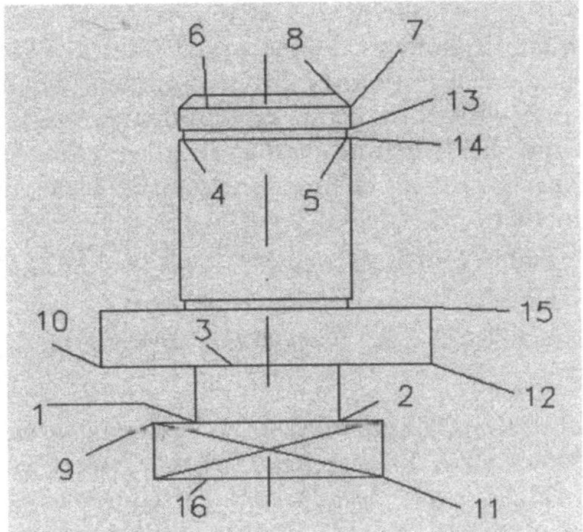

Die mit Zahlen versehenen Linien zeigen jeweils die *Stellen* an, die mit dem
Zeigegerät (oder den Pfeiltasten) angewählt werden sollen.

Zuerst wird die Zeichnung vergrößert. Wir verwenden dazu die Funktion
ZOOM aus dem **ANZEIGE**-Menü. Diese Funktion wird als transparenter
Befehl innerhalb des Bemaßungsmenüs verwendet (erkennbar an den voran-
gestellten Zeichen „>>").
Bem: <'**ZOOM**>
>>Mitte/Dynamisch/...: <f> Auswahl eines Fensters.
>>Erste Ecke: <-20,-20>
>>Andere Ecke: <80,90>
Nehme BEM Befehl wieder auf
       Rückkehr in das Bemaßungsmenü.

Wir bemaßen zuerst alle waagrechten Linien, ohne Rücksicht auf die Mittellinie. Sie wird ganz am Schluß des Bemaßungsvorganges an den entsprechenden Stellen unterbrochen. Zunächst werden die horizontalen, dann die vertikalen Bemaßungen, zum Schluß noch Korrekturen vorgenommen.

a) Bemaßung des Teils 1 (mit dem Durchmesser-Zeichen)
Hinweis! Um zum Befehl <HORIZONTAL> zu gelangen, muß in alten Au-
Hinweis: toCAD-Versionen zunächst der Befehl <LINEAR> angepickt werden.

Um die **horizontale Linearbemaßung** auszuwählen, picken Sie den Befehl
horizntl (horizontal) an.

Bem: **<HORIZNTL>**   Horizontale Bemaßung.

Anfangspunkt der ersten Hilfslinie oder ⏎ für Auswahl: <<u>end</u>> von *Wahl von Punkt 1*

Hinweis! Da die Hilfslinie immer einen Abstand vom gewählten Ausgangspunkt besitzt, sollten Sie den Endpunkt direkt anwählen. Wenn Sie einen anderen Punkt der Linie aussuchen, kann es vorkommen, daß die Linie der Körperbegrenzung und die Hilfslinie ineinander übergehen. Dann ist nicht mehr klar, welche Linien Hilfslinien sind und welche nicht, und die Zeichnung wird unübersichtlich.

Ausgangspunkt der zweiten Hilfslinie: <<u>end</u>>
von *Wahl von Punkt 2*
Position der Masslinie: <<u>10,12</u>> *(oder Eingabe über Zeigegerät)*
Bemaßungstext <25>:

Vor die Maßzahl soll ein Durchmesserzeichen gesetzt werden. Um dieses Symbol zu erzeugen, wird das Steuerzeichen „%%" gesetzt, gefolgt von der Code-Nummer des Zeichens (Nr. 129 für das Durchmesserzeichen, Nr. 128 für das Plus-Minuszeichen und Nr. 127 für das Gradzeichen). Es wird eingegeben:

<<u>%%12925</u>> Erzeugen des Durchmesserzeichens (%%129) und Angabe der Maßzahl.

Hinweis: Hinweis! Anstatt des Steuerzeichens %%129 für das Durchmesserzeichen kann auch %%d eingegeben werden.

Die Bemaßungshilfslinien, die Maßlinie und der Maßtext (ø25) werden nun gezeichnet.

Bild 5-16 Bemaßung des Teils 2

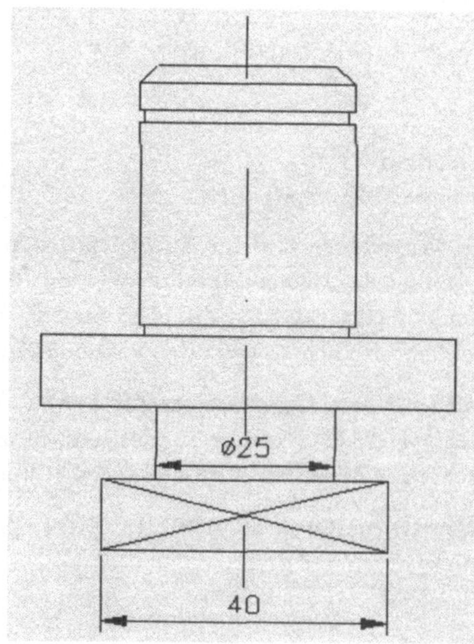

Die weitere Bemaßung der Teile 3, 5 und 7 geschieht in derselben Weise. Lediglich die Lage der ersten Hilfslinie und die Maßzahl sind verschieden.

b) Bemaßung des Teils 3

Bem: ⏎.
HOR Anfangspunkt der ersten Hilfslinie oder RETURN für Auswahl: ⏎

Es wird die Linie direkt gewählt. AutoCAD sucht sich für die Bemaßung den Anfangs-und Endpunkt selber.

Linie, Bogen oder Kreis wählen: *Wahl von Punkt 3*
Position der Masslinie: <u><40,22></u> *(oder Wahl mit Zeigegerät)*
Masstext <58>: <<u>%%12958</u>>.

c) Bemaßung des Teils 5

Bem: Ü
HOR Anfangspunkt der ersten Hilfslinie oder RETURN für Auswahl: <u>end</u>>
von Wahl von Punkt 4
Ausgangspunkt der zweiten Hilfslinie: <<u>end</u>>
von Wahl von Punkt 5
Position der Masslinie: <u><24,54></u>
Masstext <29>: <<u>%%12928,6</u>>.

Hinweis: Hinweis! Die Vorgabe von 29 anstelle von 28,6 erscheint wegen der eingestellten Einheit (Abschn. 5.2).

d) Bemaßung des Teils 7

Bem: ⏎
HOR Anfangspunkt der ersten Hilfslinie oder RETURN für Auswahl: ⏎
Linie, Bogen oder Kreis wählen: *Wahl von Punkt 6*
Position der Masslinie: <u><15,77></u>
Masstext <30>: <<u>%%12930</u>>.

e) Bemaßung der Phase

Bem: ⏎
HOR Anfangspunkt der ersten Hilfslinie oder RETURN für Auswahl: <<u>end</u>>
von Wahl von Punkt 8
Ausgangspunkt der zweiten Hilfslinie: <<u>end</u>>
von Wahl von Punkt 7
Position der Masslinie: <u><37,72></u>
Masstext <3>: <<u>2,5x45%%127</u>>.

Hinweis: Hinweis! %%127 wählt das Gradzeichen hinter dem Text aus. Wird eine Maßzahl außerhalb der Hilfslinien geschrieben, steht sie auf der Seite der zweiten Hilfslinie.

Anstatt des Steuerzeichens %%127 für das Gradzeichen kann auch %%c eingegeben werden.

Nachdem alle horizontalen Bemaßungen durchgeführt worden sind, folgt die Bemaßung der vertikalen Linie. Dazu kann die Befehlsfolge **Bemaßung vertikal** verwendet werden.

f) Bemaßung des Teils 2
Wir befinden uns bereits im Bemaßungsmenü. Wir können deshalb direkt zur Vertikalbemaßung wechseln.

Hinweis: Hinweis! Um zum Befehl <VERTIKAL> zu gelangen muß in alten AutoCAD-Versionen zunächst der Befehl <LINEAR> gewählt werden.
Bem: <<u>vertikal</u>>
Anfangspunkt der ersten Hilfslinie oder (↵) für Auswahl: <<u>end</u>>
von Wahl von Punkt 9
Ausgangspunkt der zweiten Hilfslinie: <<u>end</u>>
von Wahl von Punkt 10
Position der Masslinie: <<u>-15,21</u>>.

Hinweis: Hinweis! In diesem Fall wird nur die waagrechte Komponente (-15) der Eingabe berücksichtigt.

Bemassungs-Text <10>: (↵).

Bild 5-17
Bemaßung
aller horizon-
talen und
einer verti-
kalen Linie

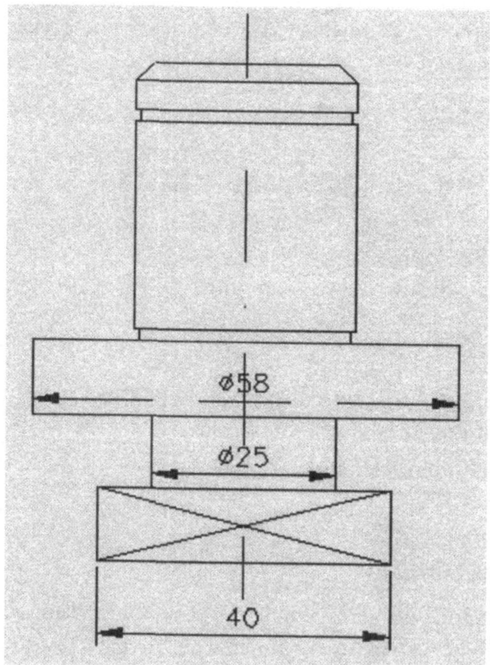

g) Bemaßung ab der Basislinie des Teils 1

Es folgt die Bemaßung von einer Basislinie (d. h. von der ersten Hilfslinie) aus. Wird als Basislinie die unterste waagerechte Linie gewählt, dann sind zwei Bemaßungen vorzunehmen; die erste von der Gesamthöhe des Teils 1 und 2 und die zweite von der Gesamthöhe des Teils 1 und 7. Für den Abstand der beiden Maßlinien sind standardmäßig 7 Einheiten vorgegeben. Mit der Bemaßungsvariablen **BEMIML** (Bemaßungsinkrement der Maßlinie) kann der Abstand zwischen Maßlinien, die beispielsweise von der gleichen Basislinie ausgehen, verändert werden. Dies ist dann erforderlich, wenn ein Überschreiben der Maßtexte verhindert werden soll. Im vorliegenden Fall soll der Abstand von 10 Einheiten gewählt werden. Deshalb wird aus dem **vorhergehenden** Bemaßungsmenü die **Bemaßungsvariable bemiml** ausgewählt.

Bem: <Bemvar> <nächste>

<BEMIML>

Aktueller Wert: <7> Neuer Wert: <10>.

Im Anschluß daran wird die Bemaßung der Gesamthöhe des Teils 1 und 2 vorgenommen:

Bem: <vertikal>

Anfangspunkt der ersten Hilfslinie oder...: <end>

von Wahl von Punkt 11

Ausgangspunkt der zweiten Hilfslinie: <end>

von Wahl von Punkt 12

Position der Masslinie: <70,14>

Masstext <20>: ⏎ .

Die folgende Bemaßung der Gesamthöhe des Teils 1 bis Teil 7 erfolgt mit der Funktion **Basislinie**, weil auf die erste Hilfslinie (die Basislinie) der vorherigen Bemaßung zurückgegriffen wird.

Bem: <Basislin>

Ausgangspunkt der zweiten Hilfslinie: <end>

von Wahl von Punkt 8

Masstext <68>: ⏎ .

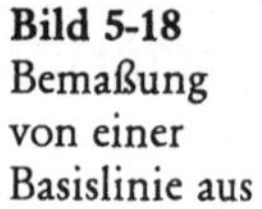

Bild 5-18
Bemaßung
von einer
Basislinie aus

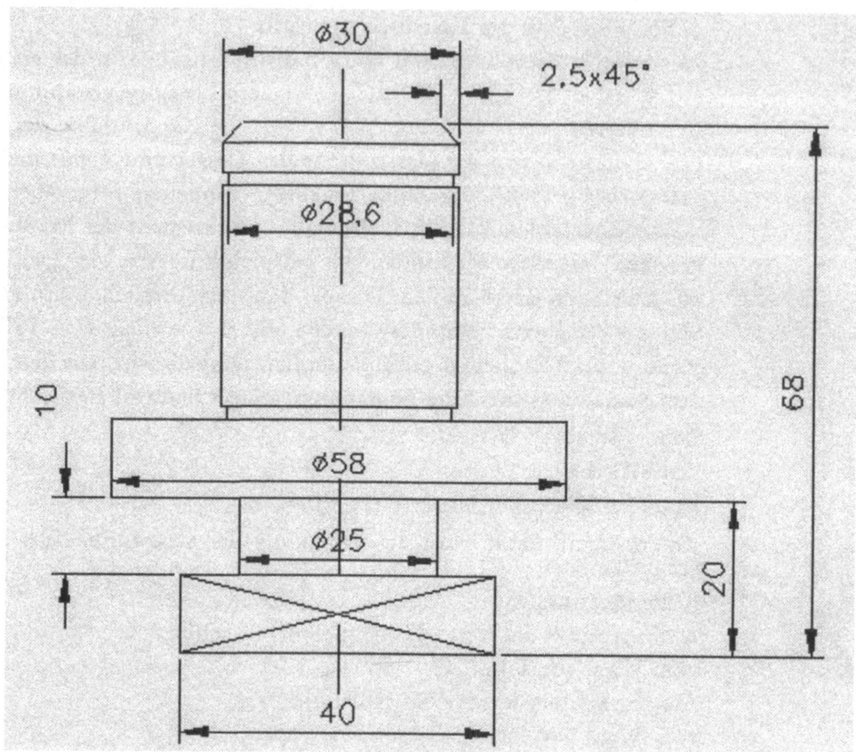

h) Bemaßung des Teils 6
Bem: <vertikal>
Anfangspunkt der ersten Hilfslinie oder...: <end>
von Wahl von Punkt 13
Ausgangspunkt der zweiten Hilfslinie: <end>
von Wahl von Punkt 14
Position der Masslinie: <50,60>
Bemassungs-Text <2>: <1,6> Beschriften des Maßes.

i) Bemaßung ab Teil 3 Oberkante
Das Maß 38 zeichnen Sie wieder als Basislinienbemaßung.
Bem: <vertikal>
Anfangspunkt der ersten Hilfslinie oder...: <end>
von Wahl von Punkt 15
Ausgangspunkt der zweiten Hilfslinie: <end>
von Wahl von Punkt 14
Position der Masslinie: <60,60>
Masstext <30>: ⏎.

Bem: <**Basislin**>
   Die erste Hilfslinie ist die Basislinie.
Ausgangspunkt der zweiten Hilfslinie: <**end**>
von Wahl von Punkt 8
Masstext <38>: ⏎.

k) Zeichnen des Quadrats vor der Bemaßung 40 des Teils 1

Um dieses Quadrat leichter zeichnen zu können, wird mit der Funktion
ZOOM aus dem **ANZEIGE**-Menü ein entsprechender **Fenster**ausschnitt
vergrößert. Dazu wird das Bemaßungsmenü mit dem Befehl **EXIT** verlassen
und ins Befehlsmenü übergewechselt.

Bem:
<**Exit**>   Rückkehr ins Befehlsmenü.
Befehl: <**ANZEIGE**>
<**ZOOM**>
Alles/Mitte/...: <**Fenster**>   Anzeige eines Fensters.
Erste Ecke: <**11,-14**>
Andere Ecke: <**28,0**>.

Bild 5-19
Vergrößerter
Fensteraus-
schnitt

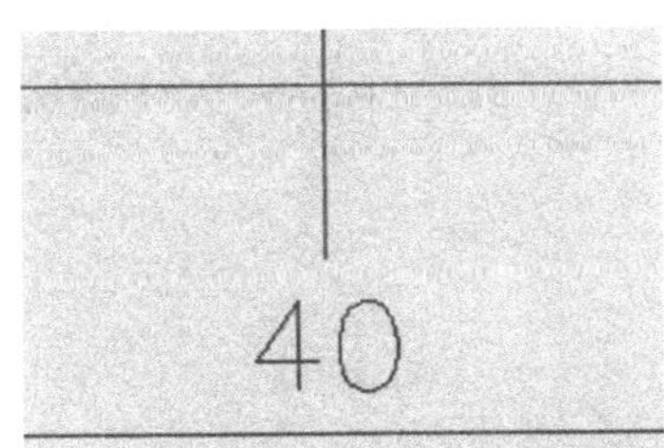

Mit den folgenden Eingaben wird das Quadrat gezeichnet:
Befehl: <**ZEICHNEN**>
<**LINIE**>
Von Punkt: <**13,-7**>
Nach Punkt: <**@2,0**>
Nach Punkt: <**@0,-2**>
Nach Punkt: <**@-2,0**>
Nach Punkt: <**schliess**>.
Die ursprüngliche Bildgröße wird mit der Funktion **ZOOM vorher** einge-
stellt.
Befehl: <**ANZEIGE**>
<**ZOOM**>
Alles/Mitte/...: <**Vorher**>

Bild 5-20 zeigt den bemaßten Drehzapfen in der Ausgangsgröße.

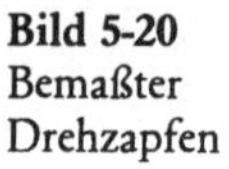

Bild 5-20
Bemaßter
Drehzapfen

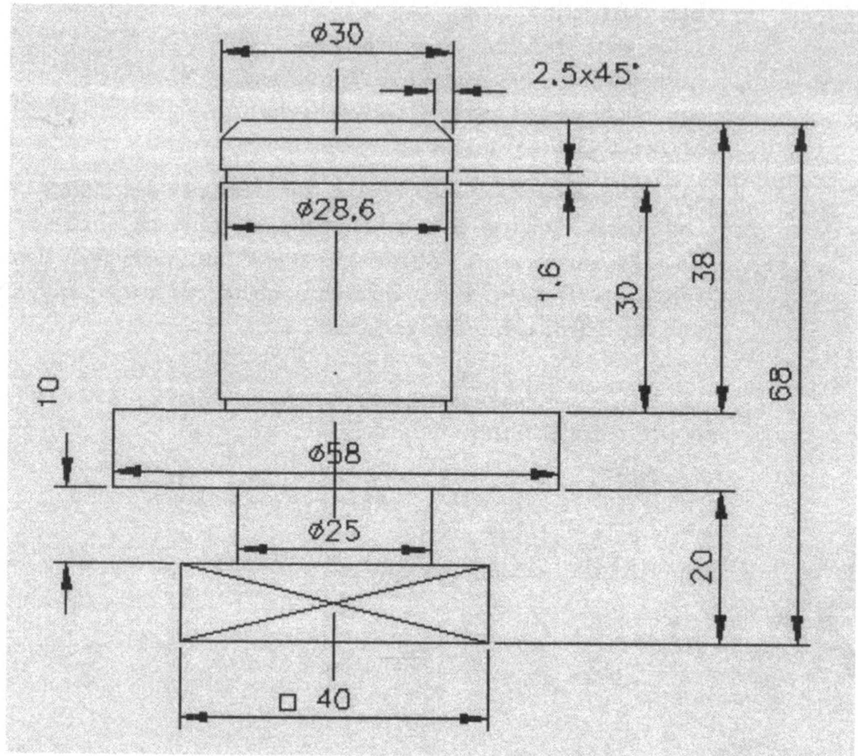

5.2.4. Unterbrechen und Verändern der Strichlänge der strichpunktierten Linie

Die Strichlänge der strichpunktierten Linie ist zu groß. Durch den Linientypfaktor **LTFAKTOR** im **MODI**-Menü läßt sich die Strichlänge verändern (standardmäßig hat der LTFAKTOR den Wert 25).

Befehl: <**MODI**> <nächste>

<LTFAKTOR>

Neuer Faktor <25>: <<u>10</u>>

    Eingabe des Linientypfaktors 10.

Die Linie wird mit dem neuen Faktor gezeichnet.

Jetzt muß nur noch die strichpunktierte Linie an den Stellen unterbrochen werden, an denen sie eine Maßzahl schneidet (dies gilt für folgende Maßzahlen: 28,6/58/25. Um dies zu erreichen, wird die Funktion **BRUCH** aus dem **EDIT**-Menü verwendet.

Um das Löschen exakt vornehmen zu können, wird die strichpunktierte Linie auf das maximale Maß vergrößert. Dazu dient die Funktion **ZOOM** Fenster aus dem **Anzeige**-Menü.

Befehl: <**ANZEIGE**>

<<u>ZOOM</u>>

Alles/Mitte/...: <<u>F</u>enster>
Erste Ecke: <<u>14,4</u>>
Andere Ecke: <<u>27,73</u>>.

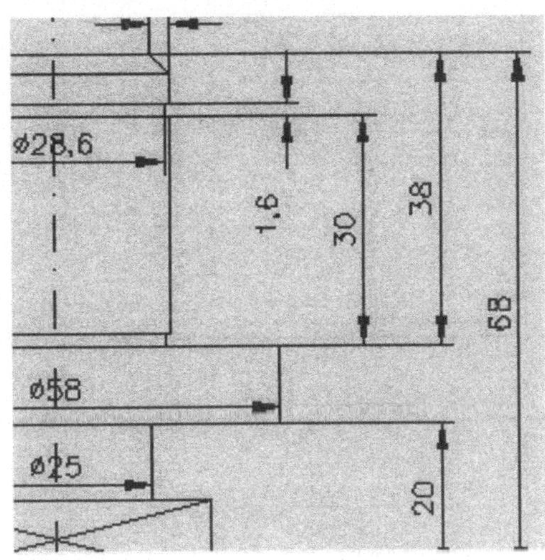

Bild 5-21
Vergrößerung
der strich-
punktierten
Linie

a) Unterbrechen an der Maßzahl 28,6
Befehl: <EDIT>
<BRUCH>
Objekt wählen: <<u>20,53</u>> *(oder Wahl mit Zeigegerät)*

Hinweis: Hinweis! Der ausgewählte Punkt sollte gleichzeitig auch der erste Bruchpunkt sein. Das verkürzt die Eingabe.

Zweiter Punkt (oder E für ersten Punkt): <<u>20,60</u>>.

b) Unterbrechen an der Maßzahl 58
Befehl: ⏎
BRUCH Objekt wählen: <<u>20,28</u>>
Zweiter Punkt (oder E für ersten Punkt): <<u>20,22</u>>.

c) Unterbrechen an der Maßzahl 25
Befehl: Ü
BRUCH Objekt wählen: <<u>20,17</u>>
Zweiter Punkt (oder E für ersten Punkt): <<u>20,12</u>>

Hinweis: Hinweis: Sie müssen auf jeden Fall ein sichtbares Stück einer Linie auswählen, sonst wird die Linie nicht erkannt.

Wir schalten in den vorherigen Bildausschnitt zurück.
Befehl: <ANZEIGE>
<<u>ZOOM</u>>

Bild 5-22
Fertig
bemaßter
Drehzapfen

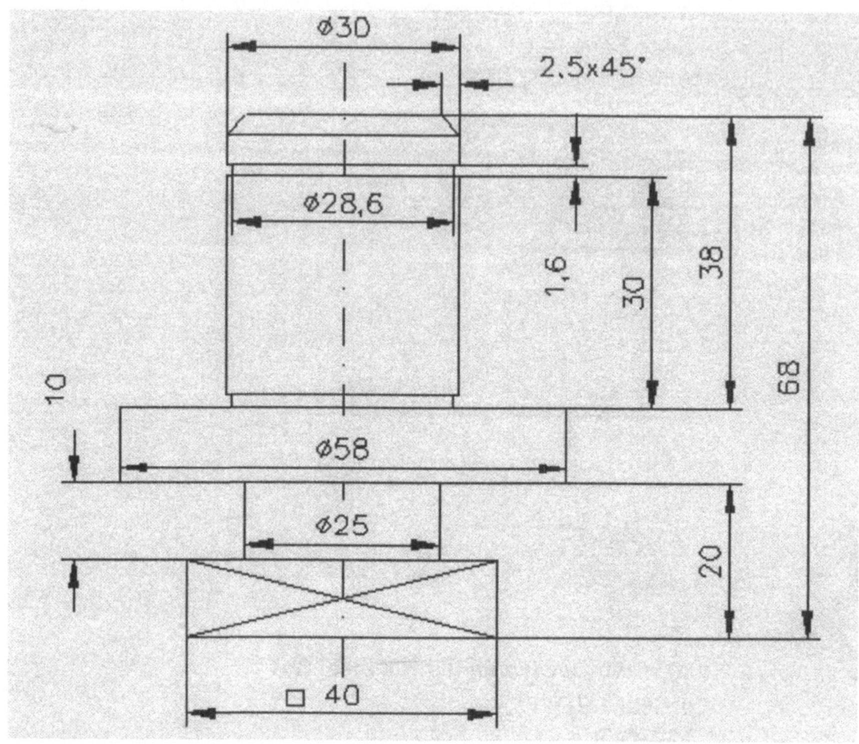

Zum Schluß beenden wir die Zeichnungsarbeit und speichern die Zeichnung.
Dies geschieht mit der Funktion **ENDE** aus dem **Dienst**-Menü.
Befehl: <DIENSTE>
<BEENDEN>

Speichern der Zeichnung und Rückkehr ins AutoCAD-Hauptmenü.

Hinweis! Mit dem Befehl SICHERN speichert AutoCAD nur die Zeichnung,
bleibt aber im Zeichenmodus. Mit der Funktion ENDE wird die Zeichnung
gesichert und der Zeichnungseditor sowie AutoCAD verlassen. Sie kehren zur
Betriebssystemebene zurück.

5.3   Erklärung der verwendeten Befehle

5.3.1   Bemaßungsbefehle

Durch Eingabe der Funktion <BEM> gelangt man in den *Bemaßungs-Modus*.
Er ist daran zu erkennen, daß im Befehlsfeld anstatt „*Befehl:*" der Begriff
„*Bem:*" steht. Zum AutoCAD-Befehlsmenü wird zurückgekehrt durch Drük-
ken der Tastenfolge [Strg][C] oder durch Eingabe des Befehls **EXIT**. Wird der
Menü-Befehl <BEM1> eingegeben, dann führt AutoCAD nur *eine* Bemaßung

durch und kehrt danach automatisch in das AutoCAD-Hauptbefehlsmenü
zurück. Die folgende Übersicht zeigt die Befehle, die im Bemaßungsmenü für
die Linearbcmaßung zur Verfügung stehen.

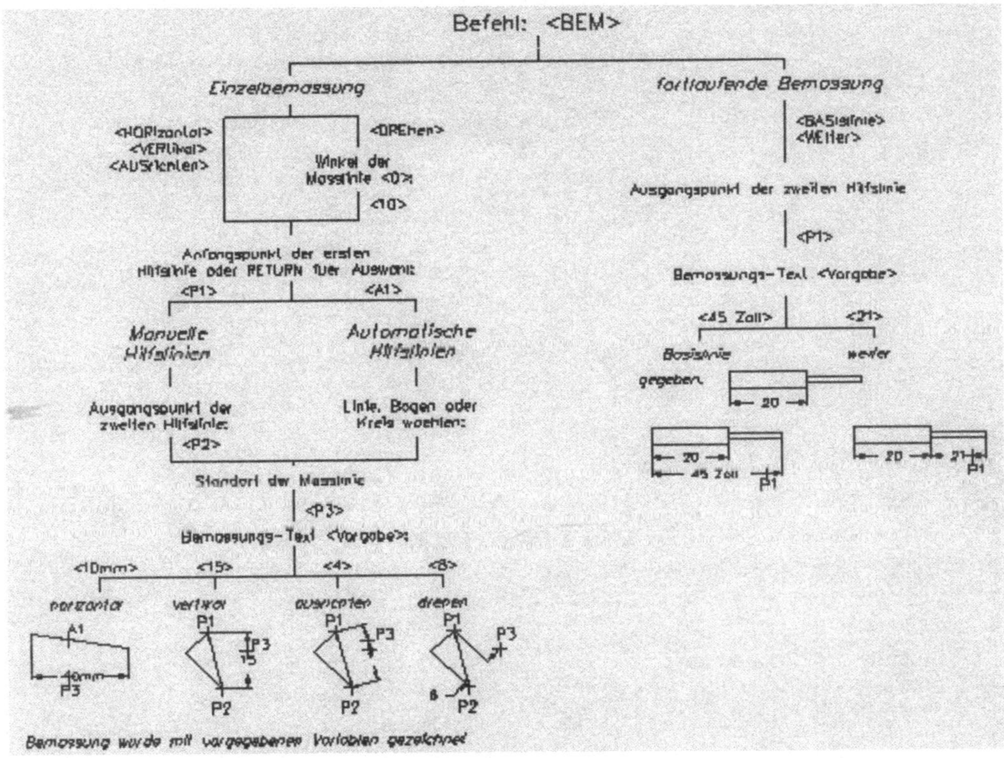

Bild 5-23 Befehle für die geradlinige Bemaßung

In Bild 5-24 bis 5-26 sind die Bemaßungsbefehle für die Winkel, den Durchmesser und den Radius zusammengestellt.

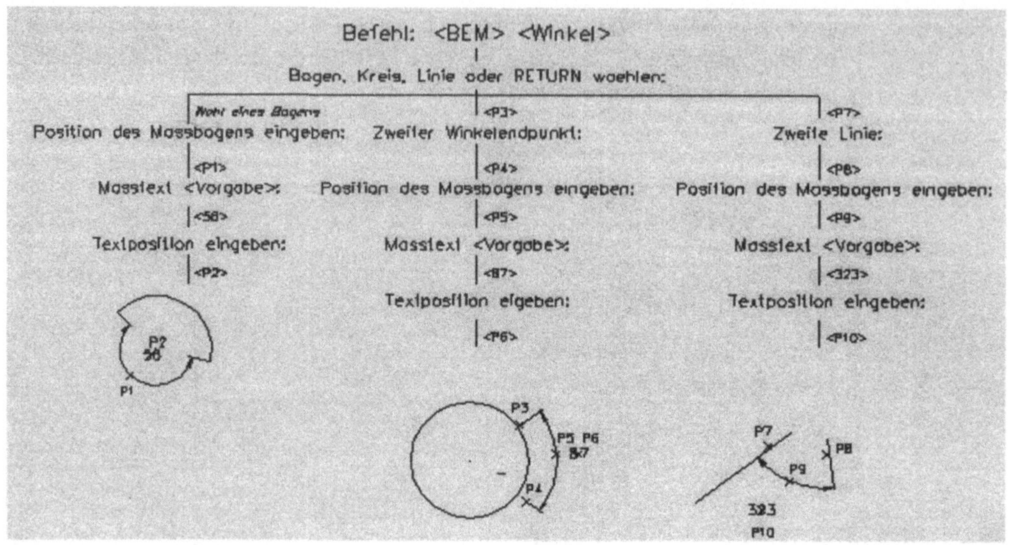

Bild 5-24 Bemaßungsbefehle

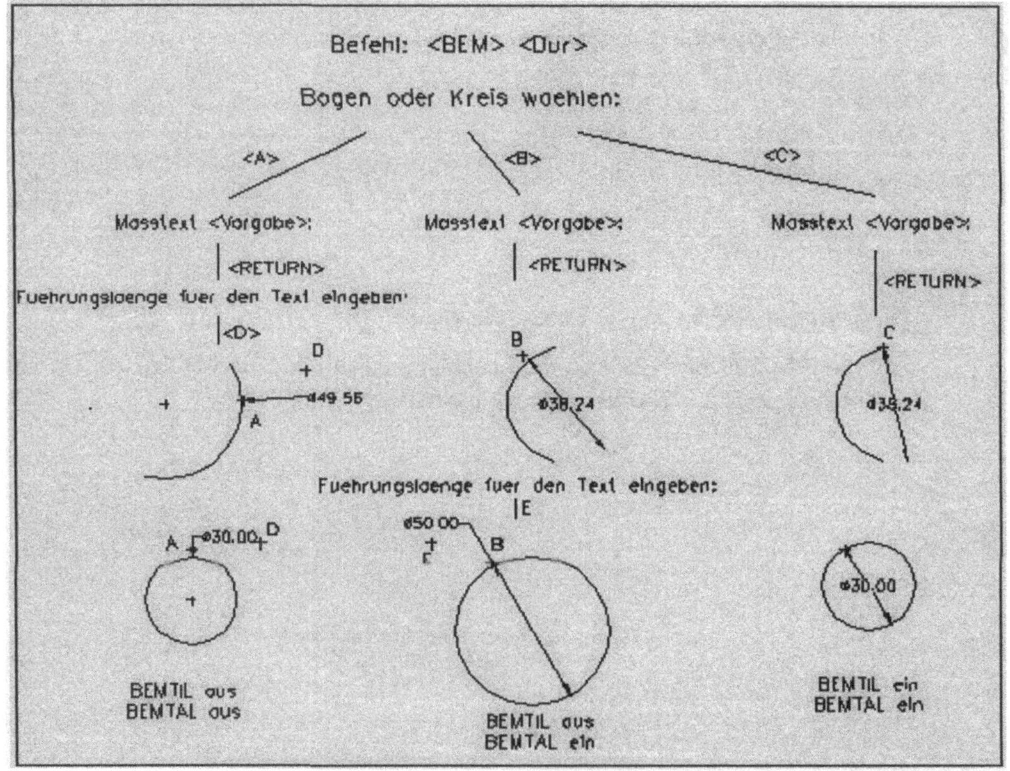

Bild 5-25 Bemaßungsbefehle

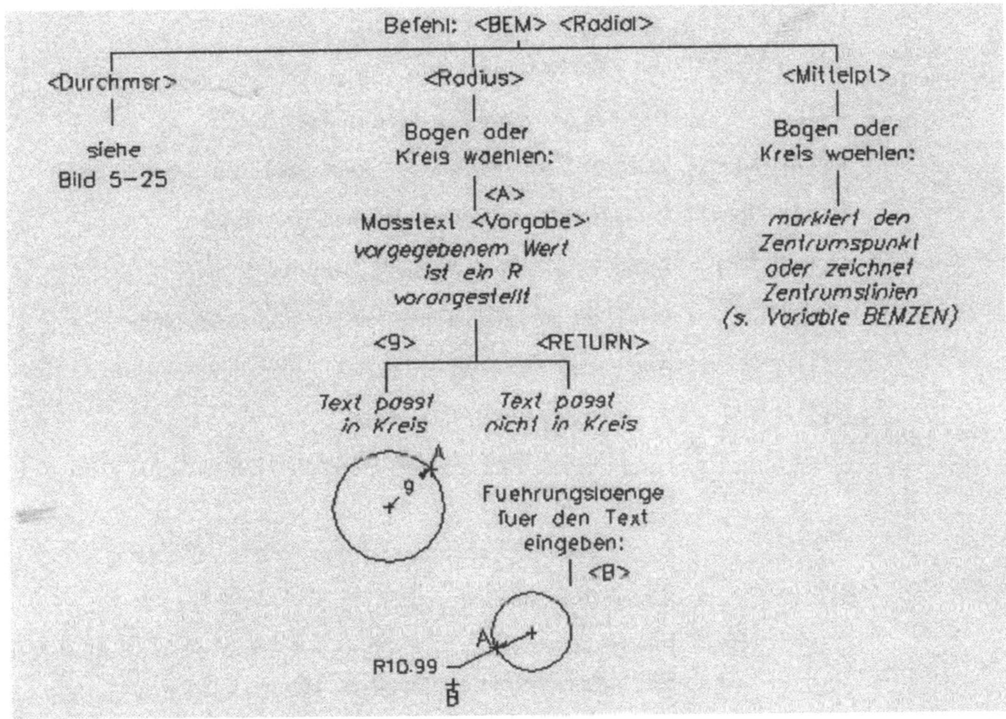

Bild 5-26 Bemaßungs-befehle

Außerdem stehen folgende Befehle im Bemaßungsmenü zur Verfügung:

- ⇨ EXIT
- ⇨ FÜHRUNG
- ⇨ KOORDINATE
- ⇨ HOMETEXT
- ⇨ LÖSCHEN
- ⇨ NEUTEXT
- ⇨ NEUZEICH
- ⇨ SCHRÄG
- ⇨ STATUS
- ⇨ STIL
- ⇨ ÜBERSCHR
- ⇨ HOLEN
- ⇨ SICHERN
- ⇨ TEDIT
- ⇨ TDREHEN

⇒ UPDATE

⇒ VARIABLEN

⇒ ZENTRUM

EXIT	Kehrt in den normalen Befehlsmodus zurück.
FÜHRUNG	Zeichnet Linien für eine gesteuerte Plazierung des Maßtextes.
KOORDINATE	Bemaßt die X- oder Y-Koordinate eines Punktes.
HOMETEXT	Bringt in seine Ausgangsstellung zurück.
LÖSCHEN	Macht die zuletzt eingegebene Operation rückgängig.
NEUTEXT	Ändert den Text eines vorhandenen Bemaßungsobjekts.
NEUZEICH	Zeichnet das Ansichtsfenster neu.
SCHRÄG	Löscht lineare Bemaßungen. Hilfslinien stehen dann relativ schräg zum Winkel 0.
STATUS	Zeigt Bemaßungsvariablen und ihre aktuellen Werte an.
STIL	Ändert den aktuellen Textstil.
ÜBERSCHR	Bringt eine assoziative Bemaßung auf den neuesten Stand, indem eine oder mehrere Bemaßungsvariablen geändert werden.
HOLEN	Setzt die Werte der aktuellen Bemaßungsvariablen auf die eines gewählten Bemaßungsstils.
SICHERN	Erzeugt einen neuen Bemaßungsstil.
TEDIT	Verändert Position und Lage des Maßtextes einer einzelnen Bemaßung.
TDREHEN	Ändert die Orientierung des Maßtextes einer oder mehrerer Bemaßungen
UPDATE	Verändert bestehende Bemaßungsobjekte nach den aktuellen Werten der Bemaßungsvariablen, des Bemaßungsstils, des aktuellen Textstils und den aktuellen Werten des Befehls EINHEIT.
VARIABLEN	Untersucht die Werte von Bemaßungsvariablen eines gewählten Bemaßungsstils.
ZENTRUM	Zeichnet den Zentrumspunkt eines Kreises oder Bogens oder Zentrumslinien.

Zusätzlich zu diesen Befehlen sind auch die transparenten Befehle wirksam (Abschn. 5.3.3). Je nach Einstellung der Variablen **BEMASSO** (Abschn. 5.3.2) betrachtet AutoCAD die einzelnen Elemente einer Bemaßung (Hilfslinien,

Maßlinie, Maßtext, Pfeile) als ein Objekt (BEMASSO EIN) oder als einzelne Bestandteile (BEMASSO AUS).

a) Allgemeine Erläuterungen

Falls statt eines Pfeiles oder eines Schrägstrichs ein anderes Zeichen für das Ende einer Maßlinie gewünscht wird, kann dies über die Definition eines Blockes geschehen (Abschnitt 6).

Auch vom Zeichenmodus aus können Bemaßungen verändert werden. Dazu dienen im EDIT-Menü folgende Funktionen (Tabelle 5-4):

Tabelle 5-4
Änderungs-
befehle des
EDIT-Menüs
(in der
Reihenfolge
des Menüs)

Funktion	Wirkung
REIHE	Vervielfachen eines Objekts (nur für polare Anordnung)
DEHNEN	Drehen bis zur gewählten Schnittkante (nur für Linearbemaßung)
SPIEGELN	Spiegeln an gewünschter Spiegelachse
DREHEN	Drehen um einen Basispunkt
VARIA	Vergrößern (verkleinern) um einen Faktor
STRECKEN	Verschieben und anpassen (für Linear- und Winkelbemaßung)
STUTZEN	Verkürzen bis zur gewählten Schnittkante (nur für Linearbemaßung)

Hinweis! Der Umgang mit diesen Befehlen sowie das Bemaßen selbst erfordert sehr viel Übung. Man erlebt immer wieder neue Überraschungen und muß manche Bemaßungen bis zum gewünschten Ergebnis mehrmals wiederholen.

b) Löschen von Bemaßungen

Folgende Löschungen können vorgenommen werden:

❒   Löschen des letzten Bemaßungsbefehls.

Dies geschieht im Bemaßungs-Menü mit dem Befehl **LÖSCH**. Beim Löschvorgang ist es gleichgültig, ob es sich um die Bemaßung eines Objektes oder beispielsweise um die Veränderung einer Variablen handelt. Der Befehl **LÖSCH** kann bis zum Anfang des Bemaßungsvorgangs wiederholt werden.

❒   Löschen des gesamten Bemaßungsvorgangs mit einem Befehl.

Dazu muß der Bemaßungsmodus verlassen und zum Zeichen-Modus zurückgekehrt werden (z. B. durch Eingabe von **EXIT**). Mit der Funktion **ZURÜCK** oder **Z** aus dem **EDIT**-Modus wird der gesamte Bemaßungsvorgang rückgängig gemacht.

c) Erläuterungen zum Maßtext

Die hier aufgeführten Hinweise für den Maßtext gelten nicht nur für die Linearbemaßung, sondern für alle anderen Bemaßungsmöglichkeiten auch. AutoCAD schlägt jeweils einen Zahlenwert als Maßtext vor, den Sie übernehmen oder verändern können. Diese Zahl steht zwischen spitzen Klammern (<>). Zu diesem Zahlenwert können Sie Text, entweder *vor* der Zahl (*Präfix*) oder *nach* der Zahl (*Suffix*) schreiben:

Als Präfix geben Sie ein (die Maßzahl steht zwischen <>):

Masstext: <Präfix <>>.

Bei einem Suffix wird eingegeben:

Masstext: <<> Suffix>

Soll beispielsweise hinter der Maßzahl die Angabe „mm" geschrieben werden, dann wird eingegeben:

Masstext: <<> mm>

Jeder Maßtext wird jetzt mit dem Zusatz mm versehen.

Hinweis! Zwischen dem Zusatztext (ob als Präfix oder als Suffix) und der Maßzahl muß ein Leerzeichen gesetzt werden, damit Zahl und Text nicht zusammengeschrieben werden.

AutoCAD stellt zum Bemaßen folgende drei zusätzliche Zeichen zur Verfügung, die durch das Steuerzeichen „&&" aufgerufen werden (s. Tabelle 5-5):

Tabelle 5-5
Zeichen für
die Bemaßung

Eingabe	Zeichen
%%127	Grad
%%128	Plus-Minus
%%129	Kreisdurchmesser
%%d	Grad
%%p	Plus-Minus
%%c	Kreisdurchmesser
%%%	Prozentzeichen

Es wird beispielsweise eingegeben:
%%12945.
Als Maßtext wird ausgegeben: ø45.

Der Maßtext steht normalerweise zwischen den Hilfslinien. Wenn die Maßlinie einschließlich des Maßtextes und den Pfeilen nicht zwischen die Hilfslinien passen, werden die Pfeile und die Maßlinie nach außen verlegt. Der Maßtext steht in diesem Fall auf der Seite der zweiten Hilfslinie. Bei einer automatischen Bemaßung, bei der nur das zu bemaßende Objekt gewählt wird, ohne die Ansatzpunkte der Hilfslinien anzugeben, ist die *zweite Hilfslinie* diejenige Linie, die von der Stelle, an der das Objekt gewählt wurde, *weiter* weg liegt. Der Maßtext kann mit Toleranzangaben, Alternativeinheiten u.a. versehen werden. Diese Möglichkeiten werden durch Bemaßungsvariablen eingestellt, wie sie in Abschnitt 5.3.2 vorgestellt werden.

5.3.2   Bemaßungsvariable

Der Bemaßungsvorgang wird über verschiedene Bemaßungsvariable gesteuert, die vom Benutzer geändert werden können. Die meisten dieser Bemaßungsvariablen sind EIN/AUS-Schalter. Über die Funktion **STATUS** im **Bemaßungsmodus** kann die Einstellung der Variablen am Bildschirm sichtbar gemacht werden. Die Variablen werden verändert, indem man den Namen der Variablen im Bemaßungsmenü eingibt und auf den gewünschten Wert setzt.

Im Abrollmenü *Modi* können Sie das Feld *Bemassungsvariablen ...* wählen. Dort sind die verschiedenen Bemassungsvariablen graphisch dargestellt und können dort ebenfalls verändert werden.

a) Variable für die Lage und Gestaltung des Maßtextes
Tabelle 5-6 zeigt die entsprechenden Variablen:

Tabelle 5-6
Variablen zur
Lage und
Gestalt des
Maßtextes

Variable	Bedeutung
BEMFART=DIMCLRT	Farbe des Maßtextes
BEMGRE=DIMLIM	Grenzen des Textes: Größt- und Kleinstmaß wird als Maßtext verlangt (Vorgabe: Aus)
BEMNACH=DIMPOST	Zeichenkette festlegen, die nach der Maßzahl geschrieben wird, noch vor einem mit <> angegebenen Zusatz
BEMRND=DIMRND	Runden der Bemaßungswerte auf die eingegebene Genauigkeit (Vorgabe: 0, d.h. keine Rundung)
BEMSTIL=DMSTYLE	Aktueller Bemaßungsstil
BEMTAH=DIMTOH	Text außerhalb horizontal Ein: Text außerhalb der Maßlinien ist waagrecht Aus: Text außerhalb der Maßlinien ist ausgerichtet (Vorgabe)
BEMTAL=DIMTOFL	Text außerhalb Linie (Vorgabe: Aus), Radius und Durchmesserbemaßung

BEMTFAC=DIMTFAC	Toleranz bei der Skalierung der Textgröße (Vorgabe: 1.0)
BEMTIH=DIMTIH	Text innerhalb horizontal Ein: Text innerhalb der Maßlinien ist waagerecht Aus: Text innerhalb der Maßlinien ist ausgerichtet (Vorgabe)
BEMTIL=DIMTIX	Text innerhalb Linie (Vorgabe: Aus), Radius und Durchmesserbemaßung
BEMTM=DIMTM	Toleranz Minus (Vorgabe: 0)
BEMTOL=DIMTOL	Toleranz Ein: Hinzufügen von Bemaßungstoleranzen Aus: Ohne Bemaßungstoleranzen (Vorgabe)
BEMTOM=DIMTAD	Text oberhalb der Maßlinie (Vorgabe: Aus, d.h. Maßtext eingemittet entlang der Maßlinie)
BEMTP=DIMTP	Toleranz Plus (Vorgabe: 0)
BEMTVP=DIMTVP	Text vertikale Position (Vorgabe: 0)
BEMTXT=DIMTXT	Text-Größe (Vorgabe: 3.5)

b) Variable bezüglich der Hilfslinien

Sie sind in Tabelle 5-7 dargestellt:

Tabelle 5-7
Variable für
die Hilfslinien

Variable	Bedeutung
BEMABH=DIMEXO	Abstand der Hilfslinie vom Ausgangspunkt (Vorgabe 0.1)
BEMFARH=DIMCLRE	Farbe der Hilfslinie
BEMH1U=DIMSE1	Hilfslinie 1 unterdrücken (Vorgabe: Aus)
BEMH2U=DIMSE2	Hilfslinie 2 unterdrücken (Vorgabe: Aus)
BEMVEH=DIMEXE	Verlängerung der Hilfslinie Abstand, wie weit die Hilfslinie über die Maßlinie hinausragt (Vorgabe: 1.8)
BEMZEN=DIMCEN	Größe des Zentrumspunktes (Vorgabe 1.5) (Für BEMZEN < 0: Zeichen der Zentrumslinien)

c) Variable bezüglich der Maßlinie

Für die Maßlinien gelten folgende Variable (Tabelle 5-8):

Tabelle 5-8
Variable für
die Maßlinie

Variable	Bedeutung
BEMABST=DIMGAP	Abstand der Maßlinie vom Text
BEMFARM=DIMCLRD	Farbe der Maßlinie
BEMIML=DIMDLI	Inkrement Maßlinie, gibt die Versetzung der Maßlinien an, damit der Text nicht überschrieben wird. (bei Bemaßungsbefehlen: BASISLINIE und WEITER) (Vorgabe: 7)
BEMMAHU= DIMSOXD	Maßlinien außerhalb der Hilfslinien unterdrücken (Vorgabe : Aus)
BEMVML=DIMDLE	Verlängerung der Maßlinie (Vorgabe: 0)

d) Variable bezüglich des Maßlinienendes

Für das Ende der Maßlinie gelten folgende Variablen (Tabelle 5-9):

Tabelle 5-9
Variable für
das Ende der
Maßlinie

Variable	Bedeutung
BEMBLK=DIMBLK	Name des Blocks, der anstelle von Pfeilen am Ende der Maßlinie gezeichnet wird (Vorgabe: Keiner)
BEMBLK1=DIMBLK1 BEMBLK2=DIMBLK2	Wenn BEMBLK = ein definiert BEMBLK1 und BEMBLK2 Pfeilblöcke für das erste und zweite Ende der Maßlinie (bei Winkelbemaßungen)
BEMPFKT=DIMSAH	Pfeilköpfe trennen: ein = BEMBLK1 und BEMBLK2 definieren verschiedene Pfeilblöcke für Enden der Maßlinie aus = BEMBLK wird für beide Pfeilblöcke verwendet (Vorgabe)
BEMPLG=DIMASZ	Pfeillänge (Vorgabe: 3.5)
BEMSLG=DIMTSZ	Strichlänge, bei Strichmarkierungen (Vorgabe: 0)

e) Variable zur Angabe der Maßeinheiten
In Tabelle 5-10 sind die Variablen zusammengestellt, mit denen die Maßeinheiten festgelegt werden.

Tabelle 5-10
Variablen für
die Maßein-
heiten

Variable	Bedeutung
BEMALT=DIMALT	Gleichzeitiges Bemaßen mit Alternativeinheiten (Vorgabe: Aus)
BEMALTD=DIMALTD	Alternativ-Einheiten, Dezimalstellen (Vorgabe: 2)
BEMALTU=DIMALTF	Alternativ-Einheiten, Umrechnungsfaktor (Vorgabe: 25.4, Anzahl Millimeter pro Zoll)
BEMANACH= DIMAPOST	Definiert Zeichenkette, die nach einer Bemaßung mit Alternativeinheiten gesetzt wird, noch vor einem mit <> vorgegebenen Zusatz
BEMNZ=DIMZIN	Null Zoll ausgeben, dient zur Veränderung des Zollwertes (Vorgabe: 0)

f) Allgemeine Variablen

Die in Tabelle 5-11 aufgeführten Bemaßungsvariablen gelten für alle Bemaßungsmöglichkeiten.

Tabelle 5-11
Allgemeine
Bemaßungs-
variable

Variable	Bedeutung
BEMASSO=DIMASO	Assoziative Bemaßung, d.h. eine Bemaßung aus Hilfslinien, Maßlinien, Pfeilen und Text wird als ein Objekt angesehen (Vorgabe: Ein)
BEMFKTR=DIMSCALE	Allgemeiner Größenfaktor für alle Bemaßungs-variablen, die Größe, Einschübe oder Abstände angeben. Nicht für Toleranzen, gemessene Längen und Winkel. (Vorgabe: 1)
BEMGFLA=DIMLFAC	Globaler Größenfaktor für lineare Bemaßung. Sämtliche linearen Bemaßungen werden mit BEMGFLA multipliziert und ergeben die Maß-zahl (Vorgabe: 1)
BEMZUG=DIMSHO	Nachzug bei der Verschiebung von Objekten. (Vorgabe: Aus) Achtung! Hoher Zeitaufwand, da die assoziativen Bemaßungen bei Verschiebungen dauernd neu gerechnet werden müssen

5.3.3 Transparente Befehle

Transparente Befehle können *während* eines bereits laufenden Befehlsvorganges
aufgerufen werden. Dabei wird der laufende Vorgang unterbrochen, der
transparente Befehl ausgeführt und anschließend die Befehlsfolge wieder aufgenommen. Zur Kennzeichnung, daß der Befehl *transparent* verwendet werden
soll, muß vor dem Befehl ein *Apostroph* eingegeben werden (z.B. 'HILFE).

Werden vom transparenten Befehl Eingaben verlangt, so erscheint am Anfang der Befehlszeile das Zeichen „>>". Folgende Einschränkungen sind bei der Verwendung transparenter Befehle zu beachten:

❏ Ein transparenter Befehl kann nicht eingegeben werden, wenn eine Zeichenkette als Eingabe verlangt wird.

❏ Es darf nur ein transparenter Befehl auf einmal ausgeführt werden.

❏ Ein Befehl darf nicht transparent verwendet

❏ werden, wenn er selbst gerade durchgeführt wird.

Folgende Befehle können transparent verwendet werden:
⇨ AUSSCHNT
⇨ HILFE
⇨ NEUZEICH
⇨ PAN
⇨ RESUME
⇨ SCRIPT
⇨ SETVAR
⇨ TEXTBLD
⇨ ZOOM

Bei den Befehlen **PAN**, **ZOOM** und **AUSSCHNT** unterscheidet sich die Funktion des transparenten Befehls vom normalen Befehl. Folgende Voraussetzungen müsen gegeben sein:

a) Der Modus Schnell-Zoom muß eingeschaltet sein.

b) Es darf keine Regenerierung der Zeichnung erfolgen.

c) Bei 3D-Ansichten nicht verwendbar.

d) Die Befehle **ZOOM alles** und **ZOOM Grenzen** können nicht verwendet werden.

e) Der Befehl **APUNKT** darf nicht aktiv sein.

5.3.4   LINIENTP, LTFAKTOR

a) LINIENTP

Mit der Funktion **LINIENTP** kann der **Linientyp** eines zu zeichnenden Objektes festgelegt, ein neuer Linientyp erzeugt oder ein neuer Linientyp aus einer bestehenden Datei geladen werden.

Von diesem Befehl sind nur Linien, Bögen, Kreise und Polylinien betroffen. Sämtliche anderen Objekte werden mit durchgezogenen Linien (Linientyp CONTINUOUS) gezeichnet.

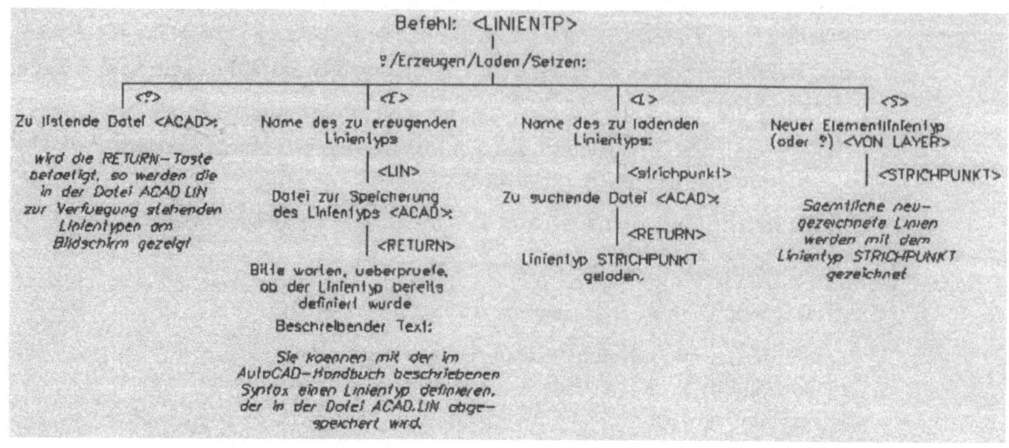

Bild 5-27 Möglichkeiten des Befehls LINIENTP

Folgende Linientypen stehen dem Benutzer in der Datei acad.lin zur Verfügung:

Bild 5-28
Linientypen
der Datei
acad.lin

```
AutoCAD Text - NAMENLOS

In der Datei C:\ACADWIN\SUPPORT\ACAD.lin definierte Linientypen:

        Name            Beschreibung
     _______________   ________________________

RAND
RAND2
RANDX2
MITTE
MITTE2

MITTEX2
STRICHPUNKT
STRICHPUNKT2
STRICHPUNKTX2
GESTRICHELT

GESTRICHELT2
GESTRICHELTX2
GETRENNT
GETRENNT2
GETRENNTX2
Mit RETURN fortfahren:

PUNKT
PUNKT2
PUNKTX2
VERDECKT
VERDECKT2

VERDECKTX2
PHANTOM
PHANTOM2
PHANTOMX2

?/Erzeugen/Laden/Setzen:
```

b) LTFAKTOR

Für Linientypen kann ein **Faktor** definiert werden, mit dem die Strichlängen der Linientypen an die Zeichnungsgröße angepaßt werden. Der Faktor kann für jede Zeichnung neu definiert werden. Bei einer Änderung des Faktors wird die Zeichnung mit den neuen Strichlängen neu gezeichnet. Der vorgegebene Faktor ist 25. Um ihn zu verändern, müssen Sie folgendes eingegeben:

Befehl: **<MODI>**

<LTFAKTOR> **<nächste>**

Neuer Faktor *<Vorgabe des alten Faktors>*: Neuen Faktor eingeben

5.3.5   FASE

Mit der Funktion **FASE** aus dem **EDIT**-Menü werden zwei sich schneidende Linien um einen bestimmten Abstand gekürzt und die Endpunkte mit einer Linie verbunden. Werden Teile einer Polylinie gewählt, so müssen diese benachbart oder durch ein Bogensegment verbunden sein. Das Bogensegment wird dann gelöscht und die verbleibenden zwei Teile wie Linien behandelt.

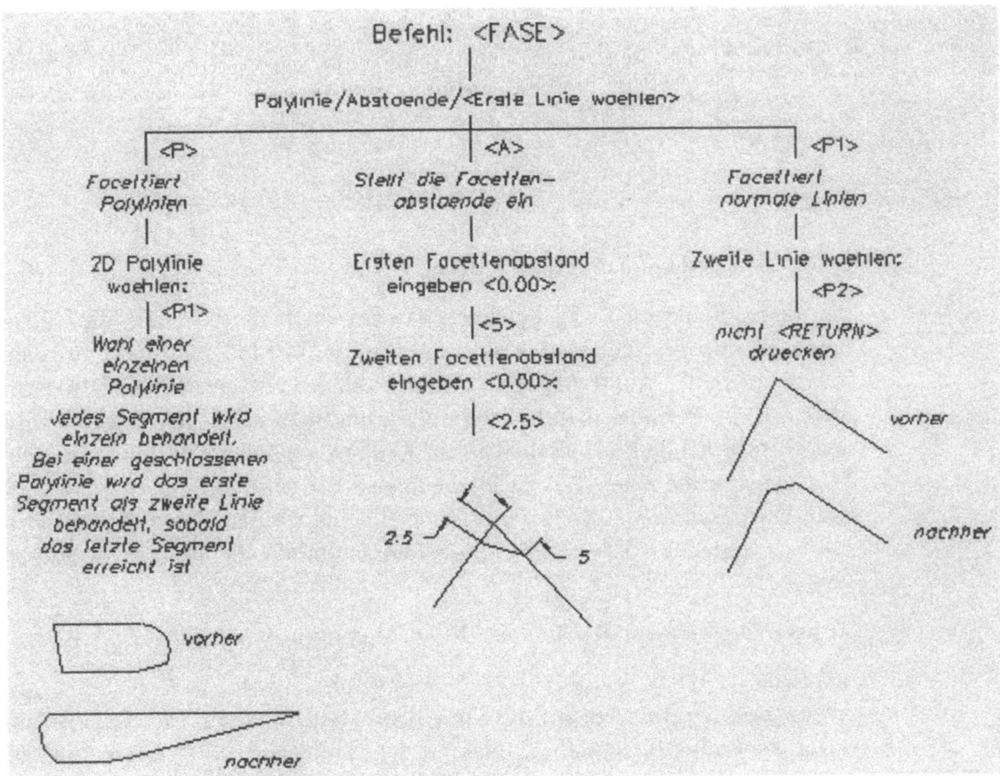

Bild 5-29 Möglichkeiten des Befehls FASE

5.3.6   BRUCH

Mit der Funktion **BRUCH** aus dem **EDIT**-Menü können Teile von Linien, Bändern, Kreisen, Kreisbogen oder Polylinien gelöscht werden (Bild 5-30).

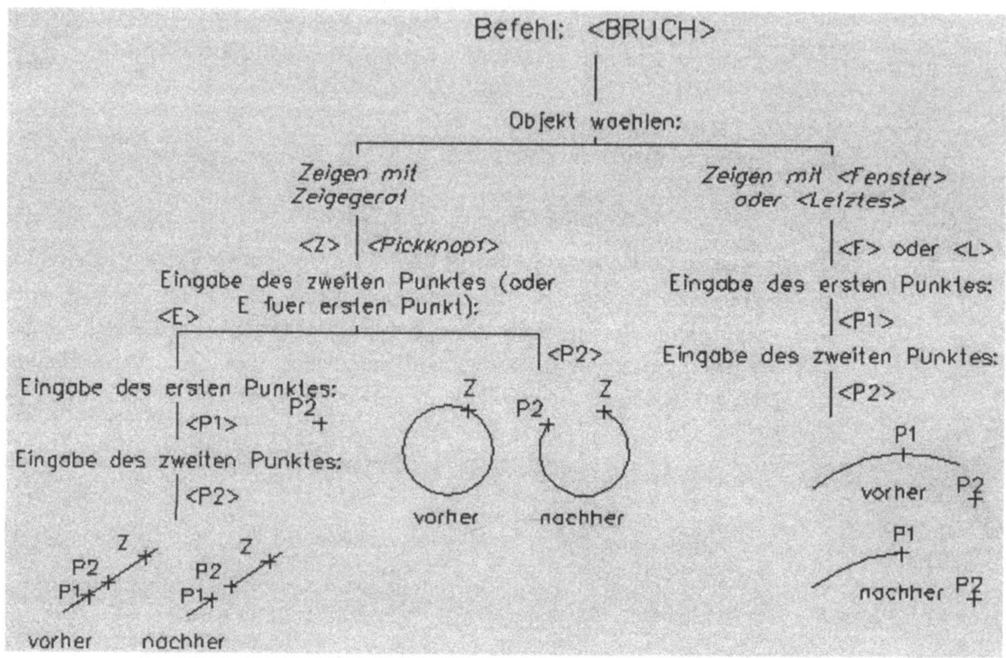

Bild 5-30 Möglichkeiten des Befehls BRUCH

Bei dieser Funktion ist zu beachten, daß bei einem Kreis immer im Gegenuhrzeigersinn gelöscht wird. Der zweite Endpunkt muß sich nicht auf dem Objekt befinden. AutoCAD sucht automatisch den entsprechenden Punkt auf dem Objekt. Befindet sich der zweite Endpunkt außerhalb des Objektes, wird das entsprechende Ende ab dem ersten Endpunkt gelöscht. Will man das Objekt teilen, ohne einen Teil zu löschen, wird der erste Endpunkt auf die gewünschte Trennstelle gesetzt, und man gibt als zweiten Punkt das Zeichen „@" ein (oder für den ersten und zweiten Endpunkt die gleichen Koordinaten).

Je nach Objekt wirkt die Funktion BRUCH etwas unterschiedlich:

a) Linie
Wenn beide Endpunkte auf der Linie liegen, wird diese in zwei Teile geteilt. Liegt ein Endpunkt außerhalb oder auf dem Linienende, wird dieses Ende gelöscht.

b) Kreis

Die Löschung erfolgt im Gegenuhrzeigersinn vom ersten zum zweiten Endpunkt.

c) Band

Ein Band (das ist eine Linie mit einer bestimmten Breite) wird wie eine Linie behandelt. Die Enden werden im rechten Winkel abgeschnitten.

d) Bogen

Ein Bogen wird ebenfalls wie eine Linie behandelt. Es wird im Gegenuhrzeigersinn gelöscht.

e) 2D-Polylinie

Besitzt die Polylinie die Breite null, wird sie wie eine Linie behandelt. Ansonsten wird sie gerade abgeschnitten. Es ergibt sich immer eine offene Polylinie.

5.3.7   EINHEIT, ÖFFNUNG

a) EINHEIT

Mit der Funktion **EINHEIT** aus dem **AUFBAU**-Menü können Zeichnungseinheiten festgelegt werden. Die verschiedenen Möglichkeiten zeigt Bild 5-31.

Bild 5-31
Befehlsfolge
der Funktion
EINHEIT

```
                    AutoCAD Text - NAMENLOS

EINHEIT Einheitensysteme:          (Beispiele)

    1.   Wissenschaftlich  1.55E+01
    2.   Dezimal            15.50
    3.   Engineering        1'-3.50"
    4.   Architectural      1'-3 1/2"
    5.   Bruch              15 1/2

Mit Ausnahme von Engineering und Architectural können
diese Formate mit allen Grundmaßeinheiten verwendet werden.
Zum Beispiel eignet sich der Dezimalmodus gut für metrische und
englische dezimale Einheiten.

Auswahl eingeben, 1 bis 5 <2>:
Anzahl Dezimalstellen (0 bis 8) <2>:

Winkelmaßeinheiten:                (Beispiele)

    1.   Dezimalgrad            45.0000
    2.   Grad/Minuten/Sekunden  45d0'0"
    3.   Neugrad                50.0000g
    4.   Bogenmaß               0.7854r
    5.   Feldmaß                N 45d0'0" O

Auswahl eingeben, 1 bis 5 <1>:
Anzahl Dezimalstellen für Winkel (0 bis 8) <0>:


Winkelrichtung 0:
    Osten     3 Uhr  =  0
    Norden   12 Uhr  =  90
    Westen    9 Uhr  =  180
    Süden     6 Uhr  =  270
Winkelrichtung eingeben 0 <0>:

Sollen Winkel im Uhrzeigersinn gemessen werden? <N>
```

Für die Winkelbezeichnungen gelten folgende Regeln:

Dezimalgrad sind durch *keine* zusätzlichen Bezeichnungen kenntlich gemacht.

Neugrad sind mit einem kleinen „g" versehen.

Das *Bogenmaß* ist mit einem kleinen „r" gekennzeichnet.

Ferner gelten folgende Abkürzungen:

Tabelle 5-12
Abkürzungen
für Winkel

Abkürzung	Bedeutung
d	Grad
,	Minuten
,,	Sekunden

b) ÖFFNUNG

Soll ein Objekt mit einer der Möglichkeiten des Objektfangmodus (z. B. end, sch, mit, s. Tabelle 5-1) gewählt werden, erscheint auf dem Bildschirm ein Fadenkreuz mit einem quadratischen *„Fangfenster"*. Es kann beispielsweise vorkommen, daß das vorgegebene Fangfenster zu groß ist, so daß keine eindeutige Auswahl eines Objektes möglich ist. Die *Größe* des *„Fangfensters"* kann deshalb mit der Funktion **ÖFFNUNG** aus dem **MODI**-Menü verändert werden. Die Angabe der Größe erfolgt in Anzahl der Bildschirmpunkte (Pixels).
Befehl: <MODI>
<ÖFFNUNG>
Grösse des Objekfangfensters (1-50 Pixel) <*aktueller Wert*>:

6 Arbeiten mit Blöcken und Schraffieren von Teilen

Um das Arbeiten mit Blöcken und das Schraffieren an einem einfachen Beispiel kennenzulernen, wird ein gestaffeltes Balkendiagramm des Energiever-
brauchs in den USA und der BRD, aufgeteilt nach Primärenergieträgern, erstellt (s. Bild 6-1).

Bild 6-1
Gestaffeltes
Balkendia-
gramm für
den Primär-
energie-
verbrauch

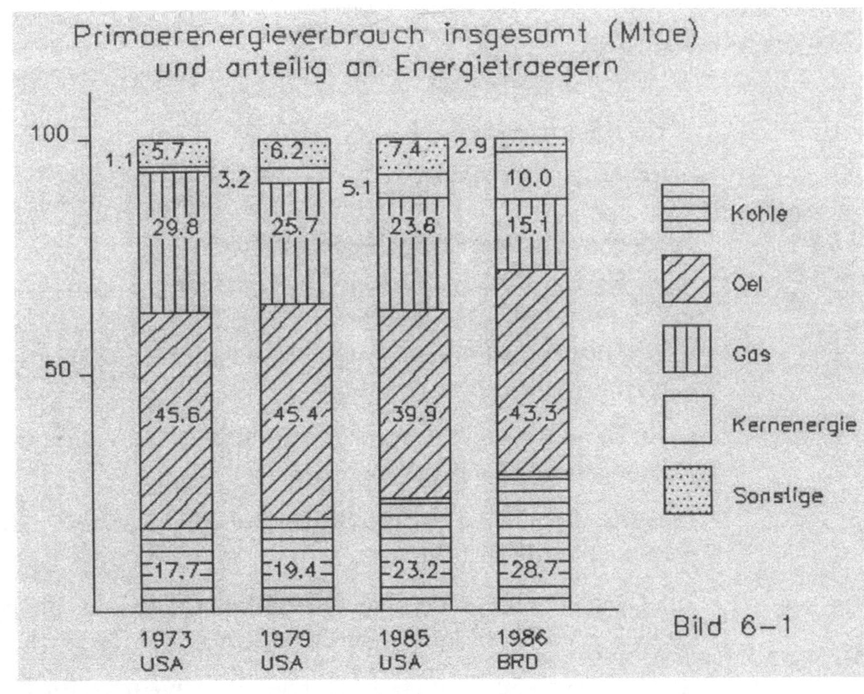

6.1   Zeichnen eines Balkendiagrammes mit Blöcken

Mit einem *Block* wird eine *Elementengruppe* verstanden, die einen Namen trägt und unter diesem Namen abgespeichert werden kann. Durch Aufrufen eines Blocknamens kann dieser Block an jeder Stelle einer Zeichnung eingefügt und entsprechend verändert werden. Werden eine Vielzahl solcher Blöcke definiert, können Zeichnungen aus dieser Block-Bibliothek individuell zusammengestellt werden. Die Arbeit mit Blöcken ist wegen der Modularität und Flexibilität besonders effektiv. Die AutoCAD-Funktionen werden auf die Blöcke so angewandt wie auf ein einzelnes Objekt. Im vorliegenden Beispiel gehen wir in folgenden Schritten vor:

1. Festlegen günstiger Zeichnungsparameter

2. Definieren eines Quadrates

3. Zeichnen des Achsenkreuzes mit Beschriftung

4. Zeichnen der vier Balken

5. Zeichnen der Legende

6. Schraffieren der verschiedenen Blöcke

7. Sichern der Zeichnung

8. Plotten der Zeichnung

9. Beenden des Zeichenvorgangs.

6.1.1   Festlegen günstiger Zeichnungsparameter

Starten Sie AutoCAD und geben Sie <DIENSTE> <nächste> <NEU> ein. Für den Zeichnungsnamen geben Sie <DIAGRAMM> ein. Bestätigen Sie dies mit ⏎ oder durch Anpicken von <ok>. Für die Zeichnung werden folgende Festlegungen getroffen:

Der Ursprung des zu zeichnenden Koordinatenkreuzes liegt im Koordinatenursprung der Zeichnung (Koordinaten 0,0).

Damit genügend Platz zum Beschriften vorhanden ist, besitzt die linke untere Ecke die Koordinaten -20,-20.

Das Diagramm soll mindestens 100 Einheiten hoch sein. Um genügend Platz nach oben zu haben, wird als obere rechte Ecke 200,150 gewählt.

Anschließend wird der Bildausschnitt auf diese Werte vergrößert.

Die Koordinatenanzeige und das Raster werden eingeschaltet.

Mit der Funktion **LIMITEN** aus dem **MODI**-Menü werden die Koordinaten für den linken unteren und den rechten oberen Bildschirmpunkt eingestellt:
Befehl: <MODI>
<LIMITEN>
Ein/Aus/<Linke untere Ecke> <0.00,0.00>: <-20,-20>
Obere rechte Ecke <400,287>: <200,150>.

Die Funktion **ZOOM** aus dem **ANZEIGE**-Menü vergrößert den Bildschirm (alles) auf diese Größe:
Befehl: <ANZEIGE>
<ZOOM>
Alles/Mitte/...: <Alles>.

Anschließend wird zur Koordinatenanzeige die Taste [F6] und zur Anzeige des Rasters die Taste [F7] gedrückt. Das Raster zeigt die ausgewählte Zeichenfläche.

6.1.2   Definieren eines Quadrates

Damit wir die Blöcke nicht aus einzelnen Linien aufbauen müssen, wird als *Grundelement* ein *Quadrat* mit der Seitenlänge 1 definiert. Dieses Quadrat wird als **Block** abgespeichert und kann an den entsprechenden Stellen in die Zeichnung eingefügt werden. Dabei werden die Seitenlängen des Quadrates mit einem Faktor sowohl in x-Richtung als auch in y-Richtung multipliziert, so daß aus einem Quadrat ein Rechteck mit definierten Seitenlängen gemacht werden kann. Das Quadrat wird aus dem **ZEICHNEN**-Menü mit der Funktion **LINIE** vom Koordinatenursprung aus mit der Seitenlänge 1 gezeichnet.
Befehl: <ZEICHNEN>
<LINIE>
Von Punkt: <0,0>   Anfangspunkt.
Nach Punkt: <1,0>   Untere waagerechte Linie.
Nach Punkt: <1,1>   Rechte senkrechte Linie.
Nach Punkt: <0,1>   Obere waagerechte Linie.
Nach Punkt: <schliess> Schließen des Quadrates.

Nun wird der Block mit der Funktion **BLOCK** aus dem **BLÖCKE**-Menü definiert. Der Block wird <rechteck> genannt. Als Bezugspunkt für das spätere Einfügen in die Zeichnung wird die linke untere Ecke des Quadrates (Punkt 0,0) festgelegt.
Befehl: <BLÖCKE>
<BLOCK>
Blockname (oder ?): <rechteck>
Basispunkt der Einfügung: <0,0>
Objekte wählen:<OBJEKTE> <Fenster>
   Wahl des Fensters.
Erste Ecke: <-2,-2>

Andere Ecke: <5,5>
4 gefunden.
Objekte wählen: [↵].

Das Quadrat verschwindet jetzt vom Bildschirm. Es kann später an den gewünschten Stellen wieder in die Zeichnung eingefügt werden.

6.1.3   Zeichnen des Achsenkreuzes mit Beschriftung

Der Koordinatenursprung soll bei den Koordinaten 0,0 liegen, und die waagerechte und senkrechte Achse sollen eine Länge von 110 Einheiten aufweisen:

Befehl: <ZEICHNEN>
<LINIE>
Von Punkt: <110,0>
Nach Punkt: <0,0> Waagerechte Linie.
Nach Punkt: <0,110>   Senkrechte Linie.
Nach Punkt: [↵].

An der senkrechten Achse wird die Markierung für 100% (-2.5, 100) und für 50% (-2.5, 50) angebracht:

Befehl: [↵] Wiederholen der Funktion LINIE.
LINIE Von Punkt: <-2.5,100>
Nach Punkt: <0,100>   Markierung für 100%.
Nach Punkt: [↵]
Befehl: [↵]
LINIE Von Punkt: <-2.5,50>
Nach Punkt: <0,50> Markierung für 50%.
Nach Punkt: [↵].

Für die Beschriftung soll der **Simplex8**-Zeichensatz verwendet werden. Deshalb muß im **MODI**-Menü mit der Funktion **STIL** ein neuer Stil mit dem Namen **s2** festgelegt werden:

Befehl: <MODI> <nächste>
<STIL>
Name des Textstils (oder?) <standard>: <s2>

Auf dem Bildschirm erscheint das Dialogfenster *Schriftdatei wählen*. Wählen Sie mit der Maus das untere Feld, und geben Sie anstelle von *TXT* den Textstil *SIMPLEX8.*Bestätigen Sie diese Wahl durch Wahl des Feldes OK oder durch Drücken der [↵]-Taste.

Höhe <0.00>: [↵]
Breitenfaktor <1.00>: [↵]
Neigungswinkel <0>: [↵]
Rückwärts? <N>: [↵]
Auf dem Kopf? <N>: [↵]

Vertikal? <N>: ⏎ .

S2 ist jetzt der aktuelle Textstil.

Im folgenden wird der Text an die Markierung geschrieben. Dazu dient im
ZEICHNEN-Menü die Funktion **TEXT**.
Befehl: **<ZEICHNEN> <nächste>**
<TEXT>
Position/Stil/<Startpunkt>:**<P> <Rechts>**
  Text wird rechts ausgerichtet.
Ende Punkt: **<-5,100>**   Endpunkt des Textes.
Höhe <3.50>: **<3>**
Einfüge-Winkel <0>: ⏎
Text: **<100>**   Eingabe des Textes **100**.
Befehl: ⏎
Position/Stil/<Startpunkt>: **<P><Rechts>**
Ende Punkt: **<-5,50>**
Höhe <3.00>: ⏎
Einfüge-Winkel <0>: ⏎
Text: **<50>**   Eingabe des Textes **50**.

Bild 6-2 zeigt die Koordinatenachsen mit der Beschriftung der senkrechten
Achse.

Bild 6-2
Koordinaten-
achsen, ge-
zeichnet und
beschriftet

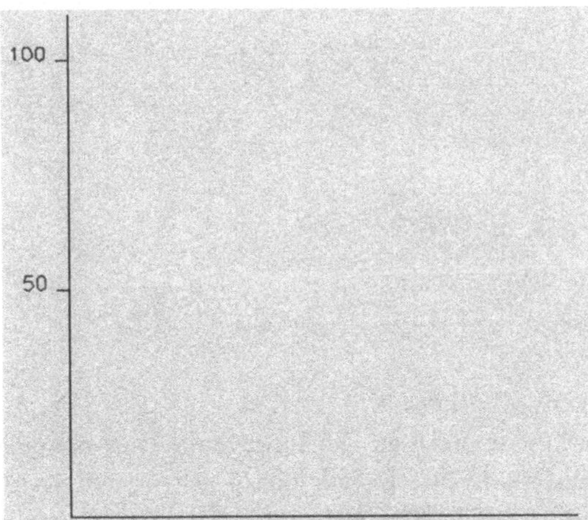

6.1.4   Zeichnen und Beschriften der vier Balken

Zuerst wird der linke Balken gezeichnet. Er soll aus 5 einzelnen Rechtecken
aufgebaut werden, wobei die linke untere Seite des ersten Rechtecks die Koordinaten 10,0 hat. Jedes Rechteck wird eine Grundseite von 15 Einheiten aufweisen und eine Höhe, die der jeweiligen Prozentzahl entspricht.

a) Zeichnen des untersten Rechtecks

Wir ändern das oben definierte Quadrat, so daß es das jeweils gewünschte Rechteck ergibt. Dazu wird ein Faktor für die Grundseite (x-Wert) und die Höhe (y-Wert) eingegeben. Das Quadrat wird wie ein Objekt behandelt und kann nur in seiner Gesamtheit verändert werden, d.h., die verschiedenen Seiten können nicht einzeln bearbeitet werden. Das Quadrat wird mit der Funktion EINFÜG aus dem **BLÖCKE**-Menü in die Zeichnung eingefügt:

Befehl: <BLÖCKE>

<EINFÜGE>

Blockname (oder ?): <rechteck>

Einfügepunkt: <10,0>   Koordinaten der Einfügung.

X Faktor <1> / Eckpunkt / XYZ: <15>   Einheit der Grundseite.

Y Faktor (Vorgabe=X): <17.7>   Höhe.

Drehwinkel <0>: ⏎.

Das gewünschte Rechteck wird auf dem Bildschirm dargestellt (Bild 6-3).

Bild 6-3
Darstellung des ersten Rechtecks mit der BLOCK-Funktion

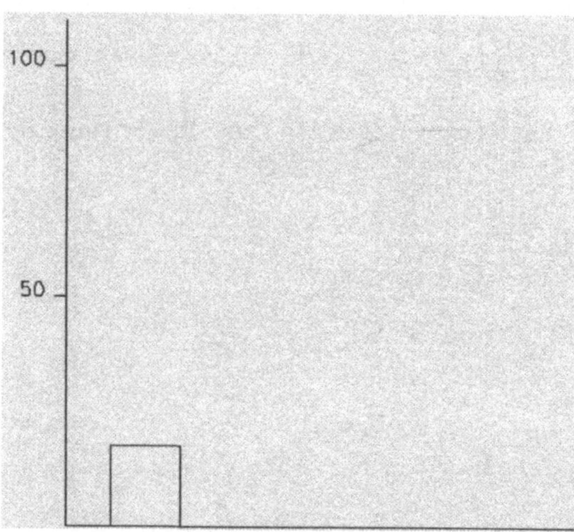

b) Zeichnen des ersten Balkens

Das zweite Rechteck wird angefügt. Der Einfügepunkt ist die obere linke Ecke des bereits gezeichneten Rechtecks. Um diese Ecke genau anzuwählen, wird der Objektfangmodus **end** oder **sch** benutzt. Die gewünschte Höhe beträgt 45.6 Einheiten.

Befehl: ⏎

EINFÜGE Blockname (oder ?) <RECHTECK>: ⏎

Einfügepunkt: <sch>   Schnittpunkt wählen.

von *Wahl der oberen linken Ecke des Rechtecks*

(Mit dem „Fangquadrat" wird die linke obere Ecke gewählt).

X Faktor <1> / Eckpunkt / XYZ: <15>   Breite des Blocks.

Y Faktor (Vorgabe=X): <45.6>   Höhe des Blocks.
Drehwinkel <0>: [↵].

Die weiteren Rechtecksegmente des 1. Balkens werden entsprechend gezeichnet. Die y-Werte betragen, wie aus Bild 6-1 ersichtlich, 29.8, 1.1 und 5.7 Einheiten. Wenn alle Rechtecke gezeichnet sind, muß der entstandene Block 100 Einheiten groß sein. Sonst liegt ein Eingabefehler vor.

Bild 6-4
Eingabe des
ersten Balkens
als Blockein-
fügung

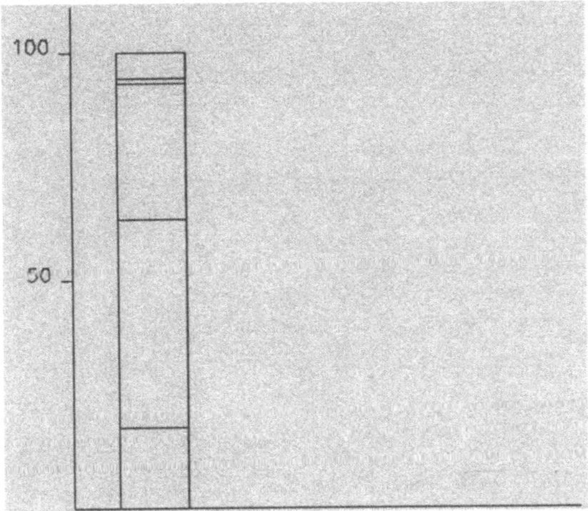

c) Zeichnen des zweiten Balkens
Der zweite Balken wird wie der erste gezeichnet. Die Koordinaten des Einfügepunktes des ersten Rechtecks sind 35,0, die Breite (X-Faktor) des Balkens beträgt wieder 15 Einheiten. Die y-Werte der einzelnen Rechtecke betragen 19.4, 45.4, 25.7, 3.2 und 6.2 Einheiten. Einfügepunkt ist jeweils die linke obere Ecke des vorher gezeichneten Rechtecks. Diese Ecke wird mit **end** oder **sch** angewählt.

Bild 6-5
Zeichnen des
zweiten
Balkens

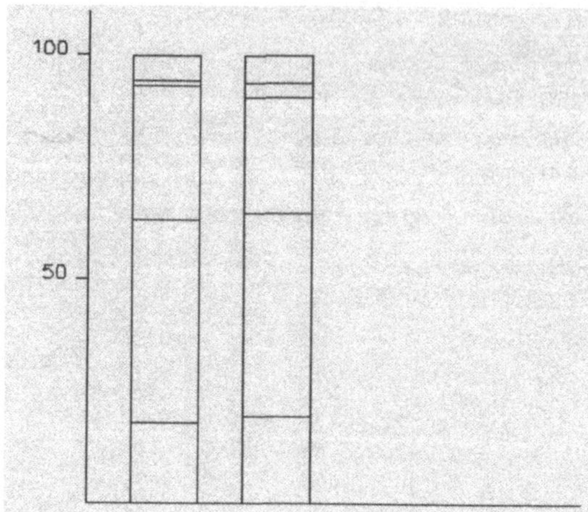

d) Zeichnen des dritten Balkens

Die Werte für den dritten Balken betragen:

Einfügepunkt des ersten Rechtecks: 60,0

x-Werte der Rechtecke: 15

y-Werte der Rechtecke: 23.8, 39.9, 23.6, 5.1, 7.4

e) Zeichnen des vierten Balkens

Die Werte für den vierten Balken betragen:

Einfügepunkt des ersten Rechtecks: 85,0

x-Werte der Rechtecke: 15

y-Werte der Rechtecke: 28.7, 43.3, 15.1, 10.0, 2.9

Bild 6-6
Balken-
diagramme

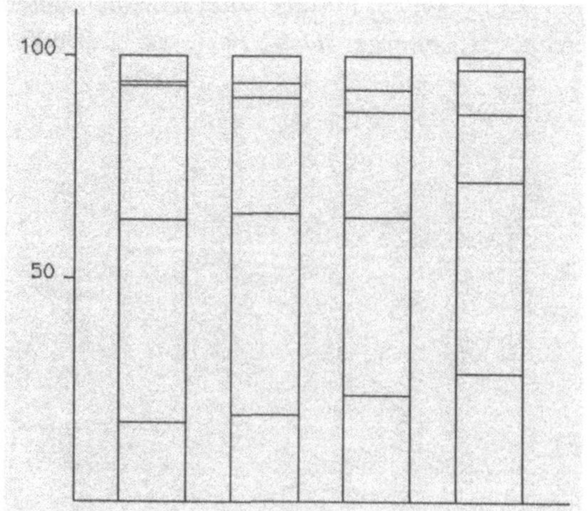

f) **Beschriften der Balken**

Wir benutzen dazu den bereits definierten und aktuellen Textstil s2. Dazu dient im **ZEICHNEN**-Menü die Funktion **TEXT**. Der Text wird über die jeweiligen Koordinaten plaziert, am besten mit einem Zeigegerät. Das erste Rechteck des ersten Balkens wird folgendermaßen beschriftet:

Befehl: **<ZEICHNEN> <nächste>**

<TEXT>

Position/Stil/<Startpunkt>: <<u>13.7</u>   Startpunkt des Textes.

Höhe <3.00>: ⏎

Einfüge-Winkel <0>: ⏎

Text: <<u>17.7</u>> Schreiben des Textes 17.7.

Das zweite Rechteck im ersten Balken wird entsprechend beschriftet:

Befehl: ⏎

TEXT Position/Stil/<Startpunkt>: <<u>13.40</u>>   Startpunkt des zweiten Textes.

Höhe <3.00>: ⏎

Einfüge-Winkel <0>: ⏎

Text: <<u>45.6</u>> Schreiben des Textes **45.6**.

Die einzugebenden Daten der restlichen Beschriftung sind in nachstehender Tabelle zusammengefaßt. Zur Übung sollten Sie diese selbst eintragen.

Tabelle 6-1
Einzugebender Text für die Rechtecke in den jeweiligen Balken

Balken	Rechteck	Startpunkt	Ende Punkt	Text
1	1	13.7		17.7
1	2	13.4		45.6
1	3	13.8		29.8
1	4	r	8.94	1.1
1	5	13.96		5.7
2	1	38.7		19.4
2	2	38.4		45.4
2	3	38.8		25.7
2	4	r	33.9	3.2
2	5	38.96		6.2
3	1	63.7		23.2
3	2	63.4		39.9
3	3	63.8		23.6
3	4	r	58.88	5.1
3	5	63.96		7.4

4	1	88.7		28.7
4	2	88.4		43.3
4	3	88.8		15.1
4	4	88.9		10.0
4	5	r	83.97	2.9

Zur Eingabe ist noch folgendes anzumerken:

Die Höhe für sämtliche Werte beträgt 3. Die Vorgabe kann deshalb mit ⏎ bestätigt werden. Der Einfüge-Winkel beträgt 0°. Die Vorgabe kann ebenfalls mit ⏎ bestätigt werden. Bei der Eingabe der Beschriftung außerhalb der Rechtecke wird bei der Anfrage „*Startpunkt...:*" <r> (d. h. *rechtsbündig*) eingegeben. Daran anschließend auf die nächste Frage „*Ende Punkt*'" die angegebenen Koordinaten. Der Text wird dann *rechtsbündig* ausgerichtet.

Bild 6-7
Beschriftetes
Balken-
diagramm

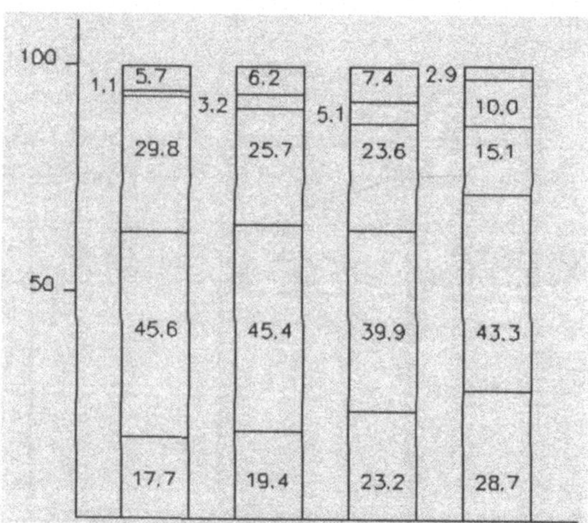

6.1.5   Zeichnen der Legende

Zuerst zeichnet man mit Hilfe des definierten Quadrates ein Quadrat mit der Seitenlänge 10. Dazu wird aus dem **BLÖCKE**-Menü die Funktion **EINFÜGE** benutzt:

Befehl: **<BLÖCKE>**
<EINFÜGE>
Blockname (oder ?) <RECHTECK>: ⏎
Einfügepunkt: <u><120,80></u>
X Faktor <1> / Eckpunkt / XYZ: <<u>10</u>>
Y Faktor (Vorgabe=X): ⏎
Drehwinkel <0>: ⏎.

Bild 6-8
Balkendia-
gramm mit
einem Qua-
drat für die
Legende

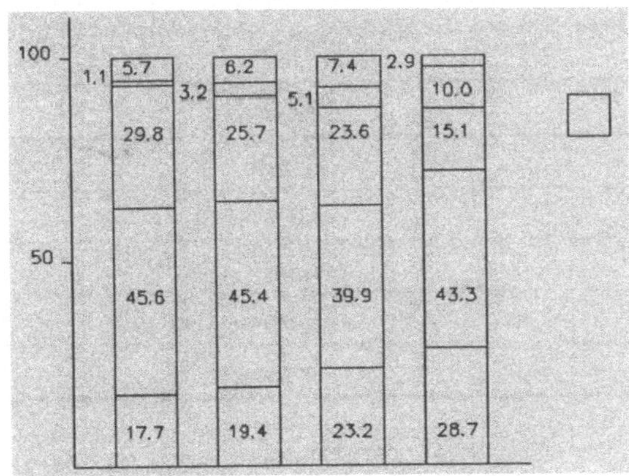

Dieses Quadrat wird in einem Arbeitsgang fünfmal untereinander gezeichnet.
Dazu dient aus dem **EDIT**-Menü die Funktion **REIHE**.

Befehl: <EDIT>

<REIHE>

Objekte wählen: *Wahl des Quadrates*

1 gewählt, 1 gefunden

Objekte wählen: [↵]

Rechteckige oder polare Anordnung (R/P): <**R**echteck>

  Rechteckige Anordnung.

Anzahl Zeilen (—) <1>: <5> 5 Reihen sollen entstehen.

Anzahl Spalten (333) <1>: [↵]   1 Spalte soll enstehen.

Zelle oder Abstand zwischen den Zeilen (—): <-15>.

Hinweis: Hinweis! Der eingegebene Abstand ist negativ, da die Quadrate nach unten
kopiert werden sollen.

Die fünf Quadrate werden nun untereinander gezeichnet (Bild 6-9).

Bild 6-9
Kopieren des
oberen Qua-
drates der
Legende

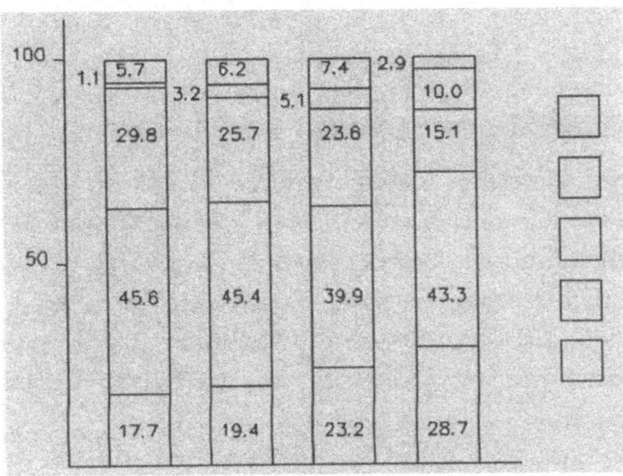

Für die Beschriftung werden die Daten aus der Tabelle 6-2 benutzt:

Tabelle 6-2
Daten zur
Beschriftung
der Legende

Startpunkt	Text
135, 82.5	Kohle
135, 67.5	Öl
135, 52.5	Gas
135, 37.5	Kernenergie
135, 22.5	Sonstige

Für die Eingabe wird folgendes vorausgesetzt:

Höhe des Textes: 3.

Einfüge-Winkel: 0.

(Zur Befehlseingabe für die Beschriftung, s. Abschn. 6.1.4, Punkt e).

Bild 6-10
Balkendia-
gramm mit
beschrifteter
Legende

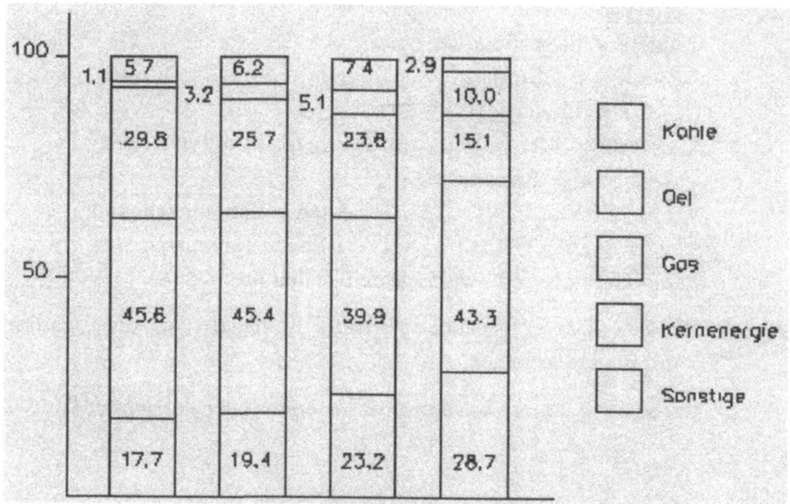

6.1.6   Schraffieren der verschiedenen Blöcke

Die Rechtecke mit gleichem Schraffurmuster werden in einem Arbeitsgang
schraffiert. Dazu werden die entsprechenden Rechtecke samt den eingeschlossenen Texten ausgewählt, am besten mit dem Zeigegerät. Am schnellsten geschieht dies mit dem Fenster **Kreuzen**. Zum Schraffieren wird die Funktion
SCHRAFF aus dem **ZEICHNEN**-Menü verwendet. Als Schraffurmuster verwenden wir für den untersten Balken das Muster **LINE**; die Ausrichtung der
Linien beträgt 0 Grad.

Hinweis! Die Schraffurmuster sind so definiert, daß sie mit einem Faktor multipliziert werden müssen, um im richtigen Maßstab gezeichnet werden zu können. Im vorliegenden Fall wird der Maßstab 20 gewählt.

a) Schraffur mit geraden waagrechten Linien

Befehl: <ZEICHNEN>

<SCHRAFF>

Muster (? oder Name/B,Stil): <<u>LINE</u>>

Massstab für Muster <1.0000>: <<u>20</u>>

Winkel für Muster <0>: [↵]

Objekte wählen: <**WAHL**> <<u>K</u>reuzen>   Wahl der Funktion Kreuzen.

Erste Ecke: <<u>7,3</u>>

Andere Ecke: <<u>108,13</u>>   Wahl der unteren Rechtecke.

8 gefunden

Objekte wählen: *Wahl des entsprechenden Quadrates aus der Legende*

1 gewählt, 1 gefunden.

Objekte wählen: [↵]

Hinweis! Beim Anpicken der zu schraffierenden Objekte müssen Sie darauf achten, auch die Prozentangaben in den Quadraten mit anzugeben, da diese ansonsten nicht schraffiert werden. Die ganze Schraffur können Sie auch einfacher ausführen. Dazu müssen Sie den Befehl GSCHRAFF verwenden. Beachten Sie hierzu Abschnitt 6.2.4.

Bild 6-11 zeigt die entsprechend waagrecht schraffierten Rechtecke.

Bild 6-11
Rechtecke mit
waagrechter
Schraffur

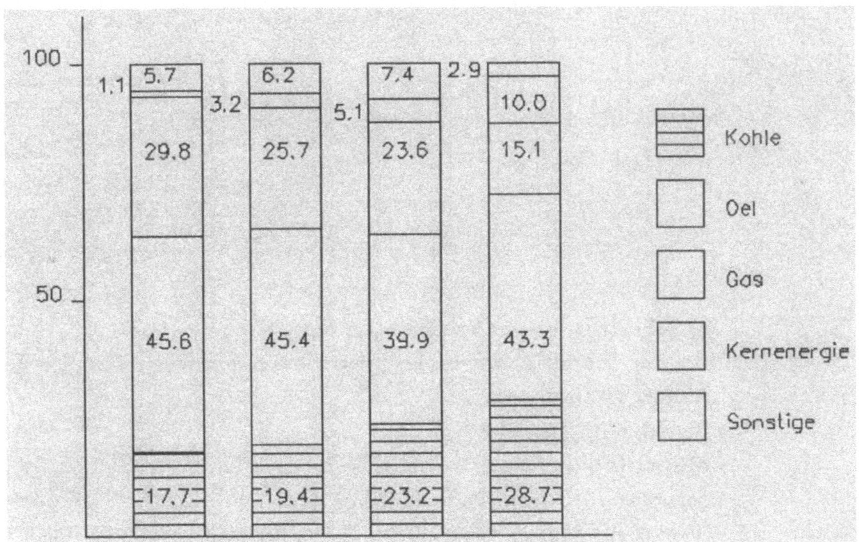

b) Schraffur mit schrägen Linien

Für die Schraffur mit schrägen Linien wird bei der Frage: *„Winkel für Muster"*
45 Grad eingegeben.

Befehl: <SCHRAFF>

Muster (? oder Name/B,Stil) <LINE>: ⏎

Masstab für Muster <20.0000>: ⏎

Winkel für Muster <0>: <45>

   Linienschraffur unter **45** Grad.

Objekte wählen: <WAHL> <Kreuzen>   Wahl der Funktion Kreuzen.

Erste Ecke: <5,35>

Andere Ecke: <110,50>

7 gefunden

Objekte wählen: Wahl des entsprechenden Quadrates aus der Legende
1 gewählt, 1 gefunden.

Objekte wählen: ⏎.

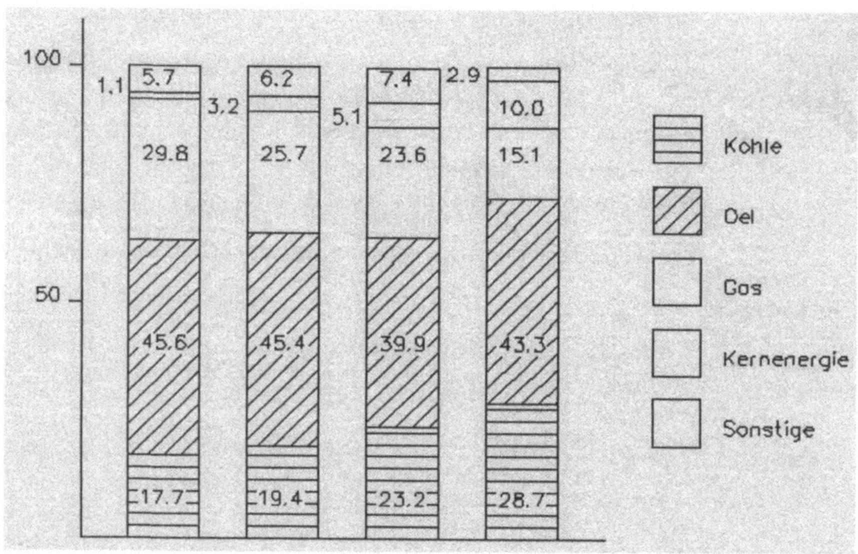

Bild 6-12
Schraffur mit
schrägen
Linien

c) Schraffur mit senkrechten Linien

Bei der Schraffur mit senkrechten Linien geben wir für den Winkel für das
Muster **90** Grad ein.

Befehl: <SCHRAFF>

Muster (? oder Name/B,Stil) <LINE>: ⏎

Massstab für Muster <20.0000>: ⏎

Winkel für Muster <45>: <90>   Schraffurwinkel ist **90** Grad.

Objekte wählen: <WAHL> <Kreuzen>

Erste Ecke: <5,75>

Andere Ecke: <115,85>
8 gefunden
Objekte wählen: Wahl des entsprechenden Quadrates aus der Legende
1 gewählt, 1 gefunden.
Objekte wählen: [↵]

d) Schraffur der obersten Rechtecke mit Punkten

Das betreffende Schraffurmuster heißt **DOTS**. Der Maßstab soll 25 Einheiten und der Winkel 0 Grad betragen.

Befehl: <<u>SCHRAFF</u>>
Muster (? oder Name/B,Stil) <LINE>: <<u>DOTS</u>>   Punktemuster.
Masstab für Muster <20.0000>: <<u>25</u>
     Der Maßstabsfaktor beträgt **25**Einheiten.
Winkel für Muster <90>: <<u>0</u>>   Der Winkel beträgt **0** Grad.
Objekte wählen: <<u>Kreuzen</u>>
Erste Ecke: <<u>6,98</u>>
Andere Ecke: <<u>120,120</u>>
8 gefunden
Objekte wählen: Wahl des entsprechenden Quadrates aus der Legende
1 gewählt, 1 gefunden.
Objekte wählen: [↵]

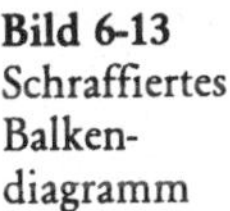

Bild 6-13
Schraffiertes
Balken-
diagramm

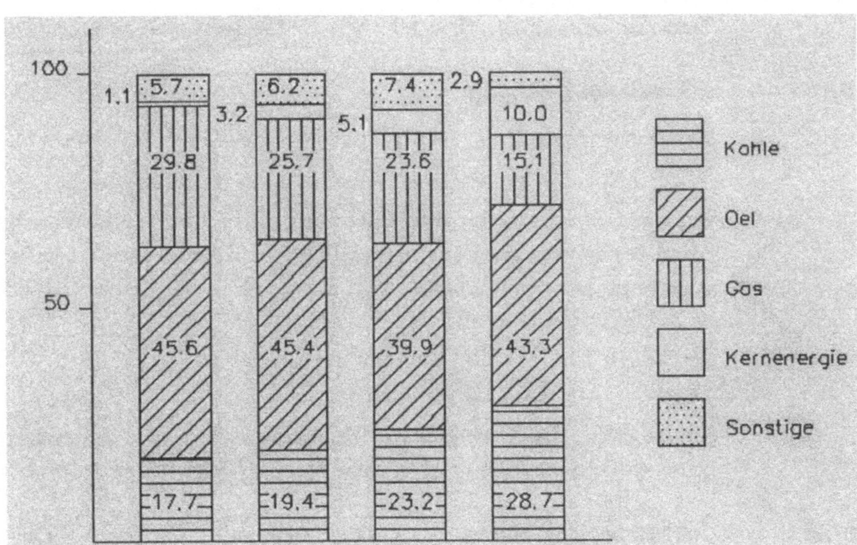

e) Beschriften der x-Achse

Zur Beschriftung der x-Achse wählen Sie aus dem **ZEICHNEN**-Modus die Funktion **TEXT** und geben ein:

Befehl: <**ZEICHNEN**> <nächste>
Befehl <<u>TEXT</u>>

Position/Stil/<Startpunkt>: <u><10,-7.5</u>   Startpunkt der ersten Beschriftung.
Höhe <3.00>: [↵]
Einfüge-Winkel <0>: [↵]
Text: <<u>1973</u>>.

Der Text *USA* soll direkt darunter eingetragen werden. Wir beantworten die Frage nach dem Startpunkt deshalb mit der [↵]-Taste.
Befehl: [↵]
TEXT Position/Stil/<Startpunkt>: [↵]
Höhe <3.00>: [↵]
Einfüge-Winkel <0>: [↵]
Text: <<u>USA</u>> Eingabe des Textes **USA**.

Die Daten für die restliche Beschriftung entnehmen Sie bitte der Tabelle 6-3.

Tabelle 6-3
Daten für die Beschriftung des Balkendiagramms

Startpunkt	Höhe	Einfüge-Winkel	Text
35, -7.5 [↵]	3	0	1979 USA
60, -7.5 [↵]	3	0	1985 USA
85, -7.5 [↵]	3	0	1986 BRD

Die Überschrift der Zeichnung plazieren Sie bitte nach Ihrem eigenen Ermessen (Zur Überschrift: Bild 6-1). Wir schlagen eine Höhe von 4 Einheiten vor.

6.1.7   Sichern der Zeichung

Bevor die Zeichnung ausgeplottet wird, wird sie sicherheitshalber abgespeichert.

Hinweis! Es ist ratsam, jede Zeichnung zu speichern, bevor sie geplottet wird. Wird der Plotvorgang aus irgendeinem Grunde unterbrochen, so daß das Rechenprogramm stehenbleibt, geht ein Großteil der Zeichnung oder die gesamte Zeichnung verloren.
Befehl: <DIENSTE> <nächste>
              <<u>SICHERN</u>>

Es erscheint das Dialogfenster *Zeichnung sichern als*. Bestätigen Sie die Vorgabe <diagramm> durch Drücken von [↵] oder durch Anpicken von <ok>.

6.1.8   Plotten der Zeichnung

Die Zeichnung soll so mit einem Plotter gezeichnet werden, wie sie auf dem Bildschirm erscheint. Dies erfolgt mit der Befehlsfolge **PLOT Sicht** aus dem **PLOT**-Menü.
Befehl: <PLOT>
<PLOTTER>
Was soll geplottet werden: Sicht/Grenzen/...: <<u>Sicht</u>>

Alle folgenden Anfragen werden mit der ⏎-Taste bestätigt.

Hinweis:

Hinweis! Bitte schalten Sie den Plotter rechtzeitig ein. Wenn der Zeichenvorgang beendet ist, betätigen Sie die ⏎-Taste.

6.1.9 Beenden des Zeichenvorgangs

Die Zeichnung wird mit der Funktion **BEENDEN** aus dem **DIENSTE**-Menü beendet.

Befehl: <DIENSTE>
<BEENDEN> <OK>.

6.2 Schraffieren

6.2.1 Allgemeine Bemerkungen zum Schraffieren

Unter *Schraffieren* versteht man das *Ausfüllen* von Flächen mit *Mustern*. Mit solchen Schraffuren können verschiedene Teile einer Zeichnung optisch unterschieden werden. Mit der Funktion **SCHRAFF** aus dem **ZEICHNEN**-Menü können in AutoCAD Flächen mit vorgegebenen oder mit selbst erstellten Mustern gefüllt werden. Die zu schraffierenden Flächen müssen dabei durch Linien, Bänder, Kreisbögen, Kreise, 2D- oder 3D-Polylinien und 3D-Flächen begrenzt sein. Die entsprechenden Begrenzungen werden ausgewählt, wenn folgende Aufforderung erscheint: „*Objekte wählen*". Die Schraffurlinien werden als Gesamtheit angesehen. Wird beispielsweise eine Schraffurlinie gelöscht, werden automatisch alle anderen mitgelöscht. Mit der Funktion **LÖSCHEN Letztes** kann unmittelbar nach dem Schraffieren die gesamte Schraffur wieder gelöscht werden. Will man die Schraffurlinien einzeln verändern, muß vor den Namen des Schraffurmusters das Zeichen "*" gesetzt werden.

Hinweis! Sie können auch nachträglich einzelne Schraffurlinien verändern. Hierzu wählen Sie <EDIT> <URSPRUNG>. Nun erscheint die Aufforderung „Objekte wählen". Picken Sie die aufzulösende Schraffur an und bestätigen Sie dies durch ⏎. Der Befehl „URSPRUNG" hat Ihre Schraffur in einzelne Linienelemente aufgelöst, und Sie können diese Elemente einzeln verändern.

Zur Anwendung des Schraffurbefehls dienen folgende Bemerkungen:

⇨ Begrenzungspunkte

Die Begrenzungen der zu schraffierenden Fläche sollten sich an ihren *Endpunkten* schneiden. Ist also nur ein Teil einer Linie eine Begrenzung der zu schraffierenden Fläche, kann es nötig sein, die Linie mit der Funktion BRUCH zu teilen.

⇨ Wahl der eingeschlossenen Strukturen

Sämtliche eingeschlossenen Strukturen müssen ebenfalls gewählt werden. Sie werden sonst ignoriert.

⇨ Keine Schraffur

Bänder oder Polylinien, die nicht ausgefüllt gezeichnet wurden, können nicht schraffiert werden. Ebenso werden Texte, Attribute, Symbole und Flächen nicht schraffiert (Ausnahme: ignorierender Schraffurstil, bei dem grunsätzlich alles schraffiert wird).

Bild 6-14 zeigt die Möglichkeiten des Befehls SCHRAFF.

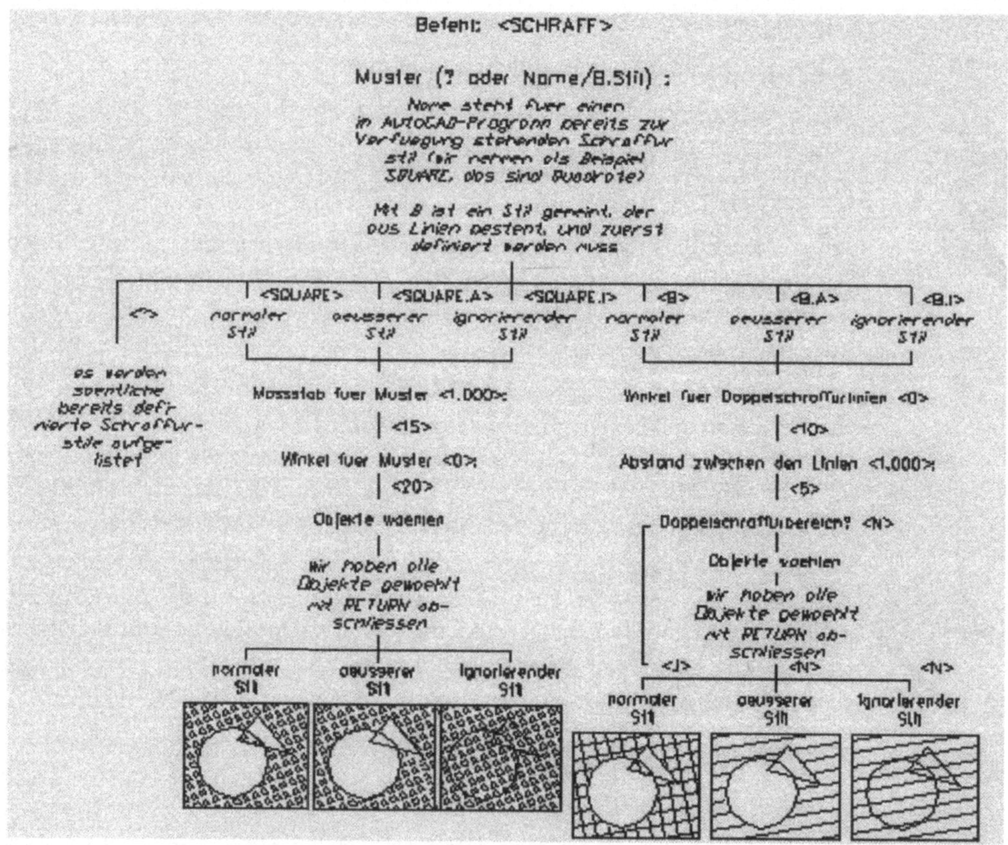

Bild 6-14 Möglichkeiten des Befehls SCHRAFF

6.2.2   Schraffurstile

AutoCAD stellt drei Schraffurstile zur Verfügung. Sie sind im Abrollmenü *Optionen* unter *Schraff Optionen* und dann *Schraffur Stil...* in einem Bildmenü grafisch dargestellt.

1. Normaler Schraffurstil

Bei diesem Stil wird von *außen nach innen* schraffiert (standardmäßig vorgegeben). Trifft die Schraffur auf ein Objekt innerhalb der Schraffur, wird die Schraffur ausgeschaltet und erst beim nächsten erreichten Objekt wieder eingeschaltet. Dadurch können Objekte von der Schraffur ausgespart werden. Die Wirkung dieses Schraffurstils auf sich schneidende Linien ist in Bild 6-15 gezeigt. Sämtliche Strukturen einschließlich des Textes wurden mit einem Fangfenster gewählt und im normalen Schraffurstil schraffiert.

Bild 6-15
Schraffurstil
Normal

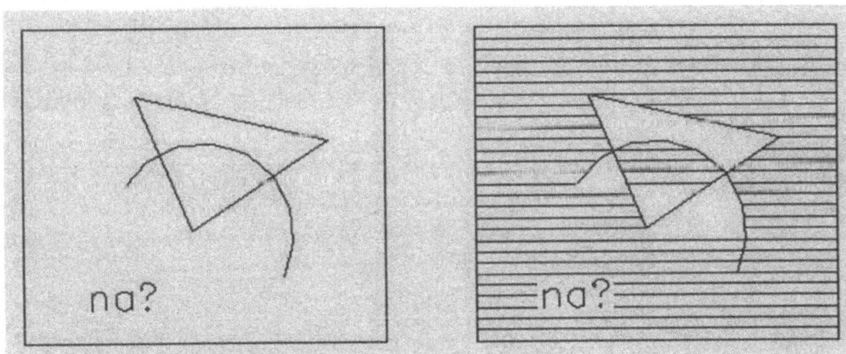

2. Äußerer Schraffurstil

Dieser Stil ist dem normalen Stil ähnlich. Er schaltet die Schraffur aus, wenn ein Objekt innerhalb des zu schraffierenden Bereichs erreicht wird. Allerdings wird nicht wieder schraffiert, wenn ein neues Objekt erreicht wird. Das hat zur Folge, daß immer nur der *äußerste Teil* einer Fläche schraffiert wird. Das folgende Bild wurde mit dem äusseren Schraffurstil gezeichnet:

Bild 6-16
Äußerer
Schraffurstil

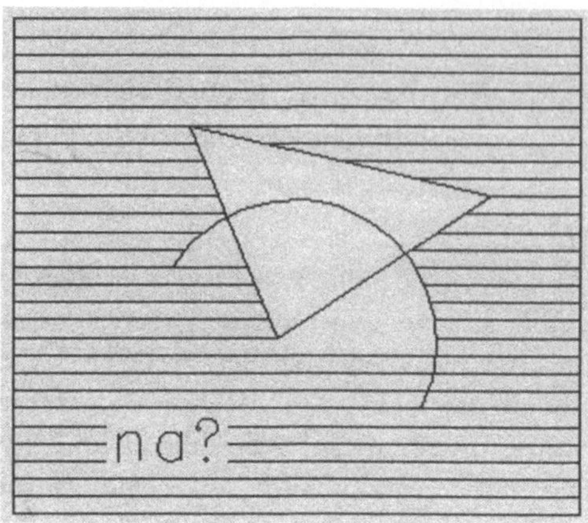

3. Ignorierender Schraffurstil

Bei diesem Stil werden sämtliche Strukturen innerhalb der äußeren Begrenzung ignoriert und die *gesamte* Fläche *durchschraffiert* (s. Bild 6-17):

Bild 6-17
Ignorierender
Schraffurstil

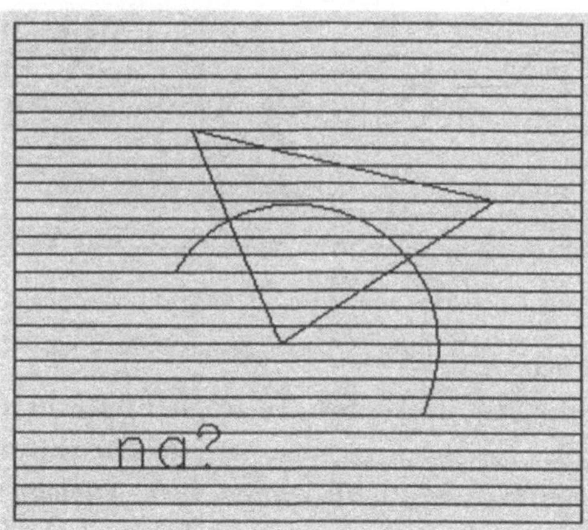

6.2.3   Schraffurmuster

Im AutoCAD-Programm finden Sie eine Datei mit Namen ACAD.PAT, in
der verschiedene vorgegebene Schraffurmuster abgespeichert sind. Diese
Schraffurmuster können als Bildmenüs durch Wahl des Abrollmenüs *Optionen* und des Untermenüs *<Schraff Optionen><Schraffur Muster...>* auf dem Bildschirm dargestellt werden. Bild 6-18 bis Bild 6-21 zeigen diese Bildmenüs:

Bild 6-18
Vorgegebene
Schraffur-
muster 1

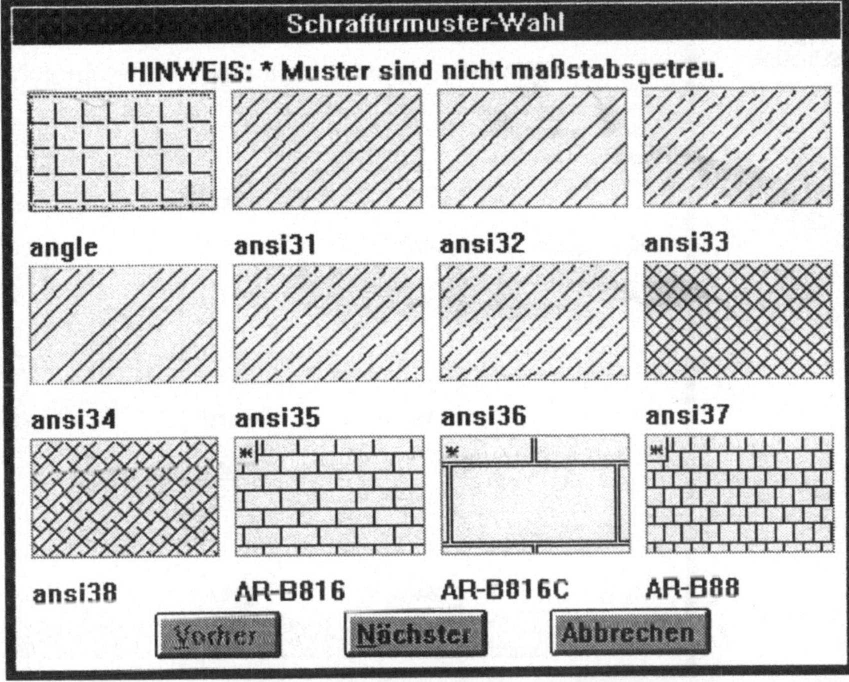

Bild 6-19
Vorgegebene
Schraffur-
muster 2

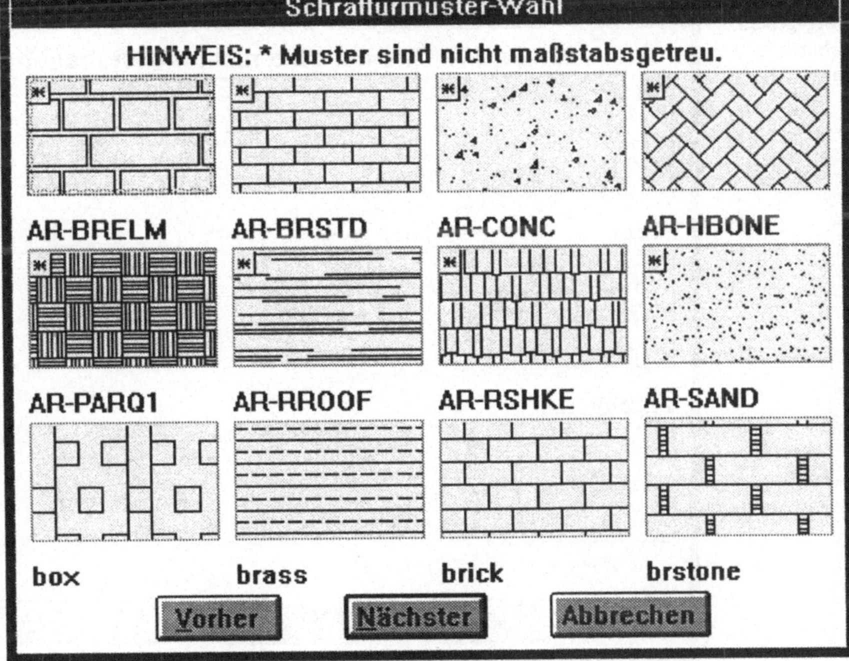

Bild 6-20
Vorgegebene
Schraffur-
muster 3

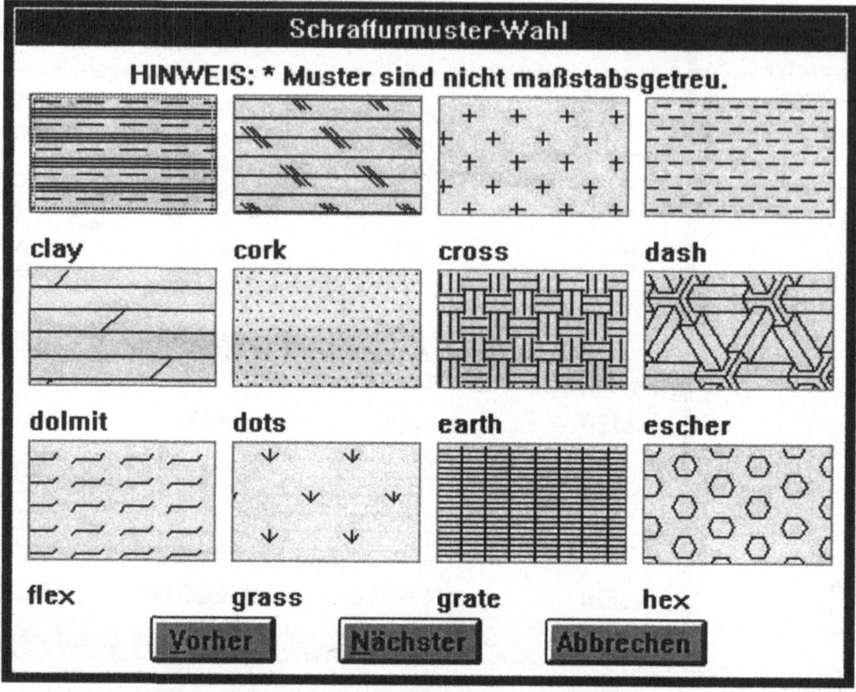

Bild 6-21
Vorgegebene
Scharffur-
muster 4

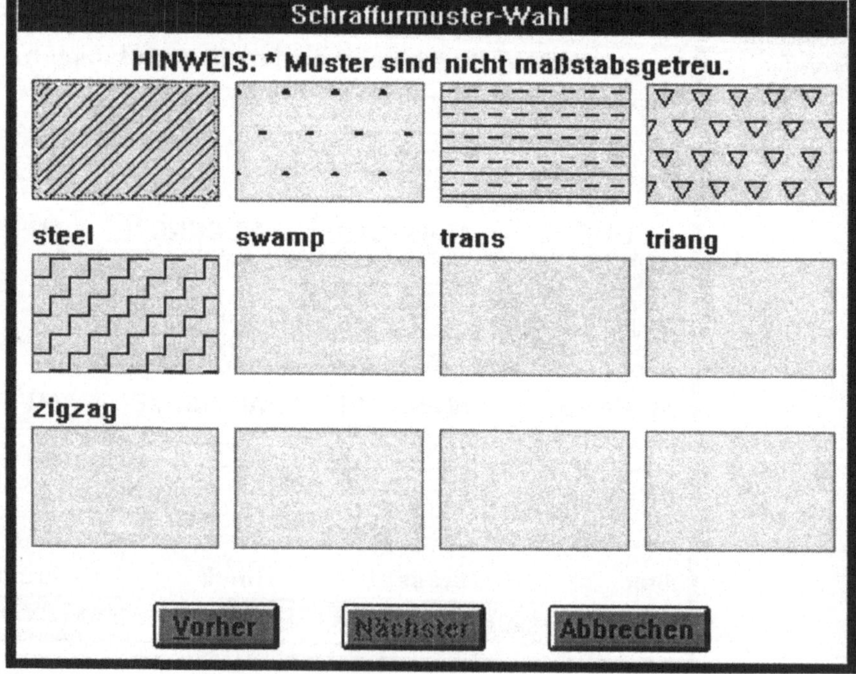

Jedes Muster ist mit der Einheit 1 abgespeichert. Es wird also meist erforderlich sein, das Schraffurmuster mit einem Vergrößerungsfaktor (Maßstab) aufzurufen. Der normale Bezugspunkt für jedes Muster ist der Koordinatenursprung (0,0).

Wird die Funktion SCHRAFF mit der $\boxed{\leftarrow}$-Taste wiederholt, fragt AutoCAD nur nach den Objekten, die die Abgrenzung bilden sollen. Das Muster wird dabei automatisch übernommen.

In Abschnitt 14.1 befindet sich eine Übungsaufgabe zum Schraffieren.

6.2.4 Der Schraffurbefehl GSCHRAFF

Der Befehl <GSCHRAFF> ermöglicht Ihnen, eine Fläche, die durch eine Kurve eingeschlossen ist, zu schraffieren. Hierzu muß die umschließende Kurve nicht in einzelne Elemente aufgetrennt werden. Sie brauchen nur einen Punkt der zu schraffierenden Fläche anzuklicken. GSCHRAFF definiert die Umgrenzungslinien automatisch.

Der Befehl GSCHRAFF generiert aus den Objekten, welche die Umgrenzung bilden, automatisch eine Polylinie. Beim Aufruf des Befehls GSCHRAFF erscheint folgendes Dialogfenster:

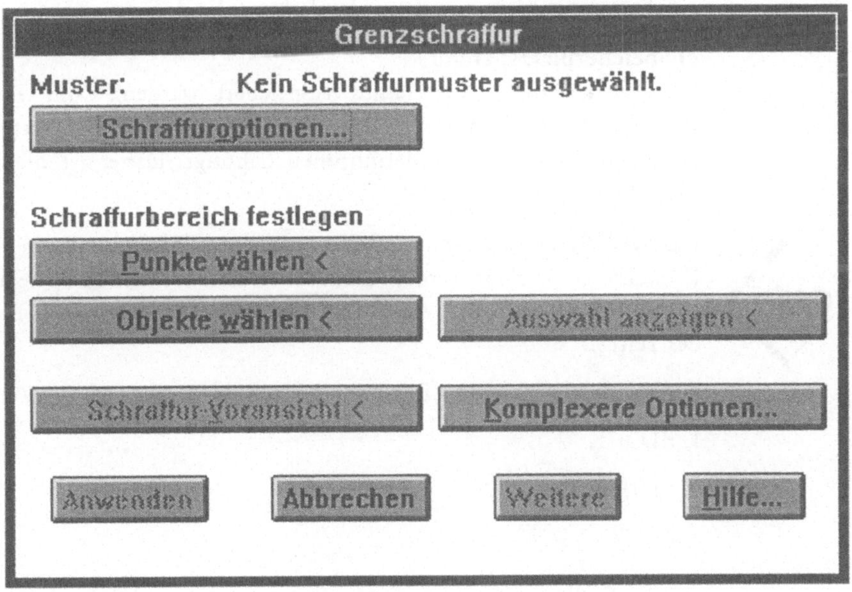

Bild 6.22
Dialogfenster
zum Befehl
GSCHRAFF

Des weiteren muß zu diesem Befehl nichts mehr gesagt werden, da es sich bei sämtlichen Optionen gleich verhält wie beim Befehl SCHRAFF (Abschnitt 6.2).

6.3 Blockbefehle

In AutoCAD können Objekte, die aus einzelnen Elementen bestehen, zu einer Gruppe oder einem Block zusammengefaßt werden. Dieser Block besitzt einen Blocknamen, unter dem er gespeichert wird. Wird er aufgerufen, wird dieser Block an die betreffende Stelle der Zeichnung eingefügt.

Durch die Arbeit mit Blöcken bietet AutoCAD die folgenden Vorteile:

a) Konstruktion nach dem Baukastensystem
Durch Definition von Blöcken kann äußerst wirtschaftlich konstruiert werden: Wie im Baukastensystem können Sie Ihre Zeichnungen aus einzelnen Blöcken zusammensetzen. Die Blöcke sind bereits vordefiniert. Dadurch entfällt das mehrmalige Konstruieren von ähnlichen oder gleichen Teilen. Mit einer individuell erstellten *Block-Bibliothek* können Sie Ihren persönlichen Konstruktionsbedarf zusammenstellen und die gewünschten Konstruktionen durch Kombination entsprechender Blöcke sehr schnell erstellen.

b) Leichte Veränderbarkeit
Wenn sich an Konstruktionsdetails Änderungen ergeben, so kann dies sehr schnell an einem Block ausgeführt werden. Überall, wo dieser Block auftaucht, ist die Änderung dann ebenfalls erfolgt.

c) Speicherplatzsparend
Jedes Zeichnungselement muß gespeichert werden. Zum Einfügen eines Blocks, der aus vielen Elementen besteht, wird nur *eine* Blockreferenz statt der vielen einzelnen Elementdefinitionen benötigt. Daher ist die Blockbearbeitung speicherplatzsparend.

Hinweis! Beim Einfügen und Verändern der Blöcke müssen natürlich alle Elemente gespeichert werden. Dadurch sparen Sie keinen Speicherplatz, lediglich durch die geringere Anzahl an Elementdefinitionen (nur Blöcke, statt jedes Teil).

Für die Bearbeitung von Blöcken stehen folgende Befehle zur Verfügung:

1. BLOCK

2. EINFÜGE

3. BASIS

4. MEINFÜG

5. WBLOCK

6. UMBENENN

7. BEREINIG

Hinweis! Falls Sie in Ihrem eingefügten Block doch Einzelteile verändern möchten, so müssen Sie die Blockreferenz zu einzelnen Elementdefinitionen auflösen. Dies geschieht durch den Befehl <EDIT> <URSPRUNG>. Bei der Aufforderung „Objekte wählen" picken Sie mit Ihrem Zeigegerät den zu ändernden Block an und bestätigen dies mit (↵) oder der rechten Maustaste. Anschließend können Sie einzelne Elemente dieses aufgelösten Blocks bearbeiten.

Außerdem sind die normalen Befehle wie **LÖSCHEN, SCHIEBEN** oder **LISTE** zu verwenden. Die Befehle **BEREINIG** und **UMBENENN** werden in Abschnitt 10.12 behandelt.

Bei der Definition eines Blockes ist folgendes zu beachten:

❐ Auswahl der zum Block gehörenden Objekte

  Bei der Definition eines Blockes werden alle Objekte ausgewählt, die zu diesem Block gehören sollen; die Eigenschaften der Objekte wie *LAYER, LINIENTYP oder FARBE* werden beibehalten. Ein Block kann somit aus Objekten mit unterschiedlichen Layern bestehen (liegt ein Objekt aber beispielsweise auf dem Layer 0, so wird es beim Einfügen in einen Block dem aktuellen Layer zugeordnet).

❐ Möglichkeit der Schachtelung von Blöcken

❐ Bezeichnung eines Blockes

  Der Name eines Blockes kann aus 31 Zeichen bestehen (Buchstaben oder Sonderzeichen $,- oder_). Eine Leerstelle darf nicht benützt werden.

6.3.1   BLOCK

Mit der Funktion **BLOCK** kann ein Block definiert und eine Liste sämtlicher zur Verfügung stehender Blöcke erstellt werden (Bild 6-23).

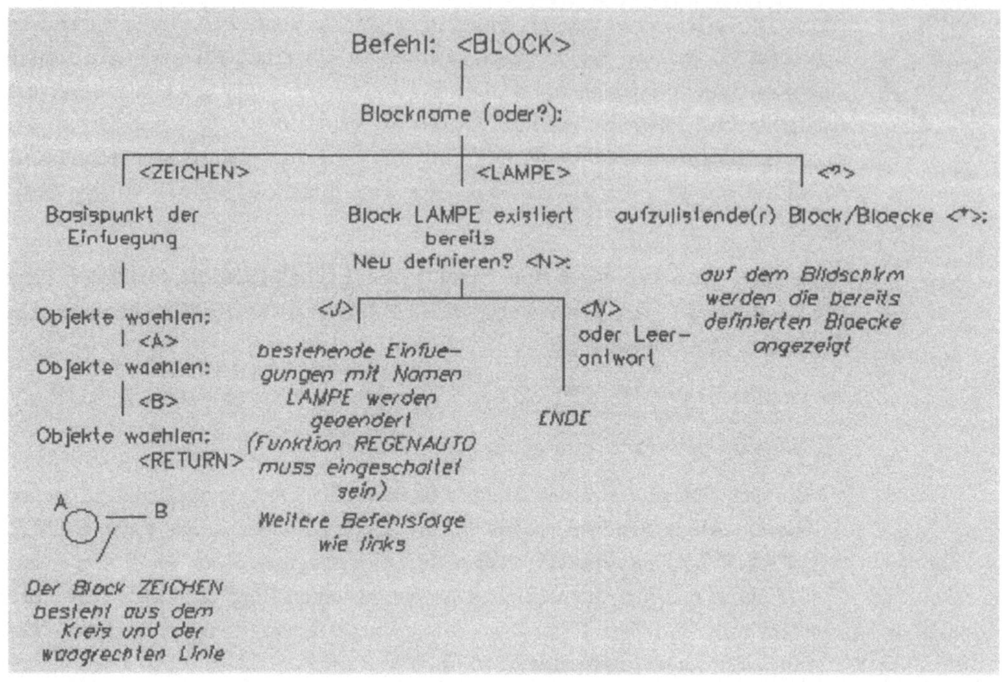

Bild 6-23 Möglichkeiten des Befehls BLOCK

Um die Blöcke festzulegen, müssen Sie einen *Bezugspunkt* angeben, der für alle Einfügungen als *Basispunkt* verwendet wird. Als solcher Basispunkt wird sinnvollerweise häufig das Zentrum oder die linke untere Ecke eines Blockes gewählt. Es kann aber auch jeder andere Punkt als Basispunkt definiert werden. Ist die Auswahl der Objekte zur Definition eines Blockes abgeschlossen, werden diese, gewissermaßen als Bestätigung, sowohl auf dem Bildschirm als auch aus der Zeichnung gelöscht. Sollen die Objekte jedoch wieder auf dem Bildschirm erscheinen, wird anschließend die Funktion **HOPPLA** eingegeben.

Wird eine Block-Bibliothek angelegt, ist es sinnvoll, die einzelnen Blöcke mit der Einheit 1 zu zeichnen, da dann die Einfügung in bestehende Zeichungen leichter durchzuführen ist. Gibt man die Funktion **<BLOCK>** **<?>** ein, wird eine Übersicht über die bestehenden Blöcke erstellt.

Hinweis! Die Funktion **BLOCK** speichert den Block nur in der aktuellen Zeichnung und gestattet deshalb auch nur hier eine Einfügung des Blocks. Wollen Sie den Block in anderen Zeichnungen verwenden, kann dieser mit der Funktion **WBLOCK** als Datei gespeichert werden. Diese kann in jede Zeichnung kopiert werden.

6.3.2   EINFÜGE

Mit der Funktion **EINFÜGE** wird ein Block, dessen Name angegeben werden muß, in eine bestehende Zeichnung eingefügt. Hierbei wird der Einfügepunkt festgelegt, auf den der Basispunkt des Blocks gesetzt wird. Außerdem wird der x- bzw. y-Faktor des Blocks sowie der Drehwinkel angegeben. Beim Einfügen wird der x-Wert um den x-Faktor, der y-Wert um den y-Faktor vergrößert und der Block im Einfügepunkt um den angegebenen Winkel gedreht. Die Faktoren für den x- und y-Wert können auf drei verschiedene Arten eingegeben werden:

1. Als normale Zahlenwerte

2. Durch Angabe eines Rechtecks

   Dabei geben die Seitenlängen des Rechtecks den x- bzw. den y-Faktor an.

3. Durch zusätzliche Angabe eines z-Faktors (dreidimensional)

Der zusätzliche z-Faktor gibt die Veränderung der Längen in der dritten Dimension an. Bild 6-23 zeigt die Wirkungen der Funktion **EINFÜGE**.

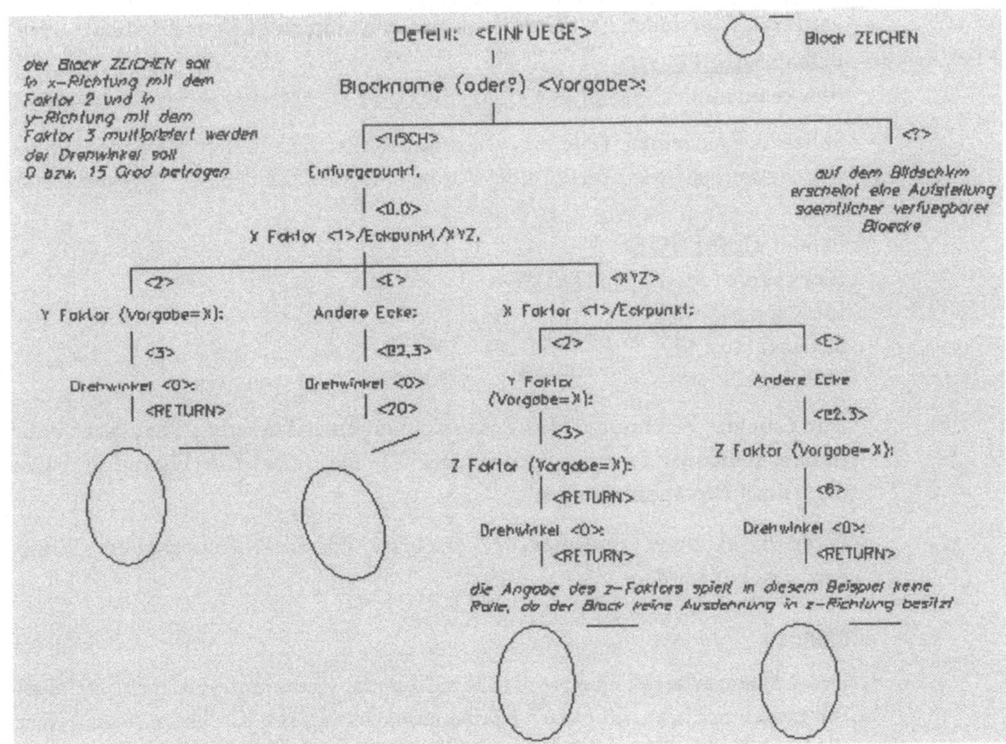

Bild 6-24 Möglichkeiten des Befehls EINFÜGE

Hinweis: Hinweis! Als x-, y- und z-Faktor können auch negative Werte eingegeben werden. Dies entspricht einer Spiegelung.

Geben Sie bei der Funktion EINFÜGE ein Fragezeichen (?) ein, dann sehen Sie alle definierten Blöcke auf dem Bildschirm.

Normalerweise wird ein eingefügter Block als ein Objekt behandelt. Löscht man beispielsweise ein Objekt aus dem Block, wird der gesamte Block gelöscht. Sollen aber Teile des Blocks einzeln behandelt werden, dann muß beim Einfügen des Blockes dem Blocknamen das Zeichen „*" vorangestellt werden. Anstatt des „*"-Zeichens können Sie selbstverständlich auch den Befehl <EDIT> <URSPRUNG> verwenden (Siehe hierzu den Hinweis 6.3 c.). Bei dieser Verwendung wird natürlich kein Speicherplatz gespart, weil statt des gesamten Blockes jedes Einzelteil extra gespeichert wird.

Mit der Funktion **EINFÜGE** kann auch eine fertige Zeichnung als Block in eine Zeichnung eingelesen werden. Allerdings darf der Name dieser Zeichnung nicht selbst als Block definiert worden sein. Befindet sich die gewünschte Datei auf einem anderen Laufwerk, kann dieses mit angegeben werden. Wir lesen beispielsweise die Zeichnungsdatei *SCHRAUBE*, die sich auf einer Diskette im Laufwerk A befindet, ein. Der Block soll den Namen *SCHRA* erhalten.
Befehl: <<u>EINFÜGE</u>>
Blockname (oder?): <<u>SCHRA=A:SCHRAUBE</u>>.

Sollen die einzelnen Teile einer Zeichnung in einer anderen Zeichnung verwendet werden, wird dies durch Voranstellen des Zeichens „*" gekennzeichnet:
Befehl: <<u>EINFÜGE</u>>
Blockname (oder?): <<u>*A:TEILE</u>>
Einfügepunkt: <<u>0,0</u>>
Skalierfaktor: <<u>1</u>>
Drehwinkel: <<u>0</u>>.

Alle Teile der Zeichnung TEILE, die sich auf einer Diskette in Laufwerk A befinden, stehen jetzt auch in der aktuellen Zeichnung zur Verfügung und können einzeln verändert werden.

Wenn die Anfrage *„Einfügepunkt"* erscheint, können folgende weitere Eingaben gemacht werden:

Faktor

Das sichtbare Nachziehen wird während der Eingabe unterbrochen. Der **Faktor** bezieht sich auf alle drei Koordinatenachsen, d.h. der x-, y- und z-Wert wird in gleicher Weise verändert. Nach der Eingabe ist der Block in der veränderten Größe wieder sichtbar und kann positioniert werden.

Xfaktor

Wie **Faktor**, setzt aber nur den X-Größenfaktor.

Yfaktor

Wie **Faktor**, setzt aber nur den Y-Größenfaktor.

Zfaktor

Wie **Faktor**, setzt aber nur den Z-Größenfaktor.

Drehen

Es kann ein Drehwinkel eingegeben werden. Nach der Eingabe des Drehwinkels wird der Block mit dem veränderten Winkel angezeigt und kann positioniert werden.

Die folgenden möglichen Eingaben beziehen sich nur auf die Darstellung des
Blockes während der Positionierung. Die Auswirkung auf die verschiedenen
Größenfaktoren und den Drehwinkel entsprechen den oben beschriebenen
Eingabemöglichkeiten. Es sind dies:

⇨ VFaktor

⇨ VXfaktor

⇨ VYfaktor

⇨ VZfaktor

⇨ VDrehen

Nach der Positionierung des Blockes erscheinen die üblichen Anfragen nach
den Größenfaktoren und dem Drehwinkel. Nach der Eingabe irgendeiner dieser zehn Möglichkeiten erscheint wieder die Anfrage *„Einfügepunkt"*. Es können weitere Änderungen der Größenfaktoren vorgenommen werden, oder der
Block kann positioniert werden. Diese verschiedenen Eingabemöglichkeiten
sind bei der Verwendung der Funktion **EINFÜGE *** nicht möglich.

6.3.3   BASIS

Will man eine komplette Zeichnung in eine aktuelle Zeichnung einfügen, muß
zuvor der Bezugspunkt (Basispunkt) dieser einzufügenden Zeichnung definiert worden sein. Dies geschieht mit der Funktion BASIS. Gibt man den Basispunkt nicht an, wird als Basispunkt der Punkt (0,0) verwendet. Wurde bei
einer Blockdefinition ein Basispunkt bereits angegeben, kann dieser mit der
Funktion BASIS nicht verändert werden. Im vorliegenden Beispiel soll der Basispunkt die Koordinaten (4,20) besitzen. Dann wird eingegeben:
Befehl: <u><BASIS></u>
Basispunkt <0.00,0.00,0.00>: <u><4,20></u>.

6.3.4 MEINFÜG

Mit der Funktion **MEINFÜG** (**m**ehrfaches **Einfüg**en) können mehrere Kopien eines Blockes in rechteckiger oder reihenförmiger Anordnung erzeugt werden. Die Eingaben sind am Anfang die gleichen wie bei der Funktion **EINFÜGE**. Nach der Eingabe des Drehwinkels erscheinen noch folgende Anfragen (Bild 6-25):

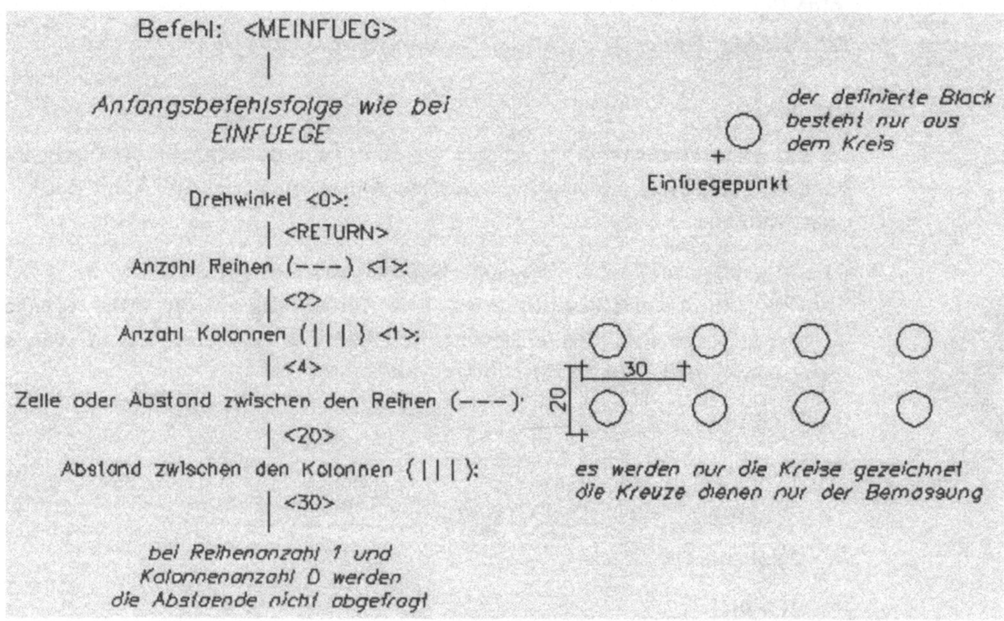

Bild 6-25 Möglichkeiten des Befehls MEINFÜG

Die Blöcke können bei der Funktion MEINFÜG nicht in ihre Einzelteile zerlegt werden (es ist also nicht möglich, das Zeichen „*" voranzustellen).

6.3.5 WBLOCK

Die Funktion WBLOCK speichert die gesamte Zeichnung oder Teile daraus als einen Block (d. h. als ein Objekt) in einer Datei (Bild 6-26).

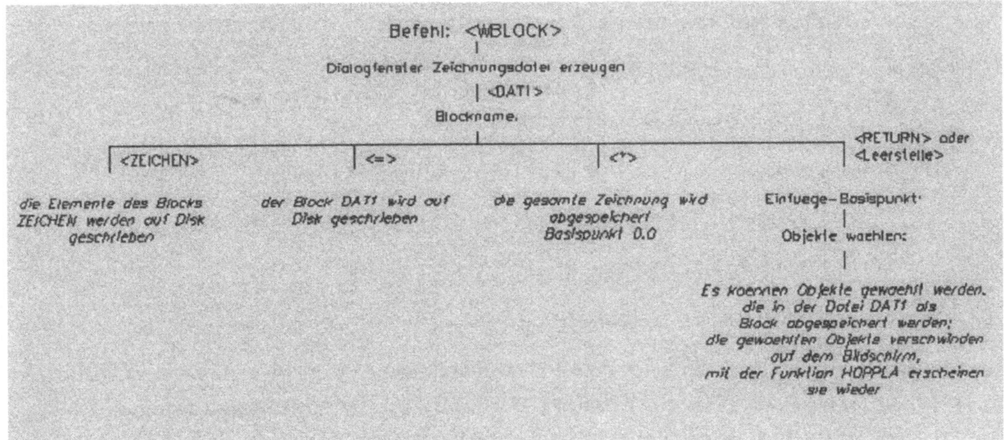

Bild 6-26 Möglichkeiten des Befehls WBLOCK

6.4   Zeichnen und Schraffieren eines Kreisdiagrammes

Folgendes Kreisdiagramm soll gezeichnet und die einzelnen Segmente unterschiedlich schraffiert werden (Bild 6-27):

Bild 6-27
Kreis-
diagramm

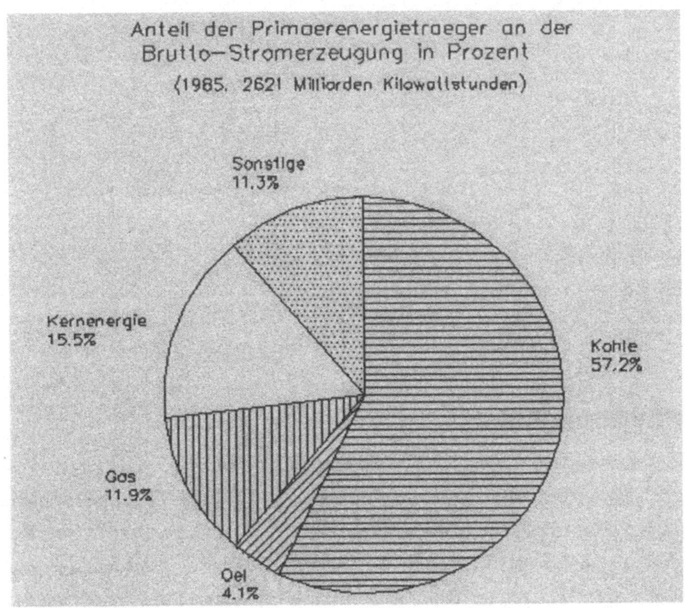

Der Zeichenvorgang ist einfach. Beim Schraffieren muß allerdings beachtet werden, daß der Kreis in entsprechende Segmente unterteilt werden muß, die zugleich Schraffurgrenzen darstellen.

Die Erstellung des Kreisdiagrammes geschieht in folgenden Schritten:

1. Zeichnen des Kreises

2. Einteilen des Kreises in Segmente

3. Teilen des Kreises in entsprechende Bogensegmente

4. Beschriften der Zeichnung

5. Schraffieren der Segmente

6. Beenden der Zeichnung

Um die Zeichenvorgänge klarer beschreiben zu können, wurde in Bild 6-28 eine vereinfachte Zeichnung angefertigt. Die Beschriftung dieser Zeichnung wird bei der folgenden Zeichenbeschreibung verwendet.

Bild 6-28
Vereinfachte
Zeichnung

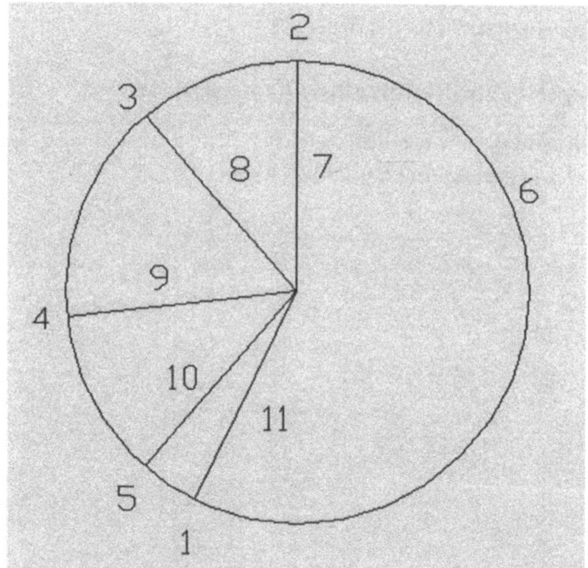

6.4.1   Zeichnen des Kreises

Wir starten AutoCAD und wählen <DIENSTE> <<u>NEU</u>>. Für unsere neue Zeichnung vergeben wir den Namen <<u>KREISDIA</u>>. Dies bestätigen wir im Dialogfenster „Neue Zeichnung erstellen" durch Anpicken von <OK> oder durch ⏎. Durch Drücken der Tasten F6 und F7 wird die Koordinaten-Anzeige eingeschaltet und der Zeichnung ein Raster unterlegt.

Zunächst wird ein Kreis mit dem Mittelpunkt (180,150) und dem Radius 70 gezeichnet.

Befehl: <ZEICHNEN>
<<u>KREIS</u>>

<RADIUS>
3P/2P/TTR/<Mittelpunkt>: <180,150>   Festlegen des Mittelpunktes.
Durchmesser/<Radius>:<70>   Festlegen des Radius.

6.4.2.   Einteilen des Kreises in Segmente

Wir beginnen bei der senkrechten Linie und zeichnen die weiteren Linien im Gegenuhrzeigersinn ein. Die Bezugsnullinie für die Winkel in Polarkoordinaten liegt waagerecht. Die angegebenen Prozentzahlen müssen zuerst in Winkel umgerechnet werden (1% entspricht 3.6°). Es ergibt sich:

Linie 7 entspricht 90°.

Linie 8 entspricht 130.68°.

Linie 9 entspricht 186.48°.

Linie 10 entspricht 229.32°.

Linie 11 entspricht 244.08°.

Es werden nun die entsprechenden Linien mit einer Länge von 70 Einheiten gezeichnet.
Befehl: <ZEICHNEN>
<LINIE>
Von Punkt: <180,150>
Nach Punkt: <@70<90>   Zeichnen der senkrechten Linie.
Nach Punkt: [↵]

Hinweis! Anstatt der Startpunkteingabe 180,150 können Sie auch mit Ihrem Zeigegerät <****> und anschließend die Option <ZENTRUM> anpicken. Nun picken Sie den Kreis an, und der Startpunkt Ihrer Gerade wird automatisch in das Zentrum des Kreises gesetzt.
Befehl: [↵]
LINIE Von Punkt: <180,150>.
Nach Punkt: <@70<130.68> Zeichnen der Linie 8.
Nach Punkt: [↵].

Befehl: [↵]
LINIE Von Punkt: <180,150>
Nach Punkt: <@70<186.48> Zeichnen der Linie 9.
Nach Punkt: [↵].

Befehl: [↵]
LINIE Von Punkt: <180,150>
Nach Punkt: <@70<229.32> Zeichnen der Linie 10.
Nach Punkt: [↵].

Befehl: ⏎
LINIE Von Punkt: <u>180,150</u>>
Nach Punkt: <@70<<u>244.08</u>> Zeichnen der Linie 11.
Nach Punkt: ⏎.

Hinweis: Hinweis! Das „<"-Zeichen in der Längeneingabe gibt AutoCAD an, daß nun keine Länge, sondern ein Winkel eingegeben wird.

Bild 6-29
Kreis und
Segmente

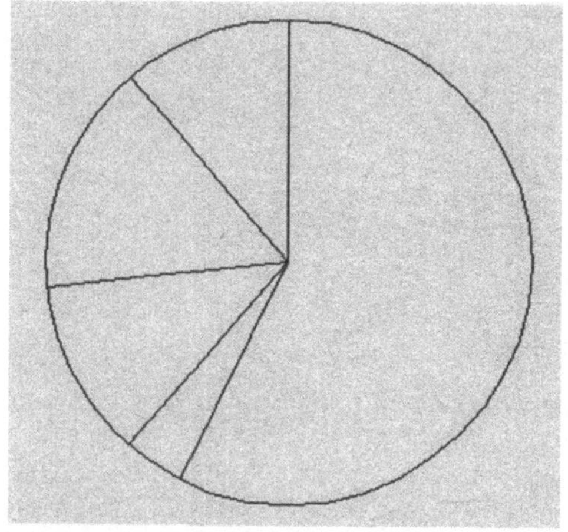

6.4.3   Teilen des Kreises in entsprechende Bogensegmente

Mit der Funktion **BRUCH** kann ein Kreisbogen unterteilt werden. Will man allerdings den Kreis in Bogensegmente teilen, die zusammengesetzt wieder den Vollkreis ergeben, erscheint die Fehlermeldung *„Ein Bogen darf nicht volle 360 Grad betragen"* Wir müssen also zuerst einen Teil des Kreises löschen. Anschließend wird der verbleibende Kreisbogen in die entsprechenden Bogensegmente geteilt und dann das fehlende Kreisbogenstück wieder angesetzt.

a) Löschen eines Teiles des Kreises
Wir löschen das Kreissegment zwischen den Punkten 1 und 2. Dazu wird die Funktion **BRUCH** aus dem **EDIT**-Menü verwendet. Die entsprechenden Schnittpunkte werden mit dem Objektfangmodus **Schnittpunkt** angesteuert.
Befehl: <EDIT>
<<u>BRUCH</u>>
Objekt wählen: <<u>165,83</u>>   Wahl des Kreises.
Zweiter Punkt (oder E für ersten Punkt): <<u>E</u>>
Erster Punkt: <<u>sch</u>>
von *Wahl von Punkt 1*
Zweiter Punkt: <<u>sch</u>>
von *Wahl von Punkt 2.*

b) Teilen des Kreisbogens
Nun wird der Kreisbogen an den Stellen 3, 4 und 5 geteilt. Dazu wird für den zweiten Punkt jeweils das Zeichen „@" eingegeben. Das bedeutet, daß der erste Punkt gleich dem zweiten Punkt ist. Der Kreisbogen wird also in Teile geteilt, ohne daß dies auf dem Bildschirm zu erkennen ist.
Befehl: ⏎
BRUCH Objekt wählen: <u><sch></u>
von *Wahl von Punkt 3*
Zweiter Punkt (oder E für ersten Punkt): <u><@></u>.

Befehl: ⏎
BRUCH Objekt wählen: <u><sch></u>
von *Wahl von Punkt 4*
Zweiter Punkt (oder E für ersten Punkt): <u><@></u>.

Befehl: ⏎
BRUCH Objekt wählen: <u><sch></u>
von *Wahl von Punkt 5*
Zweiter Punkt (oder E für ersten Punkt): <u><@></u>.

Bild 6-30
Kreis nach
Löschen eines
Teils und
Teilen des
Kreisbogens

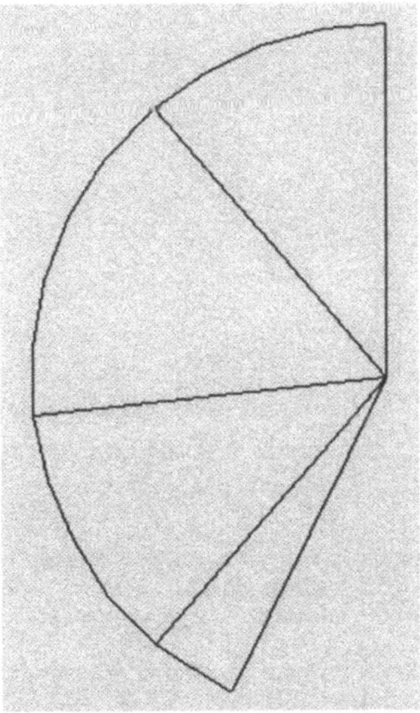

c) Einfügen des gelöschten Kreisbogens
Mit der Funktion **BOGEN** aus dem **ZEICHNEN**-Menü wird der gelöschte Kreisbogen wieder eingefügt.
Befehl: **<ZEICHNEN>**
<u><BOGEN></u> <M, S, E>
Mittelpunkt/<Startpunkt>: <u><M></u>

Mittelpunkt: <u>180,150</u>>
Startpunkt: <<u>sch</u>>
von *Wahl von Punkt 1*
Winkel/sehnenLänge/<Endpunkt>:<<u>sch</u>>
von *Wahl von Punkt 2.*

6.4.4   Beschriften der Zeichnung

Der Text soll mit dem Zeichensatz SIMPLEX8 geschrieben werden. Dazu wird
der vorgegebene Textstil STANDARD entsprechend umdefiniert.
Befehl: **<MODI> <nächste>**
<u><STIL></u>
Name des Textstils (oder ?): <STANDARD>: ⏎
Aktueller Textstil.

Im daraufhin erscheinenden Dialogfenster geben Sie als Zeichensatzdatei
<u><SIMPLEX8></u> ein.

Diese Datei finden Sie durch Anpicken der ⬆ und ⬇-Tasten im Dialogfeld
Schriftdatei wählen". Wenn Sie „SIMPLEX8.SHX" gefunden haben, picken Sie
dieses Feld an. Das Feld wird jetzt blau unterlegt und erscheint im Feld
„DATEI". Bestätigen Sie Ihre Auswahl durch Anpicken von **<OK>** oder mit
<RETURN>.

Höhe <4.00>: ⏎
Breitenfaktor <1.00>: ⏎
Neigungswinkel <0>:⏎
Rückwärts? <N>: ⏎
Auf dem Kopf? <N>: ⏎
Vertikal? <N>: ⏎
STANDARD ist jetzt der aktuelle Textstil.

Zum Beschriften der Zeichnung wird die Funktion **TEXT** aus dem **ZEICH-
NEN**-Menü verwendet. Die Texthöhe beträgt 4 Einheiten. Tabelle 6-4 zeigt
den entsprechenden Text und den Startpunkt der Beschriftung:

Tabelle 6-4
Beschriftung
des Kreis-
diagrammes

Text		Startpunkt	
Kohle	57.2%	260,165	⏎
Öl	4.1%	130,85	⏎
Gas	11.9%	90,120	⏎
Sonstige	11.3%	135,230	⏎
Kernenergie	15.5%	70,175	⏎

Zunächst wird am Startpunkt der Text für die Energieart gezeichnet. Bei der
Prozentangabe wird der Startpunkt durch Drücken der ⏎-Taste bestätigt.

AutoCAD plaziert in diesem Fall die Prozentzahlen unter den vorher geschriebenen Text.

Als Beispiel wird die Beschreibung des ersten Textpaares ausgewählt: **Kohle**
und **57.2%**

Befehl: <TEXT>
Position/Stil/<Startpunkt>: <260,165>
Höhe <3.50>: <4>
Einfüge-Winkel <0>: [↵]
Text: <Kohle>.

Befehl: [↵]
TEXT Position/Stil/<Startpunkt>: [↵]
Text: <57.2%>.

Die restliche Beschriftung der Zeichnung können Sie mit den Angaben aus
Tabelle 6-4 selbst durchführen.

6.4.5   Schraffieren der Segmente

Wir schraffieren zuerst die größte Fläche. Das betreffende Schraffurmuster ist
LINE, der Maßstab beträgt 20 Einheiten und der Winkel der Schraffurlinien
soll 0° betragen.

Befehl: <SCHRAFF>
Muster (? oder Name/B,Stil): <LINE>
Masstab für Muster <1.0000>: <20>
Winkel für Muster <0>: [↵]
Objekte wählen: *Wahl von Kreisbogen 6*
1 gewählt, 1 gefunden
Objekte wählen: *Wahl von Linie 7*
1 gewählt, 1 gefunden
Objekte wählen: *Wahl von Linie 11*
1 gewählt, 1 gefunden
Objekte wählen: [↵].

Für die nächste Schraffur muß der Befehl **SCHRAFF** direkt aufgerufen werden. Er kann nicht durch Drücken der [↵]-Taste wiederholt werden, da sonst
angenommen wird, daß die neue Schraffur das gleiche Muster besitzt wie vorher. Es wird dann nur noch nach den zu schraffierenden Objekten gefragt.

Wir schraffieren jetzt die Fläche mit dem Punktmuster. Das Punktmuster
heißt **DOTS** und wird mit dem Maßstab von 30 Einheiten gezeichnet. Wenn
Sie andere Schraffuren benutzen wollen, können Sie sich die möglichen
Schraffuren auf dem Bildschirm zeigen lassen. Wählen Sie dazu das Abrollmenü *Zeichnen* und das Untermenü *Schraffur.* Sie können die gewünschte

Schraffur direkt im Bildmenü wählen. Der weitere Dialog entspricht dem unten beschriebenen ab der Zeile „*Masstab für Muster*".

Befehl: <SCHRAFF>

Muster (? oder Name/B,Stil) <LINE>: <DOTS>

Masstab für Muster: <30>

Winkel für Muster <0>: ⏎

Objekte wählen:

Wenn Sie versuchen, die Linie 7 zu wählen, erwischen Sie meistens die nebenanliegende Schraffur. Wir wählen deshalb die Linien 7, 8 und den Kreisbogen zwischen 2 und 3 mit Hilfe eines Fensters.

Objekte wählen: <F>

Erste Ecke: <62,147>

Andere Ecke: <201,250>

7 gefunden.

Der Text wurde mitgewählt. Er stört bei der Schraffur nicht. Die restlichen Daten für die Schraffur lauten (Tabelle 6-5):

Tabelle 6-5
Daten für die
Schraffur

Schraffur	Muster	Maßstab	Winkel
senkrecht	LINE	20	90
schräg	LINE	20	45

6.4.6   Beenden der Zeichnung

Wir beenden und sichern die Zeichung, indem wir die Funktion **BEENDEN** aus dem **DIENSTE**-Menü eingeben.

Befehl: <DIENSTE>

<BEENDEN> <ok> oder <ENDE>

6.4.7   Schraffieren mit GSCHRAFF

Zu GSCHRAFF siehe auch Abschnitt 6.2.4. Es wäre einfacher gewesen, die schraffierten Flächen mit dem Befehl <GSCHRAFF> statt <SCHRAFF> zu schraffieren. Hierzu wäre es nicht nötig gewesen, den Kreis mit der Funktion <BRUCH> aufzuteilen. Sie hätten stattdessen mit <GSCHRAFF> <PUNKTE WÄHLEN> nur einen Punkt innerhalb der eingeschlossenen Fläche anzupicken brauchen. AutoCAD12 hätte sich die geschlossene Kontur selbst gesucht. Allerdings hätten wir Ihnen dann nicht den Befehl „BRUCH", der auch für andere Anwendungen nützlich ist, an einem Beispiel erläutern können.

Versuchen Sie zur Übung die gleiche Zeichnung nochmals unter einem anderen Namen zu erstellen. Verwenden Sie hierbei zum Schraffieren die Funktion

<GSCHRAFF>, bei der Sie den Kreis nicht mit dem Befehl **<BRUCH>** in einzelne Segmente aufteilen müssen.

Bild 6-31
Dialogfenster
zum Befehl
GSCHRAFF

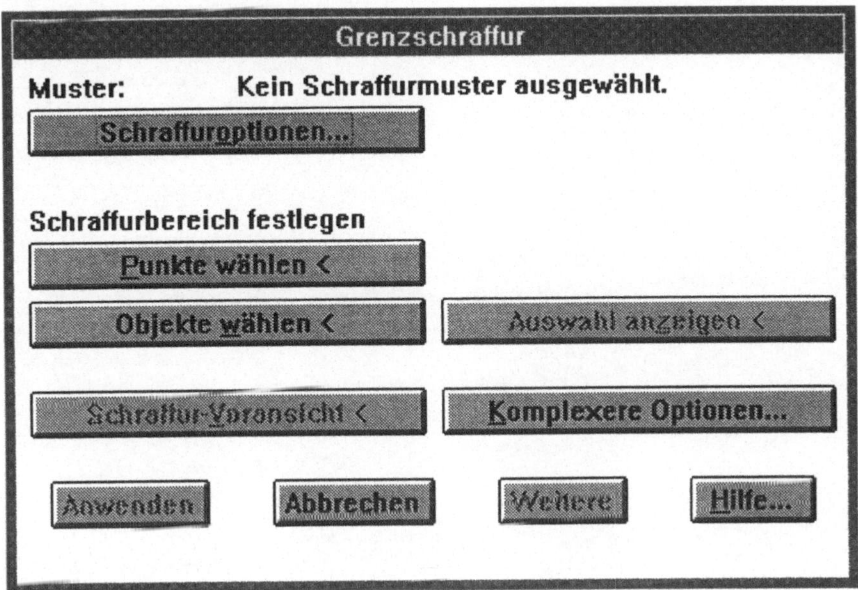

6.5   Verwendete Befehle

Beim Arbeiten mit Blöcken wurden folgende Befehle verwendet:

1. REIHE

2. BOGEN.

6.5.1   REIHE

Mit der Funktion REIHE können Objekte mehrfach kopiert werden, wobei die Kopien einzeln verändert werden können. Die Anordnung der Kopien eines Objektes geschieht auf zwei Arten (Bild 6-32):

a) Als Rechteck in Reihen und Kolonnen (rechteckige Anordnung).

b) Kreisförmig um einen Mittelpunkt (polare Anordnung).

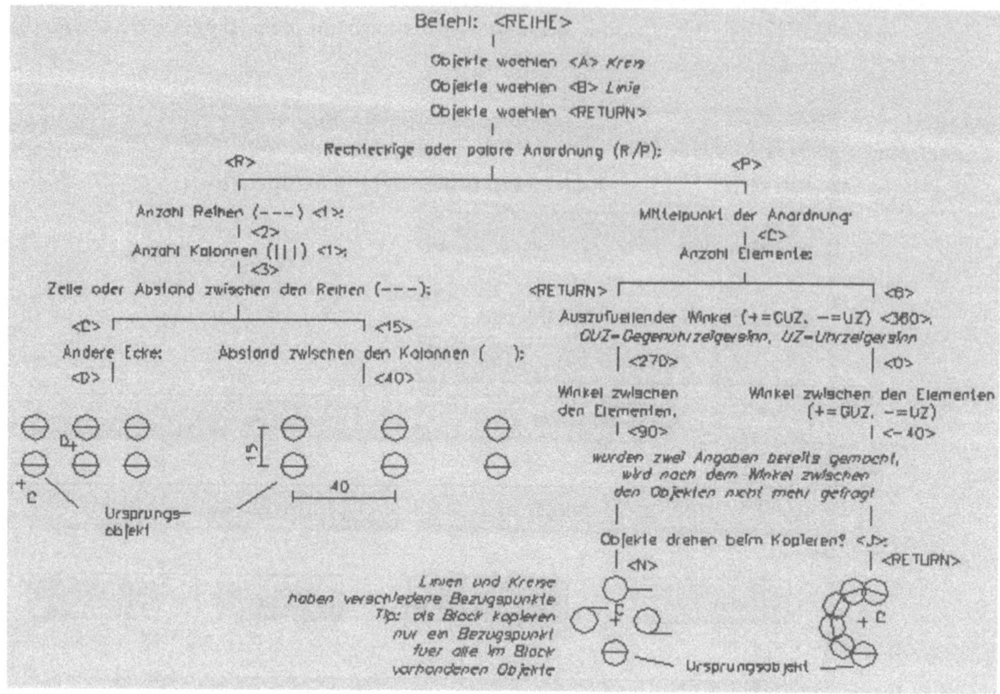

Bild 6-32 Möglichkeiten des Befehls REIHE

a) Rechteckige Anordnung

Als Eingabe wird die Anzahl der *Reihen* (d. h. Zeilen) und *Kolonnen* (d. h. Spalten) verlangt. Ebenso muß der *Abstand* der Reihen und Kolonnen angegeben werden, d.h. der Abstand zwischen dem ursprünglichen Objekt und der nächsten Kopie. Hierbei ist das Vorzeichen wichtig. Ein positives Vorzeichen bedeutet ein Kopieren nach oben oder nach rechts; ein negatives Vorzeichen bedeutet ein Kopieren nach links oder unterhalb des Ursprungsobjektes. Statt der Eingabe des Abstandes als Zahl kann auch ein Rechteck (Eingabe der beiden gegenüberliegenden Eckpunkte) eingegeben werden. AutoCAD berechnet daraus die x- und y-Abstände.

Sollen die Reihen bzw. die Kolonnen unter einem bestimmten Winkel gezeichnet werden, so muß der Fangdrehwinkel geändert werden. Eine solche Drehung um einen Basispunkt ermöglicht die Funktion **FANG drehen**.

Als Beispiel sollen von einem Kreis und einer Linie 3 Reihen und 4 Kolonnen gezeichnet werden, die unter einem Winkel von 15 Grad verlaufen. Der Abstand der Reihen soll 20 Einheiten und der Abstand der Kolonnen 30 Einheiten betragen. Dazu wird zunächst im **MODI**-Menü mit der Funktion **FANG** der Drehwinkel (15 Grad) eingestellt. Anschließend folgt mit der Funktion **REIHE** aus dem **EDIT**-Menü der Kopiervorgang.

Befehl: <MODI>
<<u>FANG</u>>
Fangwert oder Ein/AUs/ASpekt/Drehen/Stil <1.0>: <<u>D</u>rehen>
   Einstellen des Drehwinkels.
Basispunkt (0,0): [↵]
Drehwinkel (0): <<u>15</u>>

Befehl: <EDIT>
<<u>REIHE</u>>
Objekte wählen: Wahl von Kreis und Linie
Objekte wählen: [↵]
Rechteckige oder polare Anordnung (R/P): <<u>R</u>>
   Wahl der rechteckigen Anordnung.
Anzahl Zeilen (—): <<u>3</u>>.
Anzahl Spalten (^{333}): <<u>4</u>>.
Zelle oder Abstand zwischen den Zeilen (—): <20>.
Abstand zwischen den Spalten (^{333}): <<u>30</u>>.

Wir erhalten Bild 6-33.

Bild 6-33
Unter einem
Drehwinkel
kopierte
Elemente

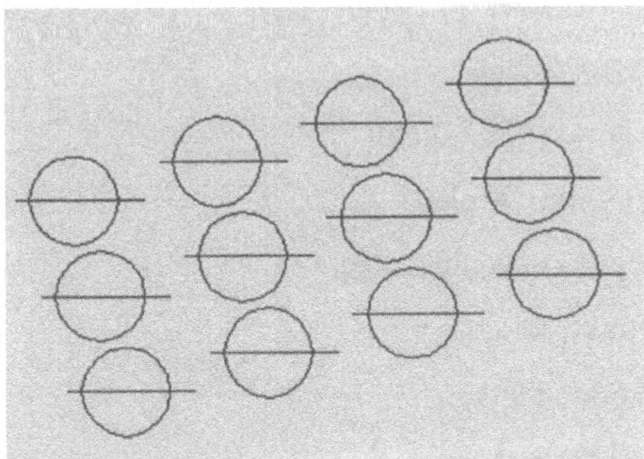

b) Polare Anordnung
Folgende drei Parameter können eingegeben werden, wobei zwei zur Festlegung der Kopien bereits ausreichen:

⇨ Anzahl der Elemente der Anordnung.

⇨ Auszufüllender Winkel.

⇨ Winkel zwischen den Elementen der Anordnung.

Bei der Eingabe der Winkel ist das Vorzeichen zu beachten. Ein positives Vorzeichen bedeutet eine Drehung im Gegenuhrzeigersinn (GUZ), ein negatives Vorzeichen bedeutet eine Drehung im Uhrzeigersinn (UZ).

Um eine polare Anordnung zu erhalten, benötigt AutoCAD von jedem Objekt einen Bezugspunkt (Tabelle 6-6):

Tabelle 6-6
Geometrien
und
Bezugspunkte

Punkt	Einfügepunkt
Kreis, Kreisbogen	Mittelpunkt
Block, Symbol	Einfügepunkt
Text	Startpunkt
Linie, Band	ein Endpunkt

Benützt man den Befehl **REIHE** für eine Kombination aus verschiedenen Objekten, die nicht gedreht werden sollen, verändert sich in den Kopien die Zuordnung der einzelnen Elemente zueinander. Sollen die einzelnen Objekte abbildungstreu bleiben, müssen sie in einem Block zusammengefaßt werden. Wenn die Kopien auch gedreht werden sollen, bleibt die Zuordnung der Elemente erhalten.

6.5.2   BOGEN

Die Funktion **BOGEN** im **ZEICHNEN**-Menü bietet vielfältige Möglichkeiten der Eingabe. Ein Bogen kann damit über mehrere Kombinationen von Punkten gezeichnet werden. Es sind dies:

⇨ 3-Punkte-Kreisbogen;

⇨ Startpunkt, Mittelpunkt, Endpunkt;

⇨ Startpunkt, Mittelpunkt, Winkel;

⇨ Startpunkt, Mittelpunkt, Sehnenlänge;

⇨ Startpunkt, Endpunkt, Radius;

⇨ Startpunkt, Endpunkt, Winkel;

⇨ Startpunkt, Endpunkt, Richtung;

⇨ Ansetzen an die zuletzt gezeichnete Linie oder Kreisbogen.

Aus Bild 6-34 ist ersichtlich, welche Möglichkeiten bestehen.

Ein Bogen wird vom Startpunkt aus *immer* im Gegenuhrzeigersinn gezeichnet. Bei der Eingabe von Winkeln bedeutet eine positive Zahl einen Winkel im Gegenuhrzeigersinn und eine negative Zahl einen Winkel im Uhrzeigersinn. Winkel und Streckenlängen können auch über die Eingabe von Punkten festgelegt werden.

Soll ein Bogen tangential an eine Linie oder einen Kreis gezeichnet werden, muß auf die Frage: „*Mittelpunkt/<Startpunkt>*"" ⏎ eingegeben werden.

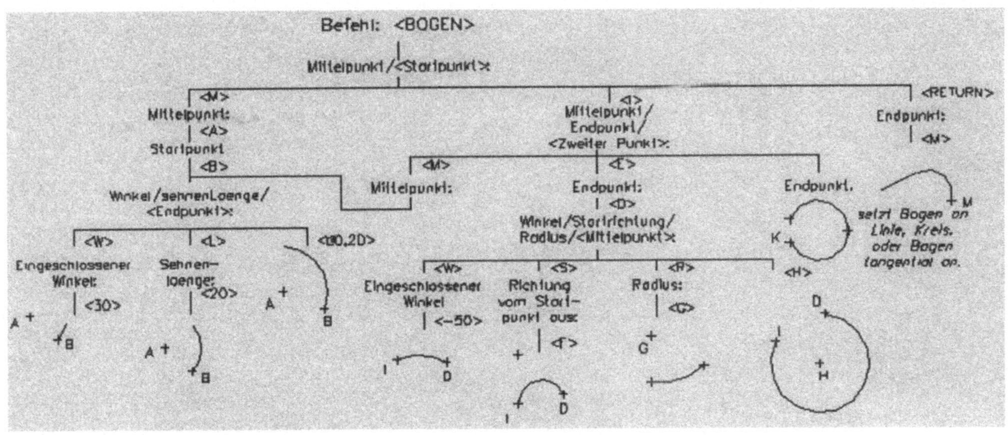

Bild 6.34 Möglichkeiten des Befehls BOGEN

7 Darstellungen in der dritten Dimension (3D)

Mit AutoCAD können Objekte *räumlich*, d. h. dreidimensional konstruiert werden. Dieses Kapitel wird Sie am Beispiel eines Kegels und einer unebenen Fläche mit den 3D-Möglichkeiten von AutoCAD vertraut machen. Dabei werden zur *Befehlseingabe* vorzugsweise die Bildmenüs und die Dialogfenster benutzt; die Eingabe der *Koordinaten* erfolgt aber über die Tastatur. Die Felder, die über die Maus oder den Digitizer angewählt werden, werden im folgenden *kursiv* gedruckt. Wir gehen in folgenden Schritten vor:

1. Zeichnen des Kegels und der Raumfläche

2. Gleichzeitiges Darstellen verschiedener Ansichten.

7.1 Zeichnen des Kegels und der Raumfläche

Zuerst werden mit den drei Befehlen **Kegel, REGELOB** und **ROTOB** drei verschiedene Kegel gezeichnet.

7.1.1 Zeichnen eines Kegels mit dem Befehl Kegel

Der Befehl **Kegel** gehört nicht zum normalen AutoCAD-Befehlssatz und kann deshalb nicht ohne weiteres über die Tastatur eingegeben werden. Rufen Sie das Abrollmenü *ZEICHNEN* in der oberen Menüleiste auf und wählen Sie daraus den Befehl *3D Oberflächen*. Auf dem Bildschirm erscheint ein weiteres Menü. Wählen Sie hier *3D-Objekte* aus. Nun erscheint das Bildschirmmenü „3D-Objekte". Dort wählen Sie das Feld für *Kegel* (als rotationssymmetrischer Körper) und bestätigen dies mit <OK> oder <RETURN>. Im Befehlsfeld erscheint die Aufforderung „Initialisiere ... 3D-Objekte geladen". Die Anfragen in den Befehlsfeldern werden folgendermaßen beantwortet:

Befehl: Basismittelpunkt: <220,120,0>

Durchmesser/<Radius> Basis: <40>

Durchmesser/<Radius> oben <0>: ⏎
Höhe: <u>70</u>
Anzahl der Segmente <16>: ⏎.

Sie sehen Bild 7-1.

Bild 7-1
Erster Kegel

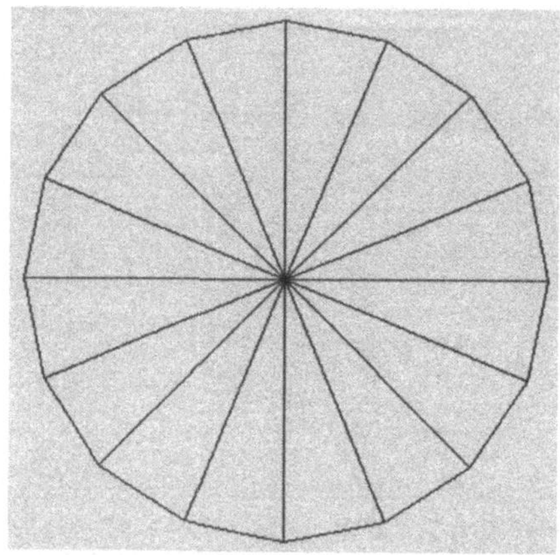

7.1.2   Zeichnen eines Kegels mit dem Befehl *REGELOB*.

Der Befehl *REGELOB* erzeugt eine regelmäßige Oberfläche zwischen zwei zu
wählenden Grundlinien. Als Grundlinien zeichnen wir einen Kreis und einen
Punkt. Der Punkt stellt die Spitze des Kegels dar, der Kreis die Grundlinie.
Dazu wählen Sie aus dem Abrollmenü *ZEICHNEN* den Befehl *Kreis*. Im Befehlsfeld erscheint:

Befehl: kreis 3P/2P/TTR/<Mittelpunkt>: <u>90,120</u>
Durchmesser/<Radius>: <u>40</u>.

Der Befehl **PUNKT** kann nicht über ein Abrollmenü gewählt werden. Dazu
verwenden Sie das Menüfeld *ZEICHNEN* an der rechten Seite des Bildschirms und wählen daraus den Befehl *PUNKT* aus. Im Befehlsfeld erscheint:

Befehl: _POINT Punkt: <u>90,120,70</u>.

Für die weiteren Befehle wählen Sie aus dem Abrollmenü die entsprechenden
Felder nacheinander aus:
Abrollmenü *ZEICHNEN*
Befehl *3D Oberflächen*
Bildmenü 3D Oberflächen. *Regeloberfläche.*

Im Befehlsfeld erscheint:

Befehl: _rulesurf Erste Definitionslinie wählen: *Wahl des Kreises*

Zweite Definitionslinie wählen: *Wahl des Punktes.*

Als Ergebnis sehen Sie Bild 7-2.

Bild 7-2
Erster und
zweiter Kegel
(links)

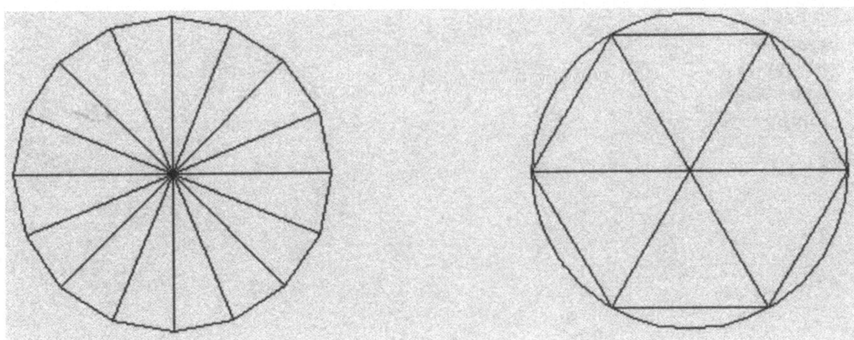

Wie aus Bild 7-2 zu sehen ist, ist der zweite Kegel in 6 Teile unterteilt. Die Systemvariable SURFTAB1 steuert die Unterteilung der Kegeloberfläche. Um dies zu zeigen, wird der zweite Kegel gelöscht, die Systemvariable SURFTAB1 geändert und der zweite Kegel neu gezeichnet.

Bildschirmmenü <ÄNDERN>
Befehl <WAHL>
Den zweiten Kegel löschen, nicht den Kreis und den Punkt
Bildschirmmenü <Zeichnen>
Befehl <nächste>
Befehl <SURFTAB1>.

Im Befehlsfeld erscheint:
Befehl: _SURFTAB1
Neuer Wert für SURFTAB1 <6>: <16>.

Im Bildschirmmenü: <3D Oberf>
Befehl Regeloberfläche: <REGELOB>.

Im Befehlsfeld erscheint:
Befehl: regelob Erste Definitionslinie wählen: *Wahl des Kreises*
Zweite Definitionslinie wählen: *Wahl des Punktes*

Bild 7-3 zeigt das Ergebnis.

Bild 7-3
Erster und
veränderter
zweiter Kegel
(links)

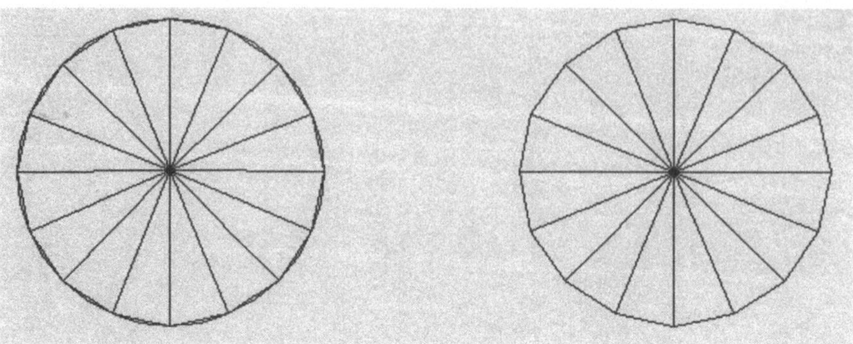

7.1.3   Zeichnen eines Kegels mit dem Befehl <u>ROTOB</u>

Der Befehl ROTOB erzeugt eine **ro**tationssymmetrische **O**berfläche, wobei
die Rotationsachse und das rotierende Element gewählt werden können.
Zeichnen Sie deshalb zuerst eine Polylinie, die den Mantel des Kegels beschreibt und definieren Sie anschließend die Rotationsachse.

Bildschirmmenü: **<Zeichnen> <nächste>**
Befehl: **<3D-OBERF>**
Befehl 3D-Polylinie **<<u>3D-POLY</u>>**.

Befehlsfeld:
Befehl: 3dpoly Erster Punkt: <<u>290,120,0</u>>
Schliessen/Zurück/<Endpunkt der Linie>: <<u>330,120,70</u>>
Schliessen/Zurück/<Endpunkt der Linie>: ↵
Abrollmenü *Zeichnen*
Befehl *Linie*.

Befehlsfeld:
Befehl: _line Von Punkt: <<u>330,120,0</u>>
Nach Punkt: <<u>@0,0,50</u>>
Nach Punkt: ↵

Jetzt haben Sie die nötigen Elemente gezeichnet, um den Befehl **ROTOB** einsetzen zu können. Um die Polylinie und die Rotationsachse wählen zu können, muß die Ansicht der Zeichnung geändert werden. Dazu dient der Befehl
APUNKT aus dem *Anzeige*-Abrollmenü.

Bildschirmmenü: **<Anzeige>**
Befehl: **<<u>APUNKT</u>>**.

Befehlsfeld:
Befehl: Drehen/<Ansichtspunkt><0.00,0.00,1.00>: <<u>0,1,0</u>>
Regeneriere Zeichnung.

Als nächstes zeichnen wir den dritten Kegel mit dem Befehl *ROTOB*.
Bildschirmmenü: **<Zeichnen> <nächste>**
Befehl: **<3D-OBERF>**
Befehl: **<ROTOB>**

Befehlsfeld:
Befehl: _REVSURF Grundlinie wählen: *Wahl der Polylinie*
Rotationsachse wählen: *Wahl der senkrechten Linie*
Startwinkel <0>: ⏎
Eingeschlossener Winkel (+=guz, -=uz) <Vollkreis>: ⏎.

Wir wechseln den Ansichtspunkt zu den ursprünglichen Koordinaten 0,0,1.
Bildschirmmenü **<ANZEIGE>**
Befehl: **<APUNKT>**

Befehlsfeld:
Befehl: Drehen/<Ansichtspunkt><0.00,1.00,0.00>: <0,0,1>
Regeneriere Zeichnung

In Bild 7-4 ist das Ergebnis dargestellt.

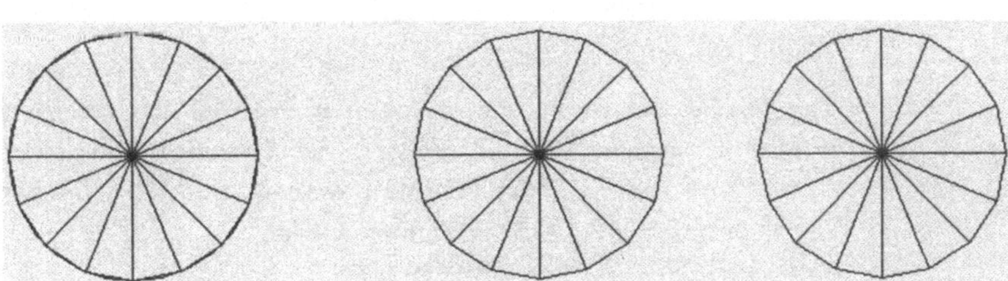

Bild 7-4 '
Drei Kegel

Der linke und rechte Kegel dienten nur zur Demonstration der verschiedenen
3D-Befehle. Sie werden nun gelöscht.
Bildschirmmenü: **<EDIT>**
Befehl: **<LÖSCHEN>**

Befehlsfeld:
Befehl: Löschen
Objekte wählen: **<WAHL>**
Objekte wählen: **<FENSTER>**
Erste Ecke: <35,70>
Andere Ecke: <150,180>
3 gefunden.
Objekte wählen: **<WAHL>**
Objekte wählen: **<FENSTER>**

Erste Ecke: <u><270,70></u>
Andere Ecke: <u><390,190></u>
3 gefunden.
Objekte wählen: ⏎.

7.1.4   **Zeichnen der Fläche**

Dazu werden die 4 Kanten der Fläche mit dem Befehl *Linie* gezeichnet.
Bildschirmmenü: <ZEICHNEN>
Befehl: <u><LINIE></u>

Befehlsfeld:
Linie Von Punkt: <u><30,80,20></u>
Nach Punkt: <u><60,80,40></u>
Nach Punkt: <u><80,150,0></u>
Nach Punkt: <u><30,160,0></u>
Nach Punkt: <<u>s</u>>.

Auf dem Bildschirm erscheint nicht die ganze Fläche. Um sie zu sehen, geben
Sie ein:

Bildschirmmenü: <ANZEIGE>
Befehl: <ZOOM>
Befehl: <alles>.

Die Fläche, die durch die vier Linien begrenzt ist, soll in 3x5 Segmente
aufgeteilt werden. Deshalb müssen die Systemvariablen SURFTAB1 und
SURFTAB2 entsprechend bestimmt werden. Anschließend kann die Fläche
mit dem Befehl *KANTOB* gezeichnet werden.
Bildschirmmenü <ZEICHNEN>
Befehl: <3D-OBERF>
Bildschirmmenü 3D Oberflächen *SURFTAB1*

Befehlsfeld:
Befehl:'setvar Variablennamem oder ?: surftab1
Neuer Wert für SURFTAB1 <16>: <<u>5</u>>

Bildmenü 3D Oberf mit <letztes> wiederherstellen

Befehl: <SURFTAB2>
Befehlsfeld:
Befehl: 'setvar Variablennamem oder ?: surftab2
Neuer Wert für SURFTAB2 <6>: <<u>3</u>>

Bildmenü 3D Oberf wiederherstellen mit <letztes>

KANTEN Definierte Oberflächensegmente auswählen mit

Befehl: <KANTOB>

Befehlsfeld: kantob
Kante 1 wählen: *Wahl der waagrechten unteren Kante*
Kante 2 wählen:
Kante 3 wählen: *Wahl der restlichen Kanten*
Kante 4 wählen:

Es entsteht Bild 7-5.

Bild 7-5
Kegel und
Fläche

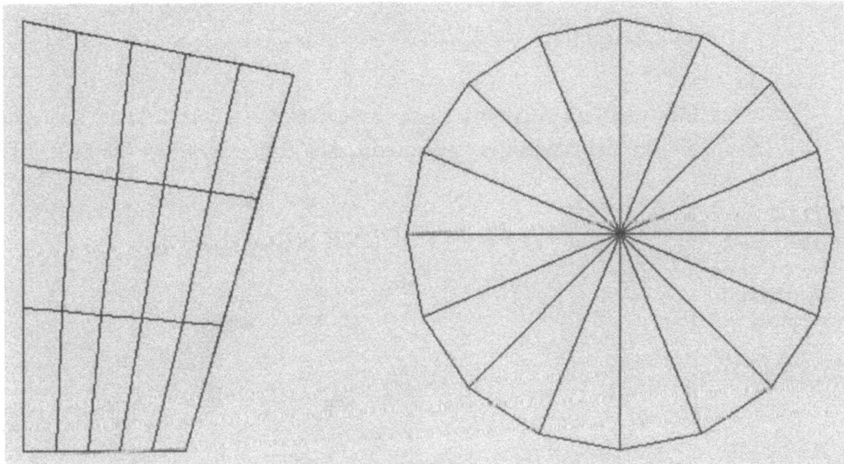

7.2   Gleichzeitiges Darstellen verschiedener Ansichten

Der Bildschirm soll in drei Teile nebeneinander eingeteilt werden. Wir benützen dazu den Befehl **AFENSTER**. Die Befehlsfolge lautet:

Befehl: <AFENSTER>
Sichern/Holen/.../<3>/4/: <3>
Horizontal/Vertikal/...<Rechts>: <V>

Der Bildschirm ist jetzt in drei nebeneinander liegende Felder unterteilt. Das linke Feld soll die Ansicht mit dem Ansichtspunkt (0,1,0) zeigen. Dazu bewegen Sie den Cursor auf das linke Feld und drücken den Pickknopf des Zeigegerätes. Das linke Ansichtsfeld ist jetzt dick umrandet. Die restliche Befehlsfolge lautet:

Bildschirmmenü <ANZEIGE>
Befehl <APUNKT>
Befehlsfeld:
Befehl: Drehen/<Ansichtspunkt><0.00,0.00,1.00>: <0,1,0>
Regeneriere Zeichnung.

Bild 7-6 zeigt das Ergebnis.

Bild 7-6
Dreigeteilter
Bildschirm
mit veränder-
tem linken
Ansichts-
fenster

Das mittlere Ansichtsfenster soll den Ansichtspunkt (1,1,1) erhalten. Ändern
Sie die Zeichnung entsprechend. Als Ergebnis sehen Sie Bild 7-7.

Bild 7-7
Bildschirm
mit drei ver-
schiedenen
Ansichten

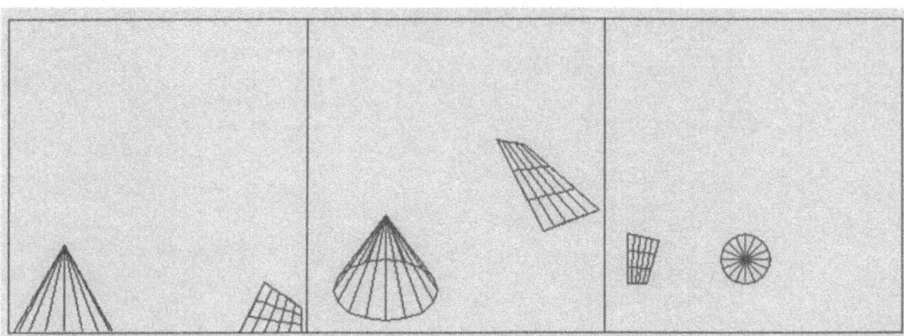

Diese drei verschiedenen Ansichten können Sie allerdings nicht ohne weiteres
ausdrucken. AutoCAD würde nur das dick umrandete Feld ausdrucken. Während des Zeichnens befanden wir uns im sogenannten Modellbereich. Wir
wechseln in den Papierbereich, holen die drei Ansichten wieder auf den Bildschirm und könnten dann die drei Ansichten ausdrucken lassen. Im Papierbereich kann an der Zeichnung keine Änderung vorgenommen werden.

7.2.1   Wechseln in den Papierbereich

Wir wählen dazu:
Bildschirmmenü **<ANZEIGE>**
Befehl: **<MANSFEN>**
Befehl: **<TILEMODE>**

Befehlsfeld: _neuer Wert für TILEMODE <1>: <0>

AutoCAD setzt automatisch die Systemvariable TILEMODE auf 0, und wechselt dann in den Papierbereich. Die drei Ansichten verschwinden vom Bildschirm.

7.2.2   Sichtbarmachen der drei Ansichten

Mit dem Befehl MANSFEN **holen** bringen wir die Ansichten wieder auf den Bildschirm.

Wählen Sie wiederum <MANSFEN>
Befehl: MANSFEN Ein/Aus/...Holen/<Erster Punkt>: <<u>H</u>>
?/Name der einzufügenden Fensterkonfiguration <*ACTIVE>: ⏎.

Da wir unserer dreigeteilten Bildschirmaufteilung keinen Namen gegeben haben, heißt sie automatisch ACTIVE. Als nächstes wird nach den Grenzen gefragt. Wir geben die normalen Limiten (0.00,410.287) ein
Zbereich/<Erster Punkt>: <<u>0,0</u>>
Zweiter Punkt: <<u>410,287</u>>.

Um den normalen Bildschirmausschnitt zu erhalten, benutzen Sie die Funktion ZOOM Alles. Jetzt können alle drei Ansichten über den Plotter oder Drucker gezeichnet werden.

7.2.3   Wechseln in den Modellbereich

Um in den Modellbereich zu wechseln, muß die Systemvariable TILEMODE auf den Wert 0 gesetzt und der Befehl MBEREICH eingegeben werden. Anschließend können wieder Veränderungen in der Zeichnung durchgeführt werden.

7.3   Zeichenbefehle für 3D

Sie können bei der Eingabe von Punkten die dreidimensionalen Raumkoordinaten (x, y und z) eingeben. Auf diese Weise werden Linien, Kreise und andere Objekte im 3-dimensionalen Raum gezeichnet. Der Befehl **PLINIE** erlaubt nur die Eingabe von 2-dimensionalen Punkten. Mit dem Befehl **3DPOLY** können Sie 3-dimensionale Polylinien zeichnen. Als zusätzliche 3D-Zeichenbefehle stehen **3DFLÄCHE, 3DNETZ, PNETZ, REGELOB, TABOB, ROTOB** und **KANTOB** zur Verfügung. Sie können über die Tastatur, über das Dialogfenster **3D Oberflächen** (im **Zeichnen**-Abrollmenü) oder über die Menüsteuerung ZEICHNEN gewählt werden. Über das Dialogfenster **3D Objekte**   (im Abrollmenü ZEICHNEN) bzw. über die Menüsteuerung können zusätzlich die 3D-Elemente QUADER, KEGEL, SCHÜSSEL, KUGEL, MASCHE, PYRAMIDE, TORUS, KEIL und KUPPEL direkt gewählt werden. Statt des Abrollmenüs am oberen Bildschirmrand können Sie diese Elemente auch über das rechte Bildschirmmenü bekommen. Dazu wählen Sie <ZEICHNEN> <nächste> <3D OBERF> <OBJEKTE>. Eine Auswahl dieser Elemente über die Tastatur ist nicht ohne weiteres möglich.

7.3.1   3DPOLY

Mit dem Befehl 3DPOLY wird eine dreidimensionale Polylinie gezeichnet, die
aus Liniensegmenten besteht. 3D-Polylinien können mit PEDIT verändert
werden. Mit dem Unterbefehl **<glätten>** können Sie eine dreidimensionale B-
Spline-Kurve an die Scheitelpunkte der Polylinie anpassen.

Bild 7-8 zeigt die Möglichkeiten des Befehls 3DPOLY.

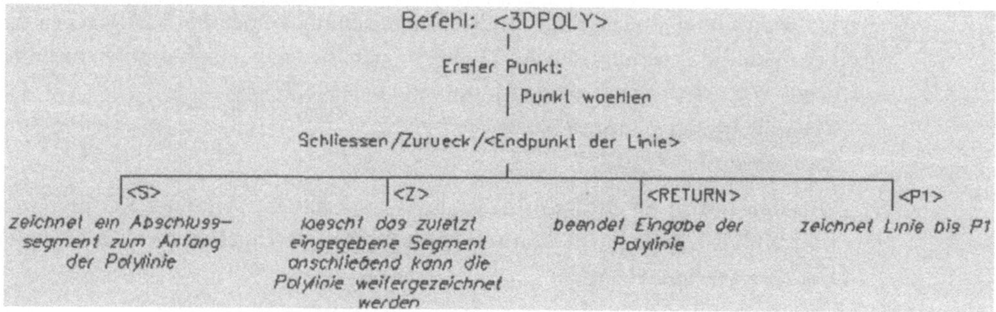

Bild 7-8 Der Befehl 3DPOLY

7.3.2   3DFLÄCHE

Der Befehl 3DFLÄCHE erzeugt eine Fläche (eben oder gekrümmt), wobei die
einzelnen Eckpunkte durch Eingabe der dreidimensionalen Koordinaten fest-
gelegt werden können. Die Befehlsfolge ist ähnlich wie beim Befehl SOLID
(Abschn. 7.6).
Befehl: **<3DFLÄCHE>**
Erster Punkt:
Zweiter Punkt:
Dritter Punkt:
Vierter Punkt:
Dritter Punkt:
Vierter Punkt:

Einzelne Linien können auch als unsichtbare Kanten eingegeben werden. In
diesem Fall wird ein **<U>** vor die Koordinaten des ersten Punktes einer Kante
gestellt. Bild 7-9 zeigt verschiedene gezeichnete Flächen, die mit dem Befehl
3DFLÄCHE gezeichnet wurden.

Bild 7-9
Mit
3DFLÄCHE
gezeichnete
Flächen

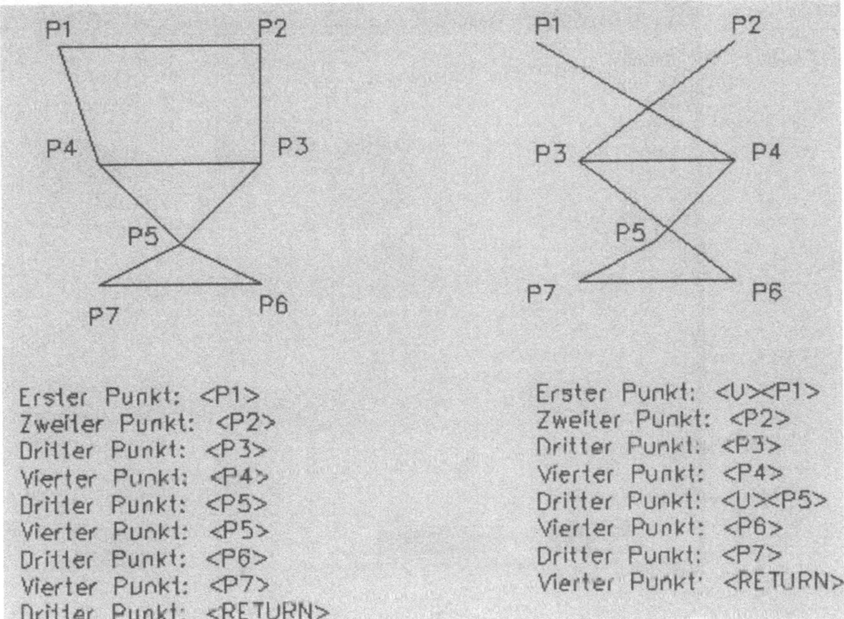

7.3.3   3D-Polygonmaschen

Mit Hilfe einiger Befehle kann AutoCAD 3-dimensionale ebene Flächen
zeichnen oder 3-dimensionale gekrümmte Flächen näherungsweise darstellen.
Diese Flächen werden durch Maschen dargestellt, deren Größe die Genauigkeit der dritten Dimension bestimmt. Die Maschengröße wird durch die Eingabe eines M-Wertes (Reihenposition eines Scheitelpunktes) und eines N-Wer-
tes (Kolonnenposition eines Scheitelpunktes) festgelegt. Zur Auswahl der 3D-
Zeichenbefehle stellt AutoCAD zwei Bildmenüs zur Verfügung (Bild 7-10 und
7-11). Es wird durch die Wahl des Abrollmenüs *Zeichnen*, des Befehls *Oberflächen* und *3D Objekte* ausgewählt. (Siehe Bild 7.10)

Bild 7-10
Bildmenü
3D Objekte

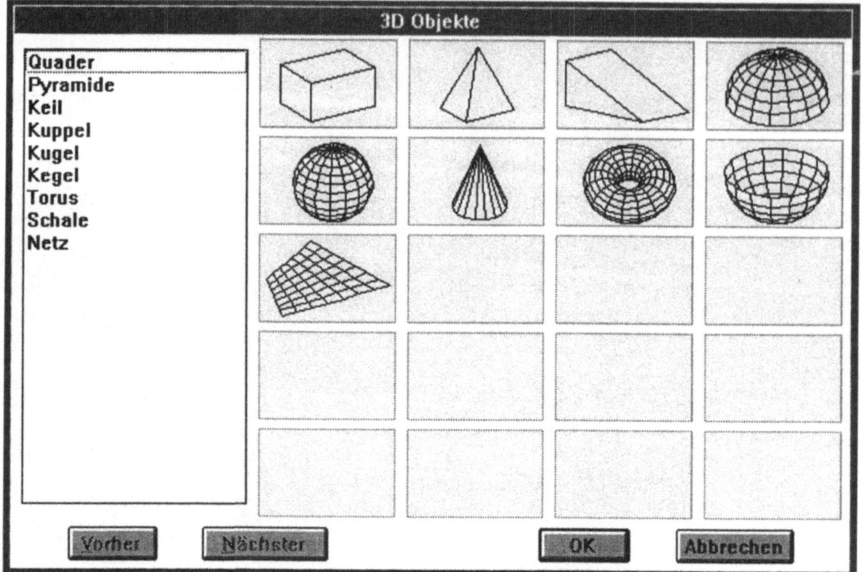

KANTOB
ROTOB
REGELOB
TABOB

Surftab1
Surftab2

3DFLÄCHE
3DNETZ
PNETZ
3DPOLY

 3D
Objekte
LETZTES
ZEICHNEN
EDIT

Bild 7-11
Bildmenü
Zeichnen 3D
Oberfläche

7.3.3.1 3DNETZ

Der Befehl 3DNETZ erlaubt eine Definition einer Polygonmasche, indem der M- und N-Wert sowie der Standort jedes Kontrollpunktes des Netzes eingegeben werden kann. Die Befehlsfolge für ein 2x3 Netz lautet:

Befehl: <ZEICHNEN> <nächste>
Befehl: <3D Oberf>
Befehl: <<u>3DNETZ</u>>
M-Wert der Masche: <<u>2</u>>
N-Wert der Masche: <<u>3</u>>
Kontrollpunkt (0,0):
Kontrollpunkt (0,1):
Kontrollpunkt (0,2):
Kontrollpunkt (1,0):
Kontrollpunkt (1,1):
Kontrollpunkt (1,2):

Es entsteht das Netz, wie es in Bild 7-12 dargestellt ist.

Bild 7-12
Polygon-
masche mit
dem Befehl
3DNETZ

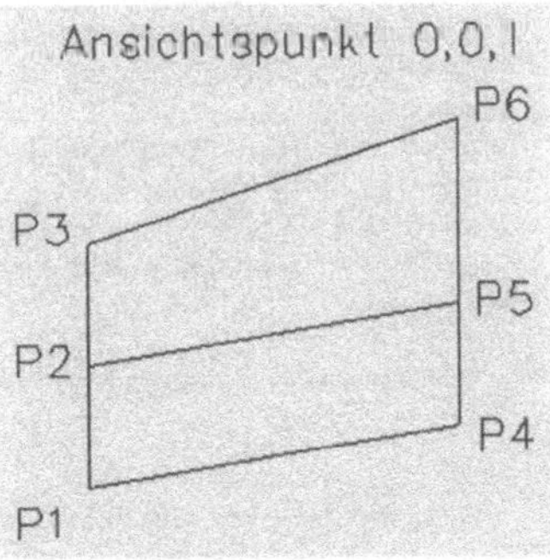

7.3.3.2 PNETZ

Der Befehl PNETZ erzeugt ein Vielflächennetz. Es werden zuerst die Kontrollpunkte und dann die Flächen abgefragt. Sie müssen sich also merken, welche Kontrollpunkte zu welchen Flächen gehören.

Das PNETZ kann unterschiedliche Farben haben oder verschiedenen Layern zugeordnet sein. Sie müssen dazu bei der Anfrage nach der Fläche entweder **farbe** oder **layer** eingeben. AutoCAD fragt dann nach der neuen Farbe oder dem neuen Layer.

Ein PNETZ kann mit folgenden Befehlen verändert werden:

REIHE, EIGÄNDR, KOPIEREN, LÖSCHEN, VARIA, URSPRUNG, LISTE, SPIEGELN, SCHIEBEN, DREHEN, STRECKEN.

Bild 7-13 zeigt ein Beispiel.

Bild 7-13
Beispiel eines
Pnetzes

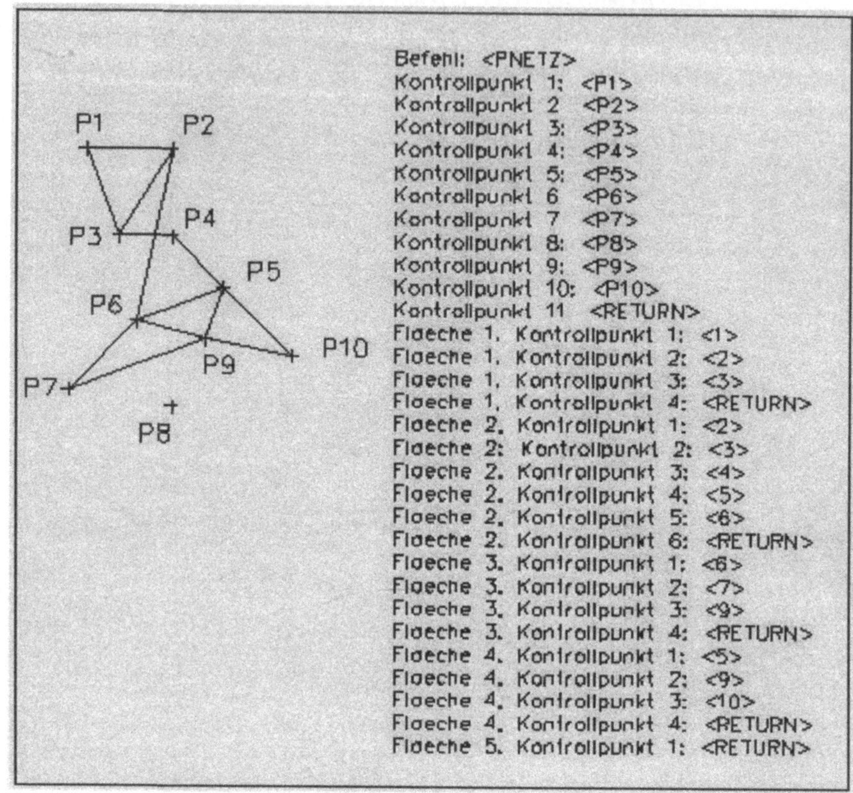

7.3.3.3 REGELOB

Mit dem Befehl REGELOB wird eine Polygonmasche erzeugt, die eine Regeloberfläche zwischen zwei zu wählenden Kurven darstellt. Die Befehlsfolge lautet:

Befehl: <ZEICHNEN> <nächste> <3D Oberf>
Befehl: <REGELOB>
Erste Definitionslinie wählen: <P1>
Zweite Definitionslinie wählen: <P2>.

Handelt es sich bei den Definitionslinien um offene Linien, beginnt AutoCAD mit dem Ende der Linie, die dem ausgewählten Punkt am nächsten liegt. Bild 7-14 zeigt verschiedene mit REGELOB gezeichnete Flächen.

Bild 7-14
Regelober-
flächen mit
dem Befehl
REGELOB

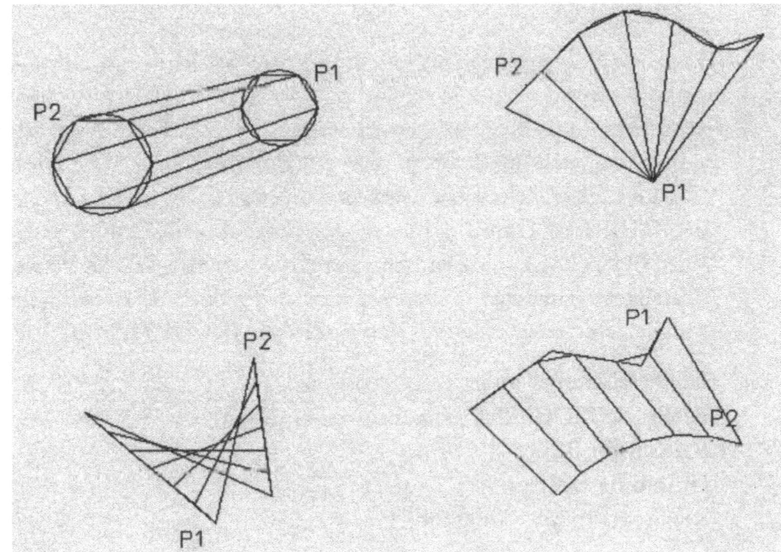

Die Anzahl der Abstände der Teilung der Oberfläche wird durch die Systemvariable SURFTAB1 festgelegt, die vom Benutzer festgelegt werden kann. Solche Regeloberflächen mit verschiedenen Werten für die Variable SURFTAB1
zeigt Bild 7-15.

Bild 7-15
Regelober-
flächen mit
unterschied-
lichen Werten
für die
Systemariable
SURFTAB1

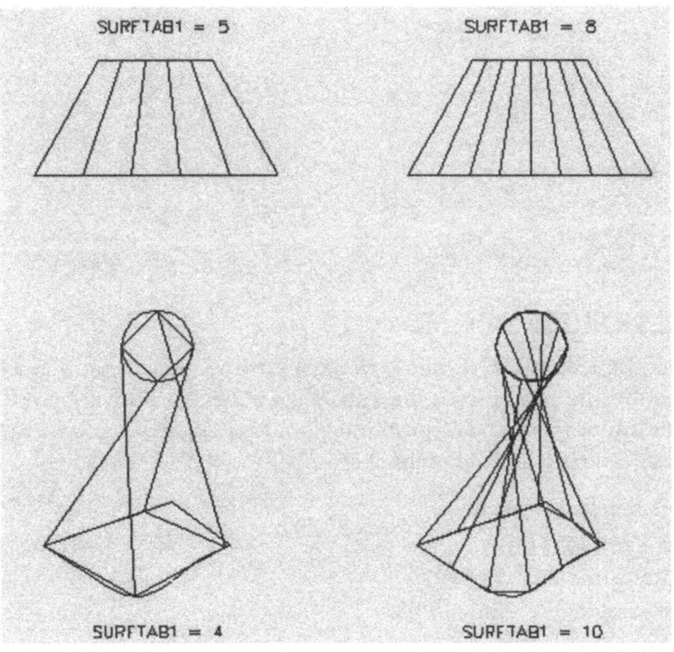

7.3.3.4 TABOB

Der Befehl TABOB erzeugt eine Oberfläche, die durch eine Grundlinie und einen Richtungsvektor festgelegt ist. Der Endpunkt, der am nächsten zur ausgewählten Linie liegt, ist der Anfangspunkt des Richtungsvektors. Der Endpunkt des Richtungsvektors liegt am Ende der Linie. Die Dichte der Einteilung der Oberfläche kann über die Systemvariable SURFTAB1 eingestellt werden (SURFTAB1 muß dann vor der Eingabe von TABOB festgelegt werden). Wird SURFTAB1 mit dem transparenten Befehl 'SETVAR verwendet, wird die Oberfläche zunächst nicht mit der veränderten Maschendichte gezeichnet, sondern erst beim erneuten Verwenden des Befehls TABOB.

Die Befehlsfolge lautet:

Befehl: <ZEICHNEN> <nächste> <3D Oberf>

Befehl: <TABOB>

Grundlinie wählen: <P1>

Richtungsvektor wählen: <P2>.

In Bild 7-16 sehen Sie die unterschiedlichen Einsatzmöglichkeiten des Befehls TABOB.

Bild 7-16
Verschiedene Verwendungsmöglichkeiten des Befehls TABOB

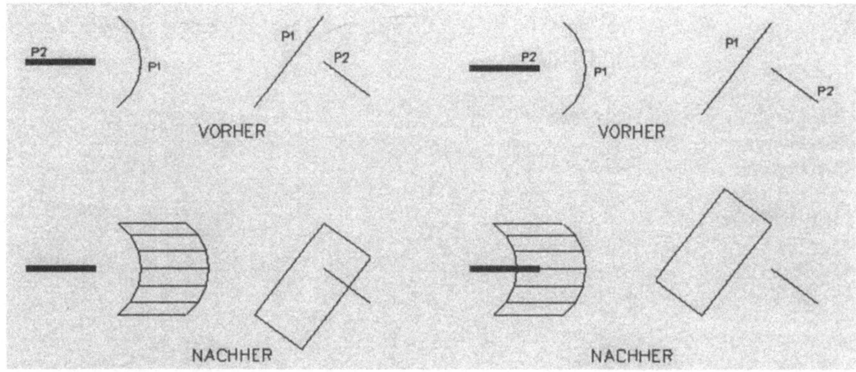

7.3.3.5 ROTOB

Der Befehl ROTOB zeichnet einen Körper, der durch die Rotation einer Grundlinie um eine Achse entsteht. Die Achse und die Grundlinie können gewählt werden. Die Grundlinie kann eine Linie, ein Bogen, ein Kreis und eine 2D- oder eine 3D-Polylinie sein.

Die Befehlsfolge lautet:

Befehl: <ROTOB>

Grundlinie wählen: <P1>

Rotationsachse wählen: <P2>

Startwinkel:

Eingeschlossener Winkel (+=GUZ, -=UZ) <Vollkreis>:

Der Punkt, an dem die Rotationsachse gewählt wird, bestimmt die Rotations-
richtung (s. Bild 7-17). Die Grundlinie bestimmt die N-Richtung (Zeilenzahl)
der Maschen und die Rotationsachse die M-Richtung (Spaltenzahl). Die
Dichte der Maschen wird durch die Systemvariablen SURFTAB1 (M-Richtung) und SURFTAB2 (N-Richtung) festgelegt und kann durch den Benutzer
verändert werden. Bild 7-17 zeigt einige Rotationsoberflächen.

7.3.3.6 KANTOB

Mit dem Befehl KANTOB wird eine bikubische Fläche erzeugt, die zwischen
vier verbundenen Kanten interpoliert wird (Coons-Oberflächensegment). Die
Kanten können dabei Linien, Bögen und offene Polylinien sein, die sich an
ihren **Endpunkten** schneiden. Die erste gewählte Kante legt die M-Richtung
der zu erzeugenden Masche fest. Die N-Richtung wird durch die beiden Kanten erzeugt, die die erste Kante berühren. Die Dichte der Masche kann ebenfalls über die Systemvariablen SURFTAB1 (M-Richtung) und SURFTAB2 (N-
Richtung) gesteuert werden.

Die Befehlsfolge lautet:
Befehl: <**KANTOB**>
Kante 1 wählen:
Kante 2 wählen:
Kante 3 wählen:
Kante 4 wählen:

Bild 7-18 zeigt zwei verschiedene Coonsoberflächen mit unterschiedlicher
Wahl der ersten Kante.

Bild 7-18
Verschiedene
Coons-
Oberflächen

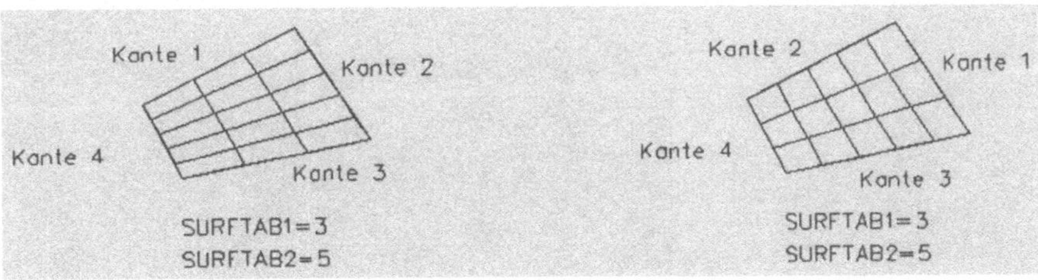

Eingaben fuer Befehl
ROTOB

von Ansichtspunkt
1,−2,1 aus betrachtet

SURFTAB1=10
SURFTAB2=6
Startwinkel=0
Eingeschlossener Winkel=180

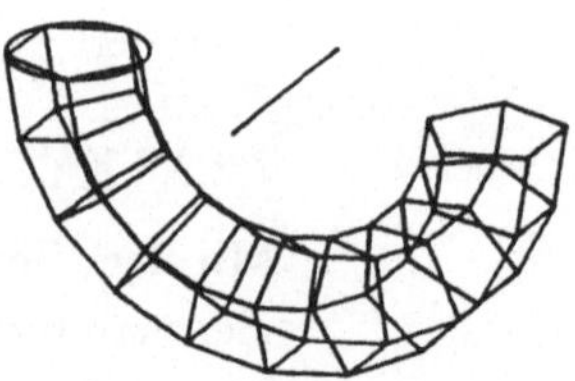

SURFTAB1=3
SURFTAB2=5
Startwinkel=30
Eingeschlossener Winkel= 50

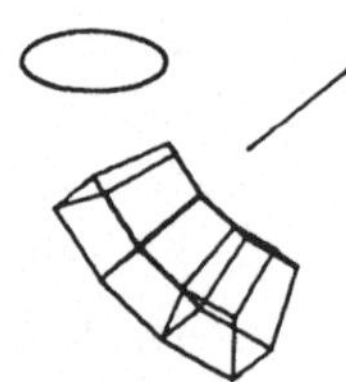

SURFTAB1=16
SURFTAB2=10
Startwinkel=30
Eingeschlossener Winkel=360

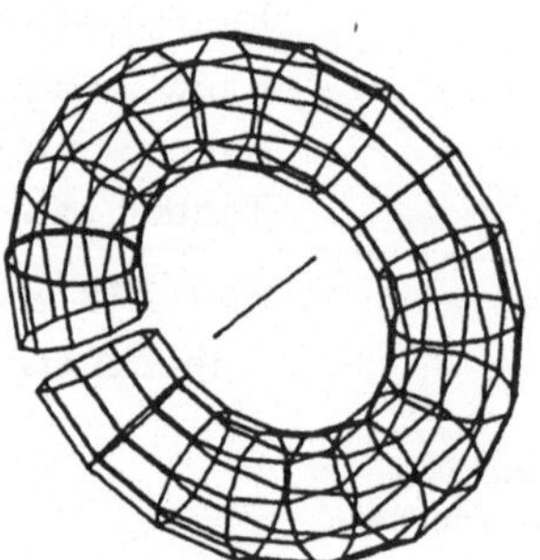

Eingaben fuer Befehl
ROTOB

von Ansichtspunkt
1,−2,1 aus betrachtet

SURFTAB1=10
SURFTAB2=6
Startwinkel=0
Eingeschlossener Winkel=180

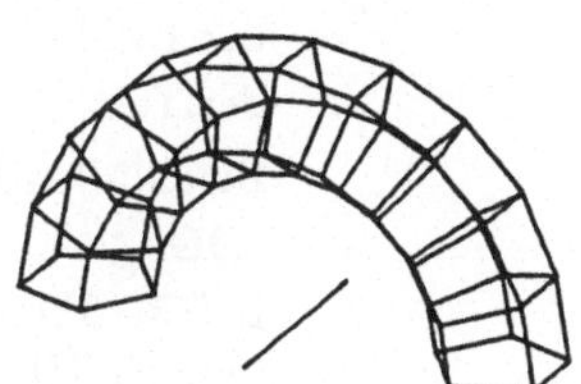

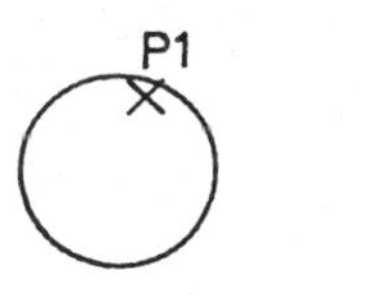

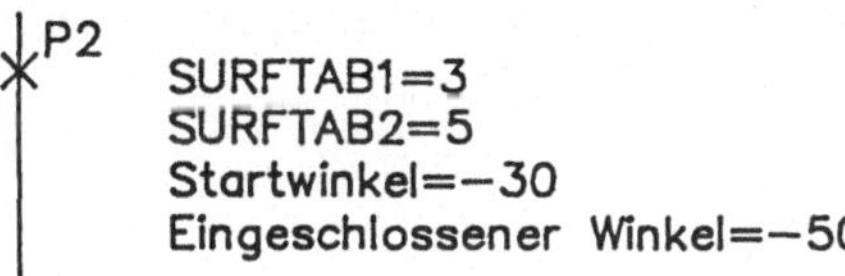

SURFTAB1=3
SURFTAB2=5
Startwinkel=−30
Eingeschlossener Winkel=−50

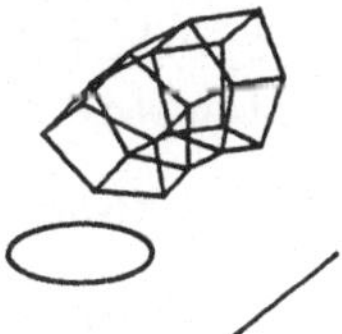

Bild 7-17: Rotationsoberflächen

7.3.3.7 Zeichnen von vorgegebenen 3D-Objekten (Quader, Kegel, Schüssel, Kuppel, Masche, Pyramide, Kugel, Torus, Keil)

Diese 3D-Objekte können über das Bildmenü 3D Objekte ausgewählt werden (Bild 7-10). Wenn sie über die Tastatur aufgerufen werden sollen, muß zuvor der Befehl <u>(load „3D")</u> <u>3D</u> eingegeben werden. Es erscheint im Befehlsfeld der Text.

Befehl: (load „3D")
c:3D
Befehl: 3D
Quader/KEGel/Schüssel/KUPpel/Netz/Pyramide/KUGel/Torus/KEIl:
Jetzt können Sie einen Körper über die Tastatur wählen. Erscheint beim Laden der 3D-Datei die Fehlermeldung *insufficient node space*, müssen Sie mehr Speicherplatz im Heap und im Stack zur Verfügung stellen. Geben Sie dazu in Laufwerk C folgende MS-DOS-Befehle ein.

c>set lispheap=35000 ⏎

c>set lispstack=10000 ⏎.
Das bedeutet, daß Sie nach einem Neustart von AutoCAD 35000 Bytes im Heap und 10000 Bytes im Stack als Speicherplatz zur Verfügung haben. Sie können auch weniger umfangreiche Speicherbereiche angeben. Der Speicherbereich darf jedoch insgesamt nicht über 45000 Bytes liegen. Wenn Sie nach dem Neustart die oben genannte Befehlsfolge wiederholen, dann können Sie weiterarbeiten.

Im folgenden werden die Befehlsfolgen für die einzelnen 3D-Objekte kurz beschrieben.

7.3.3.7.1 Quader

Befehl: 3D
Quader/KEGel/Schale/KUPpel/.../KUGel/Torus/KEIl: **<Quader>**
Ecke von Quader:
Länge:
Würfel/<Breite>:
<Höhe>:
Drehwinkel um Z-Achse:

7.3.3.7.2 Kegel

Befehl: 3D
Quader/KEGel/Schale/KUPpel/.../KUGel/Torus/KEIl: **<<u>KEGe</u>l>**
Basismittelpunkt:
Durchmesser/<Radius> der Basis:
Durchmesser/<Radius> der Spitze <0>:
Höhe:
Anzahl der Segmente <*Vorgabe*>:

7.3.3.7.3 Schale

Befehl: 3D
Quader/KEGel/Schale/KUPpel/.../KUGel/Torus/KEIl: <<u>SCH</u>ale>
Mittelpunkt der Schale:
Durchmesser/<Radius>
Anzahl der Längensegmente <*Vorgabe*>:
Anzahl der Breitensegmente <*Vorgabe*>:

7.3.3.7.4 Kuppel

Befehl: 3D
Quader/KEGel/Schale/KUPpel/.../KUGel/Torus/KEIl: <<u>KUP</u>pel>
Mittelpunkt von Kuppel:
Durchmesser/<Radius>:
Anzahl der Längensegmente <*Vorgabe*>:
Anzahl der Breitensegmente <*Vorgabe*>:

7.3.3.7.5 Netz

Befehl: 3D
Quader/KEGel/Schale/KUPpel/.../KUGel/Torus/KEIl: <<u>Netz</u>>
Erster Eckpunkt:
Zweiter Eckpunkt:
Dritter Eckpunkt:
Vierter Eckpunkt:
M-Grösse des Netzes:
N-Grösse des Netzes:

7.3.3.7.6 Pyramide

Die Möglichkeiten des Unterbefehls Pyramide entnehmen Sie Bild 7-19.

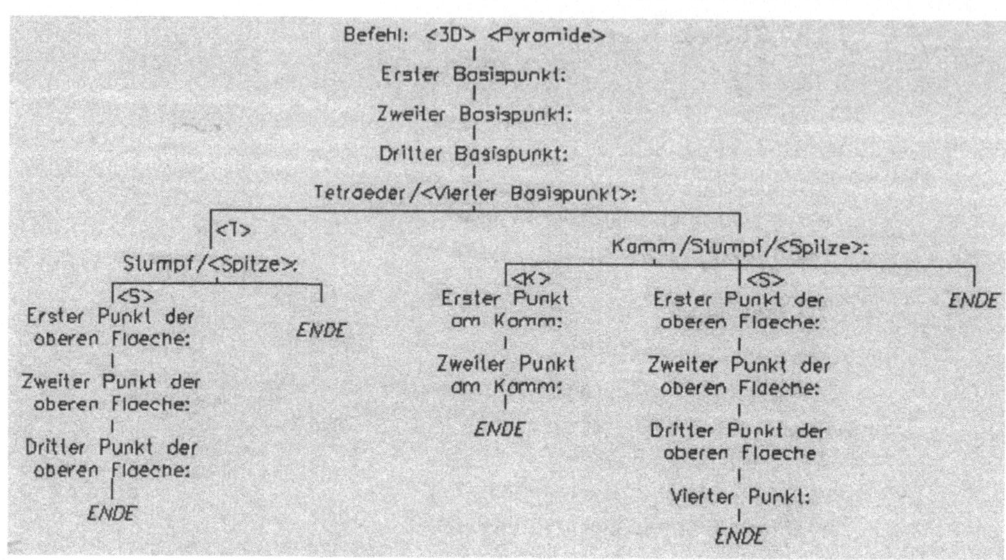

Bild 7-19 Unterbefehl Pyramide

7.3.3.7.7 Kugel

Befehl: 3D
Quader/KEGel/Schale/KUPpel/.../KUGel/Torus/KEIl: **<KUGel>**
Mittelpunkt von Kugel:
Durchmesser/<Radius>:
Anzahl der Längensegmente <*Vorgabe*>:
Anzahl der Breitensegmente <*Vorgabe*>:

7.3.3.7.8 Torus

Befehl: 3D
Quader/KEGel/Schale/KUPpel/.../KUGel/Torus/KEIl: **<Torus>**
Ringmittelpunkt:
Durchmesser/<Radius> des Rings:
Durchmesser/<Radius> Ringmitte:
Segmente um den Rohrumkreis herum <*Vorgabe*>:
Segmente um den äußeren Umkreis des Ringes <*Vorgabe*>

Hinweis: Hinweis! Der Rohrdurchmesser darf den Torusradius nicht überschreiten!

7.3.3.7.9 Keil

Befehl: 3D
Quader/KEGel/Schale/KUPpel/.../KUGel/Torus/KEIl: <u><KEIl></u>
Ecke von Keil:
Länge:
Breite:
Höhe:
Drehwinkel um Z-Achse:

7.4   3D-Ansichten

AutoCAD stellt folgende Befehle zur Verfügung, die unterschiedliche Ansichten von 3D-Objekten ermöglichen:

1. APUNKT

2. DANSICHT

3. DRSICHT

4. VERDECKT

5. AFENSTER

6. TILEMODE

7. MANSFEN

8. MBEREICH

9. PBEREICH.

Im folgenden werden sie im einzelnen erklärt.

7.4.1   APUNKT

Mit der Funktion **APUNKT** kann ein Objekt von verschiedenen Ansichtspunkten im dreidimensionalen Raum betrachtet werden. Dazu können Sie in das Bildschirmmenü **<Anzeige>** wechseln und dort **<APUNKT>** wählen.

Sie geben folgendes ein:
Befehl: <u>**<APUNKT>**</u>
Drehen/<Ansichtspunkt> <0.00,0.00,1.00>:

Es können die Koordinaten des Ansichtspunktes eingegeben oder die ⏎-Taste gedrückt werden. Es erscheint dann ein dreidimensionales Achsenkreuz und ein zweidimensional dargestellter Globus, mit deren Hilfe der Ansichtspunkt über das Zeigegerät eingegeben werden kann. Dabei kann nur der Ansichtswinkel, nicht aber der Ansichtsabstand gewählt werden. Eine perspektivische Darstellung ist daher nicht möglich, weshalb das Objekt in Parallelprojektion erscheint. Zur Verdeutlichung der Möglichkeiten dient Bild 7-20.

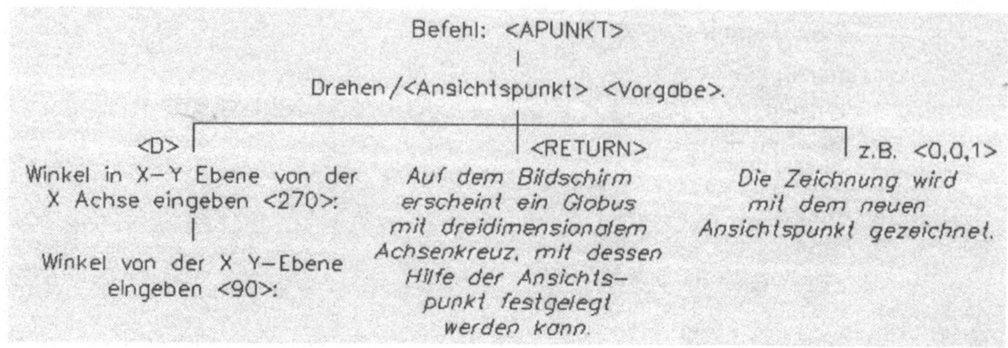

Bild 7-20 Möglichkeiten des Befehls APUNKT

7.4.2   DANSICHT

Der Befehl DANSICHT erlaubt eine vielfältige Darstellung von 3D-Objekten auf dem Bildschirm. Es empfiehlt sich, zuerst ein einfaches Objekt zu zeichnen, um sich dann nach und nach mit den einzelnen Möglichkeiten von DANSICHT vertraut zu machen. DANSICHT verwendet eine *Kamera* und ein *Ziel*, um die Ansicht von Objekten im Raum steuerbar zu machen. Die Linie zwischen Kamera und Ziel ist die *Zielrichtung*. DANSICHT kann Objekte entweder in Parallelmodus oder im Perspektivmodus darstellen. Ebenfalls können Schnittflächen im Bild definiert werden. Die Bereiche vor oder hinter diesen Schnittflächen können dann ausgeschaltet werden, so daß sie auf dem Bildschirm nicht mehr sichtbar sind.

Wenn Werte (Winkel oder Größenfaktoren) bei DANSICHT eingegeben werden sollen, erscheint ein Zeigebalken auf dem Bildschirm, der über ein Zeigegerät gesteuert werden kann. Ein karoförmiger Cursor zeigt grafisch den aktuellen Wert an. In der obersten Zeile am Bildschirm wird der durch das Zeigegerät gerade eingestellte Wert numerisch angezeigt. Über die Tastatur können die erforderlichen Werte auch eingegeben werden. Bild 7-21 zeigt die Möglichkeiten des Befehls DANSICHT.

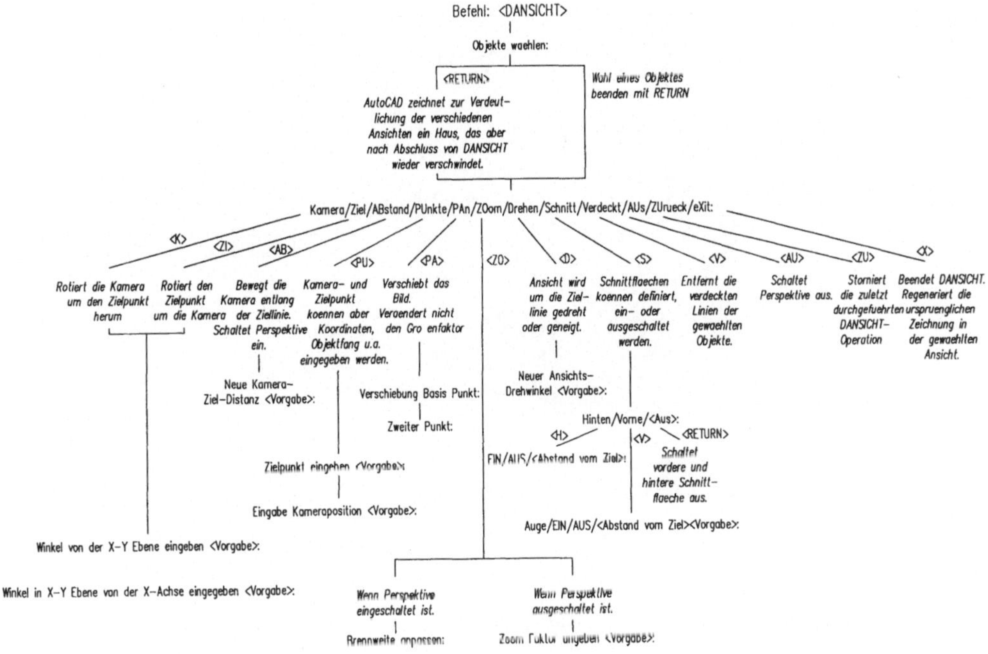

Bild 7-21 Möglichkeiten des Befehls DANSICHT

Geben Sie kein Objekt bei der entsprechenden Anfrage an, so sucht AutoCAD nach einem Block DANSICHTBLOCK. Als Vorgabe ist in diesem Block ein Haus gespeichert. Dieses Haus oder das gewählte Objekt werden bei den folgenden Ansichtsveränderungen entsprechend geändert. Erst bei Beendigung von DANSICHT wird die ursprüngliche Zeichnung in der gewünschten Ansicht vollständig gezeichnet.

Als Unterbefehle stehen zur Verfügung:

1. Kamera	7. Drehen
2. ZIel	8. Schnitt
3. ABstand	9. Verdeckt
4. PUnkte	10. AUs
5. PAn	11. ZUrück
6. ZOOM	12. eXit.

Im Abrollmenü *Anzeige* kann das Untermenü *DANSICHT Optionen* gewählt werden. Es erscheint das Bildmenü *DANSICHT Optionen* (s. Bild 7-22).

Bild 7-22
Bildmenü
DANSICHT
Optionen

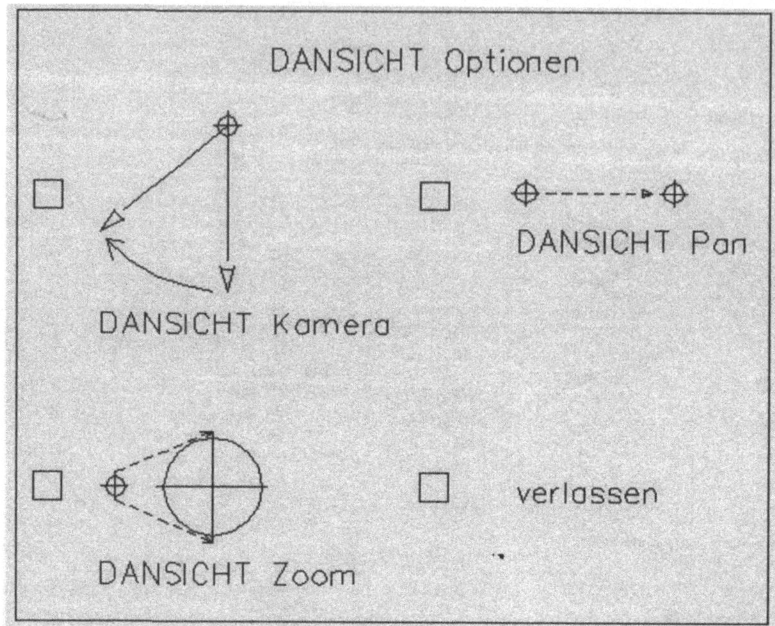

Falls Sie dieses Menü nicht finden sollten, können Sie auch nach der Wahl der Objekte auf dem Bildschirmmenü **<OPTIONEN>** anpicken. Es erscheint die Auswahl von Kamera ... bis Zurück.

Die wählbaren Optionen entsprechen folgenden Unterbefehlen von DAN-SICHT.

Bildmenüoption   Unterbefehl von DANSICHT
DANSICHT Kamera   KAmera
DANSICHT ZOOM   ZOom
DANSICHT PAN   PAn

Die Kommentare, die im Bild 7-22 zu den Optionen des Befehls DANSICHT enthalten sind, werden an dieser Stelle nicht vollständig wiederholt.

7.4.2.1 Kamera

Zuerst kann der Auf- oder Abwärtswinkel der Kamera relativ zur xy-Ebene entweder über die Tastatur oder über das Zeigegerät eingegeben werden. Anschließend kann die Kamera um das Ziel rotiert werden. Die Kamera bewegt sich nach links, wenn der Zeigebalkencursor nach links bewegt wird.

7.4.2.2 Ziel

Dreht den Zielpunkt um die Kamera. Dies entspricht einer Kopfdrehung, wobei der Ansichtspunkt erhalten bleibt.

7.4.2.3 ABstand

Die KAmera bewegt sich entlang der Ziellinie nach vorne oder hinten. Die perspektivische Ansicht wird eingeschaltet. Weiter hinten liegende Objekte erscheinen kleiner. Das Koordinatensymbol in der linken unteren Ecke des Bildschirms wird durch ein Perspektivesymbol ersetzt.

7.4.2.4 PUnkte

Die Koordinaten des Kamera- oder Zielpunktes können eingegeben werden. X-, Y-, Z-Punktefilter und Objektfang können ebenfalls benutzt werden.

7.4.2.5 PAn

Verschiebt das Bild, ohne den Größenfaktor zu verändern.

7.4.2.6 ZOom

Wenn die Perspektive eingeschaltet ist, bewirkt ZOom eine Änderung des Gesichtsfeldes. Eine Verminderung der Linsenbrennweite bewirkt ein größeres Gesichtsfeld. Ist die Perspektive ausgeschaltet, entspricht der Unterbefehl ZOom dem Befehl ZOOM Mitte (Abschn. 4.2.6). Der Mittelpunkt liegt dabei in der Mitte des aktuellen Ansichtsfensters. Ein Zoomgrößenfaktor kann eingegeben werden.

7.4.2.7 Drehen

Dieser Unterbefehl neigt oder dreht die Ansicht um die Ziellinie.

7.4.2.8 Schnitt

Die vordere Schnittfläche liegt als Vorgabe in der Ebene der Kamera (Auge). Objekte hinter der Kamera werden dabei nicht dargestellt. Objekte vor oder hinter einer Schnittfläche können mit diesem Unterbefehl aus der Zeichnung entfernt werden.

7.4.3 DRSICHT

Der Befehl DRSICHT zeigt eine Zeichnung aus der Draufsicht (Ansichtspunkt 0,0,1). Die Befehlsfolge lautet:
Befehl: <DRSICHT>
<Aktuelles BKS>/BKS/Welt:

Bei Eingabe *Aktuelles BKS* wird die Anzeige des aktuellen Ansichtsfensters in eine Draufsicht verwandelt. Wird *BKS* eingegeben, fragt AutoCAD nach dem Namen des gewünschten BKS (Benutzerkoordinatensystem). Es muß vorher gespeichert worden sein. Die Anzeige wechselt dann zur Draufsicht des eingebenen Koordinatensystems.

Der Unterbefehl *Welt* ändert die Ansicht zur Draufsicht des Weltkoordinaten-systems (WKS).

Hinweis! DRSICHT ändert die Ansichtsrichtung. Perspektive und Schnittflächen werden ausgeschaltet. Das aktuelle Bezugskoordinatensystem (BKS) wird nicht geändert.

7.4.4   VERDECKT

Der Befehl VERDECKT entfernt die verdeckten Linien in einer 3D-Zeichnung. Besonderheiten des Befehls VERDECKT übersteigen den Umfang dieses Buches und werden deshalb hier nicht weiter beschrieben.

7.4.5   AFENSTER

Mit dem Befehl AFENSTER können mehrere Ansichtsfenster mit verschiedenen Ansichten auf dem Bildschirm gleichzeitig angezeigt werden. Der Bildschirm kann dafür in entsprechende Ansichtsfenster unterteilt werden. Die Systemvariable TILEMODE muß den Wert 1 haben. Die Befehlsfolge für AFENSTER lautet:

Befehl: **<AFENSTER>**

Sichern/Holen/Löschen/Verbinden/Einzeln/?/2/<3>/4:

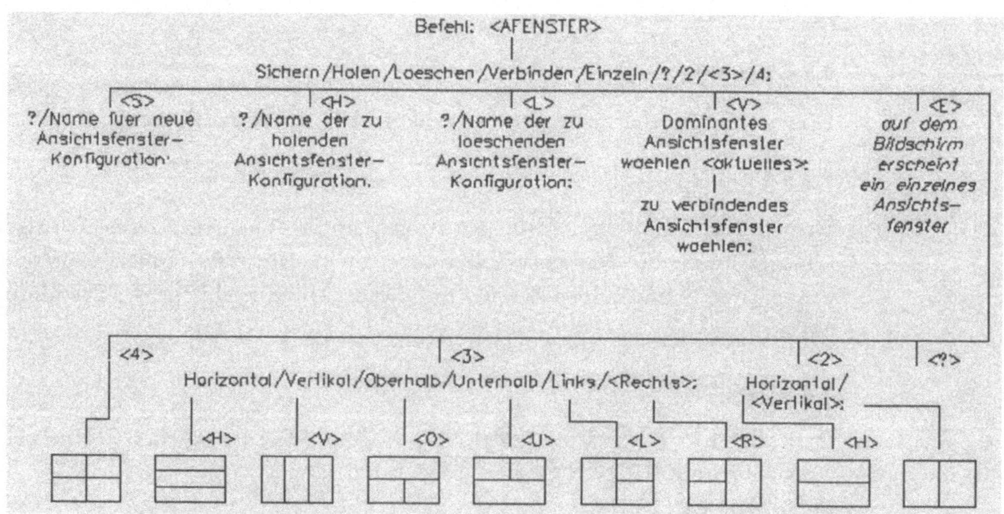

Bild 7-23 Möglichkeiten des Befehls AFENSTER

Wie Bild 7-23 zeigt, bietet der Befehl **AFENSTER** folgende Möglichkeiten:

Sichern Speichert die aktuelle Ansichtsfenster-Konfiguration unter dem angegebenen Namen.

Holen Holt eine zuvor gespeicherte Ansichtsfenster-Konfiguration auf den Bildschirm.

Löschen Löscht die angegebene Ansichtsfenster-Konfiguration.

Verbinden Kombiniert zwei nebeneinanderliegende Ansichtsfenster zu einem größeren rechteckigen Ansichtsfenster. Der Ansichtsmodus für das neue Ansichtsfenster wird vom dominanten Ansichtsfenster übernommen.

Einzeln Erzeugt ein einzelnes Ansichtsfenster.

? Zeigt die Lage und die Identifikationsnummer der aktiven Ansichtsfenster an.

2,3,4 Erzeugt verschiedene Ansichtsfenster-Konfiguration .

Sie können in dem dick umrandeten Ansichtsfenster normal zeichnen. Wollen Sie in einem anderen Ansichtsfenster zeichnen, dann schieben Sie den Cursor über die Grenze auf das Feld des gewünschten Ansichtsfensters. Das Fadenkreuz verändert sich dabei in einen Pfeil. Drücken Sie nun den Pickknopf des Zeigegerätes. Das gewünschte Ansichtsfenster ist anschließend dick umrandet und Sie können mit der Zeichnung beginnen.

7.4.6   TILEMODE

Die AutoCAD-Version 12 hat im Vergleich zur Version 11 viele neue Befehle und Funktionsweisen. Um alte Anwendungen weiterbenutzen zu können wurde die Systemvariable TILEMODE geschaffen. Ist TILEMODE=1 verhält sich die Version 12 wie die Version 11 bzw. 10. Um Befehle wie MANSFEN, PBEREICH o.a. verwenden zu können, muß TILEMODE ebenfalls verändert werden. Im folgenden sehen Sie einige Befehle, die bestimmte Werte von TILEMODE voraussetzen.

7.4.7   MANSFEN

Im Papierbereich können mit MANSFEN neue Ansichtsfenster erzeugt werden. TILEMODE muß auf 0 gesetzt sein. Wird MANSFEN aus dem Modellbereich aufgerufen, so wechselt AutoCAD für die Dauer des Befehls in den Papierebereich und kehrt dann in den Modellbereich zurück.

Bild 7-24 zeigt die Möglichkeiten des Befehls MANSFEN.

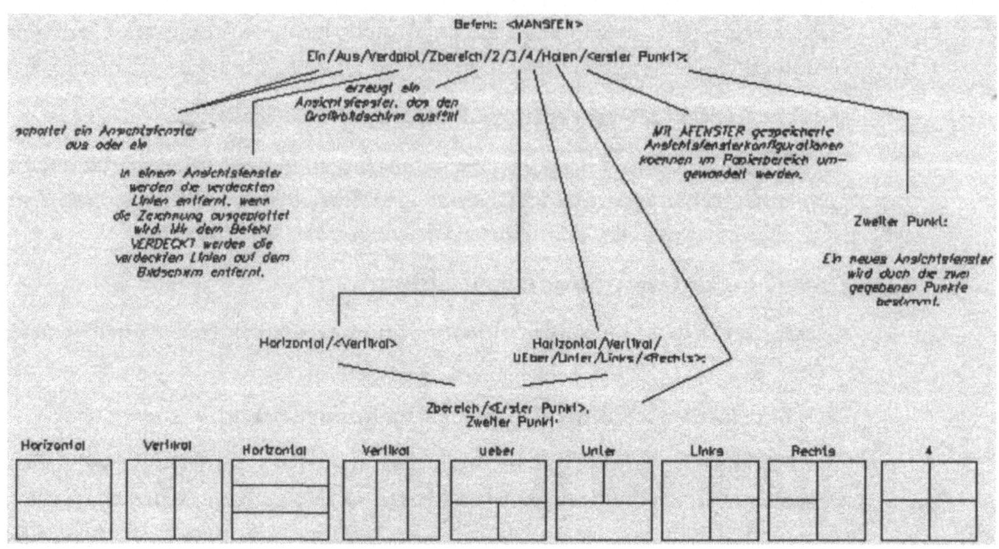

Bild 7-24 Möglichkeiten des Befehls MANSFEN

7.4.8   MBEREICH

TILEMODE muß auf 0 gesetzt sein.

AutoCAD wechselt mit MBEREICH in den Modellbereich.

7.4.9   PBEREICH

TILEMODE muß auf 0 gesetzt sein.
Mit PBEREICH wird in den Papierbereich gewechselt.

7.5   3D-Befehle

Folgende Befehle können auch beim dreidimensionalen Zeichnen verwendet werden:

ABSTAND

ÄNDERN

ATTDEF

AUSSCHNT

BASIS

DREHEN

EINFÜGE, BLOCK, WBLOCK

ID

KOPIEREN

LISTE

OFANG

PLOT

PRPLOT

PUNKT

RASTER

REIHE

SCHIEBEN

SKALA

SKIZZE

SPIEGELN

STATUS

STRECKEN

TEXT

URSPRUNG

VARIA

ZOOM.

Die Wirkung der einzelnen Befehle unterscheidet sich teilweise von der beim zweidimensionalen Zeichnen. Doch hier soll nicht auf alle Einzelheiten eingegangen werden.

7.6   Zeichnen mit AME

Das Programmpaket AME (Advanced Modeling Extension) bietet die Möglichkeit, 3-dimensionale Objekte als Volumenobjekte zu zeichnen, zu verändern und verschiedene Eigenschaften (z.b. Masse, Schwerpunkt usw.) zu bestimmen. AME läßt sich über das Menüfeld rechts am Bildschirm laden ebenso über das Abrollmenü *AME*. Über die Tastatur können Sie (xload "ame") eingeben, um AME zu laden.

Am besten laden Sie AME über das AutoCAD- Abrollmenü *MODELL*. Wählen Sie hier *AME DIENSTE*. In diesem Untermenü wählen Sie *AME LADEN* und bestätigen dies mit ⏎.

Bei Wahl von AME über das rechte Menüfeld (Bildschirmmenü) bietet AutoCAD folgende Untermenüs an (Bild 7-25).

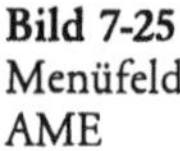

Bild 7-25
Menüfeld
AME

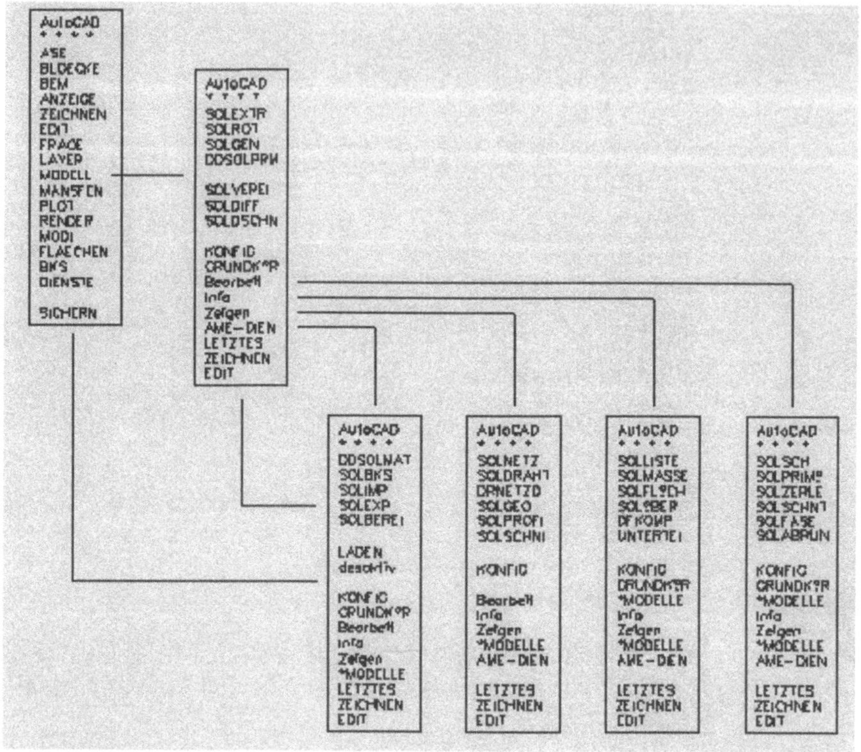

Sämtliche Befehle, die zu AME gehören besitzen als Anfangsbuchstaben SOL.
Es sind dies:

SOLEXTRUS

SOLGEN

SOLKEGEL

SOLKEIL

SOLKUGEL

SOLQUADER

SOLROT

SOLTORUS

SOLZYL.

Aus den folgenden Bildern können Sie die Befehlsfolge für die jeweiligen Befehle entnehmen, sowie einzelne Beispiele. Die Befehle ähneln den 3D-Befehlen des AutoCAD-Befehlssatzes, beispielsweise ROTOB, KEIL, KUGE. Diese stellen Drahtmodelle von 3D-Objekten her, während die AME-Befehle Volumenobjekte erzeugen.

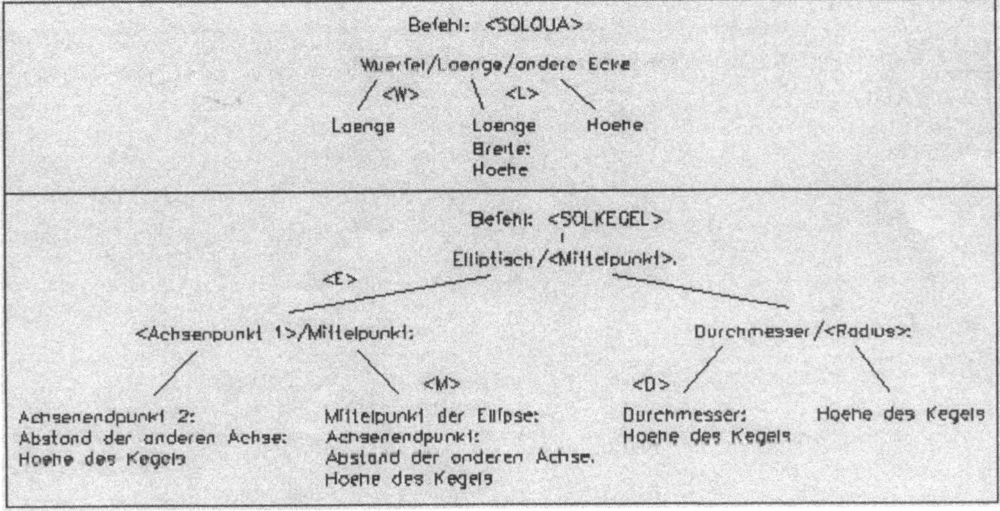

Bild 7-26 Befehlsfolge von SOLQUA und SOLKEGEL

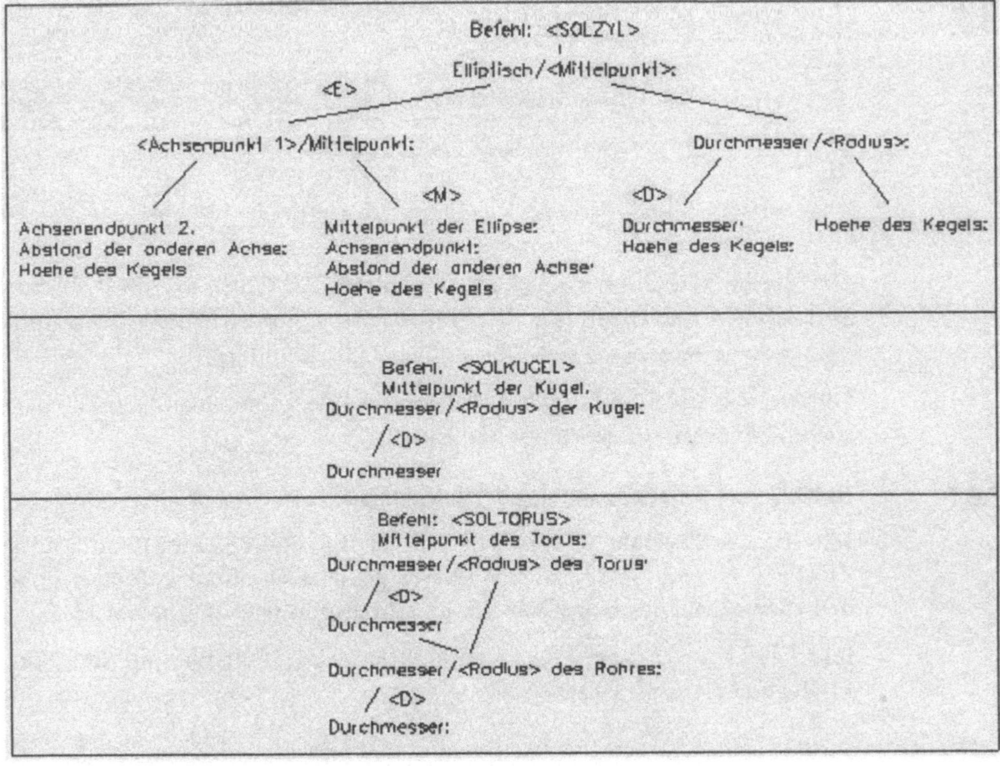

Bild 7-27 Befehlsfolge von SOLZYL, SOLKUGEL und SOLTORUS

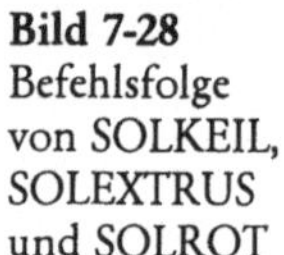

Bild 7-28
Befehlsfolge
von SOLKEIL,
SOLEXTRUS
und SOLROT

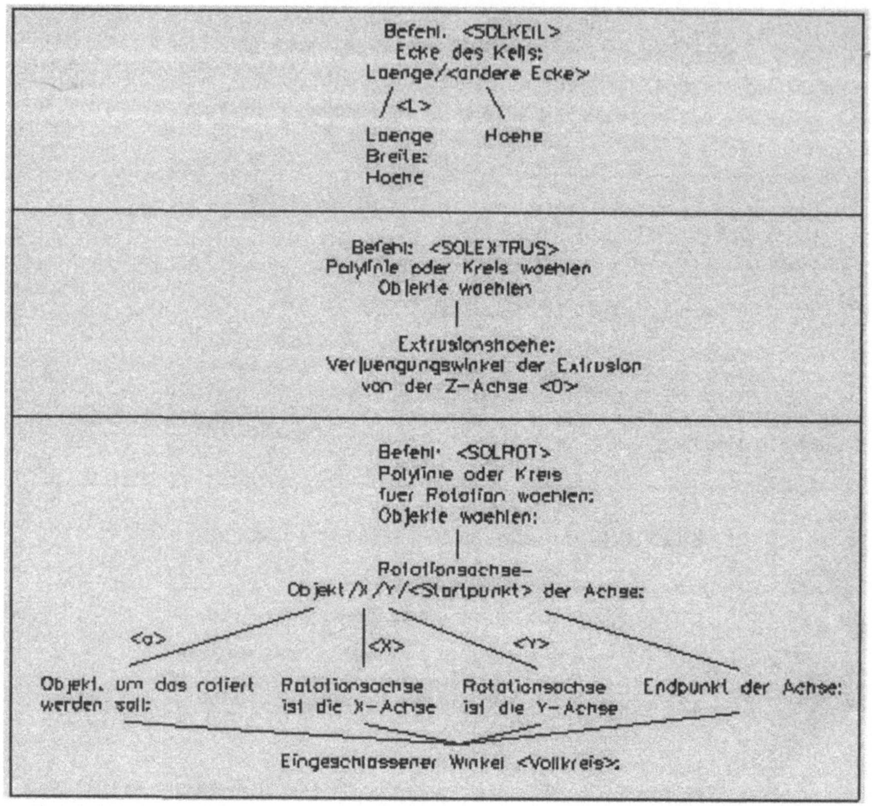

Der Befehl **SOLGEN** erzeugt aus bestimmten 3D-Objekten AME-Objekte.
Dies können nur Polylinien, Polygone, Kreise, Ellipsen, Bänder, Ringe und
2D-Solidobjekte sein, die eine Objekthöhe ungleich null haben.

Objekte, die mit LINIE, 3DPOLY erzeugt wurden, oder eine 3D-Fläche darstellen, können nicht extrudiert werden.

7.6.1   Befehle zum Kombinieren von AME-Objekten

Mit Hilfe der Befehle SOLDSCHNT, SOLDIFF, SOLVEREINIG und SOL-
ZERLEG können AME-Objekte (Festkörperobjekte) miteinander vereinigt
und voneinander abgezogen werden. Es entstehen neue Festkörperobjekte.

Bild 7-29 zeigt die Befehlsfolge von SOLDSCHNT, SOLDIFF und SOLVER-
EINIG und einige Beispiele.

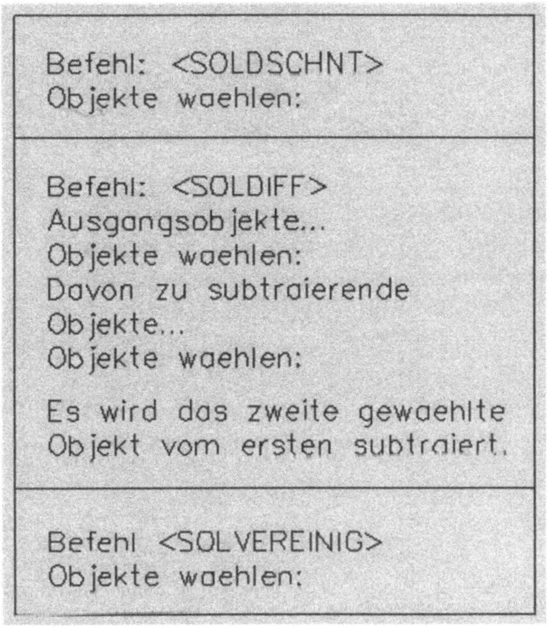

Bild 7-29
Befehle
SOLD-
SCHNT,
SOLDIFF und
SOLVEREI-
NIG

Befehl: <SOLDSCHNT>
Objekte waehlen:

Befehl: <SOLDIFF>
Ausgangsobjekte...
Objekte waehlen:
Davon zu subtraierende
Objekte...
Objekte waehlen:

Es wird das zweite gewaehlte
Objekt vom ersten subtraiert.

Befehl <SOLVEREINIG>
Objekte waehlen:

Der Befehl **SOLZERLEG** zerlegt Objekte, die mit SOLDSCHNT, SOLDIFF oder SOLVEREINIG verändert wurden, wieder in ihre ursprünglichen Bestandteile.

7.6.2   Befehle zur Bearbeitung von AME-Objekten

Zur Veränderung der Struktur von AME-Objekten stehen folgende Befehle zur Verfügung:

SOLFASE, SOLABRUND, SOLPRIMÄND und SOLSCHIEB.

Die Befehlsfolgen und Beispiele von SOLFASE und SOLABRUND sind Bild 7-30 zu entnehmen.

Bild 7-30 SOLFASE und SOLA-BRUND

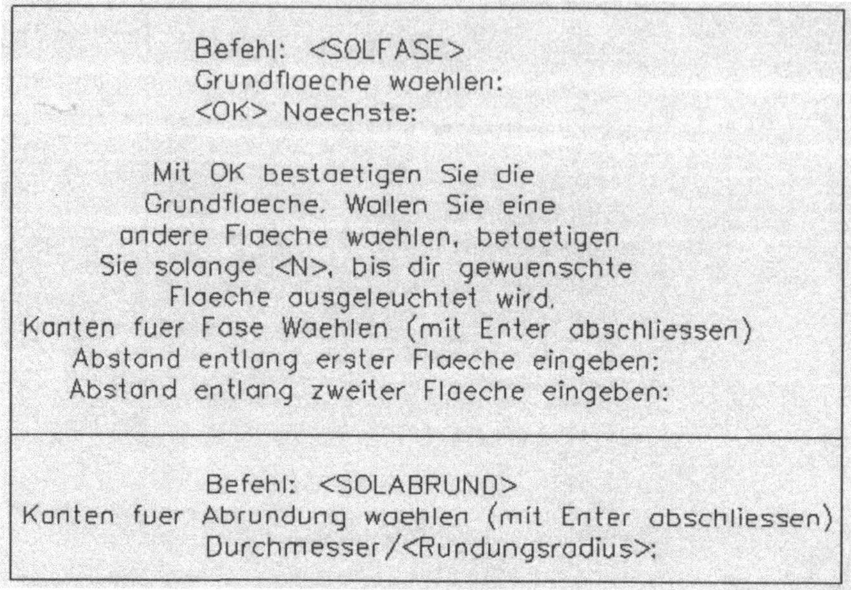

Befehl: <SOLFASE>
Grundflaeche waehlen:
<OK> Naechste:
Mit OK bestaetigen Sie die Grundflaeche. Wollen Sie eine andere Flaeche waehlen, betaetigen Sie solange <N>, bis dir gewuenschte Flaeche ausgeleuchtet wird.
Kanten fuer Fase Waehlen (mit Enter abschliessen)
Abstand entlang erster Flaeche eingeben:
Abstand entlang zweiter Flaeche eingeben:
Befehl: <SOLABRUND>
Kanten fuer Abrundung waehlen (mit Enter abschliessen)
Durchmesser/<Rundungsradius>:

Der Befehl **SOLPRIMÄND** verändert einzelne AME-Objekte. Es dürfen aber keine zusammengesetzten Objekte sein. Die Befehlsfolge ist in Bild 7-31 beschrieben.

Befehl: <SOLPRIMAEND>
Festkoerper waehlen:
Neue Farbe <VORGABE>.
Basispunkt der Verschiebung:
Primitiv waehlen
Festkoerper zum ersetzen von Primitiv waehlen:
Soll der losgeloeste Primitiv beibehalten werden? <N>
Zweiter Punkt der Verschiebung:
Soll der losgeloeste Primitiv beibehalten werden? <N>

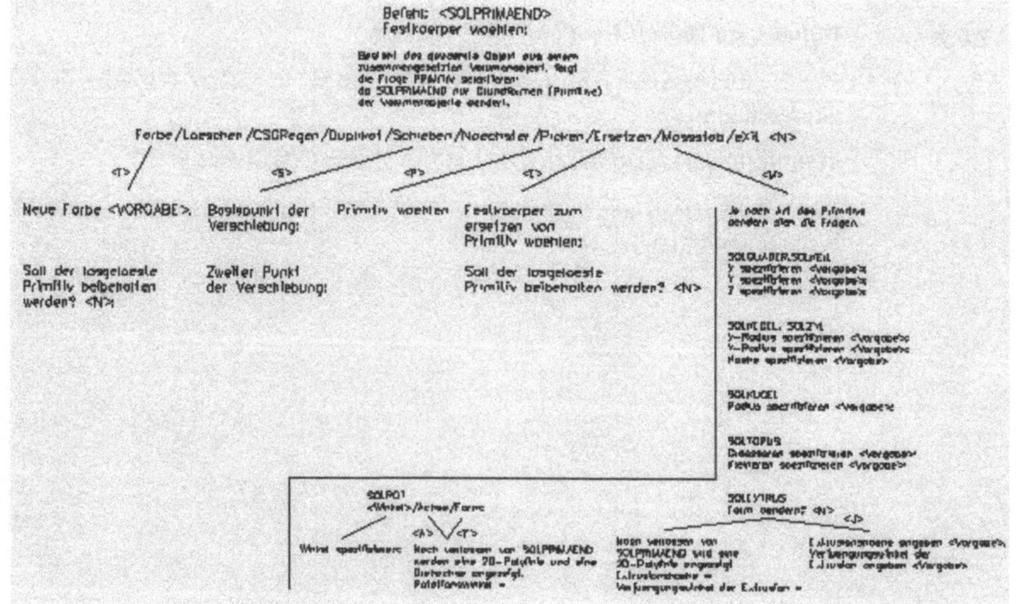

Bild 7-31 Befehlsfolge von SOLPRIMÄND

Folgende Unterbefehle sind möglich:

Farbe   Verändert die Farbe.

Löschen   Löscht das Objekt.

CSGRegen   Regeneriert den Aufbau des Objekts.

Duplikat   Erzeugt ein Duplikat des Objekts. Es wird direkt auf das Original gelegt, so daß es nicht sichtbar ist. Es wird als separates Objekt behandelt.

Schieben   Verschiebt das Objekt.

Nächster   Wählt das nächste Objekt in einem zusammengesetzten Volumenmodell.

Picken   Gibt die Möglichkeit ein Primitiv zu wählen, um es dann zu verändern.

Ersetzen   Ersetzt das gewählte Objekt durch ein anderes AME-Objekt.

Masstab   Ändert die einzelnen Bestimmungsgrößen des Objekts. Je nach Art des Objektes sind dies Radius, Winkel o.a.

eXit Beendet den Befehl SOLPRIMÄND.

Der Befehl **SOLSCHIEB** verschiebt und rotiert AME-Objekte. Die gewünschte Bewegung kann mit Hilfe eines Codes eingegeben werden. Die Beschreibung des Codes entnehmen Sie der Tabelle 7-1.

Tabelle 7-1
Code zur Bewegungsbeschreibung zum Befehl SOLSCHIEB

Codebeschreibung	Bewegung
a [efuw]	Ausrichtung am gewählten Koordinatensystem
r [xyz]	Rotation um die gewählte Achse
t [xyz]	Translation (geradlinige Verschiebung) entlang der gewählten Achse
e	Ausrichtung der Achsen am Kantenkoordinatensystem
f	Ausrichtung der Achsen am Flächenkoordinatensystem
u	Ausrichtung der Achsen am Benutzer-Koordinatensystem
w	Ausrichtung der Achsen am Welt-Koordinatensystem
o	Objekt auf die ursprüngliche Orientierung und Position zurücksetzen

7.6.3 Befehle zur Information über Volumenmodelle

Die Befehle SOLLISTE, SOLMASSE und SOLFLÄCHE geben Informationen über gewählte Volumenmodelle.

Der Befehl **SOLLISTE** hat folgenden Ablauf:
Befehl: <SOLLISTE>
Kante/Fläche/CSG-Baum/<Festkörper>:

Je nachdem, welcher Unterbefehl gewählt wurde, zeigt AutoCAD Informationen über das gewählte Objekt an. Beispielsweise werden bei einer geraden Kante die Endpunktkoordinaten und die Länge angezeigt.

Mit dem Befehl **SOLMASSE** können Masseeigenschaften (Masse, Schwerpunkt, Ausmaße der Bounding Box, Trägheitsmomente, Trägheitsradien, Hauptträgheitsmomente und entsprechende Krümmungsradien) von gewählten Volumenmodellen berechnet und angezeigt werden.

Der Schwerpunkt wird als Punkt angezeigt.

Die Massedaten können in eine Datei geschrieben werden. Diese Datei hat die Namenserweiterung .MPR.

Zur Berechnung der Oberfläche von Volumenmodellen steht der Befehl **SOLFLÄCHE** zur Verfügung. Nach der Wahl des gewünschten Objektes zeigt AutoCAD die Größe der Oberfläche an.

7.6.4 Weitere AME-Befehle

Der Befehl **SOLNETZ** stellt ein Volumenmodell als PNetz dar. Die Liniendichte wird über die Variable SOLWDENS gesteuert. Um die verdeckten Linien eines Festkörpermodells zu entfernen oder um das Modell zu schattieren, muß es zuvor zu einem Netz umgewandelt werden.

SOLDRAHT erzeugt aus einem Volumenmodell ein Drahtmodell. Die vorgebene Darstellung eines Volumenobjektes ist das Drahtmodell.

SOLGEO erzeugt ein neues Objekt aus einer Kante oder Fläche eines Volumenobjektes. Dieses muß als Drahtmodell vorliegen. Das neue Objekt wird einem namenlosen Block zugeordet, dessen Position an der ursprunglichen Stelle der Kante oder Fläche ist.

Mit dem Befehl **SOLSCHNITT** kann ein neues Objekt erstellt werden, das den Querschnitt oder Längsschnitt eines Volumenobjektes darstellt. Das neue Objekt ist ein namenloser Block, der an der ursrünglichen Stelle eingefügt wird.

Die Schnittfläche wird schraffiert, wenn die Variable SOLHPAT auf ein gültiges Schraffurmuster eingestellt ist. Winkel und Masstab des Schraffurmusters wird über die Variablen SOLHANGLE und SOLHSIZE gesteuert.

SOLPROFIL zeichnet die Profillinien eines Volumenmodells. Die Systemvariable TILEMODE muß den Wert 0 besitzen. Die Profillinien werden namenlosen Blöcken zugeordnet, die sich an ihrer ursprünglichen Position befinden.

Den Volumenkörpern können Materialien zugeordnet werden. Die Materialdefinitionen können durch den Befehl **SOLMAT** erzeugt und verändert werden. Ebenso ist es möglich, das Material eines Volumenmodells zu wechseln. Bild 7-32 zeigt die Befehlsfolge von SOLMAT.

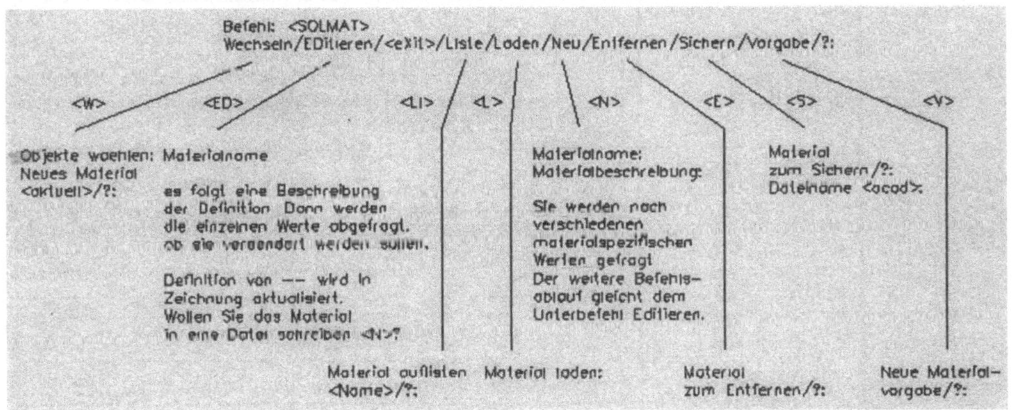

Bild 7-32 Befehlsfolge von SOLMAT

Mit Hilfe der Unterbefehle können folgende Operationen durchgeführt werden:

Wechseln Wechselt das Material eines bestehenden Volumenmodells.

Editieren Materials. Ändert die Definition eines in der Zeichnung bereits definierten

eXit Beendet den Befehl SOLMAT.

Liste Zeigt die Definition eines Materials auf dem Bildschirm an.

Laden Lädt eine Materialdefinition aus einer externen Datei in die Zeichnung.

Neu Definiert ein neues Material.

Entfernen Löscht eine Materialdefinition aus der Zeichnung.

Sichern Sichert eine Materialdefiniton in eine externe Datei.

Vorgabe   Bestimmt das Material, das neu gezeichneten Volumenmodellen als Vorgabe zugeordnet wird.

?   Listet alle Materialien auf, die in der Zeichnung oder externen Dateien definiert sind.

Mit dem Befehl **SOLBKS** wird das Benutzerkoordinatensystem an einer Kante oder Fläche eines Festkörpers ausgerichtet.

Der Befehl **SOLVAR** verändert die Variablen, welche die Funktionsweise der AME-Befehle steuert. Tabelle 7-2 zeigt die Variablen und ihre Bedeutung.

Tabelle 7-2
Variable der
AME-Befehle
und ihre
Bedeutung

AME-Befehl	Bedeutung
SOLNETZ	Volumennetz aus 3D-Flächen (kein Drahtmodell; SOLDRAHT nicht erlaubt)
SOLDRAHT	Drahtmodell (kein VolumenmModell; SOLNETZ nicht erlaubt)
SOLGEO	Kopieren von Kanten oder Flächen eines Volumenmodells (nur für Drahtmodell geeignet)
-Kante	Kante kopieren
-Fläche	Fläche kopieren
SOLSCHNITT	Schnitt durch ein Volumenmodell
SOLPROFIL	Zeichnen der Profillinien des Volumenmodells
SOLMAT	Materialdatei für das Volumenmodell (z.B. Name, Dichte, E-Modul, usw.) (es können auch neue Materialien aufgenommen werden)
SOLBKS	Richtet das neue Benutzerkoordinatensystem (BKS) mit der Kante oder Fläche eines Volumenmodells aus
-Kante	Ausrichten an der Kante
-Fläche	Ausrichten an der Fläche
SOLVAR	Einstellung von Variablen, die das Volumenmodell beeinflussen
-SOLMever	AutoCAD-Versionsnummer
-SOLAReau	Maßeinheit für Flächenberechnungen
-SOLAXcol	Farbe des Achsensymbols
-SOLDecomp	Zerlegungsrichtung der Masseeigenschaften
-SOLDELent	Löschen eines 2D-Objekts nach Umwandlung in 3D
-SOLDIsplay	Darstellung des Volumenmodells als Draht- oder Netzmodell

-SOLHAngle	Winkel des Schraffurmusters
-SOLHpat	Schraffurmuster
-SOLHSize	Maßstab des Schraffurmusters
-SOLLength	Maßeinheit für Länge im Volumenmodell
-SOLMASs	Maßeinheit für Masse im Volumenmodell
-SOLMatcurr	Name der Materialnamen
-SOLPagelen	Seitenlänge zur Auflistung der Daten für die Befehle SOLLISTE, SOLMASSE und SOLMAT
-SOLRender	Farbe für das Schattieren für die Befehle SHADE, SOLNETZ und SOLDRAHT
-SOLSErvmsg	Steuerung der Meldungen
-SOLSOlidify	Umwandeln von 2D-Objekte in Festkörperobjekte
-SOLSUbdiv	Unterteilungstiefe für die Berechnung von Masseeigenschaften
-SOLVolume	Einheit für Volumenberechnungen
-SOLWdens	Liniendichte für Draht- und Netzmodelle
-?	Anzeige der Liste aller Modellvariablen
SOLIMP	Importieren externer Baugruppendateien in die aktuelle Zeichnung
SOLEXP	Speichert Festkörperobjekte in eine externe Baugruppendatei
SOLBEREINIG	Gewinnen von Speicherkapazität und Verkleinern der Zeichnung
-Speicher	Gewinnen von Speicherkapazität
-Bdatei	Verkleinern der Zeichnung
-Pnetz	Auswahl eines PNetz-Körpers
- <GELÖSCHT>	Löschen von sekundären Objekten

Um externe Baugruppendateien in Ihre aktuelle Zeichnung zu holen, benutzen Sie den Befehl **SOLIMP**. Der Befehl **SOLEXP** speichert Festkörperobjekte aus Ihrer Zeichnung in eine externe Baugruppendatei.

Um Speicherplatz zu sparen, geben Sie den Befehl **SOLBEREINIG** ein.

8 Isometrisches Zeichnen

8.1 Übungszeichnung

In AutoCAD können isometrische Zeichnungen erstellt werden. Die in der Isometrie üblichen drei Hauptachsen sind: Die senkrechte Achse (90°) und zwei Achsen, die jeweils um 60° nach links (150°) bzw. rechts (30°) gedreht sind. Durch diese Achsen werden drei isometrische Ebenen aufgespannt (LINKS, RECHTS, OBEN), in denen gezeichnet werden kann (Bild 8-1).

Bild 8-1
Isometrische
Achsen und
Ebenen

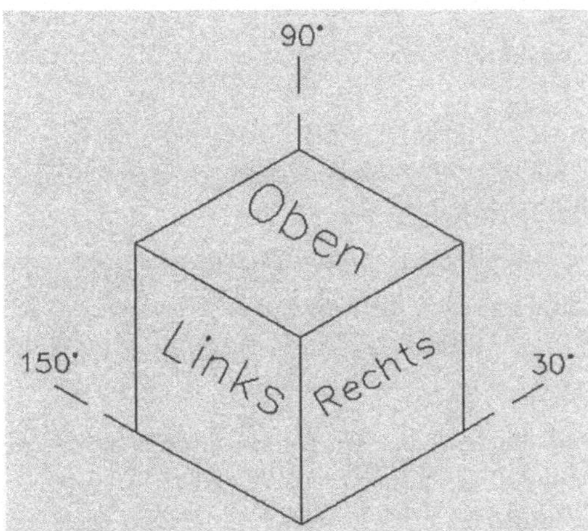

Um die gewünschte Isoebene auszuwählen, wird folgendermaßen vorggangen:

⇨ Auswahl der gewünschten Isoebene mit der Funktion **ISOEBENE**;

⇨ Einstellen eines Rasters als Zeichnungshilfe in der isometrischen Ebene.

Zur Übung soll folgender Körper gezeichnet werden (Bild 8-2):

Bild 8-2
Körper in der
isometrischen
Darstellung

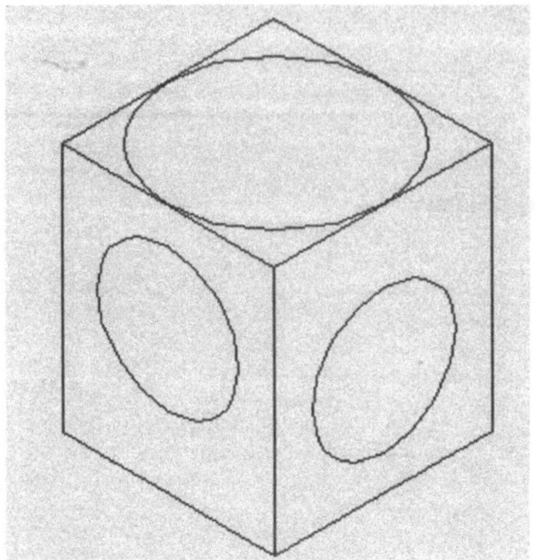

Die Zeichnung soll **ISO** heißen. Deshalb wird auf dem AutoCAD-Bildschirm der Befehl **<DIENSTE>** **<nächste>** **<NEU>** angepickt. Im Dialogfenster „Neue Zeichnung erstellen" geben wir für „neuer Zeichnungsname" **<ISO>** ein. Dies wird bestätigt durch anpicken von **<ok>** oder ⏎. Im **MODI**-Menü wird über die Funktion **FANG** der **Stil** Isometrisch eingestellt (der Fangwert soll 10 Einheiten betragen):

Befehl: **<MODI>** **<nächste>**
<FANG>
Fangwert oder Ein/AUs/ASpekt/Drehen/Stil <1.00>: **<Stil>**
Standard/Isometrisch <S>: **<I>**   Einstellen des isometrischen Zeichenstils.
Vertikaler Wert <1.00>: **<10>**.

Es ist die linke Isoebene gewählt. Um das Raster einzustellen, wird die F7-Taste gedrückt. Zunächst werden die Linien des Körpers und dann die Ellipsen gezeichnet. Die Koordinatenwerte sind so gewählt, daß sie sich auf Rasterpunkten befinden.

Das Fangraster und die Isoebene können auch über Abrollmenüs eingestellt werden. Dies wird hier nur zum Überprüfen der erfolgten Einstellung verwendet. Dazu wird mit dem Zeigegerät das *Abrollmenü Modi* gewählt und dort das *Untermenü Zeichnungshilfen*. Es erscheint Bild 8-3 auf dem Bildschirm.

Bild 8-3
Dialogfenster
Zeichnungs-
hilfen

Oben, bei „Fang und Raster" sehen Sie, daß der Fangmodus und das Raster
eingestellt sind. Die Werte für das Fangraster ergeben sich aus der vertikalen
Höhe von 10 Einheiten, die wir vorhin eingestellt haben. Die Isoebene *Links*
ist eingestellt, ebenso das isometrische Raster. Wenn die Informationen eines
Feldes nicht mehr gültig sein sollen, müssen Sie das Kreuz in diesem Feld ent-
fernen. Dazu setzen Sie den auf dem Bildschirm sichtbaren Pfeil mit dem
Zeigegerät auf das entsprechende Kreuz und drücken den Pickknopf. Das
Häkchen verschwindet aus dem Kästchen (ausführliche Informationen zu den
Abrollmenüs, s. Abschn. 12.2. und 13.5).

a) Zeichnen der Linien in der linken Isoebene
Befehl: <ZEICHNEN>
<LINIE>
Von Punkt: <147.22,175>
Nach Punkt: <@0,-70>
Nach Punkt: <@60<330>
Nach Punkt: <@70<90>
Nach Punkt: <schliess>.

b) Zeichnen der Ellipse in der linken Isoebene
Befehl: <LETZTES>
<ELLIPSE>
<Achsenendpunkt 1>/Mittelpunkt/Isokreis: <Isokreis>
Kreismittelpunkt: <173.21,130>
<Kreisradius>/Durchmesser: <@20<330>.

Bild 8-4 zeigt die bereits gezeichneten Objekte.

Bild 8-4
Linien und
Ellipse in der
linken
Isoebene

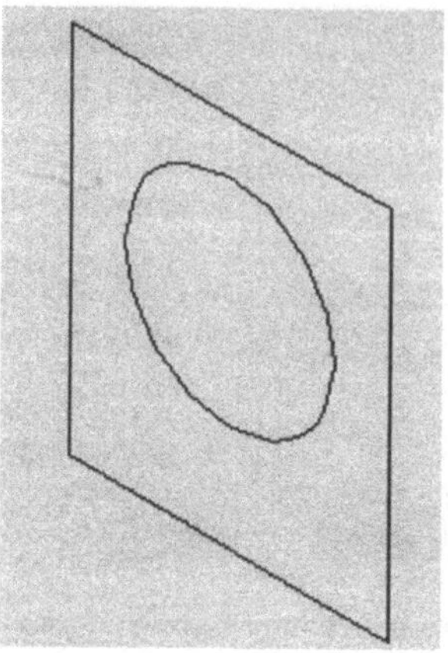

Wir wechseln die Isoebene und wählen mit dem Befehl *ISOEBENE* die rechte
isometrische Ebene:

Wählen Sie oberes Abrollmenü *MODI* Untermenü *ZEICHNUNGSHILFEN*.
Hier picken Sie im rechten unteren Auswahlfeld *RECHTS* an.

Sie können aber auch wie folgt vorgehen:
Befehl: <ISOEBENE>
Links/Oben/Rechts/<Schalter>: <R>
    Wahl der rechten isometrischen Ebene.
Aktuelle isometrische Ebene: Rechts.

Das Fadenkreuz hat nun eine andere Ausrichtung (in Richtung der rechten
isometrischen Fläche, d. h. 30° und 90°). Es werden wieder die Begrenzungslinien der isometrischen Ebene und anschließend die Ellipse gezeichnet.

c) Zeichnen der Linien für die rechte isometrische Ebene
Befehl: <ZEICHNEN>
<LINIE>
Von Punkt: <199,19,145>
Nach Punkt: <@60<30>
Nach Punkt: <@70<270>
Nach Punkt: <@60<210>
Nach Punkt: <schliess>.

d) Zeichnen der Ellipse in der rechten isometrischen Ebene
Befehl: <LETZTES>
<ELLIPSE>
<Achsenendpunkt 1>/Mittelpunkt/Isokreis: <Isokreis>
Kreismittelpunkt: <225,17,120>
<Kreisradius>/Durchmesser: <@20<30>.

Bild 8-5
Linke und
rechte isome-
trische Ebene
mit Ellipsen

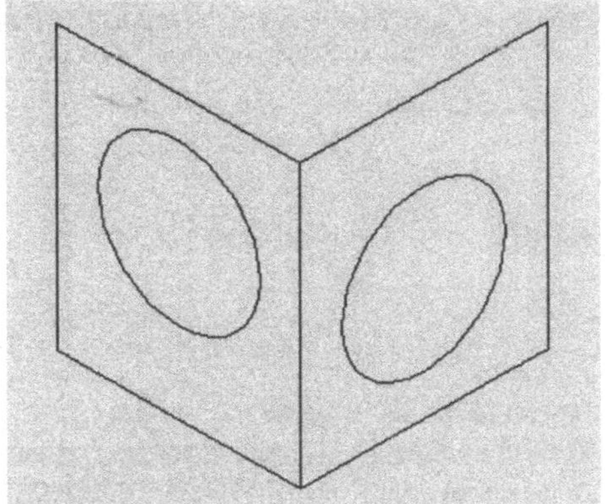

In die obere Isoebene wird mit dem Befehl **ISOEBENE** Oben umgeschaltet.

Befehl: <ISOEBENE>
Links/Oben/Rechts/<Schalter>: <O>
Aktuelle isometrische Ebene: Oben

Das Fadenkreuz zeigt eine andere Ausrichtung. Es werden die beiden Kanten
der oberen Isoebene und die Ellipse gezeichnet.

e) Zeichnen der Linien in der oberen isometrischen Ebene
Befehl: <ZEICHNEN>
<LINIE>
Von Punkt: <251.15.175>
Nach Punkt: <@60<150
Nach Punkt: <@60<210>
Nach Punkt: ⏎.

f) Zeichnen der Ellipse in der oberen isometrischen Ebene
Befehl: <ELLIPSE>
<Achsenendpunkt 1>/Mittelpunkt/Isokreis: <Isokreis>
Kreismittelpunkt: <199.19.175>
<Kreisradius>/Durchmesser: <@30<150>

Sie sehen als Ergebnis den isometrischen Quader mit den eingezeichneten Ellipsen (Bild 8-2). Mit der Funktion **ENDE** aus dem **DIENST**-Menü wird die
Übungszeichnung abgeschlossen.

8.2 Befehle für die isometrische Darstellung: ISOEBENE, FANG und RASTER

8.2.1 ISOEBENE

Mit der Funktion **ISOEBENE** kann in die einzelnen Isoebenen umgeschaltet werden.

Befehl: <ISOEBENE>

Links/Oben/Rechts/<Schalter>:

Die Isoebene ist durch die Eingabe des jeweiligen Anfangsbuchstabens (z. B. **o** für **oben**) zu wählen. Mit Drücken der ⏎-Taste wird die nächste Isoebene ausgewählt. Die Reihenfolge ist dabei *LINKS-OBEN-RECHTS-LINKS-OBEN ...*

Sie können zum Befehl „Isoebene" auch durch das *MODI*-Abrollmenü gelangen. Wählen Sie in diesem Abrollmenü den Befehl *ZEICHNUNGSHILFEN*. Sie erhalten das Dialogfenster „Zeichnungshilfen". Im rechten unteren Menüfeld können Sie durch Anpicken die Isoebene ein- bzw. ausschalten. Ebenso kann hier die linke, rechte oder obere Isoebene ausgewählt werden. Diese Auswahl müssen Sie anschließend mit <ok> oder ⏎ bestätigen. Die Ausrichtung der isometrischen Achsen und die entsprechenden Bewegungen des Fadenkreuzes ist der folgenden Tabelle zu entnehmen.

Tabelle 8-1
Cursorbewegung in den isometrischen Achsen

Ebene	Achsenrichtung	Cursorbewegung rechts bzw. links	Cursorbewegung auf bzw. ab
Links	90°, 150°	150°	90°
Oben	30°, 150°	150°	30°
Rechts	90°, 30°	30°	90°

Die Pfeiltasten bewirken eine Bewegung des Fadenkreuzes in Richtung der Isometrieachsen, wenn der Fang-Modus eingeschaltet und auf isometrisch eingestellt ist. Ist der Fang-Modus ausgeschaltet, bewegen die Pfeiltasten das Fadenkreuz wie gewöhnlich in waagerechter und senkrechter Richtung.

8.2.2 FANG

Mit der Funktion **FANG** aus dem **MODI**-Menü kann ein unsichtbares Raster von Fangpunkten über die Zeichnung gelegt werden. Mit der Funktion **RASTER** kann dieses Raster sichtbar gemacht werden.

Befehl: <FANG>

Fangwert oder Ein/AUs/ASpekt/Drehen/Stil: *<aktuelle Vorgabe>*:

Es können folgende Einstellungen ausgewählt werden:

⇨ **Ein**

Der Fangmodus wird **ein**geschaltet. Der Cursor bewegt sich nur noch schritt-
weise auf dem vorher definierten, unsichtbaren Netz von Punkten.

⇨ **AUs**

Der Fangmodus wird **aus**geschaltet. Mit der Taste (F9) kann der Fangmodus
ebenfalls ein- und ausgeschaltet werden.

⇨ **Fangwert**

Der Abstand der einzelnen Fangpunkte ist der Fangwert.

⇨ **ASpekt**

Für die x- bzw. y-Abstände der Punkte des Fangrasters können unterschiedliche Werte eingeben werden

Hinweis: Hinweis! Beim isometrischen Zeichnen können keine unterschiedlich großen
Rasterabstände entlang der Achsen festgelegt werden. Diese Optionen können
Sie auch im Dialogfenster „Zeichnungshilfen" (Abschnitt 8.2.1) einstellen.

Die waagerechten und senkrechten Abstände werden folgendermaßen festgelegt:

    Horizontaler Wert:

    Vertikaler Wert:

⇨ **Drehen**

Mit dieser Funktion wird das Raster um einen Punkt (Basispunkt) gedreht.
Die Befehlsfolge lautet:

Befehl: <u>**<FANG>**</u>

Fangwert oder Ein/AUs/ASpekt/Drehen/Stil:

<aktuelle Vorgabe>: *<*<u>D</u>*rehen>*

Basispunkt (0,0):

Drehwinkel (0):

⇨ **Stil**

Mit dieser Funktion kann entweder der isometrische Stil (Achsen 150, 90 und
30 Grad) oder der normale Stil (rechtwinklige Achsen) gewählt werden.

Hinweis: Hinweis! Werden die Koordinaten eines Punktes direkt (über die Tastatur)
eingeben, hat der Fang-Modus keine Wirkung auf diesen Punkt. Der Fang-
Modus betrifft nur das Auswählen der Punkte mit Zeigegeräten.

8.2.3   RASTER

Mit der Funktion **RASTER** aus dem **MODI**-Menü kann die Zeichnung mit
einem Punkte-Raster unterlegt werden. Es zeigt lediglich Hilfspunkte an, die
nicht auf dem Plotter wiedergegeben werden. Das Raster kann jederzeit ein-
und ausgeschaltet werden.

Befehl: **<RASTER>**
Rasterwert (X) oder Ein/AUs/Fang/ASpekt *<aktuelle Vorgabe>*:

Wird ein numerischer Wert eingegeben, dann bestimmt dieser den Abstand zwischen den Rasterpunkten. Soll ein Vielfaches des Fangwertes eingestellt werden, dann wird dem Zahlenwert das Zeichen „X" hinzugefügt. Im folgenden werden die Möglichkeiten aufgezeigt.

⇨**Ein bzw. AUs**
Mit diesen Angaben erscheint das Raster sichtbar (Ein) oder unsichtbar (Aus). (Die Taste F7 hat die gleiche Wirkung).

⇨**Fang**
Der Rasterwert wird auf den Fangwert gesetzt. Ein Rasterwert von Null hat die gleiche Wirkung. Wird der Fangwert geändert, ändert sich automatisch auch der Rasterabstand.

⇨**ASpekt**
Es können unterschiedliche Werte für die Abstände der Rasterpunkte in x- und y-Richtung eingegeben werden (Achtung! Nicht beim isometrischen Zeichenstil).

Ist der Rasterabstand für eine Anzeige zu gering, erscheint folgende Meldung: *„Raster zu dicht, kann nicht angezeigt werden".* In diesem Fall muß der Rasterwert erhöht werden. Das Raster wird nur innerhalb der Zeichnungsgrenzen (Limiten) angezeigt.

8.3 AutoCAD mit dem Digitalisiertablett

Wenn Sie ein Digitalisiertablett benutzen, können Sie einen Teil des Tabletts zur Befehlseingabe und einen anderen Teil zum Zeichnen verwenden. Die Menüfelder zur Befehlseingabe können von einer AutoCAD-Tablettschablone übernommen oder von Ihnen selbst festgelegt werden. Sie können mit dem Tablett auch Papierzeichnungen in den AutoCAD-Bildschirm kopieren. Mit der Funktion **TABLETT** aus dem **MODI**-Menü können die einzelnen Arten der Tablettanwendung eingestellt werden.
Befehl: **<MODI> <nächste>**
<TABLETT>
Option (Ein/Aus/KAl/KFg:

Folgende Einstellungen sind möglich:

⇨**Ein bzw. Aus**
Ein- und Ausschalten des Tablettmodus.

⇨**KAL**
Eichen (**Ka**librieren) des Tabletts zum Kopieren von Papierzeichnungen.

⇨ **Konfig**

Konfiguration des Tabletts. Es können der Menü- und der Zeigebereich des Tabletts festgelegt werden.

8.3.1   Kopieren von Papierzeichnungen

Die Befehlsfolge für das Kopieren lautet:

<TABLETT>

Option (Ein/Aus/KAl/KFg: <KAL>

Kalibrieren Digitalisiertablett...

Den ersten bekannten Punkt digitalisieren: *(digitalisieren)*

Koordinaten für ersten Punkt: *(x₁,y₁)*

Eingabe des ersten Punktes links unten.

Den zweiten bekannten Punkt digitalisieren: *(digitalisieren)*

Koordinaten für den zweiten Punkt: *(x₂,y₂)*

Eingabe des zweiten Punktes rechts oben.

Um eine möglichst hohe Kopiergenauigkeit zu erzielen, ist es sinnvoll, daß die beiden einzugebenden Punkte möglichst weit auseinander liegen. Beim Digitalisieren eines Punktes bewegen Sie den Digitizer auf den gewünschten Punkt und geben diesen durch Drücken des entsprechenden Knopfes an AutoCAD weiter. Nach der Kalibrierung des Tabletts können alle Elemente (Linie, Kreise...) normal gezeichnet werden. Wird nach einem Punkt gefragt, wird dieser aus der Zeichnung übernommen. Achten Sie darauf, daß die Zeichnung die Zeichnungsgrenzen (Limiten) nicht überschreitet. Ändern Sie die Zeichnungslimiten gegebenenfalls mit der Funktion **LIMITEN** (Abschn. 2.10.1). Sie können eine Zeichnung auch in mehreren Teilen eingeben. Bei der Eingabe eines neuen Zeichnungsteils müssen Sie das Tablett allerdings neu kalibrieren.

8.3.2   Definition von Menübereichen

Mit der Funktion **TABLETT Konfig** (**Tablett** konfigurieren) kann das Digitalsierbrett in einen Bereich für die AutoCAD-Befehle und einen anderen Bereich, in dem der Digitizer als Zeigegerät verwendet werden kann, aufgeteilt werden:

Befehl: <<u>TABLETT</u>>

Option (Ein/Aus/KAl/KFg: <<u>Konfig</u>>

Anzahl gewünschter Tablettmenü's eingeben (0-4) *<Vorgabe>*:

Falls bereits Tablett-Menüs verwendet werden und die Vorgabe bestätigt wurde, fragt AutoCAD: *„Sollen die Tablettmenü-Bereiche neu ausgerichtet werden?<N>"*.

Sollen die Menü-Bereiche verändert werden, dann geben Sie an dieser Stelle Ja ein. Unabhängig von dieser Antwort müssen noch folgende Eingaben festgelegt werden (die *Nummer* des Menüfeldes wird mit *n* bezeichnet):

Digitalisieren Sie die linke obere Ecke des Menübereichs *n*:
Digitalisieren Sie die untere linke Ecke des Menübereichs *n*:
Digitalisieren Sie die untere rechte Ecke des Menübereichs *n*:

Befestigen Sie Ihre gedruckte Menü-Schablone auf dem Tablett und geben Sie die gefragten drei Punkte ein (diese müssen einen Winkel von 90 Grad bilden).

Nachdem die Lage der Menüfelder eingegeben worden ist, werden die Anzahl der Zeilen und Spalten der Menüfelder eingegeben (nur ganze Zahlen zulässig):

Geben Sie die Zahl der Spalten für Menübereich *n* ein:
Geben Sie die Zahl der Zeilen für Menübereich *n* ein:

Mit der folgenden Einstellung können Sie Ihren Zeigeteil des Tabletts festlegen:

Zeigebereich auf Bildschirm neu spezifizieren?(N): <J>
Digitalisieren Sie die linke untere Ecke des Zeigebereichs:
Digitalisieren Sie die rechte obere Ecke des Zeigebereichs:

Geben Sie diese Punkte mit dem Tablett-Zeigegerät ein (diese dürfen natürlich nicht im Menü-Bereich des Tabletts liegen). Bewegt man das Zeigegerät innerhalb des festgelegten Zeigebereiches, dann bewegt sich das Fadenkreuz auf dem Bildschirm entsprechend mit (der auf dem Tablett festgelegte Zeigebereich entspricht dem Bildschirmbereich).

Die von AutoCAD vorgegebene Tablett-Schablone heißt **TABLET.DWG**. Wenn Sie diese benützen wollen, drucken Sie sie aus. Geben Sie dazu vom Hauptmenü aus <3> (Zeichnung plotten) ein. Der Zeichnungsname lautet <TABLET>. Bestätigen Sie sämtliche Fragen mit der ⏎-Taste. Die Menübereiche und die anzuwählenden Punkte zeigt Bild 8-6.

Bild 8-6
Menübereiche
für das Tablett

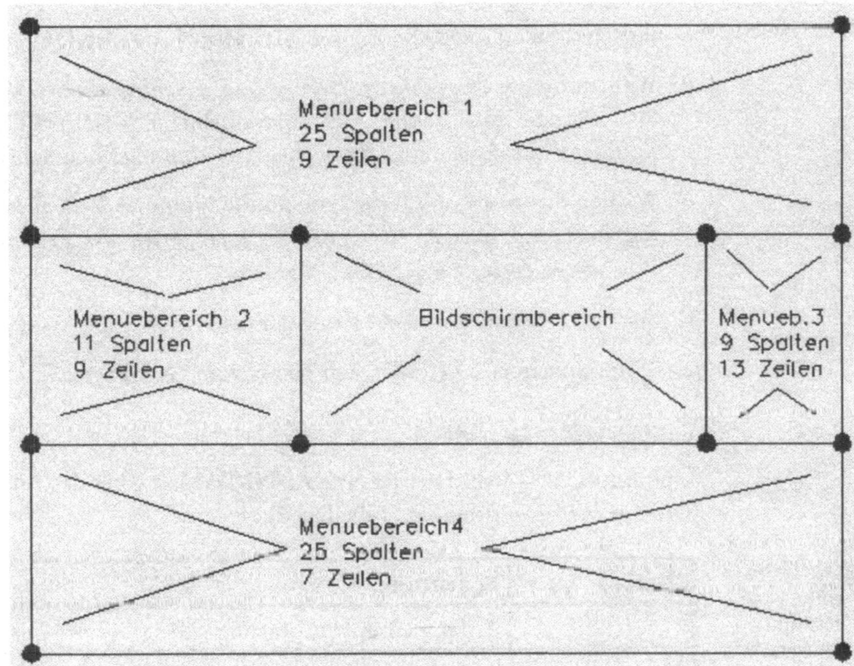

Wird ein Befehl über das Tablett gewählt, ist die Anzeige auf dem Bildschirm genauso wie bei der Wahl des Befehls über das Menüfeld des Bildschirms, d.h. im Menübereich des Bildschirms werden die entsprechenden Untermenüs gezeigt.

Die Freiräume in der Standard-Schablone entsprechen der ⏎-Taste. Bei einer Winkeleingabe muß zuerst das Zeichen „<" und dann der Winkelwert angetippt werden.

Der Menübereich 1 (***TABLET1 in der Datei ACAD.MNU) kann vom Benutzer gestaltet werden (Abschn. 8.4).

8.4   Definition einer eigenen Menüdatei

8.4.1   Laden einer benutzerdefinierten Menüdatei

Normalerweise lädt AutoCAD die Menü-Datei ACAD.MNU (oder in kompilierter Form ACAD.MNX). Soll AutoCAD beim Start ein anderes Menü laden, gehen Sie in folgenden Schritten vor:

a) Erzeugen Sie eine eigene Zeichnungs-Datei, beispielweise mit dem Namen **MENU.DWG** (.DWG wird automatisch hinzugefügt).

b) Laden Sie das gewünschte Menü mit der Funktion **MENÜ**.

c) Speichern Sie die Zeichnung mit **SICHERN** oder **ENDE**.

d) Wählen Sie im Abrollmenü *DATEI* und anschließend *KONFIGURIEREN*. Sie können aber auch im Bildschirmenü **<DIENSTE> <nächste> <konfig>** auswählen, dies führt ebenfalls zum nächsten Schritt.

e) Wählen Sie im Konfigurationsmenü die Nummer 5: *Betriebs-Parameter konfigurieren* und hier die Nummer 2: *Anfangswerte der Zeichnung*. Die neue Prototypzeichnung soll MENU heißen.

f) Speichern Sie die geänderte Konfiguration.

Das Bildschirmmenü befindet sich rechts vom Grafikbereich.

8.4.2   Erstellen einer Menüdatei

Eine AutoCAD-Menüdatei ist eine ASCII-Textdatei, bei der folgende spezielle Symbole verwendet werden (Tabelle 8-2):

Tabelle 8-2
Symbole zur
Erstellung einer eigenen
Menüdatei

Symbol	Bedeutung
****	Anfang eines Haupmenüs
**	Anfang eines Untermenüs eines Hauptmenüs
[]	Menübegriffe werden in eckige Klammern geschrieben (maximal 8 Zeichen)
$S=	Wechsel zu einem Untermenü ($S=LINIE; wechselt in Untermenü **LINIE) ($S= ohne Zusatz bedeutet: wechsle in das nächsthöhere Menü)
$I=*	Läßt ein Bildmenü auf dem Bildschirm erscheinen und fordert zur Auswahl auf
\	Abwarten einer Benutzereingabe
;	Entspricht dem Drücken der ⏎-Taste
+	Hinzufügen weiterer Zeichen in die Menüdatei (maximal 8 Zeichen)
^	Zeichen für Strg. Die entsprechende Control-Funktion wird an AutoCAD weitergegeben (^C entspricht Strg C)

Die Standard-Menüdatei ACAD.MNU (Version 12) besteht aus 16 Teilen, von denen nur Anweisungen der Datei ***SCREEN und der Unterdatei **OFANG auszugsweise besprochen werden. Diese sieben Einzeldateien sind:

1) ***BUTTONS (Knopfmenü).

2) ***AUX1 (Zusatz-Knopfmenü).

Es folgen 9 Dateien für den Aufbau der Abrollmenüs (POP1 bis POP9).

12) ***ICON (Bildbereich).

13) ***SCREEN (Bildschirmaufbau).

Daran anschließend folgen vier Dateien zum Aufbau von Bereichen für Tablett-Menüs:

14) ***TABLET1.

15) ***TABLET2.

16) ***TABLET3.

17) ***TABLET4.

18) bis 21) beinhalten 4 Alternativ-Tablett Menüs (TABLET1ALT - TABLET4ALT)

Sie können sich die Datei ACAD.MNU von der Diskette (Supportdiskette 3) mit folgendem MS-DOS-Befehl ausgeben lassen:

Sie können sich die Datei ACAD.MNU von der Diskette (Supportdiskette 2) mit folgendem MS-DOS-Befehl ausgeben lassen:

TYPE a:\SOURCE\ACAD.MNU>LPT1:.

Diese Datei können Sie nach Ihren Wünschen verändern.

Hinweis! Bevor Sie diese Datei verändern, sollten Sie unbedingt eine Sicherungskopie anfertigen. Zum Verändern der Menüdatei benötigen Sie ein Textprogramm für ASCII-Dateien. Es darf keine Kontrollzeichen oder nichtstandardisierte Textformate aufweisen.

Das Bild 8-7 zeigt den Menüteil **S aus dem Menü ***SCREEN.

Bild 8-7
Programmteil
****S aus**
*****SCREEN**
(Version 9.01)

```
***SCREEN
**S
[AutoCAD]^C^C^P$S=X $S=S (setq T_MENU 0)(princ) ^P$SP1=POP1
$P2=P2DRAW $P4=P4DISP $P6=P6OPT $P8=POP8
[* * * *]$S=OFANGB
[BLCKE]$S=X $S=BL
[BEM: ]$S=X $S=BEM ^C^CBEM
[ANZEIGE]$S=X $S=DS
[ZEICHNEN]$S=X $S=DR
[EDIT]$S=X $S=ED
[FRAGE]$S=X $S=INQ
[LAYER]$S=X $S=LAYER ^C^CLAYER
[MBEREICH]$S=X $S=MV
[PLOT]$S=X $S=PLOT
[MODI]$S=X $S=SET
[AME]^C^C^P(progn(setq m:err *error*)(princ))+
(defun *error* (msg)(princ msg)(setq *error* m:err m:err nil fnil)(princ))+
(if (null c:solquader)(progn (menucmd "S=X")(menucmd "S=SOLLOAD"))+
(progn (menucmd "S=X")(menucmd "S=SOLIDS")))(princ);^P
[FLCHEN]$S=X $S=3D
[BKS]$S=X $S=UCS1 ^C^CBKS
[DIENSTE]$S=X $S=UT
[ASHADE]^C^C^P(progn/setq m:err *error*)(defun *error* (msg)+
(princ"Fehler beim Laden: ")(princ msg)(setq *error* m:err m:err nil G:SVER nil);+
(princ))(defun m:shmn ()(menucmd "S=X")(menucmd(cond(= G:SVER 20) "S=ASH")+
((=GSVER 11)"S=ASH11")(T"S=")))(setq m:shmn nil)(princ))(princ))(cond(G:SVER;+
(setq *error* m:err m:err nil)(m:shmn))(T (vmon)(cond((findfile "ashade.lsp"))+
(load"ashade")(setq *error* m:err m:err nil)(if G:SVER(m:shmn)(progn(terpri);+
(prompt "Die Datei '") (princ (findfile "ashade.lsp"))+
(prompt "' ist nicht kompatibel zu AutoCAD Rel.12.);+
(setq m:shmn nil C:KAMERA nil C:LICHT nil C:KAMSICHT nil C:SZENE nil)(princ))))+
(T(terpri)(prompt"Datei 'ASHADE.LSP' nicht im aktuellen Suchpfad gefunden.");+
(terpri)(prompt"Beachten Sie die Installationshinweise im AutoShade Handbuch.")+
(setq *error* m:err m:err nil m:shmn nil)(princ))))) ^P
[RMAN]^C^C^P(progn(setq m:err *error*)(defun *error*(msg)(princ"Fehler beim Laden: ")+
(princ msg)(setq *error* m:err m:err nil #GTSPO nil)(princ))(princ);+
(cond((null #GTSPO)(vmon)(if(findfile"rman.lsp")(progn(load"rman")+
(menucmd"S=X")(menucmd"S=RMAN"))(progn(terpri);+
(prompt"Datei 'RMAN.LSP' nicht im aktuellen Suchpfad gefunden. ")+
(terpri)(prompt"Beachten Sie die Installationshinweise im AutoShade Handbuch.");+
(princ)))(setq *error* m:err m:err nil)(princ))(T(menucmd"S=X")+
(menucmd"S=RMAN")(setq *error* m:err m:err nil)(princ))) ^P
[BONUS]$S=X $S=SAMP1
[SICHERN]^C^CSICHERN
```

Dazu sollen nur einige wenige Bemerkungen gemacht werden:

^C^CLAYER

Diese Anweisung bricht den aktuellen Befehl ab und startet die Funktion
LAYER.

$S=ED

Mit dieser Anweisung wird in das Untermenü ED verzweigt.

Die in eckigen Klammern geschriebenen Namen erscheinen im Menübereich
des Bildschirms. Leerzeilen sind auch auf dem Bildschirm Leerzeilen. Weitere
Befehle können eingefügt werden.

Im Menü ***SCREEN gibt es eine Reihe von Untermenüs, die durch "**" gekennzeichnet sind. Ein Beispiel ist das Untermenü **OFANGC (s. Bild 8-8).
Es beschreibt den Menü-Befehl **Objektfang** (im Menübereich wählbar durch
"****").

Bild 8-8
Anweisungen
des Unter-
menüs
**OFANGC

```
**OFANGC 3
[OFANG]^C^COFANG

[ZENtrum]ZEN\
[ENDpunkt]ENDPUNKT\
[BASIspunkt]BASISPUNKT\
[SCHnittpunkt]SCHNITTPUNKT\
[MITtelpunkt]MITTELPUNKT\
[NChster]NCHSTERPUNKT\
[PUNkt]PUNKT\
[Lot]LOT\
[QUAdrant]QUADRANT\
[Tangente]TANGENTE\
[KEINER]KEINER\ $S= $S=
[Quick]QUICK,^Z
[,],\
**DARGMODE 3
[ZUGMODUS]^C^CZUGMODUS

[Ein]EIN $S=X $S=S
[Aus]AUS $S=X $S=S
[Auto]Auto $S=X $S=S
```

Auch zu den Anweisungen des Untermenüs OFANGC sollen nur folgende
kurze Bemerkungen gemacht werden:

OFANGC 3
Diese Anweisung bedeutet, daß die oberen beiden Zeilen des vorhergehenden
Menüs erhalten bleiben. Das Untermenü OFANGC beginnt in der dritten
Zeile.

ENDPUNKT\
Diese Anweisung besagt, daß beim Aufruf des Unterbefehles **Endpunkt** der
Funktion **OFANG** eine Eingabe erwartet wird.

Die einzelnen Symbole für die Menüerstellung sind im AutoCAD-Handbuch
im Anhang A ausführlich beschrieben.

9 Anwendung von Attributen (Stücklistenerstellung)

Attribute sind Textinformationen über Eigenschaften einer Zeichnung, die Sie zusammen mit einem Block abspeichern können. Wird der Block in eine Zeichnung eingefügt, kann der Wert des Attributs (z.B. eine DIN-Bezeichnung) abgefragt und in die Zeichnung übertragen werden. Der Block und die zugehörigen Attribute können bei jeder neuen Einfügung mit einem veränderten Text versehen werden. Alle Attribute können aus der Zeichnung beispielsweise in eine Datenbank oder in ein Anwenderprogramm (z. B. in AutoLISP oder in andere, s. Abschnitt 15) übertragen werden.

Eine der häufigsten Anwendungen der Attribute im Zusammenhang mit einer Konstruktionszeichnung ist die Erstellung einer Stückliste. Als Beispiel wird dies anhand eines elektrischen Schaltplans für eine Alarmanlage gezeigt. Zunächst wird eine sog. *Bauteile-Bibliothek* erstellt, die alle im Schaltplan vorkommenden Bauteile als Blöcke enthält. Diese können für weitere Schaltpläne immer wieder benutzt werden und dienen zum Erstellen einer Stückliste.

Attributfestlegungen und die Stücklistenerstellung werden am Beispiel eines elektrischen Schaltplans aufgezeigt. Dabei wird in folgenden Schritten vorgegangen:

1. Erstellen einer Bauteile-Bibliothek mit der Funktion BLOCK

2. Festlegen der Attribute für die Bauteile

3. Anfertigen des Schaltplans

4. Erstellen der Stückliste.

9.1 Erstellen der Bauteile-Bibliothek mit der Funktion BLOCK

Wir zeichnen den Schaltplan einer Alarmanlage (Bild 9-1).

Bild 9-1
Schaltplan
einer Alarm-
anlage

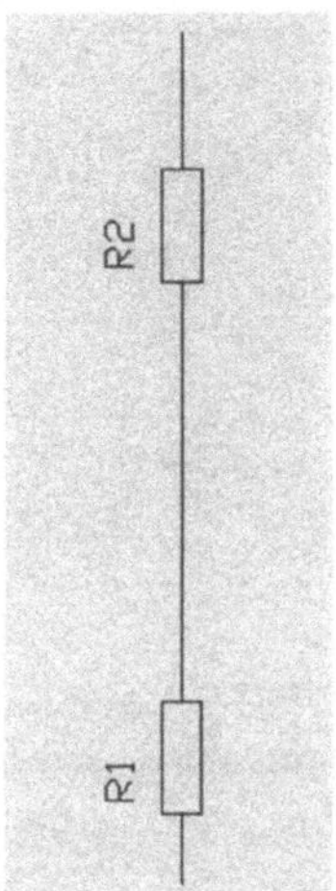

Wir nennen die Zeichnung SCHALT. Falls Sie im Laufe der Konstruktion des Schaltplans bestimmte Einzelheiten näher betrachten möchten, können Sie diese mit der Funktion **ZOOM Fenster** (Abschn. 4.2.6) nach Wunsch vergrößern. In den vorherigen Zeichnungsabschnitt gelangen Sie mit der Funktion **ZOOM Vorher.** Sie können **ZOOM** auch als transparenten Befehl, d. h. während der Durchführung eines anderen Zeichenbefehls benutzen (Abschn. 2.8.7). Als Zeichnungsgrenzen (LIMITEN) sind für das genannte Beispiel günstig:

Untere linke Ecke: 0,0
Obere rechte Ecke: 200,120.

Für den Bau der Alarmanlage werden folgende Elemente benötigt:

a) Widerstand,

b) Diode,

c) Leuchtdiode (LED),

d) Transistor,

e) Verbindungsstellen.

a) Zeichnen eines Widerstandes

Bild 9-2 zeigt den Widerstand.

Bild 9-2
Widerstand

Der Widerstand besteht aus einem Rechteck mit einer Seitenlänge von 8 und
einer Höhe von 3 Einheiten. Der Anfangspunkt hat die Koordinaten 30,70.
Er wird mit der Funktion **LINIE** im Menü-Befehl **ZEICHNEN** erstellt.

Befehl: **<ZEICHNEN>**
<LINIE>
Von Punkt: <30,70>
Nach Punkt: <@8,0>
Nach Punkt: <@0,3>
Nach Punkt: <@-8,0>
Nach Punkt: <schliess>.

b) Zeichnen der Diode

Bild 9-3
Diode

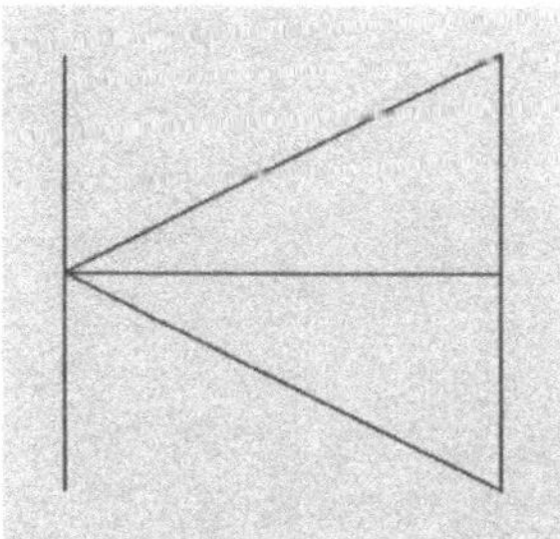

Die Diode paßt in ein Quadrat mit der Seitenlänge 4 Einheiten (Bild 9-3). Wir
zeichnen zuerst die senkrechten Linien, dann die waagerechten und zuletzt
die beiden schrägen Linien.

Zeichnen der beiden senkrechten Linien:
Befehl: [↵]
LINIE Von Punkt: <70,68>
Nach Punkt: <@0,4>
Nach Punkt: [↵]

Befehl: [↵]
LINIE Von Punkt: <74,68>
Nach Punkt: <@0,4>
Nach Punkt: [↵].
Zeichnen der waagerechten Linie:

Befehl: (⏎)
LINIE Von Punkt: <70,70>
Nach Punkt: <@4,0>
Nach Punkt: (⏎).

Zeichnen der schrägen Linien:

Befehl: (⏎)
LINIE Von Punkt: <74,72>
Nach Punkt: <@-4,-2>
Nach Punkt: <@4,-2>
Nach Punkt: (⏎).

c) Zeichnen der Leuchtdiode

Dazu wird die Diode mit der Funktion **KOPIEREN** aus dem **EDIT**-Menü
kopiert und die Pfeile angefügt (Bild 9-4):

Bild 9-4
Leuchtdiode
(LED)

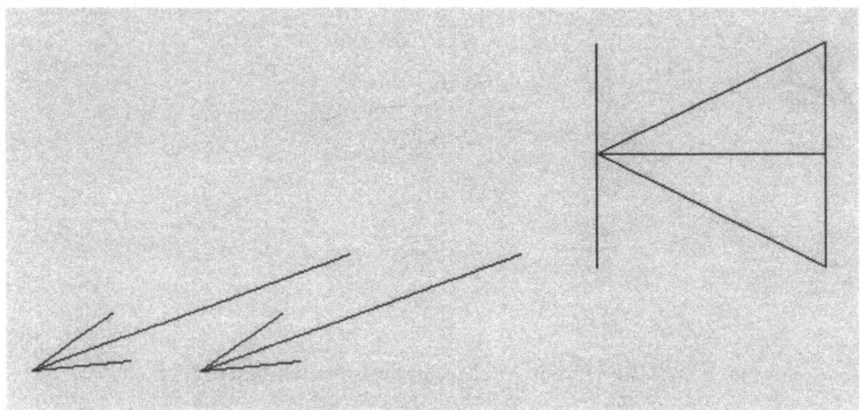

Befehl: <EDIT>
<KOPIEREN>
Objekte wählen: <Fenster>
Erste Ecke: <70,60>
Andere Ecke: <90,80>
5 gefunden
Objekte wählen: (⏎)
<Basispunkt oder Verschiebung>/Mehrfach: <80,70>
Zweiter Punkt der Verschiebung: <130,70>.

Die Pfeile werden in vergrößerter Darstellung gezeichnet. Zuerst wird der
Pfeilschaft waagrecht gezeichnet, anschließend die obere Pfeilspitze. Als näch-
stes wird die obere Pfeilspitze am Pfeilschaft gespiegelt. Der Pfeil ist auf diese
Weise exakt symmetrisch. Nun wird der Pfeil um 20 Grad gedreht und dann

kopiert. Anschließend werden beide Pfeile auf die gewünschte Größe verkleinert und an ihre endgültige Position gebracht. Die Ausgangspfeillänge soll 20
Einheiten, die Pfeilspitzen 6 Einheiten betragen, und die Pfeilspitzen sollen
zum Pfeilschaft einen Winkel von 15 Grad besitzen.

Zeichnen des Pfeils mit einer halben Pfeilspitze. Das Pfeilende hat die Koor-
dinaten 200,70.
Befehl: <ZEICHNEN>
<LINIE>
Von Punkt: <200,70>
Nach Punkt: <@-20,0>
Nach Punkt: <@6<15>
Nach Punkt: ⏎.

Nun wird die Pfeilspitze mit der Funktion **SPIEGELN** aus dem EDIT-Menü
am Pfeilschaft gespiegelt.
Befehl: <EDIT> <nächste>
<SPIEGELN>
Objekte wählen: *Wahl der Pfeilspitze*
Objekte wählen: ⏎
Erster Punkt der Spiegelachse: <end>
von *Wahl des einen Endes des Pfeilschafts*
Zweiter Punkt: <nä>
von *Wahl eines beliebigen Punktes auf dem Pfeilschaft*
Alte Objekte löschen? <N>: ⏎.

Der gesamte Pfeil soll einen Winkel von 20 Grad zur Waagerechten haben.
Dazu wird die Funktion **DREHEN** aus dem EDIT-Menü benutzt. Dreh-
punkt ist das Pfeilende:
Befehl: <LETZTES>
<DREHEN>
Objekte wählen: *Wahl des gesamten Pfeils*
3 gefunden
Objekte wählen: ⏎
Basispunkt: <180,80>
<Drehwinkel>/Bezug: <20>.

Der Pfeil wird kopiert und der zweite Pfeil 10 Einheiten links des ersten Pfei-
les plaziert. Bezugspunkt für die Verschiebung ist das Pfeilende des ersten
Pfeils.
Befehl: <EDIT>
<KOPIEREN>
Objekte wählen: *Wahl des gesamten ersten Pfeils*
3 gefunden
Objekte wählen: ⏎

<Basispunkt oder Verschiebung>/Mehrfach: <180,70>
Zweiter Punkt: <170,70>.

Anschließend werden die Pfeile mit der Funktion **VARIA** aus dem **EDIT**-Menü um den Faktor 0.3 verkleinert.
Befehl: <LETZTES> <nächste>
<VARIA>
Objekte wählen: *Wahl der beiden Pfeile*
6 gefunden
Objekte wählen: ⏎
Basispunkt: <180,70>
<Skalierfaktor>/Bezug: <0.3>.

Zum Schluß müssen die Pfeile noch an die richtige Stelle der Diode plaziert werden. Wir benützen dazu die Funktion **SCHIEBEN** aus dem **EDIT**-Menü.
Befehl: <LETZTES>
<SCHIEBEN>
Objekte wählen: *Wahl von beiden Pfeilen*
6 gefunden
Objekte wählen: ⏎
Basispunkt oder Verschiebung: <180,70>
Zweiter Punkt der Verschiebung: <112,66>.

d) Zeichnen des Transistorzeichens
Der senkrechte Strich ist 7 Einheiten lang. Die schrägen Striche setzen jeweils 2 Einheiten vom Linienende an und sind jeweils 4 Einheiten lang (Bild 9-5).

Bild 9-5
Transistor

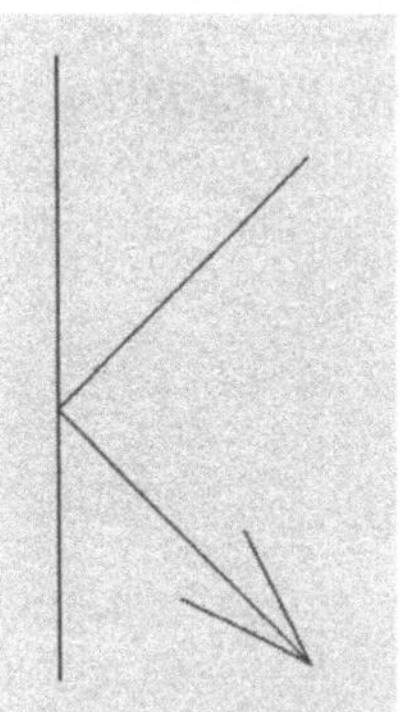

Zeichnen des senkrechten Strichs:
Befehl: <ZEICHNEN>
<LINIE>
Von Punkt: <30,16.5>
Nach Punkt: <@0,7>
Nach Punkt: ⏎.

Zeichnen der zwei schrägen Linien:

Befehl: [↵]
LINIE Von Punkt: <30,19.5>
Nach Punkt: <@4<45>
Nach Punkt: [↵].

Befehl: [↵]
LINIE Von Punkt: <30,19.5>
Nach Punkt: <@4<315>
Nach Punkt: [↵].

Befehl: [↵]
LINIE Von Punkt: <end>
von *Wahl der Pfeilspitze*
Nach Punkt: *freie Wahl der einen Pfeilhälfte über Zeigegerät oder Cursortasten*
Nach Punkt: [↵].

Spiegeln Sie nun bitte, wie oben beschrieben, die eine Hälfte der Pfeilspitze am Pfeilschaft.

e) Zeichnen der Verbindungsstellen

Aus dem **ZEICHNEN**-Menü wird der eine Kreis mit der Funktion **KREIS** und der andere Kreis mit der Funktion **RING** gezeichnet. Der zweite Kreis muß ausgefüllt gezeichnet werden (Bild 9-6)

Zuerst wird der nicht ausgefüllte Kreis mit dem Radius 0,5 Einheiten gezeichnet.
Befehl: <ZEICHNEN>
<KREIS> <Radius>
3P/2P/TTR/<Mittelpunkt>: <80,20>
Durchmesser/<Radius>: <.5>.

Anschließend wird der ausgefüllte Kreis gezeichnet.
Befehl: <LETZTES>
<RING>
Innendurchmesser <0.50>: <0>
Aussendurchmesser <1.00>: <RETURN>
Ringmittelpunkt: <130,20>
Ringmittelpunkt: [↵].

Der Kreis wird ausgefüllt gezeichnet. Sollte dies nicht der Fall sein, stellen Sie bitte mit der Funktion **FÜLLEN** den Füllmodus auf **Ein**. Nach dem nächsten Wiederaufbau der Zeichnung (z. B. mit der Funktion **REGEN**) wird der Kreis ausgefüllt gezeichnet. Bild 9-6 zeigt den ausgefüllten und den nicht ausgefüllten Kreis.

Bild 9-6
Verbindungs-
stellen mit
Kreis und
ausgefülltem
Ring

9.2 Festlegen der Attribute für die Bauteile

Die Bauteile sollen in elektrische Schaltpläne eingebaut werden. Da beispielsweise unterschiedliche Widerstände eingebaut werden, kann man das Bauteil
mit einem Textzusatz versehen, der beim Einfügen des Bauteils in eine Zeichnung jedesmal abgefragt wird und mit einem aktuellen Zusatz versehen werden kann. In unserem Beispiel wird jedes Bauteil mit drei Attributen versehen. Auf dem Schaltplan soll die *Kurzbezeichnung* des Teiles erscheinen (z.B.
R1). Zusätzlich sollen Informationen über die *Bauteilart* (z.B. Widerstand)
und die *genaue Bauteilbezeichnung* (z.B. 20 kOHM) aus der Zeichnung abrufbar
sein, ohne im normalen Schaltplan sichtbar zu sein. Dabei wird die Möglichkeit ausgenützt, daß Attribute nicht nur sichtbar, sondern auch unsichtbar
festgelegt werden können. Attribute können mit der Funktion **ATTDEF** aus
dem **ZEICHNEN**-Menü definiert werden.

9.2.1 Widerstand und Attribute

Das Widerstandszeichen soll im folgenden mit drei Attributen versehen wer-
den. AutoCAD fragt zuerst nach der Attributbezeichnung. Unter dieser Be-
zeichnung können die folgenden Daten später abgefragt werden. In unserem
Beispiel soll beim Einfügen des Widerstandssymbols die Kurzbezeichnung des
Bauteils mit der Anfrage „Kurzbezeichnung" und dem Vorgabewert „R1" auf
dem Bildschirm erscheinen. Diese Information soll unter der Attributbe-
zeichnung „KURZ" abfragbar sein.
Befehl: <ZEICHNEN>
<ATTDEF>
Attribut-Modi – Unsichtbar: N Konstant: N Prüfen: N Vorwahl: N
Für Änderungen (UKPV) eingeben, RETURN wenn abgeschlossen: ⏎
Attributbezeichnung: <KURZ>
Attributanfrage: <Kurzbezeichnung>
Vorgegebener Attributwert: <R1>
Position/Stil/<Startpunkt>: <31,75>
Höhe <3.50>: <2>
Einfüge-Winkel <0> ⏎.

Auf dem Bildschirm erscheint an der angegebenen Stelle der Text „KURZ".
Beim späteren Einfügen des Blocks erscheint an dieser Stelle der Attributwert.

Die ausführliche Bezeichnung des Bauteils (z. B. Widerstand) soll unsichtbar mit dem Bauteil gespeichert sein. Wir ändern deshalb den Attributmodus auf unsichtbar. Die Plazierung dieses Textes ist fast unerheblich. Sie spielt nur eine Rolle, wenn auch die unsichtbaren Attribute auf dem Bildschirm dargestellt werden sollen.

Befehl: ⏎
ATTDEF Attribut-Modi – Unsichtbar: N Konstant: N Prüfen: N Vorwahl: N
Für Änderungen (UKPV) eingeben, RETURN wenn abgeschlossen: <U>
Attribut-Modi – Unsichtbar: J Konstant: N Prüfen: N Vorwahl: N
Bestätigen mit: ⏎
Attributbezeichnung: <BEZEICHNUNG>
Attributanfrage: <Bauteilbezeichnung>
Vorgegebener Attributwert: <Widerstand>
Position/Stil/<Startpunkt>: <31,66>
Höhe <2.00>: ⏎
Einfüge-Winkel <0> ⏎.

Auf dem Bildschirm erscheint der Text BEZEICHNUNG. Beim späteren Einfügen des Widerstandssymbols bleibt der Inhalt des Attributs BEZEICHNUNG unsichtbar.

Als letztes soll der Wert des Widerstandes abgefragt werden.
Befehl: ⏎
ATTDEF Attribut-Modi – Unsichtbar: J Konstant: N Prüfen: N Vorwahl: N
Für Änderungen (UKPV) eingeben, RETURN wenn abgeschlossen: ⏎
Attributbezeichnung: <WERT>
Attributanfrage: <Wert>
Vorgegebener Attributwert: <10 kOHM>
Position/Stil/<Startpunkt>: ⏎.

Der Text wird jetzt direkt unterhalb des vorangegangenen Textes geschrieben. Die Anfragen von AutoCAD bezüglich der Plazierung des Attributs entsprechen den Anfragen der Funktion **TEXT**. Die Anfrage nach dem einzugebenden Text entfällt.

Bild 9-7 zeigt die Kurzbezeichnung, das Widerstandssymbol und die beiden unsichtbaren Attribute „BEZEICHNUNG" und „WERT".

Bild 9-7
Attribute für
den Wider-
stand

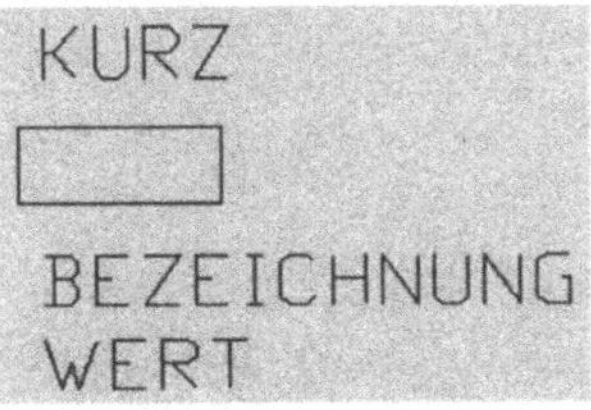

Zum Schluß wird das Symbol für den Widerstand zusammen mit den Attributen abgespeichert. Dazu wird die Funktion **BLOCK** aus dem **BLÖCKE**-Menü (Abschn. 6.1.2) verwendet:

Befehl: <BLÖCKE>

<BLOCK>

Blockname (oder ?): <WIDER>

Basispunkt der Einfügung: <30,71.5>

Objekte wählen: *Wahl des Widerstandsymbols einschließlich der drei Attribute*

Objekte wählen: ⏎ .

Das Symbol für den Widerstand und die Attribute verschwinden vom Bildschirm. Mit der Funktion **HOPPLA** können sie anschließend wieder sichtbar gemacht werden.

9.2.2   Diode und Attribute

Die Diode wird mit denselben Attributen versehen wie der Widerstand. Dazu muß lediglich die Plazierung auf Grund der unterschiedlichen Bauteilgröße geändert werden. Analog zu den Eingaben für den Widerstand werden als Attribute für die Diode eingegeben:

Befehl: <ZEICHNEN>

<ATTDEF>

Attribut-Modi – Unsichtbar: J Konstant: N Prüfen: N Vorwahl: N

Für Änderungen (UKPV) eingeben, RETURN wenn abgeschlossen: <U>

Attribut-Modi – Unsichtbar: N Konstant: N Prüfen: N Vorwahl: N

Für Änderungen (UKPV) eingeben, RETURN wenn abgeschlossen: ⏎

Attributbezeichnung: <KURZ>

Attributanfrage: <Kurzbezeichnung>

Vorgegebener Attributwert: <D1>

Position/Stil/<Startpunkt>: <70,74>

Höhe <2.00>: ⏎

Einfüge-Winkel <0> ⏎ .

Befehl: ⏎

ATTDEF Attribut-Modi – Unsichtbar: N Konstant: N Prüfen: N Vorwahl: N

Für Änderungen (UKP) eingeben, RETURN wenn abgeschlossen: <U>

Attribut-Modi – Unsichtbar: J Konstant: N Prüfen: N Vorwahl: N Vorwahl: N

Attributbezeichnung: <BEZEICHNUNG>

Attributanfrage: <Bauteilbezeichnung>

Vorgegebener Attributwert: <Diode>

Position/Stil/<Startpunkt>: <70,64>

Höhe <2.00>: ⏎

Einfüge-Winkel <0> ⏎ .

Befehl: ⏎
ATTDEF Attribut-Modi – Unsichtbar: J Konstant: N Vorwahl: N
Für Änderungen (UKP) eingeben, RETURN wenn abgeschlossen: ⏎
Attributbezeichnung: <WERT>
Attributanfrage: <Wert:>
Vorgegebener Attributwert: <0.7 V>
Position/Stil/<Startpunkt>: ⏎.

Das Diodenzeichen mit den Attributen wird zusammen unter dem Namen
DIODE abgespeichert:

Befehl: <**BLÖCKE**>
<**BLOCK**>
Blockname (oder ?): <DIODE>
Basispunkt der Einfügung: <80,70>
Objekte wählen: *Wahl des Diodensymbols einschließlich der drei Attribute*
Objekte wählen: ⏎.

Das Symbol und die Attribute verschwinden wiederum vom Bildschirm und
können problemlos mit der Funktion **HOPPLA** wieder sichtbar gemacht
werden.

9.2.3   Restliche Bauteile und Attribute

Die restlichen Bauteile versehen Sie bitte selbst nach folgender Liste (Tabelle
9-1) mit den entsprechenden Attributen.

Tabelle 9-1
Restliche Bauteile, ihre Attribute und ihre Plazierung

Bauteil	Attribut-Bezeichnung	Attribut-Anfrage	Attribut-Wert	Plazierung
LED	KURZ	Kurz-bezeichnung;	LED1	125,74
LED	BEZEICH-NUNG	Bauteil-bezeichnung;	Leuchtdiode	125,62
LED	WERT	Wert		⏎
Transistor	KURZ	Kurz-bezeichnung;	T1	24,21
Transistor	BEZEICH-NUNG	Bauteil-bezeichnung;	Transistor	30,11
Transistor	WERT	Wert;		⏎

Plazieren Sie die Attribute entsprechend Bild 9-7. Vergessen Sie nicht, die Bauteile mit den Attributen unter dem Blocknamen „LED" (Basispunkt 120,70)
bzw. „TRANS" (Basispunkt 30,20) abzuspeichern. Haben Sie mit der Funkti-

on **HOPPLA** die verschwundenen Blöcke wieder auf dem Bildschirm sichtbar gemacht, sollten Sie Bild 9-8 dargestellt sehen.

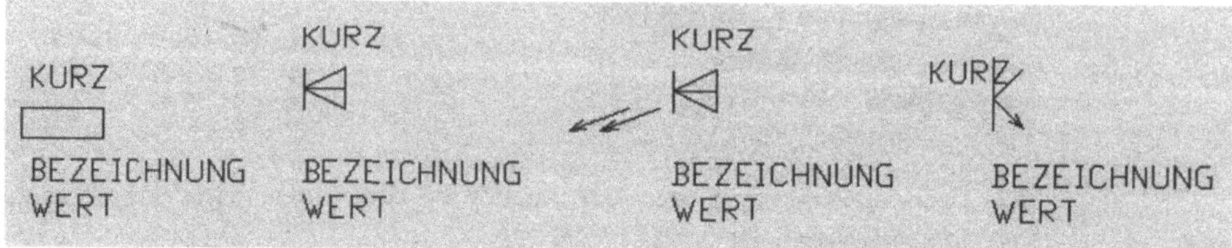

Bild 9-8 Bauteile und ihre Attribute

Speichern Sie bitte den weißen und den schwarzen Kreis ebenfalls als Blöcke ab. Der schwarze Kreis bekommt den Blocknamen **KS** (Basispunkt 130,20) und der weiße Kreis den Blocknamen **KW** (Basispunkt 80,20).

Bevor der Schaltplan aus den einzelnen, in Blöcken definierten Bauteilen entworfen wird, löschen wir mit der Funktion **LÖSCHEN** aus dem **EDIT**-Modus den gesamten Bildschirminhalt.

Befehl: <EDIT>
<LÖSCHEN>
Objekte wählen: <Fenster>
Erste Ecke: <0,0>
Andere Ecke: <210,100>
39 gefunden
Objekte wählen: ⏎

9.3 Anfertigen des Schaltplans

Wir zeichnen folgenden Schaltplan (Bild 9-9):

Bild 9-9
Gezeichneter
Schaltplan

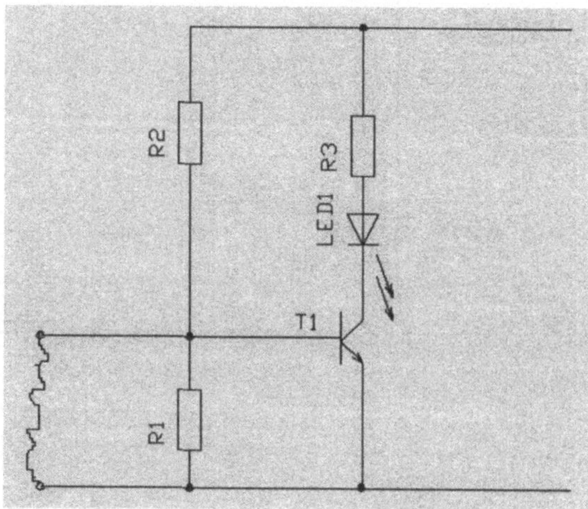

9.3.1   Zeichnen des linken Schaltungsteiles

Zuerst zeichnen wir den Planteil mit den beiden linken Widerständen. Mit der Funktion EINFÜGE (Abschn. 6.3.2) wird das Widerstandssymbol an den entsprechenden Stellen eingefügt. Gezeichnet wird von unten nach oben. Die Einfügepunkte werden entweder mit dem Objektfangmodus **ENDpunkt**, **MITtelpunkt** oder **SCHnittpunkt** ausgewählt.

a) Zeichnen des Widerstandes R1
Befehl: <ZEICHNEN>
<LINIE>
Von Punkt: <50,50>
Nach Punkt: <@0,5>
Nach Punkt: [↵]

Befehl: <BLÖCKE>
<EINFÜGE>
Blockname (oder ?): <WIDER>
Einfügepunkt: <@>
X Faktor <1>/Eckpunkt/XYZ: [↵]
Y Faktor (Vorgabe =X): [↵]
Drehwinkel <0>: <90>

Attributwerte eingeben
Wert <10 kOHM>: <18 kOHM>
Bauteilbezeichnung <Widerstand>: [↵]
Kurzbezeichnung <R1>: [↵].

b) Zeichnen des Widerstandes R2
Befehl: <ZEICHNEN>
<LINIE>
Von Punkt: <mit>
von *Wahl der Mitte der oberen Rechtecklinie*
Nach Punkt: <@0,30>
Nach Punkt: [↵]

Befehl: <BLÖCKE>
<EINFÜGE>
Blockname (oder ?) <WIDER>: [↵]
Einfügepunkt: <@>
X Faktor <1>/Eckpunkt/XYZ: [↵]
Y Faktor (Vorgabe =X): [↵]
Drehwinkel <0>: <90>

Attributwerte eingeben

Wert <10 kOHM>: <u>4,7 kOHM</u>>
Bauteilbezeichnung <Widerstand>: [↵]
Kurzbezeichnung <R1>: <<u>R2</u>>

Befehl: **<ZEICHNEN>**
<<u>LINIE</u>>
Von Punkt: <<u>mit</u>>
von *Wahl der Mitte der oberen Rechtecklinie*
Nach Punkt: <<u>@0,10</u>>
Nach Punkt: [↵].

Bild 9-10 zeigt den mit diesen Funktionen gezeichneten Schaltungsteil.

Bild 9-10
Linker Teil
der Schaltung

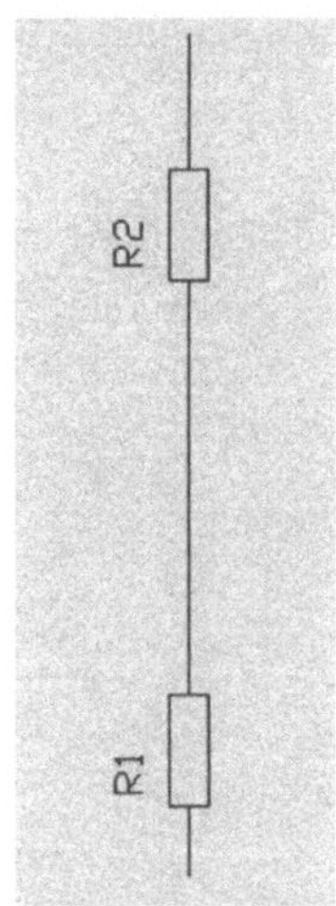

9.3.2   Zeichnen der Verbindungslinien und des Transistors

Im folgenden werden die Verbindungslinie zum Transistor und der Transistor
selbst gezeichnet.

a) Zeichnen der Verbindungslinie zum Transistor
Befehl: **<ZEICHNEN>**
<<u>LINIE</u>>
Von Punkt: <<u>50,70</u>>
Nach Punkt: <<u>@20,0</u>>
Nach Punkt: [↵].

b) Einfügen des Transistors
Befehl: **<BLÖCKE>**
<<u>EINFÜGE</u>>
Blockname (oder ?): <<u>TRANS</u>>
Einfügepunkt: <<u>@</u>>
X Faktor <1>/Eckpunkt/XYZ: [↵]

Y Faktor (Vorgabe =X): [↵]
Drehwinkel <0>: [↵].

Attributwerte eingeben
Wert: <u>BC 237B</u>
Bauteilbezeichnung <Transistor>: [↵]
Kurzbezeichnung <T1>: [↵].

c) Verbindungsleitung vom oberen Ende des Transistors
Befehl: <ZEICHNEN>
<u><LINIE></u>
Von Punkt: <<u>end</u>>
von *Wahl des oberen schrägen Transistorendes*
Nach Punkt: <<u>@0,10</u>>
Nach Punkt: [↵].

9.3.3 **Zeichnen der Leuchtdiode (LED), des Widerstandes und der Verbindungslinien**

a) Zeichnen der Leuchtdiode
Befehl: <BLÖCKE>
<u><EINFÜGE></u>
Blockname (oder ?) <TRANS>: <<u>LED</u>>
Einfügepunkt: <@>
X Faktor <1>/Eckpunkt/XYZ: [↵]
Y Faktor (Vorgabe =X): [↵]
Drehwinkel <0>: <<u>90</u>>

Attributwerte eingeben
Wert: [↵]
Bauteilbezeichnung <Leuchtdiode>: [↵]
Kurzbezeichnung <LED1>: [↵].

b) Verbindungslinie zwischen LED und Widerstand
Befehl: <ZEICHNEN>
<u><LINIE></u>
Von Punkt: <<u>mit</u>>
von *Wahl der oberen waagrechten Diodenlinie*
Nach Punkt: <<u>@0,5</u>>
Nach Punkt: [↵].

c) Zeichnen des Widerstandes R3
Befehl: <BLÖCKE>
<u><EINFÜGE></u>
Blockname (oder ?) <LED>: <<u>WIDER</u>>

Einfügepunkt: <@>
X Faktor <1>/Eckpunkt/XYZ: [↵]
Y Faktor (Vorgabe =X): [↵]
Drehwinkel <0>: <90>

Attributwerte eingeben
Wert <10 kOHM>: <120 OHM>
Bauteilbezeichnung <Widerstand>: [↵]
Kurzbezeichnung <R1>: <R3>.

Befehl: <ZEICHNEN>
<LINIE>
Von Punkt: <mit>
von *Wahl der Mitte der oberen Rechtecklinie*
Nach Punkt: <@0,10>
Nach Punkt: [↵].

Bild 9-11 zeigt das Ergebnis.

Bild 9-11
Linker und
rechter Teil
des Schalt-
planes

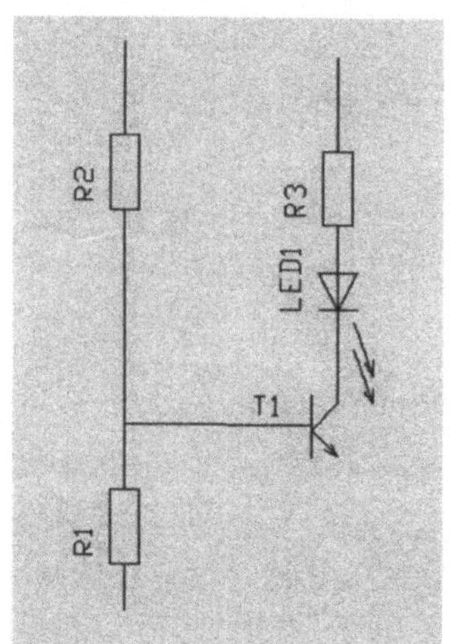

9.3.4   Zeichnen der restlichen Verbindungslinien und der Kreuzungspunkte

a) Zeichnen der oberen waagrechten Linie
Befehl: [↵]
LINIE Von Punkt: <end>
von *Wahl des linken Linienendpunkts*
Nach Punkt: <@50,0>
Nach Punkt: [↵].

b) Zeichnen der unteren waagerechten Linie

Befehl: ⏎

LINIE Von Punkt: <u>end</u>>

von *Wahl des Linienendpunkts links*

Nach Punkt: <@50,0>

Nach Punkt: ⏎

Befehl: ⏎

LINIE Von Punkt: <u>end</u>>

von *Wahl des Linienendpunkts des Transistors*

Nach Punkt: <<u>lot</u>>

nach *Wahl der unteren waagrechten Linie*

Nach Punkt: ⏎.

c) Verlängern der oberen rechten senkrechten Linie

Befehl: <EDIT>

<<u>DEHNEN</u>>

Grenzkante(n) wählen...

Objekte wählen: *Wahl der oberen waagrechten Linie*

Objekte wählen: ⏎

Objekt wählen, das gedehnt werden soll: *Wahl der oberen rechten senkrechten Linie*

Objekt wählen, das gedehnt werden soll: ⏎.

d) Zeichnen der beiden Verbindungslinien zum Sicherungsdraht

Befehl: <ZEICHNEN>

<<u>LINIE</u>>

Von Punkt: <<u>sch</u>>

von *Wahl des Schnittpunkts oberhalb von R1*

Nach Punkt: <@-20,0>

Nach Punkt: ⏎

Befehl: ⏎

LINIE Von Punkt: <<u>sch</u>>

von *Wahl des Schnittpunktes unterhalb von R1.*

Nach Punkt: <@-20,0>

Nach Punkt: ⏎.

e) Zeichnen der Kreuzungspunkte mit schwarzen Kreisen

Befehl: <BLÖCKE>

<<u>EINFÜGE</u>>

Blockname (oder ?) <WIDER>: <<u>KS</u>>

Einfügepunkt: <<u>sch</u>>

von *Wahl eines Schnittpunktes*

Faktor <1>/Eckpunkt/XYZ: ⏎

Y Faktor (Vorgabe =X): ⏎
Drehwinkel <0>: ⏎.

Die restlichen Punkte setzen Sie bitte selbst. Die Blockbezeichnung für die
weißen Punkte lautet **KW**.

9.3.5   Zeichnen des dünnen Sicherungsdrahtes

Nun fehlt nur noch die Linie, die den dünnen Draht darstellt. Wir geben sie
direkt mit dem Zeigegerät ein. Mit der Funktion **SKIZZE** aus dem **ZEICH-
NEN**-Menü kann durch Bewegen des Zeigegerätes direkt auf dem Bildschirm
gezeichnet werden. Durch Eingabe von „F" wird die Feder abgesenkt (Feder
unten: es wird gezeichnet) bzw. angehoben (Feder oben: es wird nicht mehr
gezeichnet).
Befehl: <ZEICHNEN> <nächste>
<SKIZZE>
Skizziergenauigkeit <1.00>: <0,1>
Skizze. Feder eXit Quit Speichern Löschen Verbinden. <F>
<Feder unten>.

Zeichnen Sie nun die Wellenlinie. Durch nochmalige Eingabe von F wird
der Zeichenvorgang unterbrochen. Drücken Sie die ⏎-Taste. Sie müssen
jetzt einen Augenblick warten, bis die Freihandlinie nachgezeichnet worden
ist. AutoCAD gibt anschließend die Anzahl der einzelnen Linien an, aus der
sich die Freihandlinie zusammensetzt.

Vergrößern Sie die Zeichnung:
Befehl: <ANZEIGE>
<ZOOM>
Alles/Mitte/.../Grenzen/...: <Grenzen>.

9.4   Erstellen einer Stückliste

In diesem Abschnitt wird eine Stückliste von den in der Schaltung eingebau-
ten Bauteilen angefertigt. AutoCAD kann folgende drei Typen von Dateien
erstellen, die je nach Weiterverarbeitung (z. B. in dBASE, FORTRAN oder
BASIC) ausgewählt werden:

⇨ SDF (Standard Data Format)
Dieser Dateityp ist, wie der Name sagt, ein Standard-Dateiformat für Mikro-
computer (z. B. zum Einlesen in dBASE). Die Datei ist in FORTRAN lesbar.

⇨ CDF (Comma Delimited Format)
Dieser Dateityp ist ebenfalls in dBASE und in Microsoft BASIC lesbar.

⇨ DXF (Data Exchange Format)

Dateien mit diesem Zusatz sind Standard-ASCII-Dateien und können deshalb von vielen anderen Programmen oder CAD-Systemen übernommen und weiterverarbeitet werden. Mit diesem Dateityp werden häufig die Zeichnungsdaten ausgetauscht. Solche Dateien können auch mit Microsoft BASIC weiterverarbeitet werden.

Wir wählen die Dateiart SDF, um die Daten dieser Datei in dBASE einlesen zu können. Dazu benötigt man allerdings eine *Dateischablone,* mit der AutoCAD die Struktur der Daten und ihre Darstellung (z. B. Reihenfolge der Attributbezeichnungen, Anzahl der Zeichen oder Anzahl der Dezimalstellen) erkennt. Diese Datei wird mit dem MS-DOS-Befehl **COPY CON** erstellt und heißt in unserem Fall **schablon.TXT**. Der Zusatz .TXT ist notwendig, da AutoCAD sie sonst nicht als Schablonendatei erkennt. Wir wechseln von AutoCAD in das Betriebssystem MS-DOS. Dazu wird aus dem **DIENSTE**-Menü die Funktion **Externe** Befehle verwendet; im vorliegenden Fall der Befehl **SHELL**.

Befehl: <DIENST> <Externe Befehle>

<SHELL>

DOS Befehl: <copy con schablon.txt>

<KURZ   C020000>

<BEZEICHNUNG   C020000>

<WERT   C020000>

⌷Strg⌷⌷C⌷

Falls Sie mit dem Befehl <SHELL> nicht zurechtkommen, so erstellen Sie die Datei „schablon.txt" in einem Systemeditor oder in einem Textverarbeitungssystem. Hierzu müssen Sie allerdings AutoCAD verlassen und Ihren jeweiligen Editor starten. In Ihrem Editor müssen Sie ebenfalls folgenden Text eingeben:

<KURZ   C020000>

<BEZEICHNUNG   C020000>

<WERT   C020000>

⌷Strg⌷⌷C⌷

Vergessen Sie nicht, diese Datei nach der Eingabe in Ihrem Editor unter dem Namen schablon.txt abzuspeichern.

In der Datei werden die Inhalte der jeweiligen Attribute in der angegebenen Reihenfolge beschrieben. Der Zusatz „C020000" bedeutet, daß eine Zeichenfolge mit maximal 20 Zeichen eingegeben werden kann. Mit der Funktion **ATTEXT** aus dem **DIENST**-Menü wird eine Stückliste erstellt. Sie soll den Namen **Schalt** tragen:

Befehl: <DIENST>

<ATTEXT>

Attribute im CDF, SDF oder DXF Format ausgeben (oder Elemente)?
<C>: <u>SDF</u>.

AutoCAD wechselt in den Textbildschirm. Sie können nach Beendigung des Befehls ATTEXT durch Drücken der F1-Taste wieder in den Grafikbildschirm gelangen.

Es erscheint das Dialogfenster *Schablonendatei auswählen*. Wählen Sie dort die Schablonendatei <u>SCHABLON</u>. Anschließend geben Sie in dem Dialogfenster *Extraktdatei wählen* den Dateinamen <u>SCHALT</u> ein.

AutoCAD ergänzt die Dateinamen automatisch mit dem Zusatz .TXT. Wir wollen uns den Inhalt der Datei SCHALT.TXT ansehen. Dazu wird der MS-DOS-Befehl **TYPE** benützt. In das Betriebssystem MS-DOS gelangt man aus dem **DIENST**-Menü mit der Funktion **Externe Befehle**.
Befehl: <DIENST> <Externe Befehle>
<u>TYPE</u>
Dateiname: <u>SCHALT.TXT</u>

R1	Widerstand	10 kOHM
R2	Widerstand	4,7 kOHM
T1	Transistor	BC237B
LED1	Leuchtdiode	
R3	Widerstand	120 OHM

Die Funktion **ENDE** aus dem **DIENST**-Menü beendet die Zeichnung.

9.5 Attributbefehle

Mit AutoCAD können Blöcke mit Attributen versehen werden. Unter Attributen werden dabei Textelemente verstanden, die zusammen mit den Blöcken gespeichert und in einer gesonderten Datei zusammengefaßt werden können. Um beispielsweise eine Stückliste für eine Konstruktionszeichnung zu erhalten, müssen deshalb die zu zählenden Elemente mit Attributen versehen sein und als Blöcke in die Zeichnung eingefügt werden. Ein Attribut ist somit immer Bestandteil eines Blockes und kann deshalb nur mit diesem zusammen verändert werden. Selbstverständlich kann jeder Block mehrere Attribute besitzen. Im folgenden werden AutoCAD-Befehle erklärt, die sich auf die Bearbeitung von Attributen beziehen. Es sind dies folgende Befehle:

1. ATTDEF

2. ATTZEIG

3. ATTEXT

4. ATTEDIT.

9.5.1	**ATTDEF**

Dieser Befehl dient zur **Attribut-Definition**. Ein Attribut wird mit der Funktion **ATTDEF** aus dem **ZEICHNEN**-Menü definiert. Dabei müssen drei Angaben gemacht werden:

a) Attributbezeichnung,

b) Attributanfrage,

c) Attributwert.

a) Attributbezeichnung

Das entsprechende Attribut wird unter der Attributbezeichnung geführt und kann so in jeder Zeichnung eindeutig identifiziert werden. Die Bezeichnung erfolgt in Großbuchstaben (ohne Leerzeichen), wobei eingegebene Kleinbuchstaben immer umgewandelt werden.

b) Attributanfrage

Hier wird der Text festgelegt, der als Anfrage auf dem Bildschirm erscheint, wenn ein Block mit einem Attribut eingefügt wird. Er gibt Auskunft, welche Information das Attribut beinhalten soll.

c) Attributwert

Hier kann ein Vorgabewert für das Attribut festgelegt werden. In Abschnitt 9.1 wurde ein Symbol für den Widerstand gezeichnet. Für eine später zu erstellende Stückliste wird die genaue Bezeichnung des Widerstandes benötigt. Diese fassen wir im Attribut *WERT* zusammen. Beim Einfügen des Widerstandssymbols soll auf dem Bildschirm die Anfrage: *„Genaue Bezeichnung"* erscheinen. Als Vorschlag geben wir *10 kOHM* ein. Die Attribut-Modi bleiben unverändert. Eine Erklärung erfolgt weiter unten:

Befehl: <<u>ATTDEF</u>>
Attribut-Modi – Unsichtbar: N Konstant: N Prüfen: N Vorwahl: N
Für Änderungen (UKV) eingeben, RETURN wenn abgeschlossen:
⏎
Attributbezeichnung:<<u>WERT</u>>
Attributanfrage: <<u>Genaue Bezeichnung</u>>
Vorgegebener Attributwert: <<u>10 kOHM</u>>.

Nun folgen zur Plazierung des Textes dieselben Anfragen wie bei der Funktion **TEXT** (Abschn. 9.2). Auf dem Bildschirm erscheint die Attributbezeichnung an der angegebenen Stelle. Der bei der Einfügung des Blockes eingegebene Text wird beim Einfügen an die genannte Stelle geschrieben. Sind die Anfragen beantwortet, müssen die Attribute zusammen mit dem Widerstandssymbol mit der Funktion **BLOCK** gespeichert werden. Beim Einfügen des Widerstandsymbols in eine Zeichnung erscheint nach der Eingabe zur Plazierung des Blocks (Abschn. 9.3) folgende Anfrage: *„Genaue Bezeichnung*

<10 kOHM>:". Will man noch mehr Informationen mit dem Block abspeichern, kann dies durch weitere Attributsdefinitionen geschehen.

Ein Attribut kann verschiedene Eigenschaften haben, die in AutoCAD *Attribut-Modi* genannt werden. Attribute können beispielsweise auf dem Bildschirm unsichtbar oder sichtbar sein; sie können unterschiedliche Werte annehmen oder einen konstanten Wert besitzen (falls das Attribut als konstant eingegeben wird, fragt AutoCAD bei der Attributdefiniton nur nach dem Attributwert, nicht nach der Vorgabe). Er kann nicht mehr verändert werden. Wird der Attribut-Modus *VORWAHL* gewählt, wird der Attributwert automatisch auf den Wert der Vorgabe gesetzt. Soll während des Definierens die Richtigkeit des Wertes überprüft werden, kann dies durch Einschalten des **PRÜFEN**-Modus geschehen. Das Einstellen der entsprechenden Attributmodi geschieht durch Drücken der in Tabelle 9-2 aufgeführten Tasten.

Taste	Attributmodi
[U]	Umschalten von sichtbar auf unsichtbar und umgekehrt
[K]	Umschalten auf einen konstanten Wert des Attributs und zurück
[P]	Umschalten auf Prüfen ein oder Prüfen aus
[V]	Umschalten auf vorgegebenen Attributwert und zurück

Mit der Funktion **ÄNDERN** können Attribut-Definitionen wie Texte verändert werden, solange sie noch nicht in einem Block abgespeichert worden sind. Nach erfolgter Änderung werden die Attributmodi wieder angezeigt und können eventuell weiter verändert werden.

9.5.2   ATTZEIG

Mit der Funktion **ATTZEIG** aus dem **ANZEIGE**-Menü können unsichtbare Attribute sichtbar gemacht werden. Es gibt drei Möglichkeiten, Attribute anzuzeigen (Tabelle 9-3):

Tabelle 9-3
Möglichkeiten
der Attribut-
Anzeige

Eingabe	Anzeigeart
Normal	Anzeige der sichtbar definierten Attribute
Ein	Alle Attribute sind sichtbar
Aus	Alle Attribute sind unsichtbar

Der Befehl zur Sichtbarkeitssteuerung von Attributen lautet:
Befehl: **<ATTZEIG>**
Normal/Ein/Aus *<aktueller Wert>:*

Wird ein Modus geändert, dann wird die Zeichnung neu aufgebaut (es sei denn, die Wiederaufbau-Funktion REGENAUTO ist ausgeschaltet).

9.5.3   ATTEXT

Mit der Funkion **ATTEXT** (**Attributextraktion**) aus dem **DIENST**-Menü können Attribute aus einer Zeichnung ausgelesen und in einer besonderen Datei gespeichert werden. Als Ausgabedateien sind, wie bereits in Abschnitt 9.4 ausgeführt wurde, folgende drei Dateitypen möglich:

⇨ **CDF**-Format (u. a. in dBASE und BASIC verarbeitbar).

⇨ **SDF**-Format (u. a. in dBASE und FORTRAN verarbeitbar).

⇨ **DXF**-Format (u. a. in andere CAD-Programme überführbar und in BASIC verarbeitbar).

Beim CDF- und SDF-Format wird eine Schablonendatei benötigt, welche die Reihenfolge und die Struktur der Daten beschreibt. Der Name der Ausgabedatei kann eingegeben werden. Er wird automatisch durch dem Zusatz *.TXT* ergänzt. Die Dateischablone kann beispielsweise in dBASE oder MS-DOS erstellt werden und den Zusatz *.TXT* besitzen.

Ein Datensatz für ein Attribut besteht aus der *Attributbezeichnung* und aus der *Datenbeschreibung*. Dies zeigt folgendes Beispiel:

WERT   C020000

Die Bezeichnung des Attributes lautet *WERT*. In der Datenbeschreibung stehen folgende Informationen: **C** bedeutet, daß es sich um eine *Zeichenkette* (character) handelt (**N** würde einen numerischen Wert anzeigen). Die *ersten drei Ziffern* der Zahlenkombination geben die *Breite* des Ausgabefeldes an (in unserem Beispiel 020). Die *zweite Dreierkombination* gibt die *Anzahl der Dezimalstellen* für ein numerisches Feld an (im vorliegenden Beispiel ohne Bedeutung, da kein numerisches Datenfeld vorliegt). Die Schablonendatei soll in MS-DOS geschrieben werden und den Namen SCHABLON.TXT erhalten. Sie muß sich im gleichen Verzeichnis wie das AutoCAD-Programm befinden. Dazu sind folgende Eingaben erforderlich:

C> **copy con schablon.txt**
WERT   C020000
Strg Z

Diese Änderungen können Sie ebenfalls in Ihrem Systemeditor oder Textverarbeitungssystem vornehmen.

Nachdem die erforderliche Dateischablone für das SDF-Format erstellt wurde, wird die Funktion **ATTEXT** aufgerufen. Dazu werden das SDF-Format und die Datei-Schablone SCHABLON.TXT gewählt und als Ausgabedatei die Bezeichnung STUECK.TXT festgelegt. Dazu dienen folgende Angaben:

Befehl: <u><ATTEXT></u>

Attribute im CDF, SDF oder DXF Format ausgeben (oder Elemente)?
(C): <u><SDF></u>

In den folgenden Dialogfenstern geben Sie als Schablonendateinamen <<u>schablon</u>> und als Namen der Ausgabedatei <<u>stueck</u>> ein.

Hinweis! Den Dateizusatz .TXT dürfen Sie nicht mit angeben. Er wird automatisch vorausgesetzt und übernommen. Vor der Anfrage nach der Schablonendatei wechselt AutoCAD in den Textbildschirm.

Die Datei STUECK.TXT kann mit dBASE oder anderen Programmen weiterverarbeitet werden. Wie eine Schablonendatei mit dBASE angefertigt wird, entnehmen Sie bitte dem Handbuch.

9.5.4 ATTEDIT

Mit der Funktion **ATTEDIT** aus dem **EDIT**-Menü können Attribute unabhängig von dem dazugehörigen Block geändert werden (Bild 9-12).

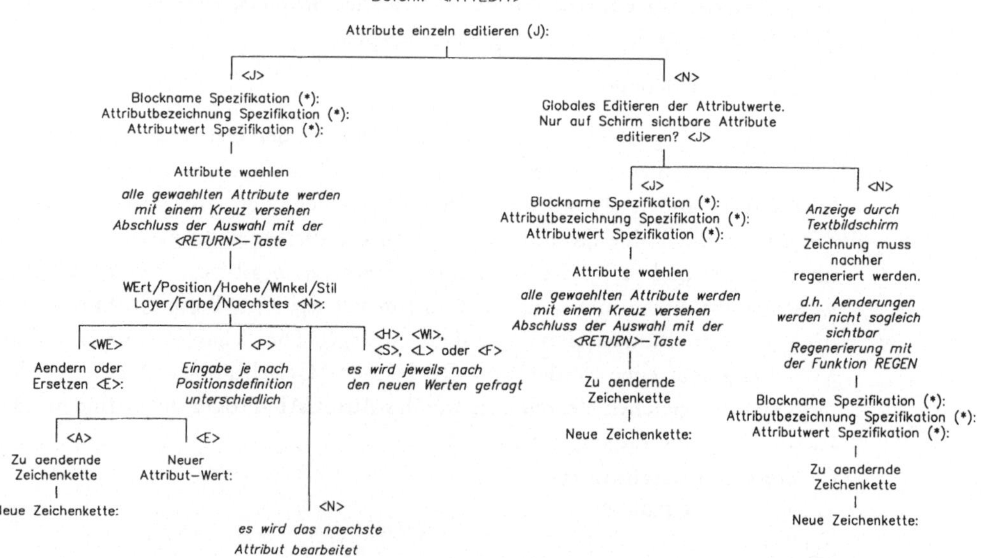

Bild 9-12 Möglichkeiten des Befehls ATTEDIT

Wie in Bild 9-12 zu erkennen ist, können die zu bearbeitenden (editierenden) Attribute unterschiedlich zusammengefaßt werden. So können beispielsweise nur die sichtbaren Attribute oder alle Attribute zusammengefaßt bearbeitet (editiert) werden. Ansonsten werden die Attribute durch Zeigen, mit der Eingabe eines Fensters oder mit dem Befehl <L> für letztes gewählt. Bei den Spezifikationen kann ein Jokerzeichen (*) eingegeben werden, wodurch alle Attribute gewählt werden. Wird eine bestimmte Zeichenfolge eingegeben, werden nur diejenigen Attribute mit der identischen Zeichenfolge bearbeitet. Gibt man beispielsweise als Blocknamen-Spezifikation <A*> ein, werden nur die Attribute zum Verändern gewählt, deren zugehöriger Blockname mit A beginnt. Wir nehmen in unserem Beispiel an, daß in der Zeichnung mehrere Bauteile mit der Zeichenkette KL und einer Zahlenfolge existieren. Auf Grund einer Umbenennung der Bauteillisten in der Firma wird der jeweiligen Zahlenfolge nun die Zeichenkette FK vorangestellt. Dazu wird folgendes eingegeben:

Befehl: <ATTEDIT>
Attribute einzeln editieren?(J): <N>
Globales Editieren der Attributwerte
Nur auf Schirm sichtbare Attribute editieren?<J>:<NEIN>
Blockname Spezifikation <*>: ⏎
Attributbezeichnung Spezifikation <*>: ⏎
Attributwert Spezifikation <*>: ⏎
Zu ändernde Zeichenkette: <KL>
Neuer Text: <FK>.

Ein Attribut mit dem Wert KL2393 wird dadurch auf FK2393 geändert. Wenn ein einzelnes Attribut verschoben werden soll, kann dies mit der in Bild 9-12 beschriebenen Befehlsfolge geschehen. Je nach Positionierung des Attributs (linksbündig, zentriert oder rechtsbündig) fragt AutoCAD nach dem Anfangs-, Mittel- oder Endpunkt. Ist das Attribut ausgerichtet, wird nach den beiden Endpunkten gefragt.

9.6 Verwendete Befehle

Im folgenden werden die in Kapitel 9 verwendeten Befehle erklärt.

1. KOPIEREN

2. SPIEGELN

3. DREHEN

4. VARIA

5. SCHIEBEN

6. REGEN, REGENAUTO, REGENALL

7. SKIZZE

8. SHELL

9. TYPE.

9.6.1   KOPIEREN

Mit der Funktion **KOPIEREN** aus dem **EDIT**-Menü können Objekte kopiert
werden. Das Original wird beibehalten. Mit dieser Funktion können auch
Objekte mehrfach kopiert werden. Bild 9-13 zeigt die entsprechenden Eingaben.

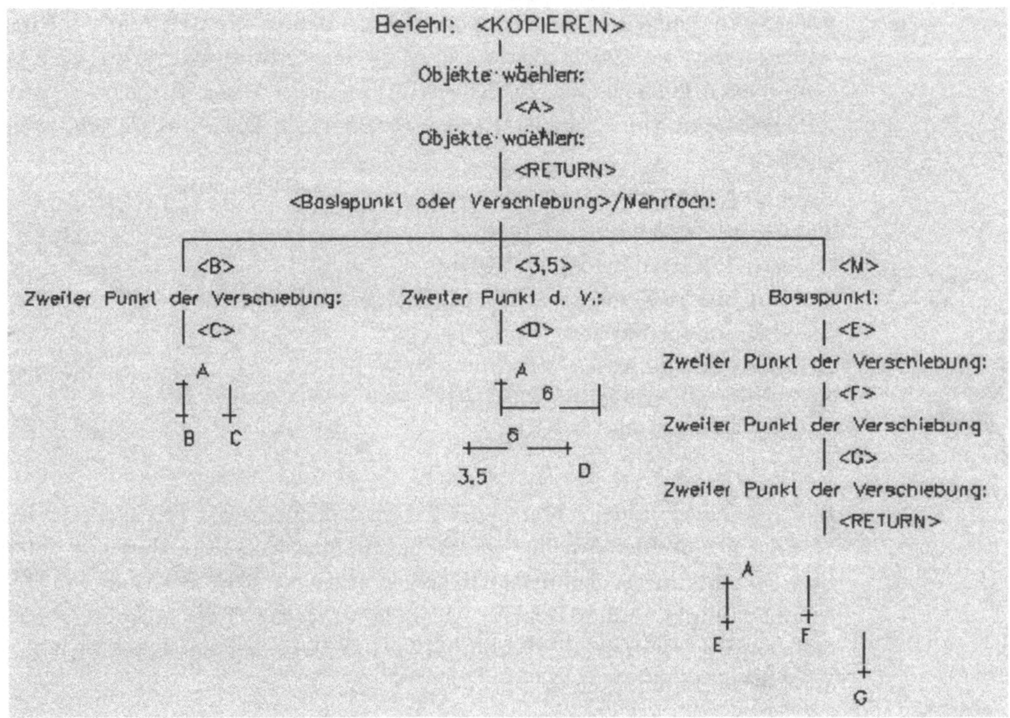

Bild 9-13 Möglichkeiten des Befehls KOPIEREN

9.6.2   SPIEGELN

Mit der Funktion **SPIEGELN** aus dem **EDIT**-Menü können Objekte an einer
beliebigen, einzugebenden Achse gespiegelt werden. Die zu spiegelnden Objekte können entweder gelöscht werden oder erhalten bleiben (Bild 9-14).

Bild 9-14
Möglichkeiten
des Befehls
SPIEGELN

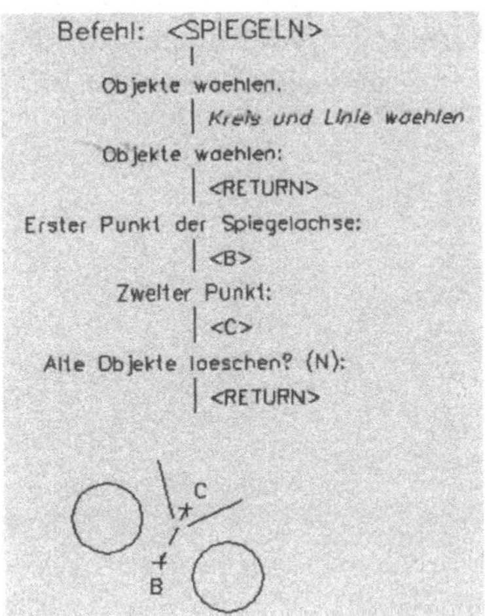

9.6.3   DREHEN

Mit der Funktion **DREHEN** aus dem **EDIT**-Menü können Objekte um einen
vorgegebenen Basispunkt gedreht werden. Der Drehwinkel kann als numerischer Wert eingegeben werden. Ein *positiver* Winkel bedeutet eine Drehung im
Gegenuhrzeigersinn. Ein *negativer* Winkel bedeutet eine Drehung im *Uhrzeigersinn*. Es kann aber auch ein relativer Drehwinkel angegeben werden. Der
Punkt, um den gedreht werden soll (Basispunkt), kann auch außerhalb des
Objektes liegen. Wir wollen eine Linie, die unter 45 Grad gezeichnet wurde,
zu einer Linie unter 73.5 Grad abändern. Dazu dienen folgende Eingaben:

Befehl: <u><DREHEN></u>
Objekte wählen: *Wahl der Linie*
Objekte wählen: ⏎
Basispunkt: <<u>end</u>>
von *Wahl eines Linienendpunktes*
<Drehwinkel>/Bezug: <<u>B</u>>
Bezugswinkel: <<u>45</u>>
Neuer Winkel: <<u>73.5</u>>.

9.6.4   VARIA

Mit der Funktion **VARIA** aus dem **EDIT**-Menü können Objekte in verschiedenen Maßstäben dargestellt werden. Der Größenfaktor gilt allerdings sowohl
für die x- als auch für die y-Achse. Ein Größenfaktor von 2 bedeutet, daß das
Objekt um das Zweifache vergrößert wird. Der Basispunkt muß nicht auf den
zu bearbeitenden Objekten liegen, er bleibt aber immer an seinem Platz in der
Zeichnung. Will man keinen Größenfaktor eingeben, sondern beispielsweise
eine Linie auf eine bestimmte Länge ändern, kann dies ebenfalls mit der

Funktion **VARIA** geschehen. Anstelle des Größenfaktors wird der Buchstaben
<B> (Bezug) eingegeben. Bild 9-15 zeigt die Zusammenhänge.

Bild 9-15
Möglichkeiten
des Befehls
VARIA

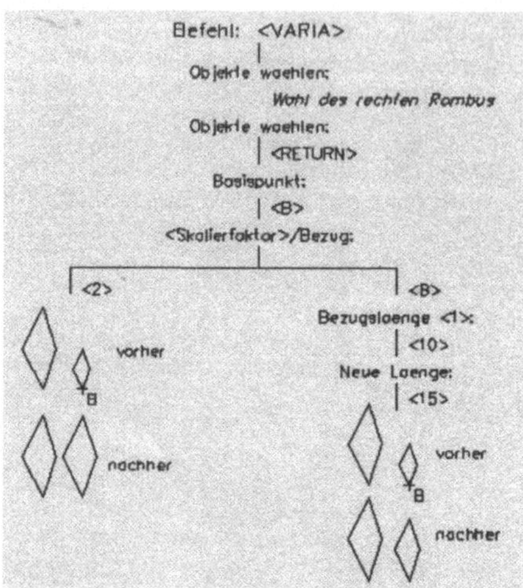

Als Beispiel soll eine Linie unbekannter Länge auf die Länge 10 Einheiten gebracht werden. Dazu wird folgendes eingegeben:

Befehl: <<u>VARIA</u>>

Objekte wählen: *Wahl der Linie*

Objekte wählen: ⏎

Basispunkt: *ein Punkt der Linie*

<Skalierfaktor>/Bezug: <<u>B</u>>

Bezugslänge <1>: <<u>end</u>>

von *Wahl des einen Linienendpunktes*

Zweiter Punkt: <<u>end</u>>

von *Wahl des anderen Linienendpunktes*

Neue Länge: <<u>10</u>>.

9.6.5 SCHIEBEN

Mit der Funktion **SCHIEBEN** können Objekte von einer Stelle an eine andere verschoben werden. Die Befehlsfolge lautet:

Befehl: <<u>SCHIEBEN</u>>

Objekte wählen: <...>

Objekte wählen: ⏎

Basispunkt oder Verschiebung:

Zweiter Punkt der Verschiebung:

Der *Verschiebungsvektor* kann auf zwei unterschiedliche Arten definiert werden.
Entweder können zwei Punkte eingegeben werden (der Basispunkt und der

Punkt, an den geschoben werden soll), oder es werden die x- und y-Koordinaten des Verschiebungsvektors eingegeben und auf die Frage nach der Verschiebung mit der ⟨⏎⟩-Taste geantwortet.

Als Beispiel verschieben wir ein Objekt um 10 Einheiten nach rechts und 5 Einheiten nach oben. In diesem Fall werden die Koordinaten des Verschiebungsvektors eingegeben:

Befehl: <<u>SCHIEBEN</u>>

Objekte wählen: *Wahl des Objekts*

Objekte wählen: <<u>RETURN</u>>

Basispunkt oder Verschiebung: <<u>10,5</u>>

Zweiter Punkt der Verschiebung: <<u>RETURN</u>>.

9.6.6   REGEN, REGENAUTO, REGENALL

Mit der Funktion **REGEN** aus dem **ANZEIGE**-Menü kann die Zeichnung im aktuellen Ansichtsfenster neu aufgebaut (**regen**eriert) werden. Es werden Veränderungen an der Zeichnung teilweise erst nach der Regenerierung der Zeichnung durchgeführt (z.B. Veränderungen des LTFAKTORS). Viele Befehle führen automatisch zu einer Regenerierung der Zeichnung, wenn die automatisch **Regen**erierung eingestellt ist (**REGENAUTO EIN**).

Der Befehl **REGENALL** regeneriert alle aktiven Ansichtsfenster.

9.6.7   SKIZZE

Mit der Funktion **SKIZZE** aus dem **ZEICHNEN**-Menü kann freihändig direkt am Bildschirm gezeichnet werden. Man braucht dazu ein Zeigegerät (Tablett, Maus oder Pen). AutoCAD setzt die gewünschten Formen aus Linien zusammen. Die Länge dieser Linien ist durch die Skizziergenauigkeit einstellbar. Ist die Skizziergenauigkeit beispielsweise 0.1, werden zum Zeichnen Linien mit einer Länge von 0.1 Einheiten benutzt. Es ist sinnvoll, nur die notwendige Skizziergenauigkeit zu verwenden, da sonst unnötigerweise sehr viel Speicherplatz belegt wird. Die Funktion **SKIZZE** sollte nur benützt werden, wenn die gewünschten Linienzüge durch keine anderen AutoCAD-Befehle zu erzeugen sind. Als Linientyp sollte AUSGEZOGEN verwendet werden. Folgende Befehlsfolge ist vorgegeben:

Befehl: <<u>SKIZZE</u>>

Skizziergenauigkeit <1.00>:

Skizze. Feder eXit Quit Speichern Löschen Verbinden

Wird <F> für Feder eingegeben, dann erscheint die Meldung: „*<Feder unten>*". Ab diesem Zeitpunkt wird jede Bewegung des Zeigegerätes auf dem Bildschirm mitgezeichnet. Durch abermaliges Drücken der <F>-Taste erscheint die Meldung: „*<Feder oben>*". Die Bewegungen des Zeigegerätes werden dann nicht mehr am Bildschirm mitprotokolliert. Gibt man einen „." (Punkt) ein, zeichnet AutoCAD eine Linie vom Endpunkt der letzten skizzierten Linie zur aktuellen Position des Zeigegeräts. Die *Feder* sollte dabei *unten* sein. Nach dem Hinzufügen der Linie geht die Feder wieder nach *oben*.

Durch Eingabe von <S> werden die gezeichneten Linien gespeichert. Es wird die Anzahl der gespeicherten Linien angegeben. Diese Linien können nur noch durch die normalen AutoCAD-Befehle verändert werden.

Mit der Eingabe des Buchstabens <X> (für eXit) oder mit Drücken der ⬚- oder der ⏎-Taste werden alle skizzierten Linien gespeichert und die Funktion **SKIZZE** beendet. Es wird ebenfalls die Anzahl der gespeicherten Linien angegeben.

Die Taste <Q> (für **Q**uit) oder das Drücken der Tastenfolge Strg C ignoriert alle skizzierten Linien und beendet die Funktion **SKIZZE**. Es erscheint wieder die Anfrage: „Befehl:".

Durch Drücken der <L>-Taste (Löschen) können skizzierte Linien gelöscht werden. AutoCAD fragt nach dem Ende der Löschung. Wird beendet und drückt man anschließend die <F>-Taste (Feder unten), wird vom Ende der skizzierten Linie bis zum angegebenen Endpunkt gelöscht. Drückt man anstelle der <F>-Taste wiederum die <L>-Taste, wird nichts gelöscht und es erscheint die Meldung: *„Löschen abgebrochen"*.

Drückt man die <V>-Taste (Verbinden), kann von der zuletzt gezeichneten Linie aus weiterskizziert werden, auch wenn zwischendurch ein Unterbefehl der Skizzierfunktion durchgeführt wurde. Es erscheint die Meldung: *„Verbinden: Zum Endpunkt der Linie gehen. <Feder unten>"*.

Wird das Fadenkreuz auf den Endpunkt der skizzierten Linie bewegt, und befindet sich das Fadenkreuz innerhalb des Genauigkeitsabstands zum letzten Endpunkt, wird die Feder automatisch gesenkt. Es erscheint das **SKIZZE**-Menü und man kann direkt mit dem Skizzieren weiterfahren. Die Feder sollte vor dem Durchführen des Befehls **Verbinden** oben sein. Durch nochmaliges Drücken der <V>-Taste kann der Befehl **Verbinden** abgebrochen werden. Es erscheint dann die Meldung: *„Verbinden abgebrochen"*.

Auf eine weitere Erklärung der Funktion **SKIZZE** (z. B. Belegung der Knöpfe der Maus mit den **SKIZZE**-Unterfunktionen oder **SKIZZE** im Tablett-Modus) wird hier aus Platzgründen verzichtet.

9.6.8   SHELL

Mit dem Befehl **SHELL** aus der Funktion **Externe Befehle** aus dem DIENST-Menü können Dienstprogramme durchgeführt werden, ohne daß man AutoCAD verlassen muß. Je nach Betriebssystem ist der Dialog unterschiedlich. Hier wird er für Rechner mit dem Betriebssystem MS-DOS beschrieben. Die Befehlsfolge lautet dann:

Befehl: <SHELL>

DOS-Befehl:

Soll nur ein DOS-Befehl durchgeführt werden, wird dieser folgendermaßen eingegeben:

Befehl: <SHELL>

DOS-Befehl: <dir c:>   Inhaltsverzeichnis der Festplatte anzeigen.

Sollen mehrere DOS-Befehle durchgeführt werden, wird nur die ⏎-Taste gedrückt. Wir befinden uns beispielsweise im Laufwerk C:.

Befehl: <SHELL>

DOS-Befehl: ⏎

C>>.

Nun können DOS-Befehle eingegeben werden. Zum Zeichenprogramm kehrt man zurück, wenn <EXIT> eingegeben wird.

Die Funktion **SHELL** braucht je nach durchzuführendem Dienstprogramm relativ viel freien Platz im Arbeitsspeicher. Falls der Speicherplatz nicht aus reicht, kann statt SHELL die Funktion **SH** verwendet werden. Es können dann aber nur interne DOS-Befehle (z.B. DIR, COPY, und TYPE) verwendet werden.

9.6.9   TYPE

Der Befehl **TYPE** kann auch direkt von AutoCAD aus gewählt werden. Er ist ebenfalls Teil der Funktion **Externe Befehle**. Als Beispiel soll die Datei README.DOC angezeigt werden:

Befehl: <TYPE>

Dateiname: <README.DOC>.

10 Restliche Befehle in AutoCAD

In diesem Kapitel werden die restlichen bisher nicht behandelten Befehle und
Funktionen zusammengestellt und ausführlich beschrieben. Sie werden im
einzelnen durch Überschriften einem Anwendungsfeld zugeordnet. Damit
können Sie das Software-Paket im Gesamtumfang einsetzen. Die Anwendungsfelder und die Befehle sind im einzelnen:

1. Objekte zeichnen

⇨ BAND

⇨ RING

⇨ SYMBOL

⇨ DTEXT

⇨ SOLID

⇨ POLYGON

⇨ ERHEBUNG

⇨ XREF

⇨ XBINDEN

2. Objekte wählen und verändern

⇨ WAHL

⇨ STRECKEN

3. Konstruktionshilfen
⇨ ÄNDERN, EIGÄNDR
⇨ STUTZEN
⇨ VERSETZ

⇨ TEILEN
⇨ MESSEN

4. Verändern von Polylinien, Maschen und Blöcken
⇨ PEDIT
⇨ Schliessen
⇨ Verbinden
⇨ Breite
⇨ kurve Angleichen
⇨ kurve Löschen
⇨ Zurück
⇨ eXit
⇨ Editieren
⇨ Verändern von 3D-Polylinien
⇨ Verändern von Maschen
⇨ URSPRUNG

5. Operationen rückgängig machen
⇨ Z
⇨ ZLÖSCH
⇨ ZURÜCK
⇨ Auto
⇨ Rück und Markierung
⇨ Steuern
⇨ Gruppe und Ende
⇨ BFLÖSCH
⇨ BFRÜCK

6. Abfragebefehle
⇨ DBLISTE und LISTE
⇨ ID
⇨ ABSTAND
⇨ FLÄCHE
⇨ STATUS
⇨ ZEIT
⇨ PRÜFUNG

7. Bildschirmanzeige
⇨ Koordinatensysteme (BKS, BKSSYMBOL)
⇨ PAN
⇨ AUSSCHNT
⇨ Fragezeichen (?)
⇨ Löschen
⇨ Holen
⇨ Speichern

⇨ Fenster
⇨ NEUZEICH, HEUZALL
⇨ REGEN
⇨ REGENAUTO
⇨ FÜLLEN
⇨ KPMODUS
⇨ ZUGMODUS
⇨ QTEXT.
⇨ GRAPHBLD und TEXTBLD
⇨ VERDECKT
⇨ SHADE
⇨ AFLAYER

8. Stapelverarbeitung
⇨ PAUSE
⇨ RESUME
⇨ RSCRIPT

9. Diademonstration
⇨ MACHDIA
⇨ ZEIGDIA

10. Plotten
⇨ PLOT
⇨ PRPLOT

11. Zeichnungshilfen

⇨ ORTHO

⇨ SKALA

12. Weitere Befehle
⇨ NOCHMAL
⇨ BEREINIG
⇨ UMBENENN
⇨ HILFE oder ?
⇨ DATEIEN
⇨ MENÜ
⇨ REFERENZ.

Die Befehle des ASHADE-Menüs (FILMROLL, LICHT, KAMERA, KAM-
SICHT und SZENE) werden hier nicht besprochen. Sie beziehen sich auf das
Programm AutoSHADE.

<table><tr><td>**10.1**</td><td></td></tr></table>

10.1 Objekte zeichnen

10.1.1 BAND

Ein Band ist eine *Linie* mit einer *wählbaren Breite*. Es kann je nach Füllmodus (Abschn. 7.4.3) ausgefüllt werden oder nicht. Der Objektfangmodus ist nur auf den Rand des Bandes anwendbar. Überlappungen von Bändern beispielsweise an Kanten sind zu vermeiden, da die Überlappung auf der geplotteten Zeichnung auffällt. Die Funktion **BAND** wird aus dem **ZEICHNEN**-Menü gewählt. Folgende Eingaben sind erforderlich:

Befehl: **<ZEICHNEN>**

<<u>BAND</u>>

Bandbreite <*Vorgabe*>: <<u>10</u>>

Von Punkt: <*Punkt A*>

Nach Punkt: <*Punkt B*>

Nach Punkt: <*Punkt C*>

Nach Punkt: <*Punkt D*>

Nach Punkt: <*Punkt E*>

Nach Punkt: <*Punkt F*>

Nach Punkt: <*Punkt G*>

Nach Punkt: [↵].

Die einzelnen Linien werden erst gezeichnet, wenn die nächste Linie eingegeben ist. Die Kanten zeichnet AutoCAD selbst. Anfangs- und Endkanten schließen immer rechtwinklig ab. An Übergängen laufen die Kanten senkrecht aufeinander zu oder werden gebrochen. Zur Veranschaulichung zeigt Bild 10-1 verschiedene Bänder mit ausgeschaltetem Füllmodus.

Bild 10-1
Bänder mit ausgeschaltetem Füllmodus

10.1.2   RING

Mit der Funktion **RING** können Ringe oder Kreise gezeichnet werden, die je nach Füllmodus ausgefüllt werden können. Ein Ring wird dabei wie eine geschlossene Polylinie behandelt. Wir zeichnen als Beispiel zwei Ringe mit jeweils einem Außendurchmesser von 30 und einem Innendurchmesser von 20 Einheiten. Der Mittelpunkt des Ringes soll die Koordinaten 100,100 aufweisen. Der Füllmodus bleibt eingeschaltet. Die Eingaben lauten in diesem Fall:

Befehl: <ZEICHNEN>

<<u>RING</u>>

Innendurchmesser <0.5>: <<u>20</u>>

Aussendurchmesser <1.00>: <<u>30</u>>

Ringmittelpunkt: <<u>100,100</u>>

Ringmittelpunkt: ⏎ .

Bild 10-2 zeigt die entsprechende Zeichnung.

Bild 10-2
Beispiel für
die Funktion
RING

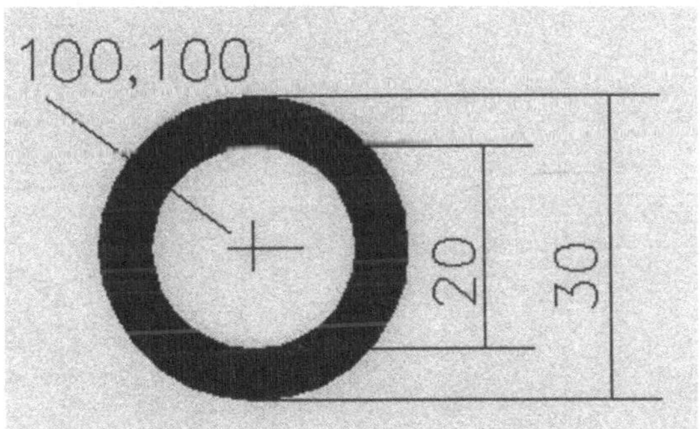

Durch Eingabe weiterer Mittelpunkte kann der gezeichnete Ring beliebig oft multipliziert werden.

10.1.3   SYMBOL

Ein Symbol ist ein *Zeichen*, das vom *Benutzer definiert* und in Zeichnungen eingefügt werden kann. Es kann ähnlich wie ein Block behandelt werden. Bei einfachen Symbolen, die sehr häufig verwandt werden, ist eine Symboldefinition sinnvoll, da ein Arbeiten mit Symbolen wesentlich schneller ist und nicht so viel Speicherplatz belegt. Um Symbole definieren zu können, braucht man einen speziellen Code. Wir gehen in diesem Abschnitt nicht auf alle Einzelheiten ein, sondern erklären nur einzelne Elemente aus der Symboldatei für Stromlaufpläne, die unter dem Namen *ES.SHP* im AutoCAD-Programm enthalten ist.

Hinweis: Hinweis! Die Symboldatei ES.SHX muß erst geladen werden. Wählen Sie hierfür <SYMBOL> <laden>. Es erscheint das Dialogfenster „Symboldatei laden".

Wechseln Sie in das Verzeichnis acad\sample und wählen Sie hier die Datei ES.SHX. Sie wird nach Bestätigen durch ⏎ oder <ok> geladen.

Wenn Sie nach dem Kommando Symbol ein Fragezeichen eingeben, wechselt AutoCAD in den Befehlmodus, und es erscheint eine Liste der vorhandenen Symbole.

Als Teile eines Symbols können Linien, Kreise und Kreisbögen verwendet werden. Die jeweilige Richtungsangabe ist verschlüsselt. Für Linien gilt folgende Richtungsregelung (Bild 10-3):

Bild 10-3
Verschlüsse-
lung der
Richtung für
Linien

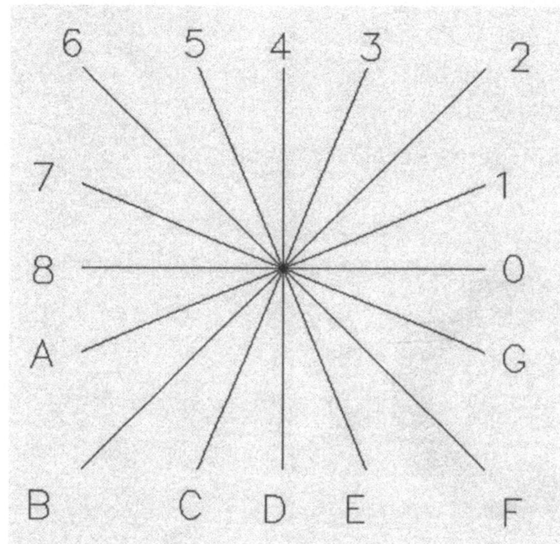

Alle Vektoren in dieser Zeichnung haben die gleiche Länge, d.h. diagonale Vektoren werden automatisch gestreckt.

In der Stromlaufplandatei ES.SHP stehen folgende Symbole zur Verfügung:

Bild 10-4
Symbole der
Stromlauf-
plandatei
ES.SHP

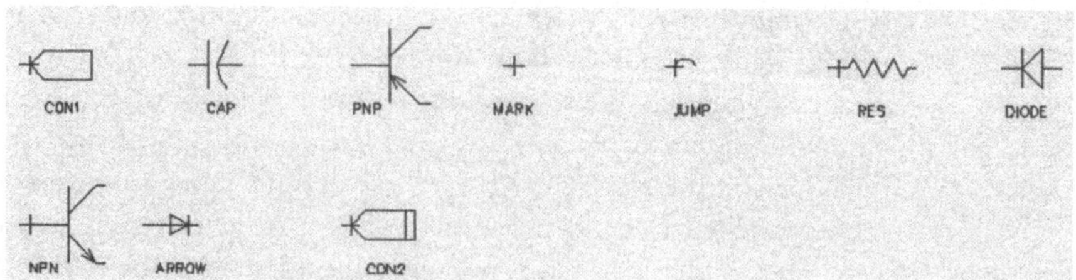

Tabelle 10-1 zeigt die einzelnen Definitionen:

Tabelle 10-1
Definitionen
der Symbole
in der Strom-
laufplandatei

*128,8,CON1	3,20,032,0A0,06C,0A8,036,0
*129,12,RES	3,20,020,023,04D,043,04D,043,04D,023,020,0
*130,21,CAP	3,20,040,2,054,1,0AC,2,040,1,016,025,044,023,012
*131,13,DIODE	3,20,040,044,04C,042,04C,040,048,04C,046,04C,0
*132,19,PNP	3,20,080,084,2,080,2,080,1,028,06A,0AC, 2,080,1,028
*133,20,NPN	3,20,080,084,2,080,2,080,1,028,06A,0AC,2,080,1,0 28,035,03D,037,03F,066,0
*134,8,MARK	3,20,024,04C,024,020,048,0
*135,7,ARROW	3,20,047,04C,041,0A8,0
*136,10,JUMP	3,50,023,012,021,020,02F,01E,02D,0
*137,11,CON2	3,20,032,0A0,06C,028,064,06C,088,036,0,04D,043 ,04D,023,020,0
*130,21,CAP	3,20,040,2,054,1

Im folgenden wird das Zeichen MARK betrachtet (Bild 10-5).

Bild 10-5
Zeichen
MARK

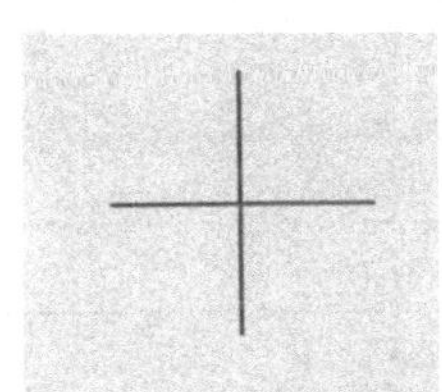

Die einzelnen Bezeichnungen haben folgende Bedeutung (Tabelle 10-2):

Tabelle 10-2
Bedeutung der
Bezeich-
nungen für
MARK

Bezeichnung	Bedeutung
*134	Symbolnummer
8	8 verwendete Bytes
MARK	Symbolname (nur Großbuchstaben erlaubt)
3	die folgende Zahl gibt die Höhe des Symbols an
20	das Symbol ist 20 Einheiten hoch
024	2 Vektorlängen werden nach oben gezeichnet
04C	4 Längen werden nach unten gezeichnet
024	2 Längen werden nach oben gezeichnet
020	2 Längen werden nach rechts gezeichnet
048	4 Längen werden nach links gezeichnet
0	Ende

Wir erhalten mit diesen Festlegungen als Markierung (MARK) ein Kreuz. Es wird mit einer durchgezogenen Linie gezeichnet.

Als nächstes betrachten wir die Definition des Bauteils Diode (Bild 10-6):

Bild 10-6
Zeichen
DIODE

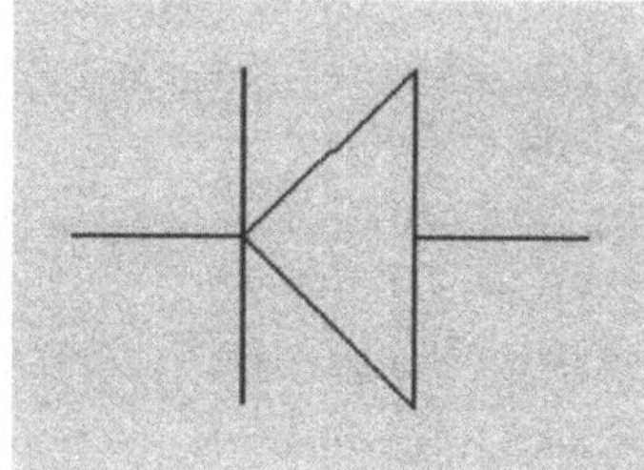

Tabelle 10-3 zeigt die Bezeichnungen und deren Bedeutung bei der Festlegung des Zeichens DIODE:

Tabelle 10-3
Bedeutung der
Bezeich-
nungen für
DIODE

Bezeichnung	Bedeutung
*131	Symbolnummer
13	13 verwendete Bytes
DIODE	Symbolname (nur Großbuchstaben erlaubt)
3,20	Die Symbolhöhe ist 20
040	4 Längen nach rechts
044	4 Längen nach oben
04C	4 Längen nach unten
042	4 Längen 45° nach oben rechts
04C	4 Längen nach unten
040	4 Längen nach rechts
048	4 Längen nach links
04C	4 Längen nach unten
046	4 Längen 45° nach links oben
04C	4 Längen nach unten
0	Ende

Bild 10-7 zeigt das Zeichen für DIODE mit den entsprechenden Verschlüsselungen für die Zeichnung.

Bild 10-7
Zeichen für
DIODE und
ihre Bezeich-
nungen

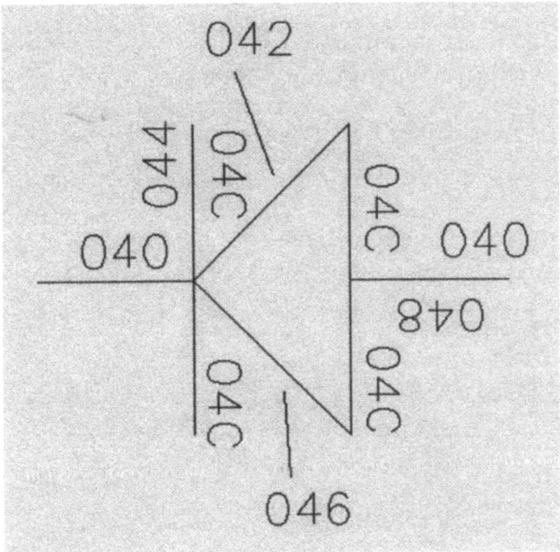

Als letztes Beispiel wird das Zeichen für den Kondensator (amerikanische Norm CAP) betrachtet (Bild 10-8):

Bild 10-8
Zeichen CAP

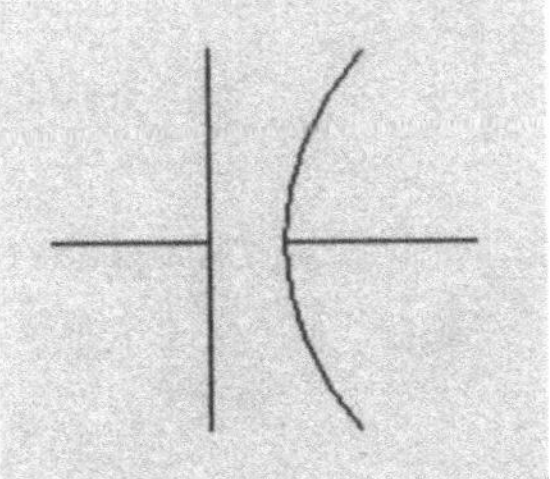

In Tabelle 10-4 sind die Bezeichnungen für den Kondensator und deren Bedeutung zusammengestellt.

Tabelle 10-4 Bedeutung der Bezeichnungen für CAP

Bild 10-9 zeigt das Zeichen CAP für den Kondensator und die Bezeichnungen.

Bild 10-9
Symbol CAP
und seine
Festlegung

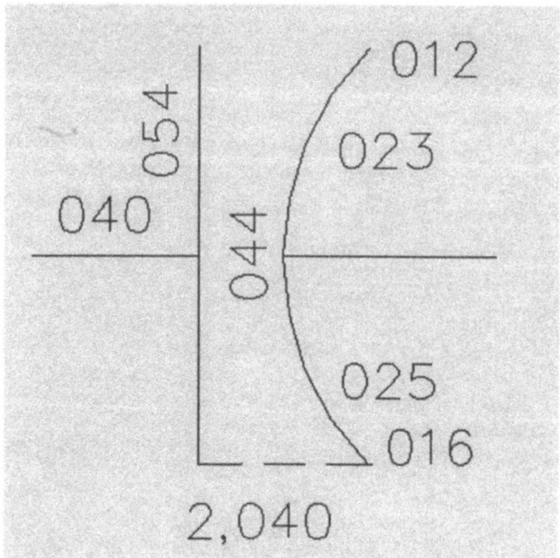

Da in dieser Symboldatei (Tabelle 10-1) keine Kreise oder Kreisbögen verwendet werden, wird auf eine Beschreibung der anderen Kodierungen verzichtet.

Im folgenden wird gezeigt, wie diese Symboldatei für eigene Zeichnungsanwendungen benützt werden kann. AutoCAD hält die Symbole des Stromlaufplans in der Datei ES.SHP auf der Festplatte bereit. Die Datei ES.SHP ist bereits kompiliert, d.h. Sie braucht nur noch geladen zu werden.

Als Beispiel beginnen wir eine Zeichnung mit dem Namen SYMBOL. Es soll das Symbol *ARROW* aus der Datei ES.SHX am Punkt 100,100 eingefügt werden. Zuerst wird die Datei geladen.

Befehl: <u><LADEN></u>

Es erscheint das Dialogfenster *Symboldatei laden* auf dem Bildschirm. Eventuell müssen Sie zuerst in das Verzeichnis acad\sample wechseln, bevor die Datei ES mit der Erweiterung SHX erscheint. Nun können Sie die Datei durch Anpicken laden. Dies müssen Sie allerdings mit <ok> bestätigen.

Wir überprüfen, ob die Datei auch geladen wurde und geben nach Wiederholung des Befehls SYMBOL ein Fragezeichen ein. Es werden dann sämtliche geladenen Symboldateien und deren Inhalt bzw. Symbole angezeigt.
Befehl: <u><SYMBOL></u>
Symbolname (oder ?): <?>
Aufzulistende(s) Symbol(e) <*>: ⏎.

Der Bildschirm wechselt in den Befehlsmodus und es erscheint folgende Anzeige:

Zur Verfügung stehende Symbole:

```
Datei:          C:\ACAD\SAMPLE\ES.SHX
  CON1            RES
  CAP             ...
  PNP
  ...
```

AutoCAD wechselte in den Textbildschirm. Wechseln Sie mit der [FI]-Taste wieder in den Grafikbildschirm. Anschließend wird das Zeichen ARROW in die Zeichnung eingefügt. Dazu dient die Funktion **SYMBOL** aus dem **ZEICHNEN**-Menü.

Befehl: **<ZEICHNEN>**
<SYMBOL>
Symbolname (oder ?): **<ARROW>**.

Das Symbol soll am Punkt 100,100 eingefügt werden, die Höhe soll 30 Einheiten und der Winkel 0 Grad betragen. Deshalb wird eingegeben:

Startpunkt: **<100,100>**
Höhe <1.00>: **<30>**
Drehwinkel <0>: [↵]

10.1.4   DTEXT

Mit der Funktion **DTEXT** aus dem **ZEICHNEN**-Menü können Texte, besonders Mehrzeilentexte eingegeben werden. Die Anfragen sind die gleichen wie bei der Funktion **TEXT**.

Mit der Funktion DTEXT können *Mehrzeilentexte* mit *einem Befehl* eingegeben werden. Der Text ist während des Eingebens auf dem Bildschirm sichtbar. Sobald die Anfrage *„Text"'* erscheint, wird auf dem Bildschirm ein Quadrat an der Stelle sichtbar, an der der Text plaziert wird. Das Quadrat hat die Höhe des einzugebenden Textes. Der Text muß über die Tastatur eingegeben werden. Wurde eine Textzeile mit [↵] abgeschlossen, rückt das Quadrat in die nächste Zeile. Es erscheint erneut die Anfrage *„Text"'*. DTEXT wird beendet, wenn bei der Anfrage *„Text"'* die [↵]-Taste gedrückt wird. Der Text verschwindet dabei kurzzeitig vom Bildschirm und wird dann wieder gezeichnet. Soll der Text nicht untereinander, sondern in jeder Zeile an eine andere Stelle geschrieben werden, wird das Fadenkreuz bei der Anfrage *„Text"'* vor der Eingabe des Textes an die gewünschte Stelle gebracht und diese Position eingegeben, beispielsweise durch Drücken des Pickknopfes bei der Maus. Das Quadrat rückt dann an die gewählte Stelle, und der Text kann eingegeben werden. Der Text wird beim Schreiben immer linksbündig angezeigt, auch wenn er beispielsweise zentriert gezeichnet werden soll. Nach Beendigung der Funktion DTEXT wird der Text dann automatisch wie gewünscht plaziert. Ebenfalls werden eingegebene Steuerzeichen (z.B. %%p) erst bei Beenden von DTEXT in der gewünschten Form auf dem Bildschirm gezeigt.

Zur Veranschaulichung werden drei Beispiele benutzt: Linksbündiger, zentrierter und frei positionierter Text (Bild 10-10).

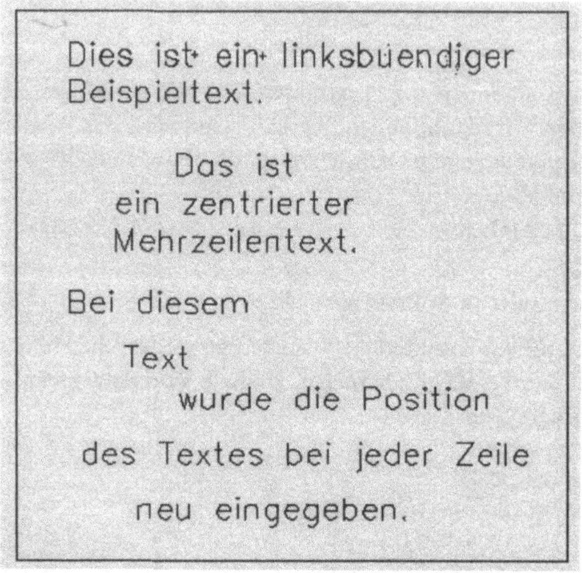

Bild 10-10
Linksbündiger, zentrierter und frei positionierter Text

10.1.5   SOLID

Mit der Funktion **SOLID** aus dem **ZEICHNEN**-Menü können drei- oder viereckige Flächen gezeichnet werden. Je nach Füllmodus werden die Fläche ausgefüllt oder nur die Begrenzungslinien dargestellt.

Hinweis:

Hinweis! Der Füllmodus kann durch den Befehl <FÜLLEN>, der unter <SOLID> im Bildschirmmenü erscheint ein- oder ausgeschaltet werden.

Befehl: **<SOLID>**
Erster Punkt:
Zweiter Punkt:
Dritter Punkt:
Vierter Punkt:
Dritter Punkt: *(Punkt 5)*
Vierter Punkt: *(Punkt 6)*
usw.
Die Seiten werden wie folgt gezogen:
a) von Punkt 1 nach Punkt 2
b) von Punkt 1 nach Punkt 3
c) von Punkt 2 nach Punkt 4
d) von Punkt 3 nach Punkt 4
e) von Punkt 3 nach Punkt 5
f) von Punkt 4 nach Punkt 6
usw.

Als Übung soll folgendes Bild gezeichnet werden:

Bild 10-11
Erstellen einer
Zeichnung
mit der Funk-
tion SOLID

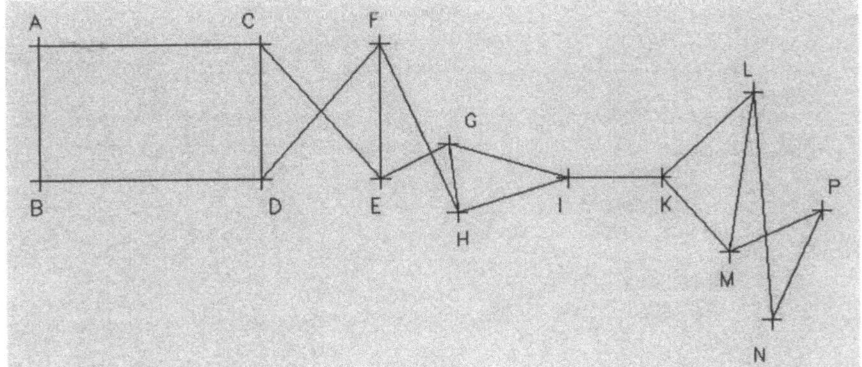

In welcher Reihenfolge geben Sie die Eckpunkte ein?

Erster Punkt: Ⓐ
Zweiter Punkt: Ⓑ
Dritter Punkt: Ⓒ
Vierter Punkt: Ⓓ
Dritter Punkt: Ⓔ
Vierter Punkt: Ⓕ
Dritter Punkt: Ⓖ
Vierter Punkt: Ⓗ
Dritter Punkt: Ⓘ
Vierter Punkt: Ⓘ
Dritter Punkt: Ⓚ
Vierter Punkt: Ⓚ<K>
Dritter Punkt: Ⓛ
Vierter Punkt: Ⓜ
Dritter Punkt: Ⓝ
Vierter Punkt: Ⓟ
Dritter Punkt: ⏎.

10.1.6   POLYGON

Die Funktion **POLYGON** aus dem **ZEICHNEN**-Menü zeichnet regelmäßige
Polygone mit bis zu 1024 Seiten. Ein Polygon wird durch folgende Angaben
festgelegt:

a) Die Anzahl der Seiten, dem Mittelpunkt und dem Radius des Inkreises
   oder Umkreises oder durch

b) die Anzahl der Seiten und Eingabe einer Seite.

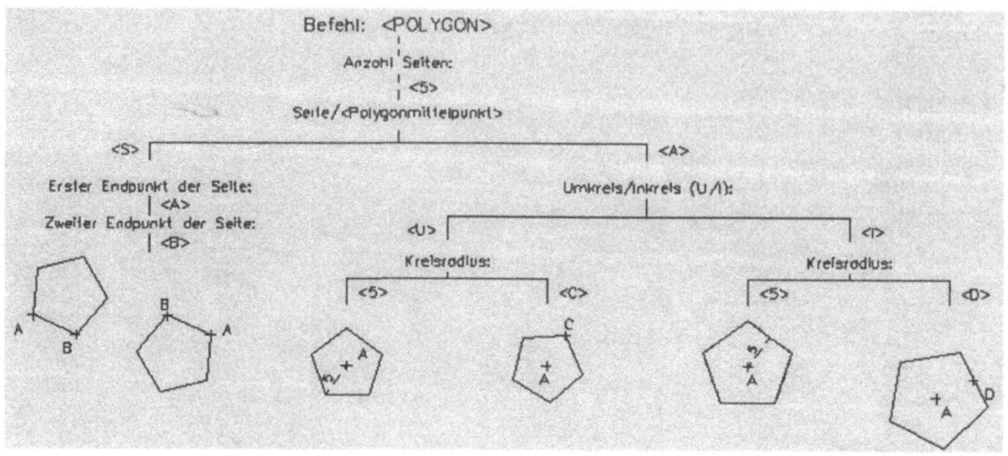

Bild 10-12 Möglichkeiten des Befehls POLYGON

Beim Inkreis berühren sämtliche Eckpunkte des Polygons den Kreis von innen. Beim Umkreis berühren die Seitenmitten den Kreis von außen.

Wird der Radius durch ein Zeigegerät eingegeben (kein numerischer Wert), wird der eingegebene Punkt gleichzeitig als Mitte einer Seite angesehen und das Polygon entsprechend plaziert. Wird der Radius numerisch eingegeben, liegt die untere Seite waagerecht. Wenn Seiten eingegeben werden, wird das Polygon im Gegenuhrzeigersinn ergänzt.

10.1.7   ERHEBUNG

Mit der Funktion **ERHEBUNG** kann die Lage der Basis (Erhebung) und die eigentliche Objekthöhe (Objekthöhe) angegeben werden. Es entsteht dabei ein dreidimensionales Objekt.

Das Objekt wird danach zweidimensional gezeichnet. Die dritte Dimension ist durch die Funktion **ERHEBUNG** vorher festgelegt.
Befehl: <3D>
<ERHEBUNG>
Neue aktuelle Erhebung <0.00>:
Neue aktuelle Objekthöhe <0.00>:

10.1.8   XREF

Der Befehl XREF erlaubt es, mit anderen AutoCAD-Zeichnungen in der aktuellen Zeichnung zu arbeiten, ohne diese zu verändern oder konstant in die Zeichnung zu integrieren. Eine Zeichnung kann aus verschiedenen Einzelzeichnungen aufgebaut werden. Wenn eine Einzelzeichnung verändert wird,

wird sie in die Hauptzeichnung ebenfalls verändert übernommen (nähere Einzelheiten entnehmen Sie bitte dem Handbuch).

Die Befehlsfolge lautet:
Befehl: <XREF>
?/Binden/Lösen/Pfad/Neuladen/<Zuordnen>:

? Es erscheint eine Liste mit den einzelnen XREFs und den zugeordneten Zeichnungsdateien.

Binden   Fügt eine XREF ihrer Zeichnung hinzu.

Lösen   Entfernt eine XREF aus Ihrer Zeichnung.

Pfad   Mit diesem Unterbefehl kann der Dateinamen, der zum Laden eines XREF verwendet wird, verändert oder angezeigt werden.

Neuladen   Gibt die Möglichkeit, Xrefs zu aktualisieren, ohne den Zeichnungseditor verlassen zu müssen.

Zuordnen   Ordnet der Zeichnung eine neue Xref zu.

10.1.9   XBINDEN

Der Befehl XBINDEN ordnet der Zeichnung abhängige Symbole fest zu. Diese werden nach Beendigung der Zeichnung nicht mehr gelöscht, sondern wie Blöcke mit der Zeichnung abgespeichert.
Befehl: <XBINDEN>
BLock/BEmstil/LAyer/LTyp/Stil:

Je nach gewähltem Unterbefehl wird nach dem gewählten Symboltyp (z.B. Block) gefragt. Sie können dann beispielsweise den Blocknamen eingeben.

10.2   Objekte wählen und verändern

10.2.1   WAHL

Mit der Funktion **WAHL** aus dem **EDIT**-Menü können Objekte, welche im voraus mit dem Befehl Wahl ausgewählt wurden, mit den darauf folgenden Befehlen bearbeitet werden. Folgende Eingaben sind erforderlich:
Befehl: <WAHL>
Objekte wählen:
Objekte wählen: ⏎.

Wenn Sie einen Befehl verwenden, bei dem Objekte gewählt werden müssen, können Sie die mit WAHL gewählten Objekte mit der Möglichkeit <WAHL> <vorher> eingeben.

10.2.2   STRECKEN

Mit der Funktion **STRECKEN** aus dem **EDIT**-Menü können Objekte verschoben werden, wobei ein Teil dieser Objekte mit einem anderen Objekt verbunden bleibt. Bild 10-13 zeigt eine Zeichnung vor und nach der Anwendung des Befehls STRECKEN.

Bild 10-13
Beispielzeichnung für die Funktion STRECKEN

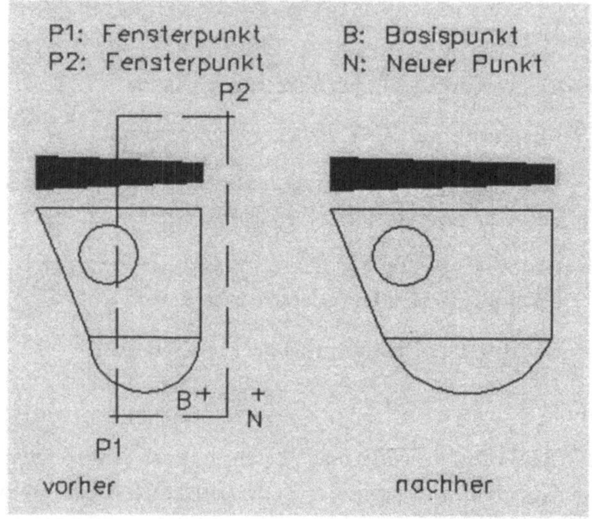

Bild 10-13 wurde mit folgender Befehlssequenz gezeichnet:
Befehl: **<STRECKEN>**
<WAHL>
Objekte, die gestreckt werden sollen, mit Fenster wählen...
Objekte wählen: **<Kreuzen>**
Erste Ecke: *<Eingabe der Koordinaten von P1>*
Andere Ecke: *<Eingabe der Koordinaten von P2>*
Objekte wählen: ⏎
Basispunkt: *<Eingabe der Koordinaten von B>*
Neuer Punkt: *<Eingabe der Koordinaten von N>*.

Meistens wird bei der Objektwahl die Option **KREUZEN** benutzt und ein Fenster angegeben. Objekte, die ganz in diesem Fenster liegen, werden verschoben. Objekte, die nur teilweise innerhalb des Fensters liegen, werden gestreckt. Die Objektteile, die außerhalb des Fensters liegen, bleiben an ihrem Platz. Die Objektteile, die im Fenster liegen, werden verschoben, bleiben aber mit den restlichen Objektteilen verbunden. Die Streckung kann am Bildschirm mitverfolgt werden, wenn der Zugmodus eingeschaltet ist. Je nach Objekt hat die Funktion **STRECKEN** eine andere Auswirkung. Tabelle 10-5 zeigt diese Wirkung für verschiedene Objekttypen.

Tabelle 10-5 Funktion STRECKEN und ihre Wirkung	Objekttyp	innerhalb	außerhalb
	Scheitelpunkte von Bändern	werden verschoben	werden nicht verschoben
	Scheitelpunkte von Flächen	werden verschoben	werden nicht verschoben
	Linienendpunkte	werden verschoben	werden nicht verschoben

Wenn der Definitionspunkt eines Objektes in einem Fenster liegt, wird dieses verschoben. Es ist oft nicht einfach, die Auswirkungen der Funktion **STREK-KEN** vorherzusehen. Deshalb ist das sichtbare Nachziehen vorteilhaft. Dabei sollten Sie auf jeden Fall die folgenden Regeln beachten:

1. Die Objekte müssen mindestens einmal mit **Fenster** oder **Kreuzen** gewählt werden.

2. Falls mehrere Fenster-Auswahltypen benutzt werden, wird das zuletzt eingegebene Fenster bearbeitet.

3. Objekte können der Auswahl beliebig hinzugefügt oder weggenommen werden.

10.3 Konstruktionshilfen

10.3.1 ÄNDERN, EIGÄNDR

Mit der Funktion **ÄNDERN** aus dem **EDIT**-Menü können Objekte in ihren Eigenschaften geändert werden. Nach der Wahl des Objektes können entweder die Eigenschaften (z. B. Farbe, Layer, Linientyp oder Objekthöhe) oder die Lage eines Objektes verändert werden (Bild 10-14).

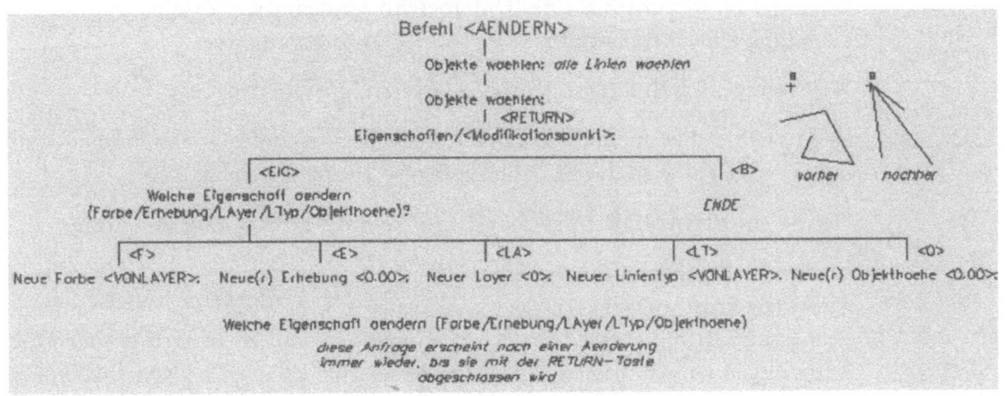

Bild 10-14 Möglichkeiten des Befehls ÄNDERN

Es erscheint im Befehlsfeld die Anfrage:

Objekte wählen:

Eigenschaften/<Modifikationspunkt>:

a) Eigenschaften

Wird auf diese Anfrage <EIG> eingegeben, können folgende Eigenschaften
verändert werden:

❑   Farbe,

❑   Layer,

❑   Linientyp,

❑   Objekthöhe.

In Tabelle 10-6 sind diese Möglichkeiten zusammengefaßt.

Tabelle 10-6
Ändern der
Eigenschaften

Eigenschaft	Wirkung
Farbe	Änderung der Farbe des Objekts
Erhebung	Änderung der Erhebung des Objekts
LAyer	Ein Objekt kann auf einen anderen, bereits vorhandenen Layer geschoben werden
LTyp	Wahl des Linientyps für eine Linie, einen Bogen, einen Kreis oder eine. Polylinie. Der neue Linientyp muß sich in der Standard-Linienbibliothek befinden oder bereits definiert und geladen sein.
Objekthöhe	Verändert die Höhe eines Objekts

Nach der Durchführung eines Unterbefehls erscheint wieder die Auswahl zur
Änderung einer Eigenschaft:

Welche Eigenschaft ändern (Farbe/ /LAyer/LTyp/Objekthöhe)?:

Es können daher mehrere Veränderungen nacheinander vorgenommen werden. Der Befehl wird durch Drücken der ⏎-Taste abgeschlossen.

Der Befehl **EIGÄNDR** entspricht dem Befehl **ÄNDERN Eigenschaften**.

b) Andere Eigenschaften ändern

Antwortet man auf die Anfrage *„Eigenschaften/<Modifikationspunkt>:"* mit einem Punkt, wird dieser als *Modifikationspunkt* verstanden, auf den bezogen die
Änderungen vorgenommen werden. Es hängt vom jeweiligen Objekt ab, wie es
verändert wird. Tabelle 10-7 zeigt die Möglichkeiten.

Tabelle 10-7
Änderung von einem Modifikationspunkt aus

Eigenschaft	Wirkung
Linie	Der dem Modifikationspunkt nächste Endpunkt wird auf den Modifikationspunkt gelegt. Es verändert sich die Lage der Linie.
Kreis	Es verändert sich der Radius des Kreises. Der neue Radius ist der Abstand vom Kreismittelpunkt zum Modifikationspunkt.
Text	Der Modifikationspunkt gibt die neue Lage des Textes an. Textstil, Höhe, Drehwinkel und Text können neu eingegeben werden.
Attribute	Änderung wie Texte. Zusätzlich können die Attribut-Bezeichnung, die Attribut-Anfrage und der Vorgabewert geändert werden.
Block	Der Modifikationspunkt wird zum neuen Ausgangspunkt des Blockes. Es kann ein neuer Drehwinkel eingegeben werden.

Der Modifikationspunkt kann auf mehrere Linien gleichzeitig angewendet werden. Falls die Objektauswahl außer Linien auch andere Objekte enthält, wird der Modifikationspunkt ignoriert. Stattdessen wird bei einem Kreis nach einem neuen Radius, bei einem Block nach einem neuen Einfügepunkt usw. gefragt. Bild 10-15 zeigt die Änderungen für einen Kreis, eine bzw. drei Linien sowie einen Text.

Bild 10-15
Änderungen von Objekten durch Eingabe eines Modifikationspunktes

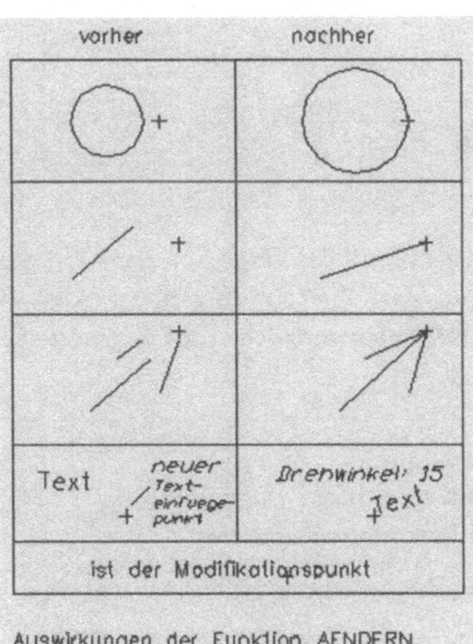

10.3.2 STUTZEN

Mit der Funktion **STUTZEN** aus dem **EDIT**-Menü können Objekte so gekürzt werden, daß sie genau am Schnittpunkt eines anderen Objektes enden.
Die gewählten Schnittkanten werden ausgeleuchtet. Ein Objekt kann gleichzeitig als Schnittkante und als zu stutzendes Objekt gewählt sein. Wenn ein
Kreis gestutzt werden soll, müssen mindestens zwei Schnittpunkte vorhanden
sein. Bild 10-16 zeigt Beispiele der Funktion STUTZEN für Linien, einen
Kreis und rechtwinklige Geraden.

Bild 10-16
Möglichkeiten
des Befehls
STUTZEN

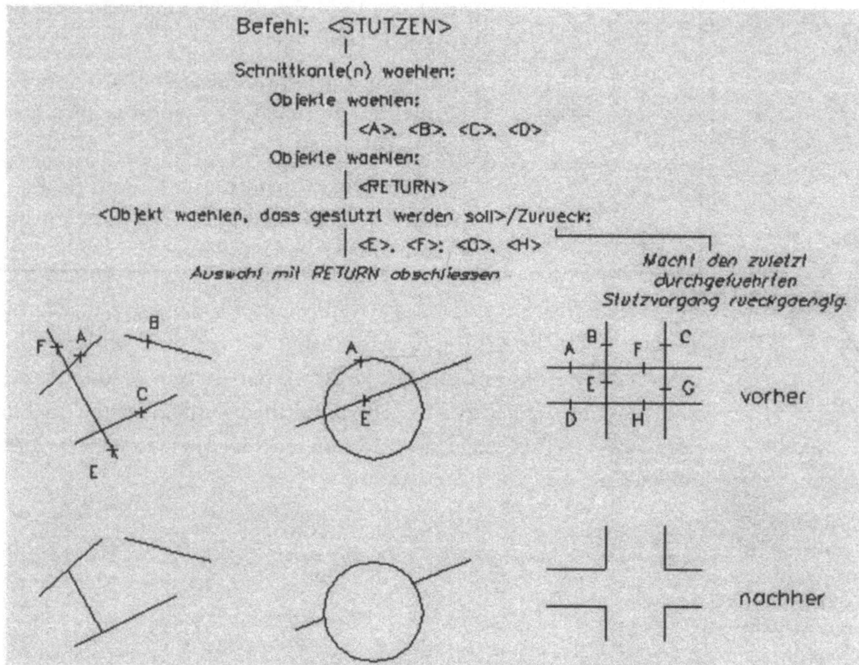

Soll ein Objekt gestutzt werden, muß das Objekt an dem Teil gewählt werden,
das gestutzt werden soll. Auf das Objekt muß *gezeigt* werden. Eine Auswahl
mit *Fenster* oder *Letztes* ist hier nicht möglich. Eine Polylinie wird immer im
rechten Winkel gestutzt.

10.3.3 VERSETZ

Die Funktion **VERSETZ** aus dem **EDIT**-Menü zeichnet ein Element parallel
zu einem anderen in einem gewünschten Abstand.

Bild 10-17 zeigt die Wirkung der Funktion.

Bild 10-17
Möglichkeiten

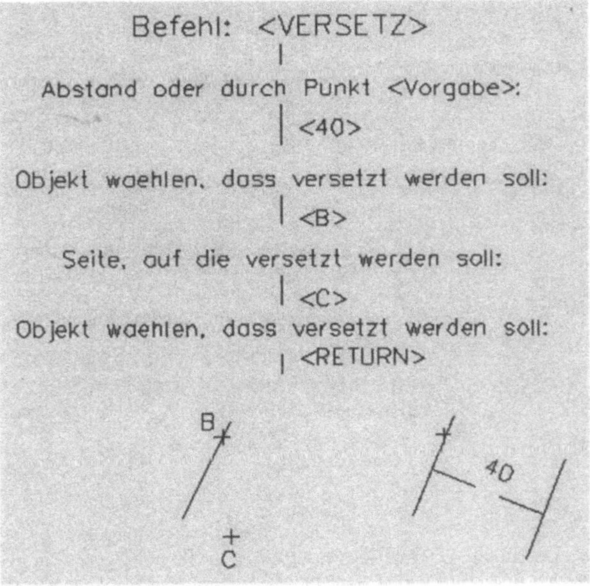

Wird der Abstand als Zahl angegeben, fragt AutoCAD nach der Seite, zu der
hin das Objekt versetzt gezeichnet werden soll. Soll der gewünschte *Abstand
gezeigt* werden, wird ein Punkt bei der Anfrage „Ab*stand oder durch Punkt:*" eingegeben. Es erscheint die Anfrage „*Zweiter Punkt:*". Nun geben Sie einen zweiten Punkt ein. Die Entfernung vom ersten zum zweiten Punkt gibt die gewünschte Entfernung an. Soll der Punkt, durch den das parallel zu zeichnende Objekt gehen soll, angegeben werden, gibt man auf die Anfrage
„*Abstand oder durch Punkt:*" ein P ein. Nachdem das Objekt gewählt wurde,
kann der gewünschte Punkt nach der Frage „*durch Punkt:*" eingegeben werden.
Ist die Versetzung durchgeführt, erscheint auf dem Bildschirm wieder die Anfrage: „*Objekt wählen, das versetzt werden soll*". Es werden dann dieselben Werte
als Vorgabe weiterverwendet. Geben Sie ⏎ ein, wenn Sie die Funktion **VER-
SETZ** beenden wollen.

10.3.4   TEILEN

Mit der Funktion **TEILEN** aus dem **EDIT**-Menü kann ein Objekt (Linie, Bogen, Kreis oder Polylinie) in gleich große Teile geteilt werden. Dies geschieht
durch Markierungspunkte. Die Teilung findet nur rein rechnerisch statt. Das
Objekt wird nicht tatsächlich geteilt. Die Markierungspunkte sind je nach ein-
gestelltem **PDMODE** (Abschn. 4.2.4) sichtbar oder nicht. Das Objekt kann
nur durch *Zeigen* gewählt werden. Bild 10-18 zeigt Beispiele für die Funktion
TEILEN.

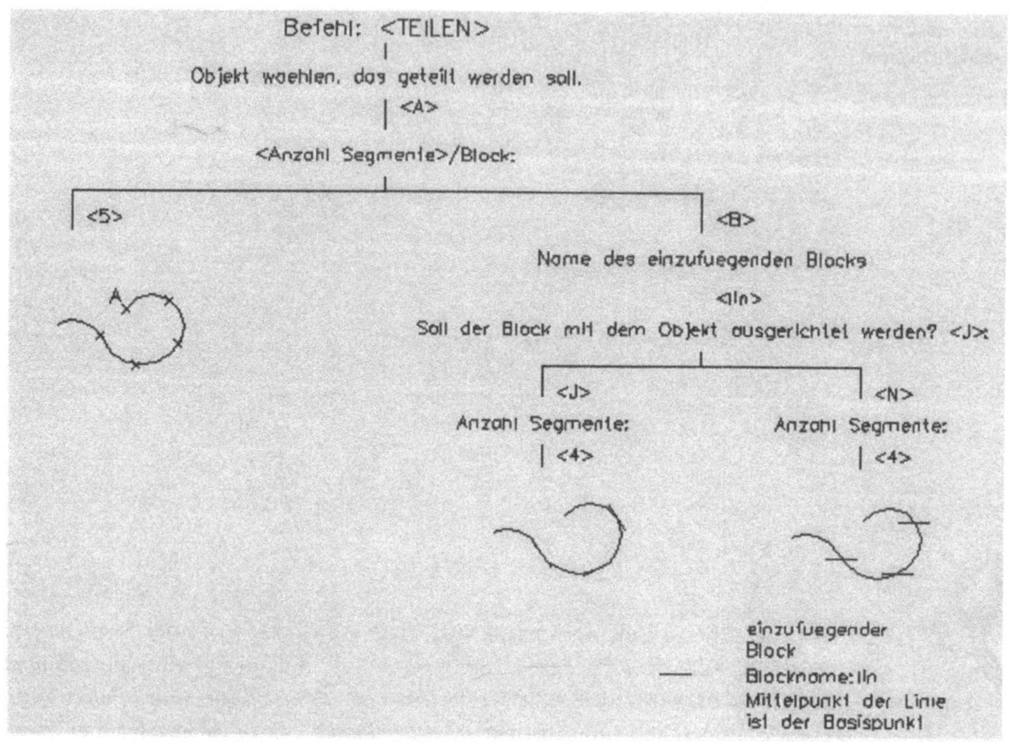

Bild 10-18 Möglichkeiten de Befehls TEILEN

Wenn ein Block an den Markierungspunkten eingefügt wird, kann dieser mit
dem Objekt ausgerichtet werden. Der Block wird dann so um seinen Einfügepunkt gedreht, daß er tangential zu dem zu teilenden Objekt liegt (es kann
nur ein Block benützt werden, der in der gegenwärtigen Zeichnung definiert
ist).

10.3.5 MESSEN

Mit der Funktion **MESSEN** aus dem **EDIT**-Menü können an einem Objekt
Markierungspunkte in einem gewünschten Abstand angebracht werden. Die
Anfragen sind die gleichen wie bei der Funktion **TEILEN** (Bild 10-18), nur
daß anstelle der *Anzahl der Segmente* nach der *Segmentlänge* gefragt wird. Auch
das Einfügen eines Blockes entspricht den Regeln der Funktion **TEILEN**. Mit
dem Messen wird an der Seite begonnen, an der das Objekt gewählt wurde.

10.4   Verändern von Polylinien, Maschen und Blöcken

In diesem Kapitel werden die beiden Funktionen **PEDIT** und **URSPRUNG** beschrieben.

10.4.1   PEDIT

Mit der Funktion **PEDIT** aus dem **EDIT**-Menü können Polylinien und Maschen **editiert**, d.h. verändert und getrennt werden. Zur Veränderung von 2D-Polylinien werden folgende Möglichkeiten zur Verfügung gestellt:

☐ einheitliche Breite der gesamten Polylinie;

☐ Breite und Verjüngung wird geändert;

☐ Polylinien werden geöffnet oder geschlossen;

☐ Polylinien werden geglättet;

☐ Polylinien werden getrennt;

☐ Zusammenfügen von mehreren Polylinien;

☐ Veränderungen am Scheitel;

☐ Zeichnen einer Kurve durch alle Scheitelpunkte.

☐ Zeichnen einer Kurve mit den Scheitelpunkten als Rahmen.

Bild 10-19 zeigt die Möglichkeiten der Funktion PEDIT.

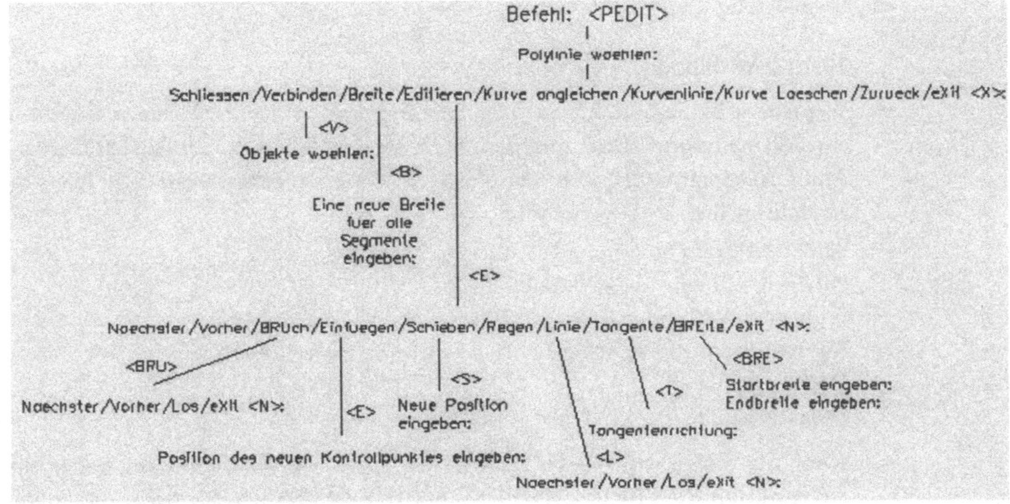

Bild 10-19 Möglichkeiten des Befehls PEDIT

Folgende Eingaben sind erforderlich:
Befehl: <<u>PEDIT</u>>
Polylinie wählen:

Zuerst muß man mit den bekannten Wahlmöglichkeiten eine Polylinie wäh-
len. Falls das gewählte Objekt keine Polylinie ist, erscheint die Meldung:
Das gewählte Element ist keine Polylinie
Soll es in eine Polylinie verwandelt werden? <J>:

Falls es sich beim gewählten Objekt um eine Linie oder einen Bogen handelt,
kann dieser durch Drücken der ⏎-Taste in eine Polylinie umgewandelt und
mit der Funktion **PEDIT** weiter bearbeitet werden. Es erscheint die Auswahl:
Schliessen/Verbinden/Breite/Edititeren/kurve Angleichen/
Kurvenlinie/kurve Löschen/Zurück/eXit <X>:

Nachdem Sie einen dieser Unterbefehle (mit Ausnahme von eXit) ausgeführt
haben, erscheint diese Auswahl wieder. Sie können also mehrere Veränderungen nacheinander an demselben Objekt durchführen. Die einzelnen Möglichkeiten werden im folgenden ausführlich diskutiert.

10.4.1.1 Schliessen

Mit der Option Schliessen wird das erste und das letzte Segment der Polylinie
miteinander verbunden. Ist die gewählte Polylinie geschlossen gezeichnet, erscheint statt **Schliessen** der Unterbefehl **Öffnen**. Mit diesem Befehl kann
eine geschlossene Polylinie geöffnet werden. Es wird dann das letzte Teilstück
entfernt. Ist das letzte Stück der Polylinie vom Benutzer eingegeben worden,
hat der Befehl **Öffnen** keine Wirkung.

10.4.1.2 Verbinden

Wenn eine Linie, ein Bogen oder eine Polylinie mit einer offenen Polylinie
einen gemeinsamen Endpunkt hat, kann sie der Polylinie hinzugefügt werden.
AutoCAD fragt dann nach den Objekten, die hinzugefügt werden sollen. Fol-
gende Eingaben sind notwendig:
Befehl: <<u>PEDIT</u>>
Polylinie wählen:
Schliessen/Verbinden/Breite/Edititeren/kurve Angleichen/
Kurvenlinie/kurve Löschen/Zurück/eXit <X>: <<u>V</u>erbinde>
Objekte wählen:
Objekte wählen: ⏎.

Wenn Sie wissen wollen, welche Teile zur neuen Polylinie gehören, geben Sie
die Funktion **LISTE** aus dem **FRAGE**-Menü ein. Wählen Sie dann die Polylinie. Die Teile, die zur Polylinie gehören, leuchten dann stärker auf. Die Funktion **LISTE** können Sie mit Strg C verlassen.

10.4.1.3 Breite

Mit dem Unterbefehl **Breite** wird die Breite einer Polylinie für alle Teile verändert. Die Polylinie hat dann eine einheitliche Breite:
Befehl: <u><PEDIT></u>
Polylinie wählen:
Schliessen/Verbinden/Breite/Edititeren/kurve Angleichen/
Kurvenlinie/kurve Löschen/Zurück/eXit <X>: <u><**Breite**></u>
Eine neue Breite für alle Segmente eingeben:

Hinweis: Hinweis! Die ursprüngliche Linie mit der Breite Null liegt nun genau mittig. D.h. die Polylinie wird von dieser Linie aus nach beiden Seiten um die Hälfte der eingegebenen Breite verbreitert.

10.4.1.4 Kurve angleichen

Mit diesem Unterbefehl kann eine Polylinie zu einer gleichmäßigen Kurve verändert werden. Die Scheitelpunkte werden beibehalten; es werden eventuell weitere hinzugefügt. Die neue Polylinie setzt sich aus Bögen zusammen. Entspricht die neue Polylinie nicht Ihren Vorstellungen, kann sie mit den Unterbefehlen **Editieren** oder **kurve Löschen** auch weiterhin verändert werden.

10.4.1.5 Kurvenlinie

Der Unterbefehl *Kurvenlinie* benutzt die Scheitelpunkte der Polylinie als Kontrollpunkte (oder Rahmen). Die Kurve geht nur durch den ersten und letzten Kontrollpunkt. Bild 10-20 zeigt den Unterschied zwischen einer Polylinie, die mit dem Unterbefehl *kurve Angleichen* und *Kurvenlinie* verändert wurde.

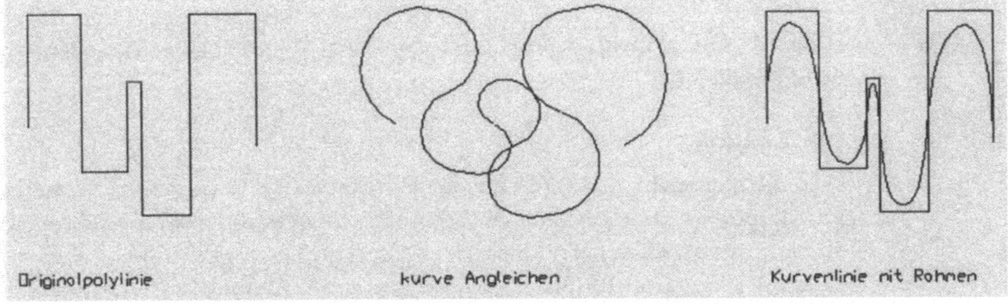

Bild 10-20 Unterschied zwischen kurve Anglei-chen und Kurvenlinie

Mit dem Unterbefehl *kurve Löschen* kann eine Kurvenlinie wieder in die ursprüngliche Polylinie zurückverwandelt werden.

Ist die Systemvariable SPLFRAME auf den Wert 1 (Vorgabe 0) gestellt, wird der Kurvenlinienrahmen am Bildschirm angezeigt. Die Systemvariable

SPLINESEGS steuert die Anzahl der Liniensegmente zwischen zwei Kontrollpunkte (Vorgabe 8). Wenn der Wert größer ist, wird die Kurvenlinie genauer
gezeichnet. Es wird aber auch mehr Speicherplatz und Zeit benötigt.

Die meisten Befehle verhalten sich bei beiden Kurventypen gleich. Im folgen-
den ist das Verhalten einiger Befehle aufgeführt:
SCHIEBEN, LÖSCHEN, KOPIEREN, DREHEN, VARIA.
Wirken auf Kurvenlinie und Rahmen.
BRUCH, STUTZEN, URSPRUNG, VERSETZ.
Beziehen sich nur auf die Kurvenlinie. Der Rahmen wird gelöscht.
STRECKEN.

Nachdem eine Kurvenlinie gestreckt wurde, wird sie dem gestreckten Rahmen
angeglichen.
TEILEN, MESSEN, FLÄCHE, SCHRAFF, FACETTE.
Beziehen sich nur auf den Rahmen.
PEDIT Verbinden.

Löscht die ursprüngliche Kurveninformation. Der resultierenden Polylinie
kann eine neue Kurvenlinie angeglichen werden.
PEDIT Editieren.
Bezieht sich auf die Punkte des Kurvenlinienrahmens.
OFANG.
Bezieht sich nur auf die Kurvenlinie, nicht auf den Rahmen.

10.4.1.6 kurve Löschen

Zusätzliche Scheitelpunkte werden mit diesem Unterbefehl wieder entfernt.
Sämtliche Segmente der Polylinie werden zu Linien.

Hinweis: Hinweis! Die Polylinie lösen Sie am besten mit Hilfe des Befehls
<URSPRUNG> auf.

10.4.1.7 Zurück

Dieser Unterbefehl macht die zuletzt durchgeführte Veränderung ungültig.
Ausnahme: Wurde eine Linie zu Beginn in eine Polylinie verwandelt, kann
dies mit diesem Unterbefehl nicht rückgängig gemacht werden. Man muß dazu aus der Funktion **PEDIT** aussteigen und die Funktion **ZURÜCK, Z** oder
URSRUNG benutzen.

10.4.1.8 eXit

Mit **eXit** wird die Funktion **PEDIT** verlassen. Ebenso können Sie die Funktion **PEDIT** mithilfe von ⏎ wieder verlassen.

10.4.1.9 Editieren

Die Möglichkeiten dieses Unterbefehls sind sehr umfangreich. Folgende Ein
gaben sind erforderlich:

Befehl: <PEDIT>

Wähle Polylinie:

Schliessen/Verbinden/Breite/Edititeren/kurve Angleichen/

Kurvenlinie/kurve Löschen/Zurück/eXit <X>: <E> oder <Edschpt.>

Nächster/Vorher/BRUch/Einfügen/Schieben/Regen/Linie/Tangente/BREite/
eXit <N>:

Auf dem Bildschirm erscheint das Zeichen „X" am ersten Scheitelpunkt der
zuletzt ausgewählten Polylinie. Falls eine Tangentenrichtung für diesen Scheitelpunkt angegeben wurde, wird ein Pfeil in dieser Richtung angezeigt.

a) Nächster oder Vorher

Das Zeichen „X" wird zum nächsten oder vorherigen Scheitelpunkt bewegt.

b) BRUch

Zunächst wird der aktuelle Scheitelstandort gespeichert. Dann erscheint die
Anfrage:

Nächster/Vorher/Los/eXit <N>:

Nächster und **Vorher** bewegt das Zeichen „X" an den entsprechenden Scheitelpunkt. Geben Sie jetzt <L> ein, wird der Teil der Polylinie zwischen dem
aktuellen Scheitelpunkt und dem gespeicherten Scheitelpunkt gelöscht. Der
aktuelle und der gespeicherte Scheitelpunkt können auch zusammenfallen.
Mit eXit verlassen Sie die Bruch-Operation und kehren zur Auswahl zurück:

Nächster/Vorher/BRUch/Einfügen/Schieben/Regen/Linie/Tangente/
BREite/eXit <N>:

c) Einfügen

Es erscheint die Anfrage:

Standort des neuen Scheitels eingeben:

Es kann der Polylinie ein neuer Scheitelpunkt hinzugefügt werden.

d) Schieben

Der mit dem Zeichen „X" markierte Scheitelpunkt kann verschoben werden.
Es erscheint die Anfrage:

Den neuen Standort eingeben:

e) Regen

Wurde die Breite geändert, wird die Polylinie mit dem Befehl **Regen** mit der
geänderten Breite neu gezeichnet, d.h. **regen**eriert.

f) Linie

Zuerst wird der mit dem Zeichen „X" markierte Scheitelpunkt gespeichert. Es
erscheint dann die Anfrage:

Nächster/Vorher/Los/eXit <N>:

Die Bedeutung der Unterbefehle entspricht den Unterbefehlen von BRUch.
Bei der Eingabe von **Los** wird allerdings vom gespeicherten Scheitelpunkt
zum aktuellen Scheitelpunkt eine Linie gezeichnet und die dazwischen liegen-
den Polyliniensegmente gelöscht.

g) Tangente

Mit diesem Unterbefehl kann dem mit dem Zeichen „X" markierten Scheitelpunkt eine Tangentenrichtung für eine nachfolgende Kurvenangleichung zugeordnet werden. Diese Richtung kann über einen Winkel angegeben oder direkt mit dem Zeigegerät gezeigt werden. Es erscheint die Anfrage:

Tangentenrichtung:

h) BREite

Damit kann die Anfangs- und Endbreite des dem Scheitelpunkt folgenden Po-
lyliniensegments geändert werden. Es folgt die Anfrage:

Startbreite eingeben *<aktueller Wert>*:
Endbreite eingeben *<aktueller Wert>*:

Geben Sie anschließend den Unterbefehl **Regen** ein. Erst dann wird die Änderung auf dem Bildschirm durchgeführt.

i) eXit

Sie kehren zu folgender Anfrage zurück:

Schliessen/Verbinden/Breite/scheitel Edititeren/kurve Angleichen/
Kurvenlinie/kurve Löschen/Zurück/eXit <X>:

In Bild 10-21 sind einige Beispiele zur Anwendung der Funktion **PEDIT** zusammengestellt.

Bild 10-21
Anwendungs-
beispiele der
Funktion
PEDIT

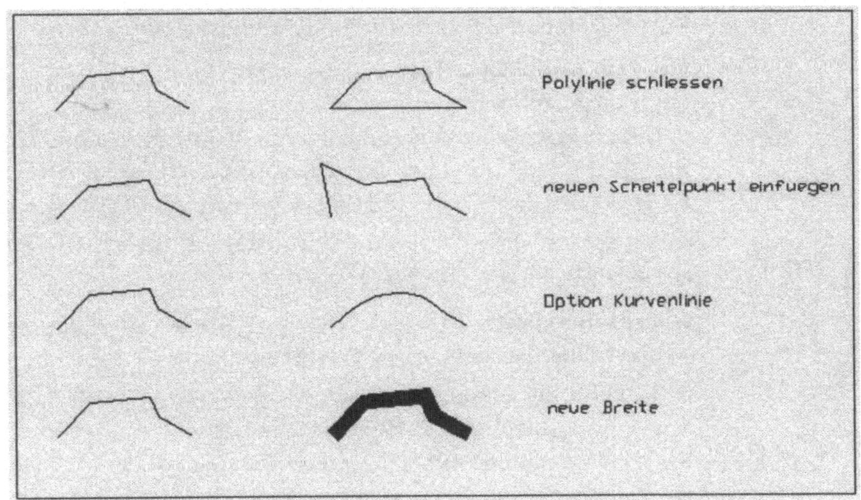

10.4.1.10 Verändern von 3D-Polylinien

Wenn Sie nach dem Aufruf des Befehls PEDIT eine 3D Polylinie wählen, erscheint folgende Anfrage:

Schliessen/Editieren/Kurvenlinie/kurve Löschen/eXit <X>:

Diese Unterbefehle entsprechen den Unterbefehlen von PEDIT bei zweidimensionalen Polylinien; die angepaßte Kurvenlinie ist allerdings dreidimensional. Wenn Sie den Unterbefehl *scheitelpunkt Editieren* wählen, erscheint folgende Anfrage:

Nächster/Vorher/Bruch/Einfügen/Schieben/Regen/Linie/eXit <N>:

Diese Unterbefehle entsprechen den Unterbefehlen für zweidimensionale Polylinien mit dem Unterschied, daß dreidimensionale Punkte akzeptiert werden.

10.4.1.11 Verändern von Maschen

Wird als zu editierende Polylinie eine 3D-Polygonmasche gewählt, sehen Sie
folgende Anfrage:

Editieren/Oberfläche glätten/Glättung löschen/Mschliessen/Nschliessen/-
Zurück/eXit <N>:

Editieren ermöglicht eine Veränderung einzelner Scheitelpunkte. Auf dem ersten Scheitelpunkt der Masche erscheint ein X. AutoCAD fragt:

Scheitelpunkt (*m,n*), Nächster, Vorher/REChts, Links/AUf/AB/Schieben/-
REGen/eXit/<N>:

Eine Polygonmasche kann als m x n Reihe angesehen werden.

Mit dem Unterbefehl *Nächster* bzw. *Vorher* kann der Scheitelpunkt, der editiert werden soll, verändert werden, und zwar nach vorne oder hinten. *RECHts* und *Links* ergibt eine Veränderung in N-Richtung, *AUf* und *AB* eine Veränderung in M-Richtung. Die Editiermarke X verschiebt sich entsprechend. Mit *Schieben* kann der Scheitel verschoben werden. AutoCAD fragt dabei nach der neuen Lage. Mit *Regen* wird die Polygonmasche regeneriert. *EXit* führt zur allgemeinen Befehlsanfrage zurück.

Oberfläche glätten paßt eine 3D-Oberfläche an die Polygonmasche an. Es stehen 3 Oberflächentypen zur Verfügung:

SURFTYPE	Beschreibung
5	quadratische B-Spline-Oberfläche
6	kubische B-Spline-Oberfläche
8	Bezier-Oberfläche

Über die Systemvariable SURFTYPE kann die gewünschte Oberfläche gewählt werden. Die Systemvariablen SURFU und SURFV steuern die Genauigkeit der Oberflächenannäherung.

Glättung löschen   macht die Oberflächenglättung rückgängig.

Mschliessen/Nschliessen   schließt die Polygonmasche in M- oder N-Richtung. Es erscheinen bei erneuter Befehlsanfrage die Unterbefehle Möffnen/Nöffnen.

Zurück   macht den zuletzt durchgeführten Unterbefehl rückgängig.

eXit   führt in die allgemeine Befehlsanfrage zurück.

10.4.2   URSPRUNG

Diese Funktion teilt einen Block, ein Bemaßungsobjekt, Polygonmaschen oder eine Polylinie in ihre ursprünglichen Einzelteile. Besteht ein Block unter anderem aus einer Polylinie, wird diese erst durch erneute Eingabe von **URSPRUNG** in ihre Einzelteile zerlegt. Die Wirkung von **URSPRUNG** ist auf dem Bildschirm nicht sichtbar.

Die Ursprungsteile eines Bemaßungsobjekts werden auf Layer 0 gelegt und die Farbe sowie der Linientyp VONBLOCK zugeordnet. Nur mit der Funktion ZURÜCK kann die Zerlegung in Einzelteile rückgängig gemacht werden.

Die Befehlsfolge lautet:
Befehl: <<u>URSPRUNG</u>>
Blockreferenz, Polylinie, Bemassung oder Netz wählen:

Hinweis: Hinweis! Ein Block kann nur zerlegt werden, wenn die x-, y- und z-Faktoren gleich sind. Mit **MEINFÜG** eingefügte Blöcke können nicht zerlegt werden.

10.5   Operationen rückgängig machen

Um Operationen rückgängig zu machen, stehen die Funktionen **Z**, **ZLÖSCH** und **ZURÜCK** zur Verfügung. Unter anderem können damit mehrere Befehle rückgängig gemacht werden. Eine Befehlsfolge kann als ein Befehl aufgefaßt und gelöscht werden. Man kann auch eine Markierung anbringen, um eine riskante Operation abzusichern. Um Speicherplatz zu sparen, kann die Funktion **ZURÜCK** ausgeschaltet werden.

Folgende Befehle können nicht rückgängig gemacht werden:

ABSTAND, ATTEXT, DATEIEN, DBLISTE, DXFOUT, ENDE, FILMROLL, FLÄCHE, GRAPHBLD, HILFE, ID, IGESOUT, LISTE, MACHDIA, NEU-ZEICH, NEUZALL, PAUSE, PLOT, PRPLOT, QUIT, REGEN, REGENALL, RESUME, RSCRIPT, SHADE, SHELL, SICHERN, SCRIPT, STATUS, TEXT-BLD und VERDECKT.

10.5.1   Z

Mit der Funktion **Z** kann der *zuletzt eingegebene Befehl* rückgängig gemacht werden. Dieser Vorgang kann beliebig oft wiederholt werden, so daß man auf diese Weise bis zum Anfang der Zeichnung gelangen kann. Der verworfene Befehl wird jeweils angezeigt. Ein Beispiel soll dieses Vorgehen verdeutlichen. Der zuletzt eingegebene Befehl war beispielsweise STRECKEN. Er soll rückgängig gemacht werden:
Befehl: <u>Z</u>
STRECKEN

Die Objekte werden dann wieder in ihren ursprünglichen Zustand versetzt.

10.5.2   ZLÖSCH

Diese Funktion macht eine versehentliche Löschung mit den Funktionen **ZURÜCK** oder **Z** rückgängig.

Befehl: <u>ZLÖSCH</u>.

Hinweis: Hinweis! Um ein gelöschtes Element wieder herzustellen, können Sie auch den Befehl <HOPPLA> verwenden. Er erscheint im Bildschirmmenü von <LÖSCHEN>. Er kann aber auch über die Tastatur eingegeben werden.

10.5.3   ZURÜCK

Mit der Funktion **ZURÜCK** aus dem **EDIT**-Menü können mehrere Befehle (auch transparente Befehle) auf einmal rückgängig gemacht werden. Es kann

auch eine Markierung in einer Befehlsfolge angebracht werden, an die zurück-
gekehrt werden kann:
Befehl: <ZURÜCK>
Auto/Rück/Steuern/Ende/Gruppe/Markierung/<Zahl>:

Die Eingabe einer *Zahl* bezeichnet die *Anzahl der Befehle*, die rückgängig gemacht werden sollen. Dies entspricht der mehrmaligen Eingabe der Funktion
Z. Die Unterbefehle der Funktion **ZURÜCK** werden anschließend erläutert.

Alle folgenden Funktionen von 10.5.3.1-3 können Sie im Bildschirmuntermenü von **<zurück>** finden.

10.5.3.1 Auto

Wenn **Auto** eingeschaltet ist, werden *sämtliche Menüoperationen*, gleichgültig
aus wievielen Befehlen sie aufgebaut sind, als *ein Befehl* aufgefaßt und können
mit der Funktion **Z** auf einmal gelöscht werden.

10.5.3.2 Rück und Markierung

Mit dem Befehl **Markierung** kann eine Markierung im Befehlsverlauf angebracht werden, an die später zurückgekehrt werden kann. Will man beispielsweise an einer Zeichnung etwas ausprobieren, ist es sinnvoll, vor Beginn des
Experimentes eine Markierung zu setzen. Falls das Experiment mißlingt,
kann mit dem Befehl **RÜCK** an die Markierungsstelle zurückgesprungen
werden. Die Markierung wird dann gelöscht, und die dazwischenliegenden
Befehle werden rückgängig gemacht. Der Befehl **RÜCK** kann wiederholt eingegeben werden. Ist keine Markierung mehr vorhanden, erscheint auf dem
Bildschirm die Meldung: *„Dies löscht alles. OK?* <J>*!".* Wenn Sie ein <J> eingeben, werden sämtliche Befehle rückgängig gemacht. Bei Eingabe von <N>
wird der Befehl <RÜCK> nicht beachtet.

10.5.3.3 Steuern

Mit dem Befehl **Steuern** kann die Funktion **ZURÜCK** ganz oder teilweise
ausgeschaltet werden:

Befehl: <ZURÜCK>
Auto/Rück/Steuern/Ende/Gruppe/Markierung/<Zahl>: <S>
Ganz/Nichts/Eine <Ganz>:

a) Ganz
Die gesamte Funktion **ZURÜCK** wird ausgeschaltet.

b) Nichts
Die Funktionen **Z** und **ZURÜCK** werden ausgeschaltet. Dadurch wird be-
trächtlicher Speicherplatz frei. **Gruppe**, **Markierung** und **Auto** können in

diesem Fall nicht benutzt werden. Ist **NICHTS** eingeschaltet, lautet die Befehlsfolge:

Befehl: <u><ZURÜCK></u>

Ganz/Nichts/Eine <Ganz>:

c) Eine

Diese Auswahl bedeutet, daß mit den Funktionen **Z** und **ZURÜCK** nur *eine Operation* durchgeführt werden kann. Dadurch vergrößert sich ebenfalls der verfügbare Speicherplatz. **Gruppe**, **Markierung** und **Auto** können nicht benutzt werden. Ist **Eine** eingeschaltet, lautet die Befehlsfolge:

Befehl: <u><ZURÜCK></u>

Steuern/<1>:

Es wird damit angezeigt, daß nur ein Schritt eingegeben werden kann oder die Steuereinstellung verändert werden muß.

10.5.3.4 Gruppe und Ende

Mit diesen beiden Befehlen können mehrere Befehle zu einer Gruppe zusammengefaßt und auf einmal gelöscht werden. Der Anfang der Gruppe wird mit <ZURÜCK> <Gruppe> markiert, das Ende der Gruppe mit <ZURÜCK> <ENDE> festgelegt. Im folgenden Beispiel lautete die Befehlsfolge:

KREIS
BOGEN
ZURÜCK GRUPPE
LINIE
PLINIE
KREIS
ZURÜCK ENDE
SCHIEBEN
Z   *macht Schieben rückgängig*
Z   *macht KREIS, PLINIE und LINIE rückgängig*
Z   *macht BOGEN rückgängig*

Wenn eine Gruppe gelöscht wird, erscheinen auf dem Bildschirm nicht die Befehle, die rückgängig gemacht werden, sondern der Text *GRUPPE*.

10.5.4   BFLÖSCH

Mit BFLÖSCH können AutoCAD-Befehle der Datei ACAD.PGP gelöscht werden.

10.5.5   BFRÜCK

Mit BFRÜCK können AutoCAD-Befehle der Datei ACAD.PGP gelöscht werden.

10.6   Abfragebefehle

10.6.1   DBLISTE und LISTE

Mit der Funktion **DBLISTE** aus dem **FRAGE**-Menü werden sämtliche Daten
der Zeichnung ausgegeben. Diese Daten sind je nach Zeichnung sehr umfangreich. Als Beispiel wurde eine Zeichnung für die Funktion DBLISTE erstellt
(Bild 10-22).

Bild 10-22
Beispielzeich-
nung für die
Funktion
DBLISTE

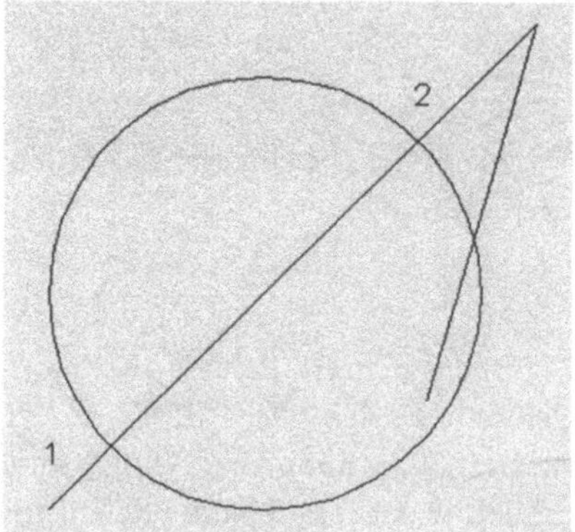

Mit folgenden Eingaben werden die Daten dieser Zeichnung abgefragt:
Befehl: **<FRAGE>**
<DBLISTE>

Folgender Ausdruck erscheint am Bildschirm:
KREIS   Layer: 0
        Bereich: Modellbereich
Mittelpunkt Punkt, X= 261.45 Y= 141.37 Z=0.00
Radius   41.56
Umfang =   261.13, Fläche = 5426.37

LINIE   Layer: 0
        Bereich: Modellbereich
 von Punkt, X= 221.55 Y= 109.95 Z= 0.00
nach Punkt, X= 300.53 Y= 172.78 Z= 0.00
Länge   = 100.93, Winkel in XY-Ebene= 39
Delta X = 78.99, Delta Y = 62.83, Delta Z = 0.00

LINIE   Layer: 0
        Bereich: Modellbereich
 von Punkt, X= 300.53 Y= 172.78 Z= 0.00
nach Punkt, X= 281.40 Y= 111.98 Z= 0.00

Länge   =   63.74, Winkel in XY-Ebene= 253
Delta X = -19.13, Delta Y =-60.80, Delta Z = 0.00

TEXT   Layer: 0
        Bereich: Modellbereich
Stil = STANDARD   Zeichensatzdatei = txt8
Start Punkt, X= 293.87 Y= 178.86 Z= 0.00
Hoehe   3.50
Text 2
Drehung Winkel   0
Breite Skalierfaktor 1.0000
Neigung Winkel   0
Generation normal

TEXT   Layer: 0
        Bereich: Modellbereich
Stil = STANDARD   Zeichensatzdatei = txt8
Start Punkt, X= 213.23 Y= 110.97 Z= 0.00
Hoehe   3.50
Text 1
Drehung Winkel   0
Breite Skalierfaktor 1.0000
Neigung Winkel   0
Generation normal

TEXT   Layer: 0
Stil = STANDARD   Zeichensatzdatei = simplex
Start Punkt, X= 77.73 Y= 84.83
Hoehe   4.00
Text 2
Drehung Winkel   0
Breite Groessenfaktor 1.0000
Neigung Winkel   0
Generation normal

PUNKT   Layer: 0
in Punkt, X= 78.28 Y= 78.28

Mit der Funktion **LISTE** werden die Daten von *gewählen Objekten* auf dem
Bildschirm angezeigt. LISTE gibt die gleichen Daten wie die Funktion
DBLISTE aus, nur daß einzelne Objekte gewählt werden können.

    Hinweis! Falls Ihnen das Protokoll zu lang wird, oder Sie es aus anderen
Gründen beenden möchten, So drücken Sie (Strg)(C), um die Ausgabe abzubre-
chen. Anschließend müssen Sie noch die Funktionstaste (F1) drücken, um in
den Grafikmodus zurückkehren zu können.

10.6.2   ID

Mit der Funktion **ID** aus dem **FRAGE**-Menü werden die Koordinaten eines
gewählten Punktes am Bildschirm ausgegeben. Die Funktion kann beispielsweise dazu benutzt werden, um unbekannte Koordinaten von Schnittpunkten
zu erhalten. Im folgenden Beispiel suchen wir die Koordinaten des Punktes 1
(Bild 10-22) und geben ein:

Befehl: <FRAGE>

<ID>

Punkt: <sch>

von *Wahl von Punkt 1*

Es erscheinen die Koordinaten des Schnittpunktes:

X = 228.77 Y = 115.70 Z = 0

10.6.3   ABSTAND

Mit der Funktion **ABSTAND** können der Abstand und der Winkel zwischen
zwei Punkten errechnet und angezeigt werden. In unserem Beispiel wollen wir
den Abstand und den Winkel zwischen den Punkten 1 und 2 wissen (Bild 10-
22). Es wird eingegeben:

Befehl: <**ABSTAND**>

Erster Punkt: <sch>

von *Wahl von Punkt 1*

Zweiter Punkt: <sch>

von *Wahl von Punkt 2*

Folgende Angaben erscheinen am Bildschirm:

Abstand = 83.12   Winkel in XY-Ebene = 39, Winkel von XY-Ebene = 0
Delta X = 65.05   Delta Y= 51.74, Delta Z = 0.00

10.6.4   FLÄCHE

Mit der Funktion **FLÄCHE** können die Fläche und der Umfang eines einzugebenden Polygons, eines Kreises oder einer Polylinie berechnet werden. Die
Befehlsfolge lautet:

Befehl: <**FLÄCHE**>

<Erster Punkt>/Objekt/Addieren/Subtrahieren:

Erster Punkt

Es wird nach *„nächsten Punkten:"* gefragt. Die Eingabe wird mit der ⏎-Taste abgeschlossen. AutoCAD verbindet den ersten mit dem letzten Punkt und berechnet die Fläche und den Umfang des Polygons.

Objekt

Es erscheint die Anfrage *„Wählen Sie Kreis oder Polylinie"*. Bei einem Kreis und einer geschlossenen Polylinie werden die Fläche und der Umfang angezeigt. Bei einer offenen Polylinie wird die Fläche und die Länge angezeigt. Der Anfangs- und der Endpunkt werden dabei mit einer Linie verbunden. Begrenzungslinie für die Fläche ist die Mittellinie der Polylinie. Die Breite der Polylinie wird nicht beachtet.

Addieren

Jede nachfolgend berechnete Fläche wird berechnet und der laufenden Summe hinzugefügt. Die Befehlsfolge lautet:

Befehl: <FLÄCHE>

<Erster Punkt>/Objekt/Addieren/Subtrahieren: <a>

(Modus addieren) <Erster Punkt>/Objekt/Subtrahieren:

Beim Aufruf des Befehls **FLÄCHE** wird die Summe auf Null gesetzt.

Subtrahieren

Jede nachfolgend berechnete Fläche wird von der laufenden Summe abgezogen. Die Befehlsfolge lautet:

Befehl: <FLÄCHE>

<Erster Punkt>/Objekt/Addieren/Subtrahieren: <s>

(Modus subtrahieren) <Erster Punkt>/Objekt/Addieren:

⏎ Beendet den Befehl **FLÄCHE**.

10.6.5 STATUS

Mit Hilfe der Funktion **STATUS** wird am Bildschirm die aktuelle Einstellung von Editierhilfen (ORTHO, RASTER, FANG,...) u. a. angezeigt. Ein Beispiel hierzu finden Sie in Abschn. 2.10.2, Bild 2-22. Wird die Funktion STATUS im Bemaßungsmodus angewandt, erscheinen auf dem Bildschirm die Werte der Bemaßungsvariablen.

Durch Drücken der F1-Funktionstaste gelangen Sie wieder zurück in den Grafikmodus.

10.6.6 ZEIT

Nach Eingabe der Funktion **ZEIT** werden folgende Daten ausgegeben:

❑ Uhrzeit,

❑ Zeitpunkt des Zeichnungsbeginns,

❑ Zeitpunkt der letzten Bearbeitung,

❏ Gesamtzeit, die für die Zeichnung benötigt wurde,
❏ Benutzer-Stoppuhr.

Die Befehlsfolge lautet:
Befehl: <ZEIT>
Darstellung/Ein/Aus/Zurueckstellen:

Bei Eingabe von **Darstellung** werden die oben genannten Daten ausgegeben.
Mit **Ein** wird die Stoppuhr eingestellt und mit **Aus** wieder abgestellt. Mit **Zurueckstellen** wird sie wieder auf null gestellt.

10.6.7 PRÜFUNG

Der Befehl PRÜFUNG untersucht die Zeichnung auf Fehler. AutoCAD
schlägt für jeden gefundenen Fehler eine Korrektur vor. Der Prüfbericht, der
auf dem Bildschirm erscheint, wird automatisch in einer ASCII-Datei festgehalten, die den Namen der Zeichnung mit dem Zusatz .ADT erhält.

10.7 Bildschirmanzeige

10.7.1 Koordinatensysteme

In AutoCAD ist das Weltkoordinatensystem (WKS) als fixes Koordinatensystem vorgegeben. Daneben gibt es die Möglichkeit, eigene Koordinatensysteme zu definieren. Sie werden im folgenden Benutzer-Koordinatensysteme
(BKS) genannt.

Die folgenden Befehle finden Sie im Bildschirmuntermenü von <MODI>
<nächste>.

10.7.1.1 BKS

Mit dem Befehl BKS kann ein neues Koordinatensystem definiert, gespeichert
und gelöscht werden. Die Befehlsfolge lautet:
Befehl: <<u>BKS</u>>

Ursprung/ZAchse/3Punkt/Element/Ansicht/X/Y/Z/Vorher/Holen/Sichern/L
Löschen/?/<Welt>:

Ursprung definiert ein neues BKS durch Verschiebung des Ursprungs. Die
Richtung der x-, y- und z-Achse bleibt unverändert.
Befehl: <<u>BKS</u>>

Ursprung/ZAchse/3Punkt/Element/Ansicht/X/Y/Z/Vorher/Holen/Sichern/-
Löschen/?/<Welt>:<U>
Ursprung <0,0,0>:

ZAchse definiert ein BKS durch Angabe eines neuen Ursprungs und eines
Punktes auf der positiven z-Achse.

Befehl: <**BKS**>

Ursprung/ZAchse/3Punkt/Element/Ansicht/X/Y/Z/Vorher/Holen/Sichern/Löschen/?/<Welt>: <ZA>

Ursprung <0,0,0>:

3Punkt spezifiziert den Ursprung und die Richtung der positiven x- und y-Achsen.

Befehl: <**BKS**>

Ursprung/ZAchse/3Punkt/Element/Ansicht/X/Y/Z/Vorher/Holen/Sichern/-Löschen/?/<Welt>: <3P>

Ursprung <0,0,0>:

Punkt auf der positiven X-Achse <*Vorgabe*>:

Punkt in der positiven BKS X-Y Ebene <*Vorgabe*>:

Element   benützt ein Objekt zur Definition eines BKS.

Ansicht   bestimmt ein neues BKS, dessen xy-Ebene senkrecht zur Ansichtsrichtung des Betrachters liegt. Der Ursprung bleibt unverändert.

X/Y/Z   erlaubt die Rotation des Koordinatensystems um eine der angegebenen Achsen.

Vorher   holt das vorhergehende BKS auf den Bildschirm.

Holen   erzeugt folgende Anfrage:

?/Name von BKS zum Holen:

Das unter dem betreffenden Namen gespeicherte BKS wird auf den Bildschirm geholt.

Sichern   speichert das aktuelle BKS unter einem einzugebenden Namen.

Löschen   Löscht ein zu benennendes BKS aus der Liste der gespeicherten BKS.

?   Zeigt den Namen des aktuellen BKS sowie Angaben zu den anderen gespeicherten BKS.

Welt   ruft das Weltkoordinatensystem auf.

Mit dem Befehl DDBKS (Abschn. 12.6) kann ebenfalls ein BKS definiert und modifiziert werden.

10.7.1.2 BKSymbol

Mit dem Befehl BKSYMBOL kann einem BKS ein Symbol zugeordnet werden. Bild 10-23 zeigt das Koordinatensystem-Symbol.

Bild 10-23
Koordinaten-
system-Symbol

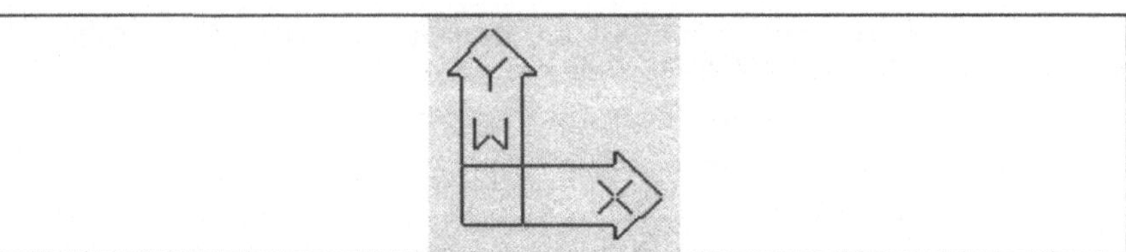

An seiner Basis erscheint das Zeichen „+", wenn das Symbol am Ursprung des aktuellen BKS positioniert ist. Ein „W" ist das Symbol für das Welt-Koordinatensystem. Wenn die Ansichtsrichtung parallel zum aktuellen BKS liegt, erscheint ein gebrochener Bleistift. Das Picken von Punkten ist dann nicht sinnvoll.

Befehl: <BKSYMBOL>

EIN/AUS/ALles/Kein_ursprung/Ursprung *<aktueller Status EIN/AUS>*:

Ein   aktiviert das Koordinatensystem-Symbol.

AUs   desaktiviert das Koordinatensystem-Symbol.

ALLes   bewirkt die Veränderung des Symbols in allen Ansichts-
                   richtungen.

Kein ursprung zeigt das Koordinatensystem-Symbol an der linken unteren
                   Ecke unabhängig vom Ursprung des BKS (Vorgabe).

Ursprung   zeigt das Koordinatensystem-Symbol am Ursprung des BKS,
                   wenn es aktiviert ist. Wird das Symbol vom Ansichtsfensterrand
                   abgeschnitten, erscheint es am linken unteren Eck des Ansichts-
                   fensters.

10.7.2 PAN

Mit der Funktion **PAN** aus dem **ANZEIGE**-Menü kann der Bildausschnitt um eine bestimmte Strecke verschoben werden. Die Größe des Fensters und der Zeichnung bleiben dabei erhalten. Folgende Eingaben sind erforderlich:

Befehl: <PAN>

Verschiebung:

Zweiter Punkt:

Will man die Verschiebung durch einen Verschiebungsvektor angeben, wird dieser bei der Anfrage *„Verschiebung"* eingegeben. Die Anfrage *„Zweiter Punkt:"* wird durch Drücken der ⏎-Taste bestätigt. Ansonsten wird bei den Anfragen der Anfangspunkt und der Endpunkt der Verschiebung eingegeben. Der Bildausschnitt wird dann so verschoben, daß der Anfangspunkt mit dem Endpunkt zur Deckung gebracht wird.

10.7.3   AUSSCHNT

Wenn Sie verschiedene Zeichnungsausschnitte immer wieder brauchen, ist es
sinnvoll, diese mit der Funktion **AUSSCHNT** aus dem **ANZEIGE**-Menü zu
definieren und auf den Bildschirm zu holen. Der Zeichnungsaufbau ist mit
dieser Funktion wesentlich schneller als mit den Funktionen **ZOOM** oder
PAN. Zu jedem der nun folgenden Unterbefehle zu <AUSSCHNT> muß ein
Name für den jeweils zu bearbeitenden Ausschnitt eingegeben werden. Die
Eingaben lauten folgendermaßen:

Befehl: <u><AUSSCHNT></u>

Befehl: <u><AUSSCHNT></u>

?/Löschen/Holen/Sichern/Fenster:

10.7.3.1 Fragezeichen (?)

Mit der Eingabe von <?> erscheint eine Liste aller definierten Ausschnitte. Dabei wird automatisch auf den Textbildschirm umgeschaltet und es werden die
Ausschnittsnamen, die Mittelpunkte und der Vergrößerungsfaktor angezeigt.
Durch Drücken der [F1]-Taste gelangen Sie wieder in den Grafikbildschirm zurück.

10.7.3.2 Löschen

Mit **Löschen** wird ein gespeicherter Ausschnitt gelöscht.

10.7.3.3 Holen

Mit dem Unterbefehl **Holen** wird der gewünschte gespeicherte Ausschnitt auf
den Bildschirm geholt.

10.7.3.4 Sichern

Der aktuelle Bildschirmausschnitt wird unter einem zu bestimmenden Namen abgespeichert. Falls ein Ausschnitt mit demselben Namen schon existiert, wird dieser durch den aktuellen Ausschnitt ersetzt. Die Ausschnitte
werden in der Zeichnung gespeichert.

10.7.3.5 Fenster

Mit dem Unterbefehl **Fenster** kann ein Zeichnungsausschnitt gespeichert werden, wobei der Ausschnitt durch ein Fenster angegeben wird. Dadurch entfällt
eine vorherige Änderung der Zeichnung mit der Funktion **ZOOM**.

10.7.3.6 Das Ausschnitt-Dialogfenster

Bild 10.24
Ausschnitt-
Dialogfenster

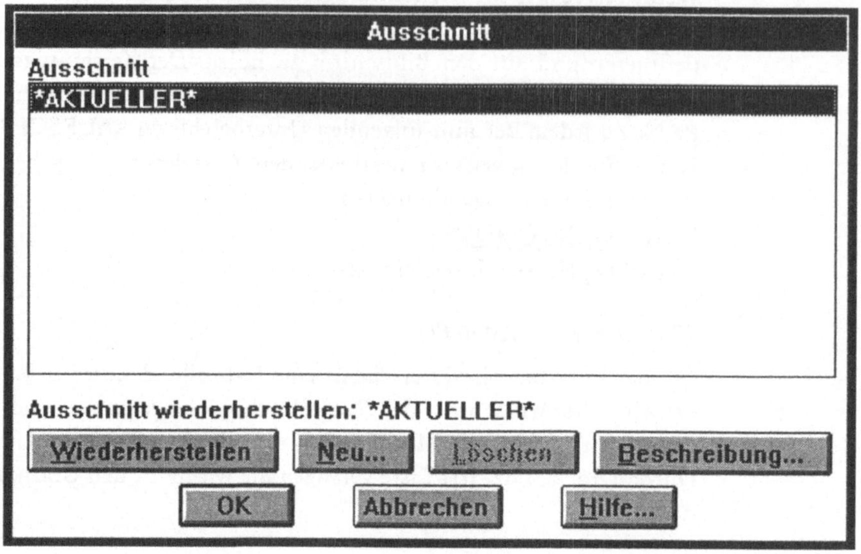

Je nach Wunsch können Sie auch diese Option im Untermenü von
<AUSSCHNT> wählen. Diese Option öffnet das Dialogfenster *Ausschnitt*. In
diesem Dialogfenster können Sie die gleichen Funktionen ausführen wie im
Bildschirmuntermenü von Ausschnitt. Der Vorteil hierbei allerdings liegt
darin, daß Sie ausschließlich mit dem Zeigegerät arbeiten können.

10.7.4   NEUZEICH, NEUZALL

Nach der Eingabe von **NEUZEICH** wird die Zeichnung auf dem Bildschirm
im aktuellen Ansichtsfenster neu gezeichnet. Die verschiedenen Konstruktionspunkte erscheinen in der neuen Zeichnung nicht mehr.

Der Befehl **NEUZALL** zeichnet alle aktiven Ansichtsfenster neu. Dieser Befehl kann auch transparent verwendet werden.

10.7.5   REGEN

Mit der Funktion **REGEN** aus dem **ANZEIGE**-Menü wird die Zeichnung
neu aufgebaut (**regen**eriert). Veränderungen, wie Ändern des Füllmodus, werden auf dem Bildschirm nachvollzogen. Einige Befehle führen zu einem automatischen Regenerieren der Zeichnung.

10.7.6   REGENAUTO

Da einige Befehle (**ATTEDIT, BLOCK, EINFÜGE, LAYER, LTFAKTOR,
PAN, STIL** und **ZOOM**) automatisch zu einer Regenerierung führen, kann

das Erstellen einer Zeichnung sehr zeitraubend sein. Mit der Funktion **RE-GENAUTO** kann eine Regenerierung unterdrückt werden. Auf dem Bildschirm wird dann allerdings nicht immer der aktuelle Zeichnungsstand dargestellt. Die Befehlsfolge lautet:

Befehl: <<u>REGENAUTO</u>>

Ein/Aus *<aktuelle Vorgabe>*:

Ist der Regenerierungsmodus ausgestellt, und wird ein Befehl benutzt, der normalerweise eine Regenerierung der Zeichnung zur Folge hat, fragt AutoCAD den Benutzer, ob die Zeichnung regeneriert werden soll. Der Benutzer kann dann von Fall zu Fall entscheiden, ob eine Regenerierung notwendig ist.

10.7.7   FÜLLEN

Das Füllen von Bändern, Polylinien und Flächen benötigt manchmal einige Zeit. Deshalb kann der Füllmodus mit der Funktion **FÜLLEN** ausgeschaltet werden. Es werden dann nur die Umrisse der Objekte gezeichnet. Am Ende der Zeichnung kann dann der Füllmodus wieder aktiviert und die Funktion **REGEN** eingegeben werden. Es werden die Objekte wieder ausgefüllt gezeichnet. Wenn der Füllmodus ausgeschaltet ist, erhöht sich die Zeichnungsgeschwindigkeit. Die Befehlsfolge lautet:

Befehl: <FÜLLEN>

Ein/Aus *<aktuelle Vorgabe>*:

10.7.8   KPMODUS

Befehl: <<u>KPMODUS</u>>

Ein/Aus *<aktuelle Vorgabe>*:

Ist der **KPMODUS** eingeschaltet, wird bei allen Koordinateneingaben ein Konstruktionspunkt bzw. ein Konstruktionskreuz gesetzt. Wird die Zeichnung neu aufgebaut, verschwinden die Kreuze wieder vom Bildschirm. Durch Ausschalten des **KPMODUS** werden keine Konstruktionskreuze gezeichnet.

10.7.9   ZUGMODUS

Als Konstruktionshilfe kann das Positionieren von Objekten oder beispielsweise das Verschieben von Objekten direkt am Bildschirm mitverfolgt werden. Bei vielen Befehlen kann **ZUG** eingegeben werden. Der jeweilige Befehl kann dann besser verfolgt werden. Ist der Zugmodus ausgeschaltet, hat die Eingabe von **ZUG** keine Wirkung. Wenn der Zugmodus auf **Auto** gestellt ist, wird bei jedem Befehl, der das sichtbare Nachziehen unterstützt, dieses auch automatisch angezeigt. Eine Eingabe von **ZUG** ist nicht mehr nötig. Das sichtbare Nachziehen von Objekten ist allerdings ziemlich zeitaufwendig. Das Einschalten des ZUGMODUS geschieht mit folgenden Eingaben:

Befehl: <<u>ZUGMODUS</u>>

Ein/Aus/AUTo *<aktuelle Vorgabe>*:<<u>Ein</u>>.

10.7.10 QTEXT

Befehl: <QTEXT>
Ein/Aus *<aktuelle Vorgabe>*:
Das Aufbauen von Texten oder Attributen kann je nach Umfang sehr zeitaufwendig sein. Ist **QTEXT** (Quicktext) eingeschaltet, wird anstelle des Textes ein Rechteck gezeichnet, das die ungefähre Länge des Textes andeutet. Werden neue Texte eingegeben, werden diese zuerst normal angezeigt. Erst wenn die Zeichnung regeneriert wird, werden sie auch als Rechtecke dargestellt. Am Ende der Zeichnungsarbeit können die Texte durch Ausschalten des Quickmodus sichtbar gemacht werden. Geben Sie dazu <QTEXT> <AUS> <REGEN> ein. Bild 10-25 zeigt die Wirkungsweise.

Bild 10-25
Beispiele zur
Funktion
QTEXT

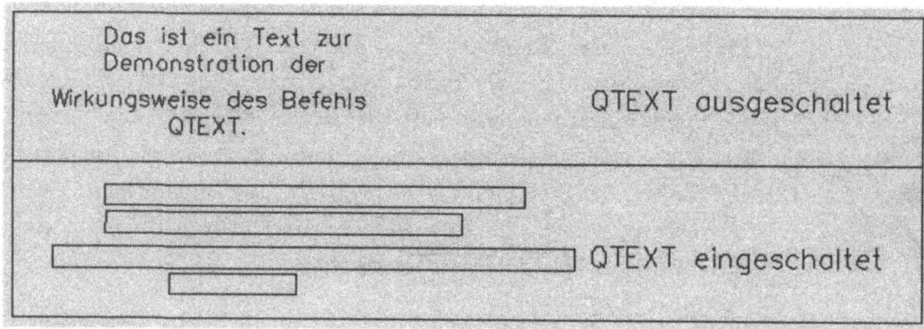

10.7.11 GRAPHBLD und TEXTBLD

Auf Einzelbildschirm-Systemen schalten manche AutoCAD-Befehle in den Textbildschirm um. Im normalen Zeichnungsmodus kann mit der [F1]-Taste in den Grafikbildschirm umgeschaltet werden. Hierzu wird von [F1] die Befehlsdatei mit der Funktion **GRAPHBLD** angewählt. Das Umschalten in den Textbildschirm durch Drücken von [F1] geschieht durch die Auswahl der Funktion **TEXTBLD**. Die beiden Funktionen werden im Zeichnungseditor verwendet.

10.7.12 VERDECKT

Die Funktion **VERDECKT** entfernt bei dreidimensionalen Objekten die verdeckten Kanten. Es erscheint eine Angabe über die Zahl der entfernten Linien.

10.7.13 SHADE

Der Befehl SHADE erzeugt ein schattiertes Bild Ihrer Zeichnung. Die Art der Schattierung ist durch die Systemvariable SHADEDGE (siehe Anhang Systemvariable) vorgegeben.

10.7.14 AFLAYER

Der Befehl LAYER verändert die Sichtbarkeit von Layern gleichzeitig in allen Ansichtsfenstern. Mit dem Befehl **AFLAYER** kann nur in einem Ansichtsfenster beispielsweise ein Layer ausgeschaltet werden. Die Systemvariable TILE-MODE muß den Wert 0 besitzen, um den Befehl AFLAYER benutzen zu können.

Die Befehlsfolge lautet:
Befehl: <u>\<AFLAYER\></u>
?/Frieren/Tauen/Rücksetz/Neufrier/Afsvorg:

Bei meherern Unterbefehlen folgt als nächstes die Anfrage:

ALle/Wahl/\<AKtuell\>:

ALle bedeutet, daß die Änderungen in allen Ansichtsfenstern vorgenommen werden.

Bei **Wahl** können Sie das Ansichtsfenster wählen, in dem Sie die Änderungen vornehmen wollen.

Bei **AKtuell** werden die Änderungen im aktuellen Ansichtsfenster durchgeführt.

? erzeugt eine Liste mit den gefrorenen Layern, die in einem Ansichtsfenster vorhanden sind.

Frieren/Tauen bewirkt das Frieren oder Tauen von Layern in einem oder mehreren ANsichtsfenstern.

Rücksetz stellt die vorgegebene Sichtbarkeit von Layern in einem bestimmten Ansichtsfenster wieder her.

Neufrier erzeugt Layer, die in allen Ansichtsfenstern gefroren sind.

Afsvorg bestimmt einen Vorgabewert für die Sichtbarkeit. Wenn ein neues Ansichtsfenster mit MANSFEN erzeugt wird, bestimmt **Afsvorg**, ob der Layer im neuen Ansichtsfenster gefroren oder getaut ist.

10.8 Stapelverarbeitung

In AutoCAD können auch Befehle aus einer Textdatei ausgeführt werden. Diese Textdatei, auch *Scriptdatei* genannt, muß die Dateinamenergänzung *.SCR* haben. Dadurch kann eine sich ständig wiederholende Anzeige auf dem Bildschirm erreicht werden. Die Scriptdatei kann auch dazu verwendet werden, beim Starten von AutoCAD bestimmte Vorgaben wie Limiten, Einheiten, Bemaßungsvariable u. ä. gleich einzustellen. Diese Scriptdatei kann in AutoCAD an zwei Stellen aufgerufen werden: Beim Starten von AutoCAD und aus dem Zeichnungseditor.

10.8.1   Aufrufen einer Sciptdatei beim Starten von AutoCAD

Mit folgenden Eingaben wird AutoCAD gestartet:

Laufwerk>ACAD Vorgabe-Zeichnung Befehlsdatei

Wir wollen als Beispiel AutoCAD vom Laufwerk C aus starten und eine neue Zeichnung mit dem Namen *BEISPIEL.DWG* anfertigen. In der Datei *AN-FANG.SCR*, die dann gestartet wird, soll der *Fangmodus* auf **ein** und das *Raster* auf **ein** gestellt werden. Zuerst wird die Befehlsdatei mit MS-DOS-Befehlen in eine Datei geschrieben und anschließend die Ausführung der Scriptdatei vom Bildschirmmenü aus aufgerufen und damit gestartet.

a) Erstellen der Scriptdatei unter MS-DOS

Die Batch- bzw. SCR-Datei kann natürlich auch im MS-DOS Editor oder einem beliebigem anderen Text-Editor geschrieben werden. Achten Sie allerdings darauf, daß sich beim Editieren mit einem Textverarbeitungssystem keine unnötigen Steuerzeichen einschleichen.

C>copy con anfang.scr

neu	Neue Zeichnung beginnen.
[＿＿]	Leerstelle übernimmt Vorgabename der Zeichnung.
Fang ein	Fangmodus wird eingeschaltet.
Raster ein	Rasteranzeige wird eingeschaltet.
[Strg][Z]	Beenden der Eingabe.

Nun starten wir AutoCAD.

b) Ausführen der Scriptdatei

C>acad anfang

Die Zusätze des Dateinamens .SCR ist wegzulassen. Der Zeichnungsnamen Ihrer neuen Zeichnung muß allerdings wie üblich beim Sichern oder Beenden der Zeichnung vergeben werden.

Hinweis: Hinweis! Beim Erstellen von Scriptdateien müssen Sie mit den Befehlsfolgen von AutoCAD gut vertraut sein.

10.8.2   Aufrufen einer Scriptdatei aus dem Zeichnungseditor

Mit der Funktion **SCRIPT** aus dem **DIENSTE**-Menü können Scriptdateien aufgerufen werden. Nach Beenden der Ausführung der Scriptdatei erscheint wieder die Anfrage „*Befehl:*". Folgende Eingaben sind erforderlich:

Befehl: <u><SCRIPT></u>.

Es erscheint ein Dialogfenster, in dem Sie den Scriptdateinamen eingeben können (Bild 10-26).

Bild 10-26
Dialogfenster
Scriptdatei
wählen

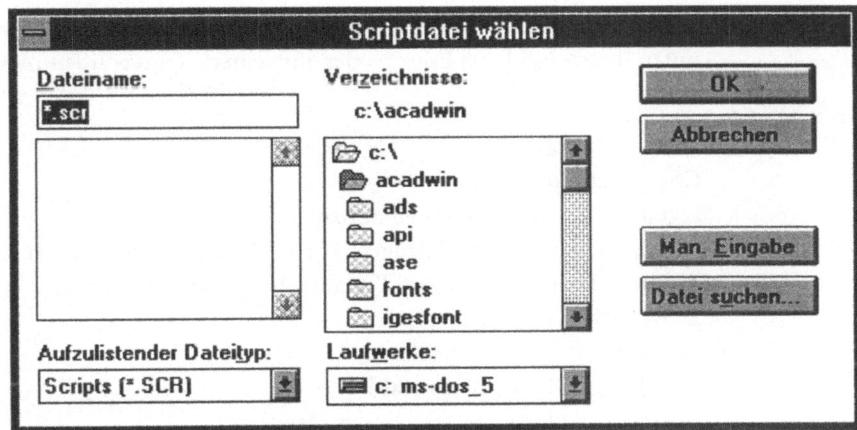

10.8.3 PAUSE

Mit der Funktion **PAUSE** kann in eine Befehlsfolge eine Pause eingeschaltet
werden. Zeichnungsvorgänge können dann besser verfolgt werden. Wie lange
die Pause sinnvollerweise dauert, ist nicht nur von der Zeichnung, sondern
auch von der Rechnergeschwindigkeit abhängig. Geben Sie beispielsweise
PAUSE 2000 ein und sehen Sie selbst, nach welcher Zeit die Frage *„Befehl:"*
wieder erscheint. Die Befehlseingaben lauten allgemein:

Befehl: <PAUSE>
Verzögerungszeit in Millisekunden:

10.8.4 RESUME

Der Befehlsablauf in einer Scriptdatei kann durch die ⏎-Taste oder durch
Drücken der Tastenfolge Strg C unterbrochen werden. Mit der Funktion
RESUME kann vom Zeichnungseditor aus die unterbrochene Befehlsfolge
der Scriptdatei wieder aufgenommen werden. Dies gilt auch dann, wenn die
Befehlsausführung der Scriptdatei wegen eines Fehlers unterbrochen wurde.
Die Funktion **RESUME** kann auch transparent (Abschn. 2.8.7) verwendet
werden.

10.8.5 RSCRIPT

Wenn eine Befehlsdatei mit der Funktion **SCRIPT** aufgerufen wurde, wird
mit der Funktion **RSCRIPT**, die in der Befehlsdatei enthalten sein kann, die
Datei wieder neu gestartet. Die Funktion **RSCRIPT** kann nicht im Zeichnungseditor verwendet werden. Als Beispiel soll eine Scriptdatei *DEMO.SCR*
geschrieben werden, die folgendes bewirkt: Sie soll auf dem Bildschirm den
Text *Achtung Demonstration!* ausgeben, diesen 2 Sekunden lang zeigen und anschließend wieder löschen. Dann soll der Text auf dem Bildschirm erneut

ausgegeben werden usw.. Natürlich können Sie die Datei DEMO.SCR auch unter Ihrem MS-DOS-Editor oder mit einem Textverarbeitungssystem erstellen.

Es wird eingegeben:

C>copy con demo.scr

regen　　　　　Zeichnung neu aufbauen.

text 3,2 .7 0　Text mit Einfügepunkt 3,2 Höhe 0.7 Drehwinkel 0.

Achtung Demonstration!　Textausgabe auf dem Bildschirm.

pause 2000　Pause 2 Sekunden.

löschen 1　　Text löschen.

⬚　　　　　　　Ende Objektwahl.

rscript　　　Erneutes Starten der Datei.

Soll beim Eingeben der Befehlsfolge im Zeichnungseditor die ⏎-Taste gedrückt werden, muß in der Befehlsdatei eine *Leerstelle* oder eine *Leerzeile* stehen. Sehen Sie sich dazu nochmals die Zeile zur Texteingabe an.

10.9　Diademonstration

Ein Dia ist ein Zeichnungsausschnitt, der separat gespeichert wird und nicht mehr verändert werden kann. Soll das Dia dennoch verändert werden, muß die ursprüngliche Zeichnung geändert und als neues Dia abgespeichert werden. Ein Dia hat den Vorteil, daß es - im Gegensatz zu einer Zeichnung - sehr schnell aufgebaut wird. Allerdings kann es nicht über einen Plotter ausgegeben werden.

10.9.1　MACHDIA

Mit dem Befehl **MACHDIA** aus der Funktion **DIAS** des **DIENSTE**-Menüs kann der aktuelle Zeichnungsausschnitt als Dia gespeichert werden. Dazu dienen folgende Eingaben:

Befehl: <u><MACHDIA></u>

Dialogfenster *Diadatei erzeugen*

Als Name der Dia-Datei wird der Zeichnungsname vorgeschlagen. Er bekommt dann automatisch den Zusatz .SLD (Slide = Dia). Es wird nur der Teil der Zeichnung als Dia gespeichert, der auf dem Bildschirm *sichtbar* ist.

10.9.2　ZEIGDIA

Mit dem Befehl **ZEIGDIA** aus der Funktion **DIAS** aus dem **DIENSTE**-Menü können Dias angeschaut werden. Die zugehörige Befehlsfolge lautet:

Befehl: <u><ZEIGDIA></u>

Dia-Datei *<Vorgabe>*:

Bei der Eingabe des Dateinamens ist der Zusatz **.SLD** wegzulassen. Ist das Dia auf dem Bildschirm aufgebaut, kann mit der Funktion **NEUZEICH** aus dem **ANZEIGE**-Menü die aktuelle Zeichnung wieder auf den Bildschirm geholt werden. Ein Dia kann auch vorgeladen werden, um die Aufbauzeit zu verringern (Voranstellen des * vor den Namen). Wir wollen als Beispiel das Dia **DIA3** vorladen. Dazu wird folgendes eingegeben:

Befehl: <ins><ZEIGDIA></ins>

Dialogfenster *Diadatei wählen*

Dia-Datei: <ins><*DIA3></ins>

10.10　Plotten mit den Funktionen PLOT und PRPLOT

Mit der Funktion **PLOT** aus dem **PLOT**-Menü können Zeichnungen mit einem Stiftplotter gezeichnet werden. Mit der Funktion **PLOT** kann eine Zeichnung in AutoCAD12 allerdings ebenso auf einem grafikfähigen Drucker ausgegeben werden. Die Anfragen bei den Plottern und Druckern sind gleich.

Ob Sie mit Dialogfenstern arbeiten wollen oder nicht, können Sie mit der Systemvariablen *CMMDIA* steuern. Bei einer Zahl ungleich null können Sie mit Dialogfenstern arbeiten.

Befehl: <ins><PLOT></ins>

Es erscheint folgendes Dialogfeld:

Bild 10-27
Dialogfeld
Plot-
Konfiguration

Plot-Konfiguration
Geräte-Informationen
HP7475
Geräte- und Vorgabenwahlliste...
Stiftparameter
Stiftzuordnungen...
Optimierung...
Weitere Parameter
Bildschirm
Grenzen
Limiten
Ausschnitt
Fenster
Linien verdecken
Bereich ausfüllen
Plot Datei
Ausschnitt...
Fenster...
Datei...
Papierformat und -orientierung
Zoll
Größe...
MAX
mm
Plotbereich 397.26 auf 252.98.
Skalierfaktor, Drehung und Ursprung
Drehung und Ursprung...
Geplottete mm. = Zeicheneinheiten
252.984
=
301.17
Größe angepaßt
Plot Voransicht
Voransicht...
Teilweise
Ganz
OK
Abbrechen
Hilfe...

Im Feld *weitere Parameter* können verschiedene Bereiche der Zeichnung geplottet werden. Die einzelnen Unterbefehle können mit ihrem Großbuchstaben aufgerufen werden. In Tabelle 10-8 sind diese Befehle und ihre Wirkung zusammengestellt:

Tabelle 10-8
Plot-Unterbefehle und ihre Wirkung

Unterbefehl	Wirkung
Bildschirm	Plottet alles, was auf dem Bildschirm zu sehen ist
Grenzen	Plottet die gesamte Zeichnung, auch wenn diese größer als Limiten ist
Limiten	Plottet den Teil der Zeichnung, der innerhalb Limiten liegt
Ausschnitt	Plottet einen definierten Ausschnitt. Der entsprechende Name muß eingegeben werden
Fenster	Plottet den mit Fenster ausgewählten Bereich der Zeichnung

Picken Sie im oberen linken Feld *Geräte-Information* den Schalter *Geräte und Vorgabewahlliste* an, falls Sie einen anderen Plotter konfigurieren möchten. Es erscheint folgendes Dialogfeld:

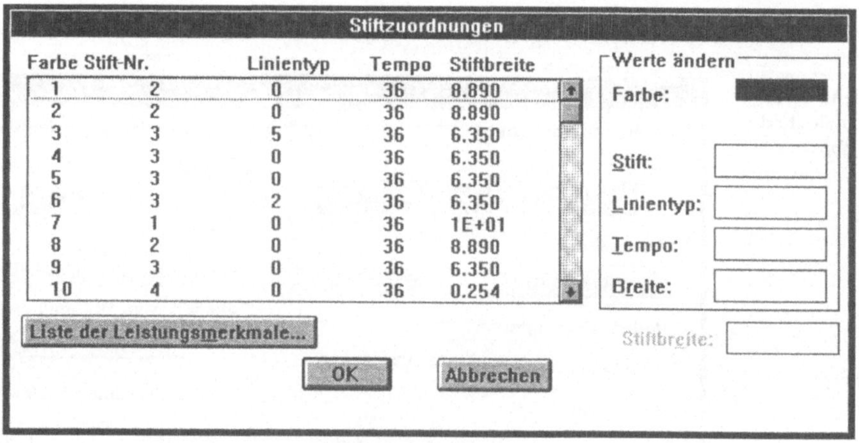

Bild 10-28
Dialogfeld Geräte und Vorgabewahlliste

Wenn Sie den gewünschten Plotter durch Anpicken ausgewählt haben, dann bestätigen Sie dies mit <ok>, das Dialogfeld verschwindet und Sie befinden sich wieder im Hauptdialogfeld *Plot-Konfiguration*.

Wenn Sie Ihren Ausdruck mit einem Plotter vornehmen, so müssen Sie *Stiftparameter* einstellen. Hierfür picken Sie mit Ihrem Zeigegerät das Feld *Stiftzuordnungen* an.

Bild 10-29
Dialogfeld
Stiftzuord-
nungen

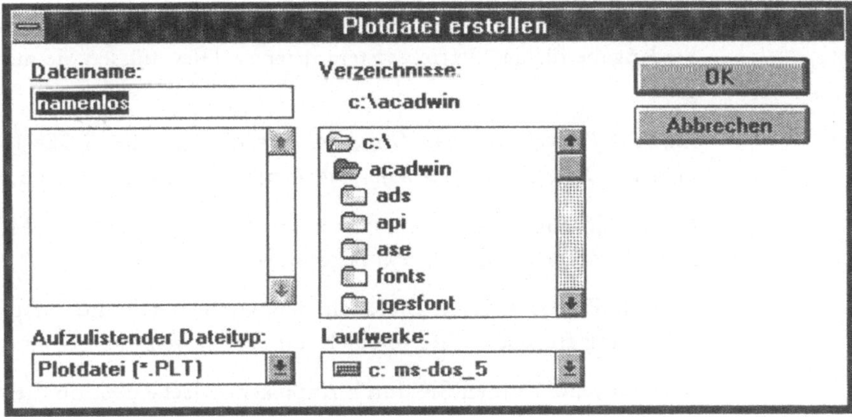

In diesem Dialogfeld (Bild 10.28) können Sie durch Anpicken der entsprechenden Zeile Werte wie Farbe, Stift, Linientyp oder Breite ändern. Eventuell müssen Sie auch die Stiftgeschwindigkeit ändern, dies ist von Ihrer Hardware abhängig. Wenn Sie dies nun alles eingegeben haben, können Sie es mit <ok> bestätigen.

Als nächstes können Sie sich entscheiden, ob Sie auf eine Datei drucken wollen oder nicht. Falls ja, müssen Sie dies im Feld *weitere Parameter* einstellen. Picken Sie den Schalter *Plot-Datei* an. Ein Kreuz erscheint jetzt in dem Kästchen neben dem Schalter. D.h. Ihr Plot wird jetzt auf eine Datei gedruckt. Pikken Sie nun das Feld Datei an, um zu entscheiden, in welche Datei Ihr Plot gedruckt werden soll. Nun erscheint das Dialogfenster *Plot-Datei*.

Bild 10-30
Dialogfeld
Plot-Datei
erstellen

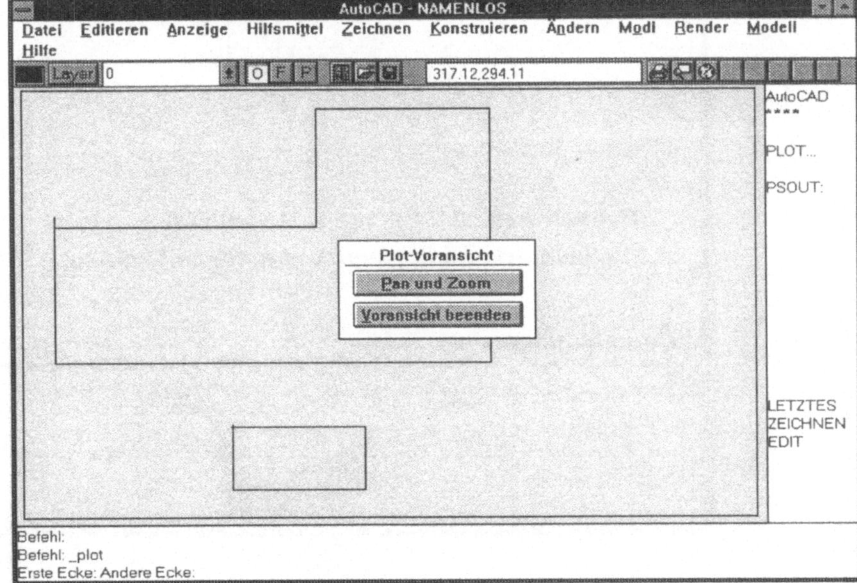

In diesem Dialogfeld können Sie nun den gewünschten Dateinamen und die Pfadangabe für das Betriebssystem machen. Dies müssen Sie mit <ok> bestätigen.

Im Feld *Papierformat und Orientierung* wählen Sie die Größe Ihres Papierformats im Dialogfenster *Papierformat* ebenfalls durch Anpicken aus.

Picken Sie auch <mm> an, damit Sie Ihre Zeichnung in Milimetern und nicht in Zollmaß ausgedruckt bekommen.

Je nach Plotter müssen Sie auch den Drehwinkel und Ursprung für Ihre Zeichnung eingeben. Dies geschieht im Feld *Drehung und Ursprung*.

Anschließend können Sie durch Anpicken entscheiden, ob Sie die Größe anpassen wollen oder nicht.

Eine der besten Neuerungen in AutoCAD12 ist die Plot-Voransicht. Hierfür picken Sie in dem gleichnamigen Feld das Kästchen für *teilweise* oder *ganz* an. Sie sehen nun im Fenster Voransicht, wie Ihre Zeichnung auf dem Plotter erscheint.

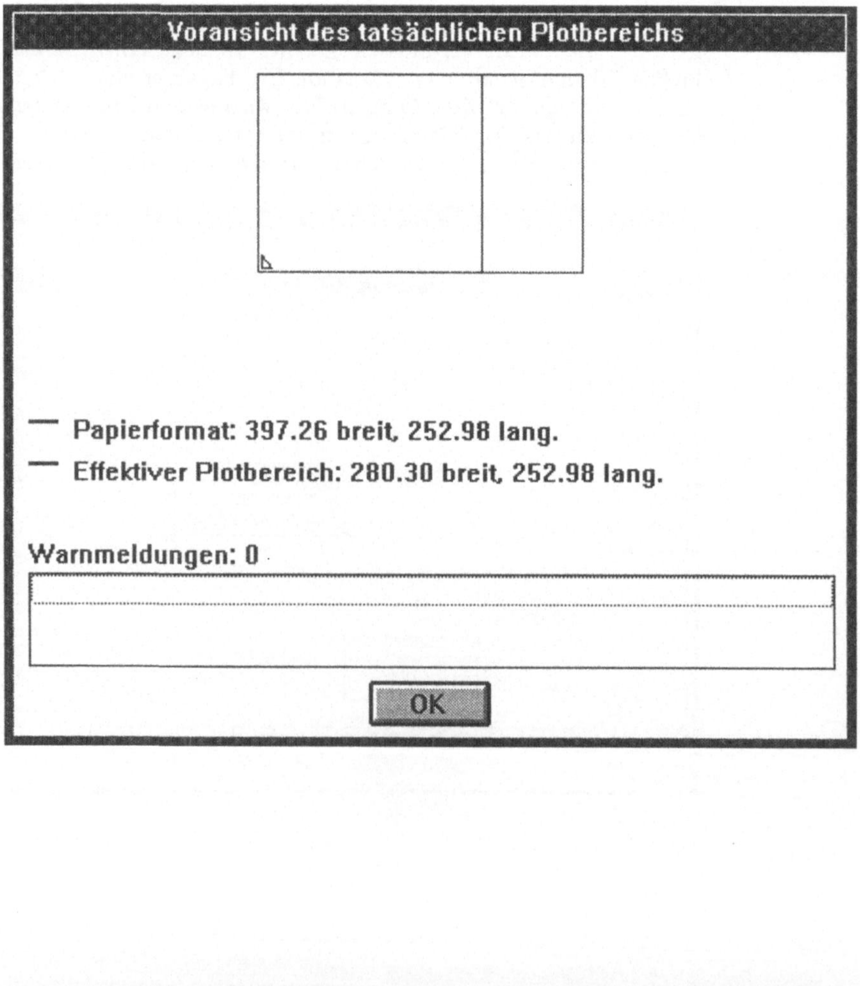

Bild 10-31
Voransicht des
Plotbereichs
„teilweise"

Hinweis! Bei Voransicht des Plotbereichs mit der Option „ganz" sehen Sie auch Ihre Zeichnung, die auf dem Plotter gezeichnet werden soll. Bei Einstellung der Option „teilweise" hingegen sehen Sie, wie Ihre Zeichnung auf das Papier geplottet wird.

Wenn Sie nun alle Ihre Optionen richtig gewählt haben, können Sie durch Anpicken von <ok> im Dialogfeld Plot-Konfiguration den Plotvorgang starten.

10.10 Plotten mit den Funktionen PLOT und PRPLOT

Mit der Funktion **PLOT** aus dem PLOT-Menü können Zeichnungen mit einem Stiftplotter gezeichnet werden. Mit der Funktion **PLOT** kann eine Zeichnung in AutoCAD12 allerdings ebenso auf einem grafikfähigen Drucker ausgegeben werden. Die Anfragen bei den Plottern und Druckern sind gleich.

Ob Sie mit Dialogfenstern arbeiten wollen oder nicht, können Sie mit der Systemvariablen *CMMDIA* steuern. Bei einer Zahl ungleich null können Sie mit Dialogfenstern arbeiten.

Befehl: <PLOT>

Es erscheint folgendes Dialogfeld:

Bild 10-27
Dialogfeld
Plot-
Konfiguration

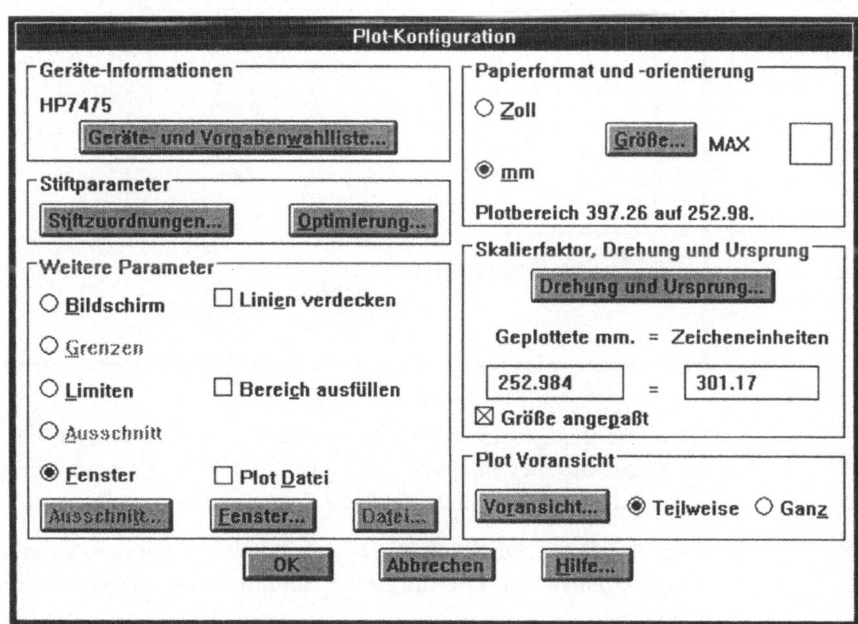

Im Feld *weitere Parameter* können verschiedene Bereiche der Zeichnung geplottet werden. Die einzelnen Unterbefehle können mit ihrem Großbuchstaben aufgerufen werden. In Tabelle 10-8 sind diese Befehle und ihre Wirkung zusammengestellt:

Tabelle 10-8
Plot-Unterbefehle und ihre Wirkung

Unterbefehl	Wirkung
Bildschirm	Plottet alles, was auf dem Bildschirm zu sehen ist
Grenzen	Plottet die gesamte Zeichnung, auch wenn diese größer als Limiten ist
Limiten	Plottet den Teil der Zeichnung, der innerhalb Limiten liegt
Ausschnitt	Plottet einen definierten Ausschnitt. Der entsprechende Name muß eingegeben werden
Fenster	Plottet den mit Fenster ausgewählten Bereich der Zeichnung

Picken Sie im oberen linken Feld *Geräte-Information* den Schalter *Geräte und Vorgabewahlliste* an, falls Sie einen anderen Plotter konfigurieren möchten. Es erscheint folgendes Dialogfeld:

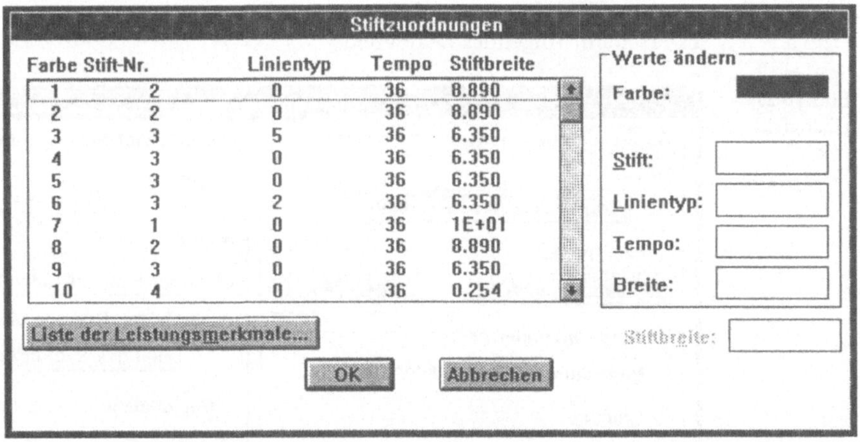

Bild 10-28
Dialogfeld
Geräte und
Vorgabe-
wahlliste

Wenn Sie den gewünschten Plotter durch Anpicken ausgewählt haben, dann bestätigen Sie dies mit <ok>, das Dialogfeld verschwindet und Sie befinden sich wieder im Hauptdialogfeld *Plot-Konfiguration*.

Wenn Sie Ihren Ausdruck mit einem Plotter vornehmen, so müssen Sie *Stiftparameter* einstellen. Hierfür picken Sie mit Ihrem Zeigegerät das Feld *Stiftzuordnungen* an.

Bild 10-29
Dialogfeld
Stiftzuord-
nungen

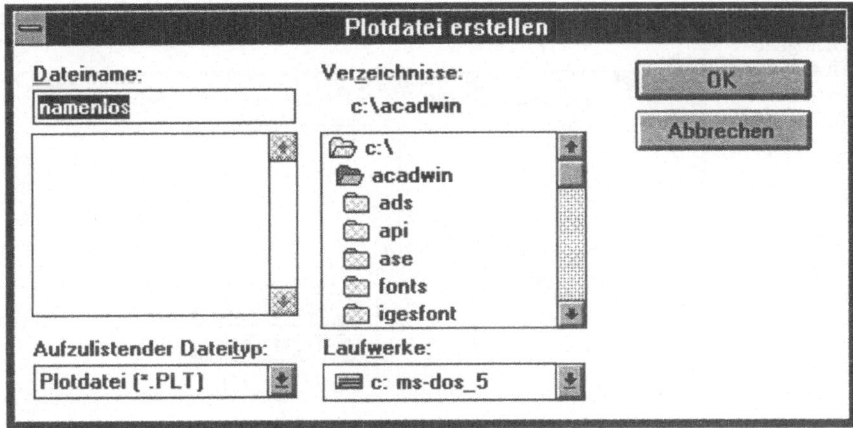

In diesem Dialogfeld (Bild 10.28) können Sie durch Anpicken der entsprechenden Zeile Werte wie Farbe, Stift, Linientyp oder Breite ändern. Eventuell müssen Sie auch die Stiftgeschwindigkeit ändern, dies ist von Ihrer Hardware abhängig. Wenn Sie dies nun alles eingegeben haben, können Sie es mit <ok> bestätigen.

Als nächstes können Sie sich entscheiden, ob Sie auf eine Datei drucken wollen oder nicht. Falls ja, müssen Sie dies im Feld *weitere Parameter* einstellen. Picken Sie den Schalter *Plot-Datei* an. Ein Kreuz erscheint jetzt in dem Kästchen neben dem Schalter. D.h. Ihr Plot wird jetzt auf eine Datei gedruckt. Picken Sie nun das Feld Datei an, um zu entscheiden, in welche Datei Ihr Plot gedruckt werden soll. Nun erscheint das Dialogfenster *Plot-Datei*.

Bild 10-30
Dialogfeld
Plot-Datei
erstellen

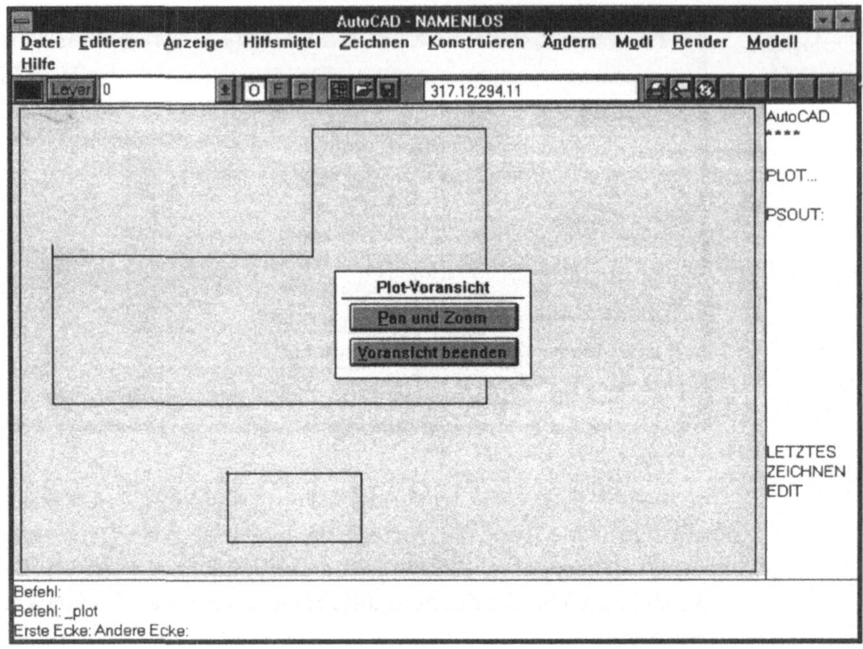

In diesem Dialogfeld können Sie nun den gewünschten Dateinamen und die Pfadangabe für das Betriebssystem machen. Dies müssen Sie mit <ok> bestätigen.

Im Feld *Papierformat und Orientierung* wählen Sie die Größe Ihres Papierformats im Dialogfenster *Papierformat* ebenfalls durch Anpicken aus.

Picken Sie auch <mm> an, damit Sie Ihre Zeichnung in Milimetern und nicht in Zollmaß ausgedruckt bekommen.

Je nach Plotter müssen Sie auch den Drehwinkel und Ursprung für Ihre Zeichnung eingeben. Dies geschieht im Feld *Drehung und Ursprung*.

Anschließend können Sie durch Anpicken entscheiden, ob Sie die Größe anpassen wollen oder nicht.

Eine der besten Neuerungen in AutoCAD12 ist die Plot-Voransicht. Hierfür picken Sie in dem gleichnamigen Feld das Kästchen für *teilweise* oder *ganz* an. Sie sehen nun im Fenster Voransicht, wie Ihre Zeichnung auf dem Plotter erscheint.

Bild 10-31
Voransicht des
Plotbereichs
„teilweise"

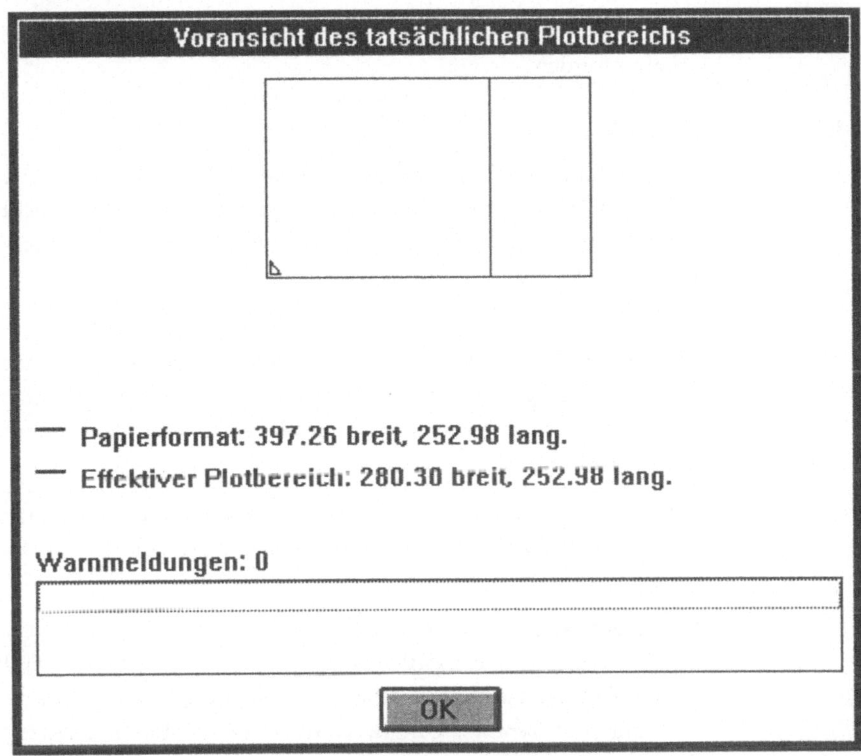

Hinweis! Bei Voransicht des Plotbereichs mit der Option „ganz" sehen Sie auch Ihre Zeichnung, die auf dem Plotter gezeichnet werden soll. Bei Einstellung der Option „teilweise" hingegen sehen Sie, wie Ihre Zeichnung auf das Papier geplottet wird.

Wenn Sie nun alle Ihre Optionen richtig gewählt haben, können Sie durch Anpicken von <ok> im Dialogfeld Plot-Konfiguration den Plotvorgang starten.

10.11 Zeichnungshilfen

Hierzu gehören die Funktionen **ISOEBENE**, **FANG** und **RASTER**. Da Sie bereits in Abschnitt 8.2 ausführlich beschrieben wurden, werden sie an dieser Stelle teilweise nicht mehr aufgeführt.

10.11.1 ORTHO

Ist die Funktion **ORTHO** eingeschaltet, können Linien nur parallel zu den Koordinatenachsen gezeichnet werden. Bei einer Bewegung des Cursors wird nur die horizontale bzw. die vertikale Komponente übernommen (die längere wird ausgewählt).

Mit der Taste [F8] bzw. [Strg][O] kann der Orthomodus ebenfalls ein- und ausgeschaltet werden.

10.11.2   RASTER

Mit der Funktion **RASTER** aus dem **MODI**-Menü kann ein Raster mit den gewünschten Abständen in waagerechter und senkrechter Richtung auf dem Bildschirm erzeugt werden. Folgende Eingaben sind erforderlich:
Befehl: <<u>RASTER</u>>
Raster-Wert(X) oder Ein/AUs/Fang/ASpekt *<aktuelle Vorgabe>*:

Ein bzw. **Aus** schaltet den Raster-Modus ein bzw. aus. Gibt man einen Zahlenwert ein, so gibt dieser den Rasterabstand an. Wird nach einem Zahlenwert das Zeichen „X eingegeben, so ist der Rasterabstand das angegebene Vielfache des Fangwertes.

Fang oder ein Rasterabstand von null setzt den Rasterabstand auf den Fangwert. Wird der Fangwert geändert, dann ändert sich der Rasterabstand automatisch.

Mit **Aspekt** (AS) kann eine unterschiedliche Teilung in x- bzw. y-Richtung definiert werden (bei Fangstil *isometrisch* nicht möglich). Ist der Rasterabstand für die Anzeige zu klein, erscheint die Meldung: *„Rasterwerte zu dicht, können nicht angezeigt werden"*. Um in diesem Fall ein Raster anzuzeigen, muß die Funktion **RASTER** erneut aufgerufen und ein größerer Rasterabstand eingegeben werden.

10.12   Weitere Befehle

10.12.1   NOCHMAL

Folgt dem Befehl NOCHMAL ein anderer AutoCAD-Befehl, wird dieser Befehl solange wiederholt, bis er mit [Strg][C] abgebrochen wird. Als Beispiel soll die Funktion LINIE immer wieder aufgerufen werden.
Befehl: <NOCHMAL LINIE>
LINIE Von Punkt: *<A>*
Nach Punkt: *<B>*
Nach Punkt <RETURN>
LINIE Von Punkt:
usw.

10.12.2   BEREINIG

Mit der Funktion **BEREINIG** aus dem **DIENST**-Menü können alle nicht gewünschten benannten Objekte einer Zeichnung gelöscht werden. Benannte Objekte sind Blöcke, Bemaßungsstile, Ausschnitte, Layer, Linientypen und

Textstile. Sie können auswählen, ob Sie alle löschen wollen oder nur bestimmte Gruppen. AutoCAD fragt:

Befehl: <BEREINIG>

Bereinigung unbenutzter
BLöcke/BEmstile/LAyer/LTypen/Symbole/Textstile/Alles

Wählen Sie den jeweiligen Großbuchstaben. Der Layer 0, der Linientyp AUSGEZOGEN und der Textstil STANDARD können nicht gelöscht werden. BEREINIG kann verwendet werden, solange die Datenbank nicht verändert wurde.

10.12.3   UMBENENN

Mit der Funktion **UMBENENN** aus dem **DIENST**-Menü kann der Name eines Blocks, eines Bemaßungsstils, eines Layers, eines Textstils, eines Linientyps, eines benannten Benutzerkoordinatensystems von Ansichtsfensterkonfigurationen oder eines benannten Ausschnitts geändert werden. Die zugehörigen Eingaben lauten:

Befehl: <UMBENENN>
BLock/BEmstil/LAyer/LTyp/Textstil/BKs/Ausschnitt/AFenster:
Alter (Objekt-) Name:
Neuer (Objekt-) Name:

Wählen Sie den gewünschten Objekttyp durch Eingabe seiner Großbuchstaben. Der Layer 0 und der Linientyp CONTINUOUS können nicht umbenannt werden.

10.12.4   HILFE oder ?

Mit der Funktion **HILFE** oder ? aus dem **FRAGE**-Menü werden auf dem Bildschirm Hilfsinformationen angezeigt. Dazu dienen folgende Eingaben:

Befehl: <HILFE>

Nach Eingabe dieses Befehls erscheint das Dialogfenster *Hilfe*.

Bild 10-32
Dialogfenster
Hilfe

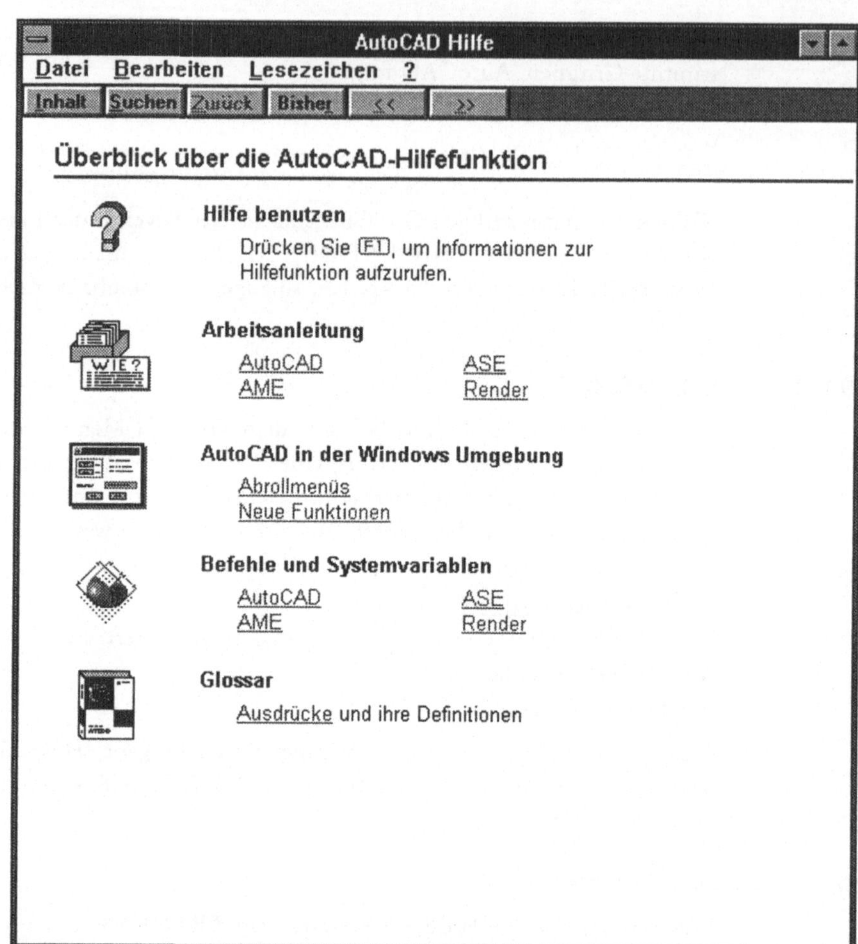

In diesem Dialogfenster können Sie durch Anpicken von **<INDEX>** auf einer Indexliste das gewünschte Thema anpicken. Bestätigen Sie Ihre Auswahl mit **<ok>**, und das gewünschte Thema, zu welchem Sie Hilfe erhalten möchten, erscheint im Dialogfenster.

Unter **<HILFEPUNKT>** können Sie allerdings auch einen gewünschten Index über die Tastatur eingeben. Durch Bestätigung mit ⏎ nach Ihrer Eingabe erscheint die gewünschte Hilfe im Dialogfenster.

Des weiteren können Sie sich durch Anpicken von **<vorher>**, **<nächstes>** oder **<oben>** durch den Index-Katalog blättern. Durch anpicken von **<ok>** wird das Dialogfeld *Hilfe* wieder gelöscht.

10.12.5 DATEIEN

Mit der Funktion **DATEIEN** aus dem **DIENST**-Menü haben Sie vom Zeichnungseditor aus direkten Zugang zum Datei-Dienstmenü. Die Eingaben lauten:

Befehl: <u><DATEIEN></u>

Bild 10-33
Dialogfeld
Datei-Dienst-
programme

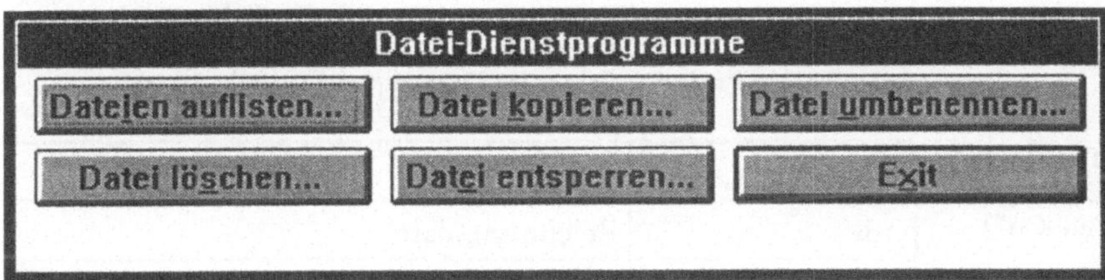

Durch Anpicken der verschiedenen Schalter mit Ihrem Zeigegerät gelangen Sie in die weiteren gewünschten Dialogfelder. In diesen können Sie die Dateidienste von AutoCAD12 nutzen.

10.12.5.1 Zeichnungsdateien listen

Sie können hier das Laufwerk oder das Verzeichnis eingeben:

Es werden sämtliche in dem angegebenen Laufwerk bzw. in dem Verzeichnis vorhandenen Zeichnungsdateien angezeigt.

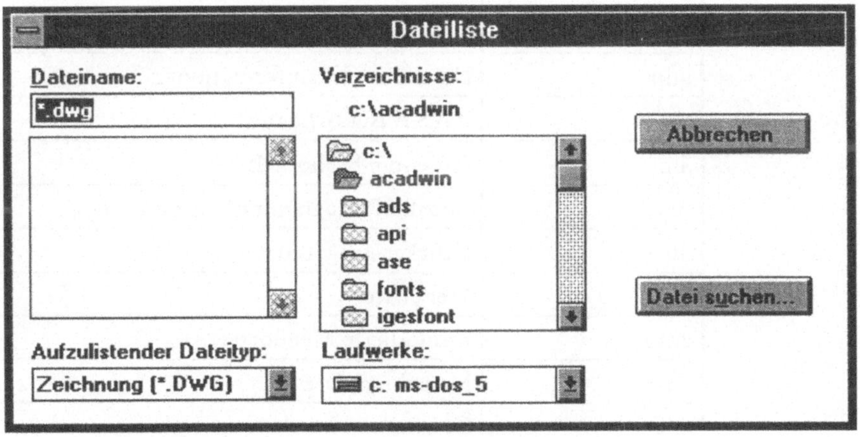

Bild 10-34
Dialogfeld
Dateiliste

10.12.5.2 Benutzerdateien listen

Datei-Suchspezifikationen eingeben:

Es werden sämtliche Dateien mit der eingegebenen Spezifikation aufgelistet. Wir wollen aus dem Unterverzeichnis *BEISPIELE* im Laufwerk C sämtliche Menüdateien anzeigen lassen.

Suchspezifikationen für Datei eingegeben: C<\beispiele*.mnu

AutoCAD verwendet folgende Dateitypen (Tabelle 10-9):

Tabelle 10-9
Dateitypen in
AutoCAD

Dateizusatz	Bedeutung
.adt	Zeichnungsdatei
.bak	Sicherung einer Zeichnungs- oder Konfigurationsdatei
.cfg	Konfigurationsdatei
.doc	Dokumentationsdatei
.drv	Treiber für Peripheriegeräte
.dwg	Zeichnungsdatei
.dxb	Binäre Zeichnungs-Austausch-Datei
.dxf	Zeichnungs-Austausch-Datei
.dxx	Attribut-Ausgabe-Datei (DXX-Format)
.exe	Hauptprogramm
.flm	Filmrollen-Datei
.hlp	Datei mit Hilfsinformationen
.igs	IGES-Austauschdatei
.lin	Linientyp-Bibliothek
.lsp	AutoLISP Programmbibliotheks-Datei
.lst	Drucker-Ausgabedatei
.mnu	Menüdatei
.mnx	Kompilierte Menüdatei
.msg	Mitteilungsdatei
.old	Originalversion der konvertierten Zeichnungsdatei
.ovl	Overlay-Dateien
.pat	Schraffur-Bibliothek
.plt	Plotter-Ausgabedatei
.pnd	Datei bei Netzbetrieb

.prp	ADI-Drucker-Ausgabedatei
.sac	AutoCAD-Dateien einer Sitzung
.sbx	Laden von Symbol/Zeichen Dateien
.scr	Stapelverarbeitungs(Batch)-Datei
.shp	Symbol/Zeichen Datei kompiliert
.slb	Dia-Bibliotheksdatei
.sld	Dia-Datei
.txt	Attribut-Ausgabe-Datei oder Datei-Schablone (CDF-/SDF-Format)
.xlg	Zuordnungsdatei

10.12.5.3 Dateien löschen

Auch hier wird nach Spezifikationen für die zu löschende Datei gefragt. Befindet sich in der Spezifikation ein Jokerzeichen (*), wird bei jeder gefundenen Datei erst gefragt, ob diese gelöscht werden soll. Ansonsten wird bei der Eingabe eines eindeutigen Namens ohne Anfrage gelöscht.

Das Dialogfeld ist ähnlich zu dem in Bild 10.34.

10.12.5.4 Dateien umbennen und Dateien kopieren

Folgen Sie einfach dem vorgegebenen Dialogfenster. Sie können auch Dateien in andere Verzeichnisse übertragen, indem Sie den Dateinamen mit dem Verzeichnis angeben.

Ebenso können Sie beim Kopieren das Laufwerk wechseln. Auch hier erhalten Sie ein ähnliches Dialogfeld wie in Bild 10.34. Mit <EXIT> verlassen Sie das Datei-Dialogfenster.

10.12.6 MENÜ

Mit der Funktion **MENÜ** aus dem **DIENST**-Menü kann während des Zeichnens ein neues, vom Benutzer erstelltes Menü geladen werden. Wurde beispielsweise ein Menü mit Namen BENUTZER.MNU erstellt, dann kann es durch folgende Eingaben geladen werden:

Befehl: <__MENÜ__>

Dialogfenster *Menüdatei wählen* (siehe Bild 10-35)

Bild 10-35
Dialogfenster
Menüdatei
wählen

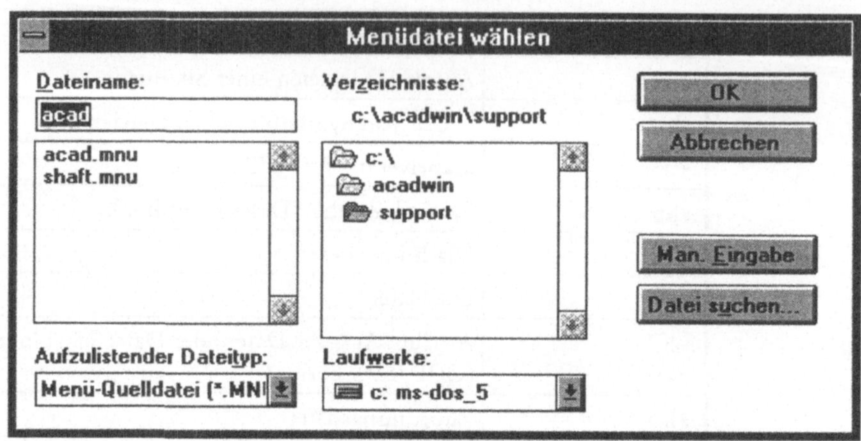

Nun wird dieses Menü mit dem Namen BENUTZER.MNU geladen.

10.12.7   REFERENZ

Mit dem Befehl **REFERENZ** können Objekten eindeutige Referenzen zugeordnet, oder alle Referenzen aus der Zeichnung entfernt werden.

11 Programmieren mit AutoLISP

LISP ist eine intelligente Programmiersprache mit vielen Dialekten. AutoLISP besitzt den Befehlsvorrat von CommonLISP, enthält aber zusätzliche Befehle und Funktionen, die speziell für Konstruktionsaufgaben entwickelt und auf das Programm AutoCAD zugeschnitten sind. Dieses Kapitel gliedert sich in zwei Teile:

1. Die Programmiersprache AutoLISP

Es werden allgemeine Erläuterungen zur Anwendung von AutoLISP gegeben sowie Befehle, Programmstrukturen, mathematische Funktionen und logische Operationen vorgestellt und das Zusammenwirken mit AutoCAD gezeigt.

2. Beispielprogramm

Anhand eines AutoLISP-Programms zum Zeichnen einer Schraube wird beispielhaft ein Programm erklärt.

Um mit AutoLISP programmieren zu können, benötigen Sie einen Festplattenrechner mit mindestens 640 kByte Arbeitsspeicher und eine AutoCAD-Version mit der Erweiterung ADE-3. In der Overlay-Datei *acad.ov1* befindet sich das AutoLISP-Programm (Datei *acad.lsp*). Beim Aufruf des Zeichnungseditors wird das AutoLISP-Programm automatisch geladen, so daß Sie die dort abgelegten Funktionen sofort benutzen können. Es ist aber auch möglich, vom Zeichnungseditor aus andere in AutoLISP geschriebene Programme zu laden. Wir laden als Beispiel das AutoLISP-Programm, das in der Datei SPIRAL.LSP gespeichert wurde. Dazu wird folgendes eingegeben:

Befehl: <(load "SPIRAL")>

C:SPIRAL

Hinweis! Geben Sie eine Anweisung zwischen zwei runden Klammern ein, dann übergibt AutoCAD diese sofort AutoLISP zur Bearbeitung. Das Ergebnis wird von AutoCAD übernommen und angezeigt.

Die AutoLISP-Datei SPIRAL kann nun aufgerufen werden.

Befehl: <SPIRAL>

11.1 Die Programmiersprache AutoLISP

11.1.1 Allgemeine Erläuterungen

In diesem Abschnitt werden kurze Erklärungen zur Darstellung der Funktionen in AutoLISP, zu den erlaubten Datentypen, zu den Steuerzeichen und zu den häufigsten Programmierfehlern gegeben.

a) Darstellung der Funktionen in AutoLISP

Alle AutoLISP-Funktionen werden folgendermaßen dargestellt:

(Funktionsname [Argumente]...)

Jeder Ausdruck steht zwischen offenen, runden Klammern. Sie besagen, daß es sich um eine Anweisung in AutoLISP handelt. Nach der ersten Klammer folgen der Funktionsname und eine Liste der Argumente dieser Funktion. Die Funktion wird in AutoLISP ausgeführt und das Ergebnis von AutoCAD als Wert übernommen und angezeigt.

Symbol- und Funktionsnamen können sowohl in Klein- als auch in Großbuchstaben eingegeben werden. Eine Übersicht über die einzelnen Funktionen finden Sie in Kapitel 4 im mitgelieferten Handbuch: „AutoLISP; Handbuch für Programmierer".

b) Datentypen

Folgende Datentypen sind in AutoLISP erlaubt:

⇨ ganze Zahlen (Zahlen mit 16 Bit; von -32 768 bis +32 767).

⇨ Kommazahlen (Darstellung mit Dezimalstellen oder mit Exponentenangabe durch „E").

⇨ Zeichenketten (Zeichenfolgen, die zwischen Anführungszeichen (") stehen. Mit dem rückwärtsgerichteten Querstrich (\), als ASCII-Zeichen Nr. 92 definiert, können auch Steuerzeichen angegeben werden).

⇨ Listen

⇨ Symbole (Alle druckfähigen Zeichen, bis auf folgende Ausnahmen:
() . ' " ;).

⇨ Dateideskriptoren

⇨ Funktionen

⇨ AutoCAD Element-„Namen"

⇨ AutoCAD Auswahlsätze.

c) Steuerzeichen

Tabelle 11-1
zeigt die in
der Version 12
gültigen Steu-
erzeichen:

Steuerzeichen	Bedeutung
\\\\	Zeichen \\
\\e	(Esc)
\\n	Neue Zeile
\\nnn	Zeichen mit Oktalcode nnn
\\r	(⏎)
\\t	Tabulator

d) Fehlermeldungen

Zwei Fehler kommen am häufigsten vor:

☐   Zu wenig geschlossene Klammern.

Es erscheint folgende Fehlermeldung: n>

n ist dabei die Anzahl der fehlenden Klammern. In diesem Fall müssen Sie n
geschlossene Klammern eingeben, um den Fehler zu beheben.

☐   Vergessen des Schlußzeichens (") einer Zeichenkette.

In diesem Fall müssen Sie ein Anführungszeichen ("), gefolgt von der angegebenen Anzahl n der geschlossenen Klammern eingeben.

11.1.2   Wertzuweisung

Mit den Anweisungen **set**, **setq** und **setvar** werden Variablen ein Wert zugeordnet. Allgemein lauten diese Anweisungen:

(setq *Variablenname Wert*)   Ordnet der Variablen einen Wert zu.
(setvar *Variablenname Wert*)   setzt eine Systemvariable auf einen bestimmten
Wert. Der Variablenname muß zwischen " " stehen.

Hierzu zwei Beispiele:

(setq k 7)   k wird auf den Wert 7 gesetzt.

(setq name „Herbert")   Die Zeichenkette *name* hat den Inhalt *Herbert*.

Hinweis! Bei der Auswahl von Symbolnamen dürfen Sie keine bereits von AutoCAD definierten Namen benutzen. Um die systemeigenen AutoLISP-An-
weisungen zu erhalten, geben Sie als AutoCAD-Befehl „!ATOMLIST" ein. Sie
sehen dann am Bildschirm die nicht zur Benennung erlaubten Namen. Eine
Liste der Systemvariablen befindet sich auch im Anhang A des AutoCAD-Be-
nutzerhandbuchs.

11.1.3   Eingabebefehle

In Tabelle 11-2 sind die Eingabebefehle zusammengestellt.

Tabelle 11-2
Eingabe-
befehle

Anweisung	Wirkung
(getangle pt Anfrage)	Eingabe eines rel. Drehwinkels, immer Bogenmaß. Ein möglicher Basispunkt (2D) ist pt. Ein Text kann als Anfrage erscheinen
(getdist pt Anfrage)	Entfernungseingabe als reelle Zahl. Ein möglicher Basispunkt ist pt. Anfrage zeigt den angezeigten Text
(getint Anfrage)	Eingabe einer ganzen (Integer-) Zahl
(getkword Anfrage)	Eingabe eines Schlüsselworts (keyword)
(getorient Basis Anfrage)	Eingabe eines absoluten Winkels im Bogenmaß
(getpoint pt Anfrage)	Punkteingabe. Ein wählbarer Punkt ist pt
(getreal Anfrage)	Eingabe einer reellen Zahl
(getstring cr Anfrage)	Zeichenketteneingabe. Wenn cr nicht Null ist, kann die Zeichenkette Leerstellen enthalten

Folgendes Beispiel zeigt, wie die Koordinateneingabe für einen Punkt (Punkteingabe) dem Punkt P zugeordnet wird:

(setq P (getpoint „Punkteingabe"))

11.1.4   Definition von Funktionen

Eine häufig verwendete Anweisung dient zur *Definition* von *Funktionen*. Sie lautet:

(defun name Argumentenliste lokale Variablen)

Sie definiert eine Funktion mit dem Namen „*name*" (Abschn. 11.2).

Folgendes ist bei dieser Anweisung zu beachten:

⇨ Der Funktionsname muß die Form C:XXX haben.

⇨ Alle Buchstaben müssen großgeschrieben sein.

⇨ Der Funktionsname darf nicht als AutoCAD-Befehl vorkommen.

⇨ Es muß eine Argumentenliste vorhanden sein, die auch leer sein kann.

Ein Beispiel soll dies verdeutlichen. Es soll eine Linie zwischen den Punkten 3,4 und 4,5 gezeichnet werden. Diese Funktion wird mit dem Namen BEISPIEL aufgerufen.

```
(defun C:BEISPIEL ()

    (command "linie" "3,4" "4,5")

)
```

(osnap *pt Modustext*)   Ergibt einen Punkt, der sich aus dem
                                          Objektfangmodus ergibt

Im nächsten Beispiel erhält der Punkt P2 die Koordinaten der Mitte der Linie, auf der der Punkt P1 liegt:

(setq P2 (osnap P1 "mitp"))

11.1.5   Befehle zur Auswahl

Tabelle 11-3 zeigt die Möglichkeiten der teilweisen Übergabe von Zeichen.

Tabelle 11-3
Verknüpfungen für die Auswahl

Anweisung	Wirkung
(car Liste)	Ergibt das erste Element der Liste
(cdr Liste)	Ergibt eine Liste aller Elemente außer dem ersten
caar, cadr, cddr, cadar	Ineinander geschachtelte Kombinationen von car und cdr. Z.B.: caar = car (car x) oder cadr = (cdr x). Mit cadr wird oft die y-Koordinate eines Punktes angewählt
(list Ausdruck)	Ausdrücke werden als Liste verkettet und ausgegeben

Als Beispiel wählen wir folgende Aufgabe: Gegeben seien die Punkte T1(1,2) und T2(6,8). Gesucht sind die Koordinaten des Punktes T3.

Wir benützen die Befehlsfolge:

(setq T3 (list (car T1) (cadr T2)))

T3 hat demzufolge die Koordinaten 1,8

11.1.6   Befehle mit Bedingungen

Es gibt zwei Bedingungsfunktionen:

a) Einseitige Auswahl
(*if Bedingung:* Führe den Befehl aus, wenn er richtig ist).

b) Zweiseitige Auswahl
(*if Bedingung:* Führe den Befehl aus wenn er richtig ist, andernfalls führe den zweiten Befehl aus).

11.1.7 Arithmetische Operationen

In Tabelle 11-4 sind die arithmetischen Operationen zusammengestellt.

Tabelle 11-4
Arithmetische
Operationen

Arithmetische Operation	Wirkung
(+ x y)	addiert x und y
(- x y)	subtrahiert y von x
(* x y)	multipliziert x und y
(/ x y)	dividiert x durch y
(abs x)	Absolutwert von x
(sqrt x)	Quadratwurzel von x
(expt x p)	x hoch p
(exp p)	e hoch x
(log x)	natürlicher Logarithmus von x

Als Beispiel wird geschrieben:

(setq f (* 3 4)).

Der Variablen f wird der Wert 12 zugeordnet.

11.1.8 Trigonometrische Funktionen

Tabelle 11-5 zeigt eine Übersicht über die trigonometrischen Funktionen.

Tabelle 11-5
Trigono-
metrische
Funktionen

Winkelfunktion	Bedeutung
(sin ang)	Sinus von ang (ang im Bogenmaß)
(cos ang)	Cosinus von ang (ang im Bogenmaß)
(atan ang)	arc tan von ang (ang im Bogenmaß)
(angle p1 p2)	Winkel zwischen p1 und p2
(distance p1 p2)	Entfernung zwischen p1 und p2

11.1.9 Logische Operatoren

Im folgenden wird, einer Schreibweise von AutoLISP folgend, richtig mit t (true) und falsch mit n (nil) bezeichnet.

Die folgenden logischen Operatoren ergeben t (wahr) oder n (falsch), je nachdem, ob die Bedingung erfüllt ist (Tabelle 11-6):

Operator	Wirkung (wahr, wenn gilt)
(minusp num)	num negativ
(zerop num)	num gleich null
(numberp num)	num eine Zahl
(not a b ...)	logische Verneinung von a und b
(or a b --)	logisches ODER (inklusiv) von a, b
(and a b)	logisches UND von a, b
(= a b)	a gleich b
(/= a b)	a ungleich b
(> a b)	a größer als b
(>= a b)	a größer oder gleich b
(< a b)	a kleiner als b
(<= a b)	a kleiner oder gleich b
(null a)	a gleich null

Tabelle 11-6
Wirkung logischer Operatoren

11.1.10   Zeichenkettenfunktionen

In Tabelle 11-7 sind sie Zeichenkettenfunktionen zusammengestellt.

Funktion	Wirkung
(itoa int)	Wandelt Ganzzahlwert int in ASCII-Zeichenkette um
(atoi s)	Wandelt Zeichenkette s in Ganzzahl um
(atof s)	Wandelt Zeichenkette s in eine reelle Zahl um
(ascii c)	Ergibt ASCII-Code von c
(strcat s1 s2)	Verkettet Zeichenketten s1 und s2
(strlen s)	Ergibt Länge der Zeichenkette s
(terpri)	Beginnt eine neue Bildschirmzeile

Tabelle 11-7
Zeichenketten funktionen

Als Beispiel schreiben wir folgende Anweisungen:

(setq d (if (=a b) "Richtig" "Falsch")).

Dies bedeutet:

Wenn a gleich b ist, ist d gleich „Richtig", wenn a ungleich b ist, ist d gleich „Falsch". Folgender Befehl hat dieselbe Wirkung:

(if (=a b) (setq d „Richtig") (setq d „Falsch").

11.1.11   Ausführen von AutoCAD-Befehlen

AutoCAD-Befehle werden mit folgender Anweisung ausgeführt:

(command *Argument*).

Hierbei wird das Argument ausgeführt.

Als Beispiel wollen wir eine Linie vom Punkt P1 (3,4) zum Punkt P2 zeichnen. P2 soll vom Benutzer gewählt werden, wozu die Anfrage *„Geben Sie bitte einen Punkt ein:"* auf dem Bildschirm erscheinen soll. Die Anweisungen dazu lauten:

```
(setq P1 (list 3 4))
(setq P2 (getpoint "Geben Sie bitte einen Punkt ein:"))
(command "linie" P1 P2)
(command "")
```

Der zweite Command-Befehl ist nötig, um die Funktion LINIE abzuschließen. Die leere Zeichenkette entspricht einer über die Tastatur eingegebenen Leerstelle.

11.2   AutoLISP-Programm zum Zeichnen einer Schraube

Das folgende Programm erstellt eine Schraube in Draufsicht und Seitenansicht. Es ist in folgende Module gegliedert:

⇨ Eingabe der Daten;
⇨ Zeichnen des Kopfes in Draufsicht (X-Y-Ebene);
⇨ Zeichnen des Schaftes in Draufsicht (X-Y-Ebene);
⇨ Zeichnen des Kopfes in der Seitenansicht (X-Z-Ebene);
⇨ Zeichnen des Schaftes in der Seitenansicht (X-Z-Ebene).

Als Parameter können eingegeben werden:

⇨ Nennlänge (NL)
⇨ Gewindelänge (GL)
⇨ Schlüsselweite (SW)
⇨ Kopfhöhe (KH)
⇨ Schulterhöhe (SH)
⇨ Gewindedurchmesser (GD).

Die mit diesem Programm und den entsprechenden Eingaben gezeichnete Schraube zeigt Bild 11-1.

Bild 11-1
Mit AutoLISP
gezeichnete
Schraube (mit
Parameterbe-
zeichnungen)

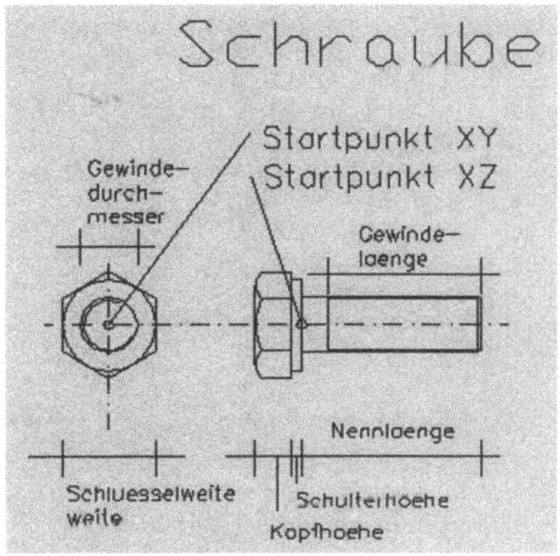

11.2.1   Module des Programms

Jeder Programmteil wird durch die *Definition* einer *Funktion* festgelegt. Der
entsprechende Befehl heißt **defun** (Definition einer **Funktion**). Danach folgt
der Name dieser Funktion.

a) Hauptprogrammteil (defun C:SCHRAUBE ())

Das Programm wird mit der Eingabe *SCHRAUBE* gestartet. Als erstes wird
deshalb der Teil des Programmes ausgeführt, der mit *defun C:SCHRAUBE ()*
bezeichnet ist. Kommentare werden immer nach dem Zeichen für Semikolon
(";") geschrieben. Das Hauptprogramm (s. Ende des Programmausdrucks in
Abschnitt 11.2.2) sieht folgendermaßen aus:

```
(defun C:SCHRAUBE ()
  (EINGABE)  ; Modul Eingabe
  (KOPF-XY)  ; Modul XY  Kopf zeichnen
  (SCHAFTXY) ; Modul XY  Schaft zeichnen
  (KOPFXZ)   ; Modul XZ  Kopf zeichnen
  (SCHAFTXZ) ; Modul XZ Schaft zeichnen
  (command "neuzeich")
)
```

Mit *defun C:SCHRAUBE* werden die folgenden Befehle unter der Funktion
SCHRAUBE zusammengefaßt. Da keine Argumente angegeben werden, ist die
Argumentenliste leer. Die Klammer muß aber angegeben werden. Anschließend werden nacheinander die Unterprogramme aufgerufen. Der Befehl *command "neuzeich"* bedeutet, daß der AutoCAD-Befehl **NEUZEICH** an dieser
Stelle ausgeführt wird, d. h. daß nach Programmende eine Neuzeichnung erfolgt.

b) Eingabe (defun EINGABE ())

Die entsprechenden Anweisungen lauten:

```
(defun EINGABE ()
  (setq SP1 (getpoint "\nStartpunkt für XY  eingeben "))
  (setq SP2 (getpoint "\nStartpunkt für YZ  eingeben "))
  (command "zeigdia" "schraube")
  (setq SW (getreal "\nSchlüsselweite     ="))
  (setq NL (getreal "\nNennlänge          ="))
  (setq GL (getreal "\nGewindelänge       ="))
  (setq KH (getreal "\nKopfhöhe           ="))
  (setq SH (getreal "\nSchulterhöhe       ="))
  (setq GD (getreal "\nGewindedurchmesser ="))
  (command "neuzeich")
)
```

Die erste Zeile:

```
(defun EINGABE ()
```

definiert eine Befehlsfolge mit dem Namen *EINGABE*.

Die Anweisung:

```
(setq SP1 (getpoint "\nStartpunkt für XY  eingeben "))
```

stellt eine Aufforderung zur Eingabe des Startpunktes (getpoint) dar. Am Bildschirm erscheint in einer neuen Zeile des Befehlsbereichs (wegen des Steuerzeichens \n) die Anfrage *„Startpunkt für XY eingeben"*. Die Koordinaten des eingegebenen Punktes werden in der Variablen SP1 gespeichert.

Die Anweisung

```
(command "zeigdia" "schraube")
```

bedeutet, daß der AutoCAD-Befehl **ZEIGDIA** (Abschn. 10.9.2) ausgeführt werden soll. Dieser braucht die Eingabe des Dianamens, der zwischen Anführungszeichen steht („schraube").

Die nächste Anweisung lautet:

```
(setq SW (getreal "\nSchlüsselweite     ="))
```

Diese Zeile fragt den Benutzer mit der Anfrage *„Schlüsselweite   ="* in einer neuen Zeile (Steuerzeichen \n) im Befehlsfeld nach der Eingabe einer reellen Zahl. Diese Zahl wird der Variablen SW zugeordnet.

Als letzte Anweisung des Eingabeteils erscheint:

```
(command "neuzeich")
)
```

Zuletzt wird der AutoCAD-Befehl **NEUZEICH** ausgeführt. Die Klammer am Schluß beendet die Befehlsfolge der Funktion *EINGABE*.

c) Zeichnen des Kopfes in der Draufsicht (defun KOPF-XY())

```
(defun KOPF-XY (/ RSW)
  (setq RSW (/ SW 2))
  (command "polygon" 6 SP1 "U" RSW)
```

```
(command "drehen" "1" " SP1 30)
(command "kreis" SP1 RSW)
(command)
)
```

Mit RSW wird eine lokale Variable (nur in diesem Programmabschnitt definierte Variable) angegeben. Sie enthält den Wert der eingegebenen Schlüsselweite SW geteilt durch 2. Die Formel RSW = SW/2 lautet in AutoLISP: (setq RSW (/ SW 2)).

Die folgende Anweisung heißt:
```
(command "polygon" 6 SP1 "U" RSW)
```

Das bedeutet, daß der AutoCAD-Befehl **POLYGON** durchgeführt wird. Dieser Anweisung entspricht folgende Befehlsfolge im Zeichnungseditor von AutoCAD:

Befehl: <u>POLYGON</u>

Anzahl Seiten: <u>6</u>

Seite/<Polygonmittelpunkt>:*<Punkt SP1>*   *(s. Variablenliste im Programm).*

Inkreis/Umkreis: <u>U</u>

Kreisradius: *<RSW> (halbe Schlüsselweite).*

Mit dieser Anweisung bzw. der Befehlsfolge wird ein Sechseck gezeichnet. Die obere und untere Seite liegt waagrecht. Es muß noch um 30 Grad gedreht werden. Dies geschieht mit der folgenden Anweisung:
```
(command "drehen" "1" "" SP1 30)
```

Dies entspricht den folgenden Befehlseingaben in AutoCAD:

Befehl: <u>DREHEN</u>

Objekte wählen: <u>1</u>

Objekte wählen: [↵] oder [⬚]

Basispunkt: *SP1*

<Drehwinkel>/Bezug: <u>30</u>.

Anschließend wird der Kreis, der innen am Sechseck anliegt, gezeichnet. Sein Mittelpunkt ist der Punkt SP1, und sein Radius ist gleich dem Wert von RSW. Die Anweisung dazu lautet:
```
(command "kreis" SP1 RSW)
```

Mit der Anweisung
```
(command)
```

wird die Befehlsfolge abgebrochen. Diese Anweisung hat die gleiche Wirkung wie die Eingabe von [Strg][C] im Zeichnungseditor.

Die nachfolgende Klammer „)" beendet die *EINGABE*.

d) Zeichnen des Schaftes in der Draufsicht (defun SCHAFT-XY())
```
(defun SCHAFTXY (/ HP1 HL1 GDR)
(setq GDR (/ GD 2))
```

```
    (command "kreis" SP1 GDR)
    (setq HL1 (* GDR 0.9))                      : 0.9 ist frei angenommen.
    (setq HP1 (polar SP1 (abi 10) HL1))         : Hilfspunkt für
Konstruktion.
    (command "bogen" "m" SP1 HP1 "w" 270)
    )
```

Es werden die lokalen Variablen HP1, HL1 und GDR angegeben. Dann wird die Variable GDR auf den Wert des halben Gewindedurchmessers gesetzt. Anschließend wird ein Kreis um SP1 mit dem Radius GDR gezeichnet. Um den Dreiviertelkreis zu zeichnen, wird die Variable GDR mit 0.9 (beliebig festgelegter Wert) multipliziert. Die im Programm folgenden Befehle erstellen den Dreiviertelkreis.

Die Zeile

```
    (setq HP1 (polar SP1 (abi 10) HL1)) ; Hilfspunkt für Konstruktion.
```

bedarf einer ausführlichen Erläuterung. *(abi 10)* ruft das Programm auf, das mit *defun ABI(WI)* benannt wurde. Es dient zur Umwandlung von Altgrad (Wert für WI) ins Bogenmaß. Dabei wird WI mit dem Wert 10 versehen (Parameterübergabe: WI = 10°). Der dazugehörende Programmteil lautet:

```
    (defun ABI (WI)
      (* WI (/ 180 pi))
    )
```

Der Wert des Winkels WI wird mit dem Quotienten von 180 und pi (_) multipliziert. Dies ist die Formel, um Altgrad in das Bogenmaß umzuwandeln. Der Winkel 10° wird also in das Bogenmaß umgewandelt. *(polar SP1 (abi 10) HL1)* ergibt den Punkt, der bezogen auf den Punkt SP1 den Winkel (abi10) und den Abstand HL1 hat. Dieser Punkt heißt HP1. Er ist der Anfangspunkt des Dreiviertelkreises. Der Dreiviertelkreis wird mit der Anweisung

```
    (command "bogen" "m" SP1 HP1 "w" 270)
```

gezeichnet. Das entspricht der Befehlsfolge in AutoCAD:

Befehl: <BOGEN>

Mittelpunkt/<Startpunkt>: <M>

Mittelpunkt: *SP1*

Startpunkt: *HP1*

Winkel/sehnenLänge/<Endpunkt>: <W>

Eingeschlossener Winkel: <270>

e) Zeichnen des Kopfes in der Seitenansicht (defun KOPF-XZ())

Die ersten Anweisungen lauten:

```
    (defun KOPFXZ (/ EES X1 X2 X3 X4 Y1 Y2 Y3 Y4 Y5
                     Y6 Y7 Y8 Y9 P1 P2 P3 P4 P5
                     P6 P7 P8 P9 P10 P11 P12 P13
                     P14 P15)
```

Damit wird der folgenden Befehlsaufstellung im Programm der Name
KOPFXZ gegeben. In der Klammer steht eine Liste der lokalen Variablen.

Bild 11-2 und Bild 11-3 zeigt die Schraube mit ihren Hilfspunkten

Bild 11-2
Schraube mit
Hilfspunkten
Teil 1

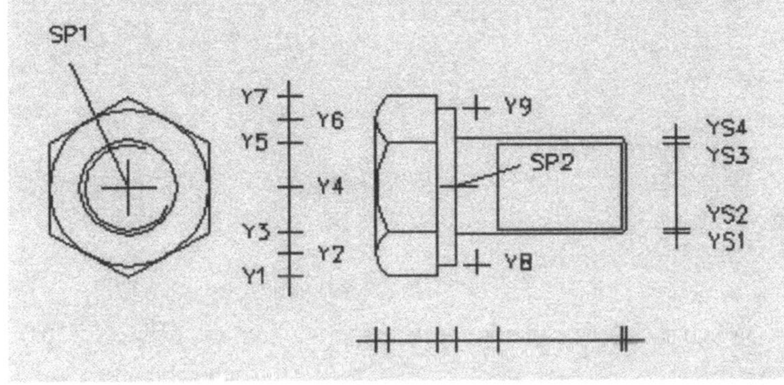

Bild 11-3
Schraube mit
Hilfspunkten
Teil 2

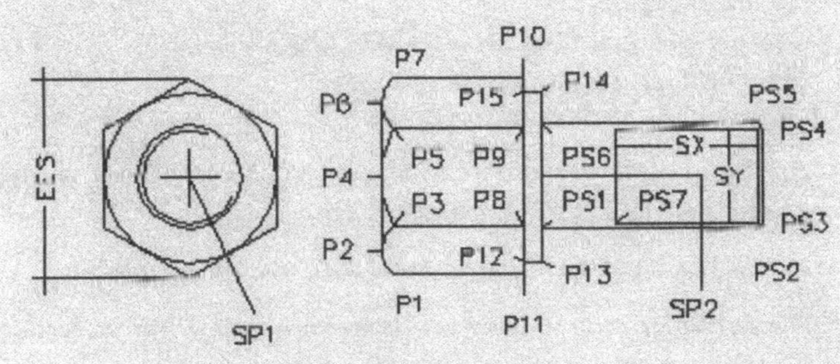

Die nächste Anweisung im Programmablauf lautet:
```
(setq EES (* SW 1.15)   ; Mass Ecke Ecke des Sechsecks.
```

Die Schlüsselweite SW wird mit dem Faktor 1.15 multipliziert. Das Ergebnis
ist der Wert für die Variable EES. EES bezeichnet den Abstand von einer Po-
lygonspitze zur gegenüberliegenden.

Anschließend werden die Punkte Y1 bis Y7 (s. Bild 11-2) berechnet.

Zur Berechnung des Punktes Y1 dient folgende Anweisung:
```
Y1 (- (cadr SP2) (/ EES 2))        ; Y unten.
```

(cadr SP2) ergibt den y-Wert des Punktes SP2. Da die Klammer der Anweisung
setq noch nicht geschlossen ist, gilt diese für alle weiteren Zeilen weiter. Vom
y-Wert des Punktes SP2 wird der halbe Wert von EES abgezogen. Dieser Wert
wird der Variablen Y1 zugewiesen.

Die nächste Anweisung berechnet den Punkt Y2:
```
Y2 (+ Y1 (/ EES 8))
```

Der Wert von Y2 ergibt sich aus der Addition von Y1 mit einem Achtel von
EES. Die anderen Punkte errechnen sich aus der Addition von Y1 mit einem
Viertel oder der Hälfte von EES, oder als Addition von Y4 mit den entspre-
chenden Teilen von EES. Die entsprechenden Anweisungen lauten:

```
Y3 (+ Y1 (/ EES 4))
Y4 (+ Y1 (/ EES 2))
Y5 (+ Y4 (/ EES 4))
Y6 (+ Y5 (/ EES 8))
Y7 (+ Y1 EES)
```

Y8 hat von SP2 aus einen y-Abstand der halben Schlüsselweite. Der Wert von
Y8 beträgt deshalb die Differenz vom y-Wert von SP2 und der halben Schlüsselweite SW, so daß gilt:

```
Y8 (- (cadr SP2) (/ SW 2))
```

Y9 hat zu Y8 den Abstand SW:

```
Y9 (+ Y8 SW)
```

Die linke senkrechte Linie hat den Wert X1. Er ergibt sich aus der Subtrak-
tion der Schulterhöhe SH und der Kopfhöhe KH vom x-Wert des Punktes
SP2. Die zugehörige Anweisung lautet:

```
X1 (- (car SP2) (+ SH KH)); X links aussen.
```

Die Endpunkte der Bögen haben zu X1 einen x-Abstand von 0,2 mal der
Kopfhöhe KH. Diesen Abstand nennen wir X2. Die Anweisung lautet:

```
X2 (+ X1 (* KH 0.2))   ; Faktor 0.2 willkürlich gewählt.
```

Die zweite senkrechte Linie von links her gesehen hat zu X1 den Abstand KH
(Kopfhöhe). Wir bezeichnen sie mit X3, so daß gilt:

```
X3 (+ X1 KH)
```

X4 ist der x-Wert der Linie, die durch den Punkt SP2 geht. Die Klammer am
Schluß beendet den Befehl *setq*:

```
X4 (car SP2)
)
```

Im Anschluß daran werden den Punkten P1 bis P15 die x- und y-Werte zugeordnet. P1 hat die Koordinaten X2,Y1. P2 hat die Koordinaten X1,Y2 usw. Die
zugehörigen Anweisungen lauten:

```
(setq P1 (list X2 Y1)
      P2 (list X1 Y2)
      P3 (list X2 Y3)
      P4 (list X1 Y4)
      P5 (list X2 Y5)
      P6 (list X1 Y6)
      P7 (list X2 Y7)
      P8 (list X3 Y3)
      P9 (list X3 Y5)
      P10 (list X3 Y7)
      P11 (list X3 Y1)
```

```
            P12 (list X3 Y8)
            P13 (list X4 Y8)
            P14 (list X4 Y9)
            P15 (list X3 Y9)
        )
```

Wir zeichnen die waagerechten Linien von Punkt P3 zu Punkt P8. (command)
beendet jeweils den Befehl:

```
(command "linie" P3 P8)     ; untere waagerechte Linie
(command)
```

Zeichnen der Linie von Punkt P5 zum Punkt P9:

```
(command "linie" P5 P9)     ; obere waagerechte Linie
(command)
```

Die nächsten Anweisungen zeichnen die restlichen Verbindungslinien, beispielsweise von P1 nach P11, nach P10, nach P7 usw:

```
(command "linie" P1 P11 P10 P7); Aussenkontur Kopf oben unten rechts.
(command)
(command "linie" P2 P6)     ; Aussenkontur Kopf links.
(command)
(command "linie" P12 P13 P14 P15)
(command)
```

Die Bögen werden als nächstes gezeichnet. Wir zeichnen einen Bogen von P1
nach P2. Endpunkt ist P3.

```
(command "bogen"  P1 P2 P3)
(command)
```

Startpunkt des zweiten Bogens ist P3. Ein zweiter Punkt ist P4. Der Endpunkt
ist P5. Die anderen Bögen werden entsprechend gezeichnet.

```
(command "bogen"  P3 P4 P5)
(command)
(command "bogen"  P5 P6 P7)
(command)

    ) ; Ende Modul KOPFXZ
```

f) Zeichnen des Schaftes in der Seitenansicht (defun SCHAFT-XZ())

(defun SCHAFTXZ (/ FASE XS1 XS2 XS3 XS4 YS1 YS2 YS3 YS4 SX SY PS1
PS2 PS3 PS4 PS5 PS6 PS7)

Mit diesen Anweisungen werden die Befehlsfolge benannt und die lokalen Variablen angegeben. Es folgen Befehle, welche die Phase am Ende der Schraube
zeichnen. Die Punkte PS2, PS3, PS4 und PS5 sind die Endpunkte der Phase.
Die Variable *FASE* bezeichnet den x-bzw. den y-Wert der Anschrägung. Wir
multiplizieren den Gewindedurchmesser mit dem Faktor 0.1 und halbieren
diesen Wert. Das Ergebnis ergibt den Wert der Variablen *FASE*.

```
(setq FASE (/ (* 0.1 GD) 2)
; Schräge am Ende des Gewindes.
```

Die anschließend folgenden Rechenoperationen ermitteln Variable, mit denen
die Punkte PS1 bis PS7 definiert werden können. Diese Operationen gehören
alle noch zu dem Befehl *setq*:

```
XS1 (car SP2)      ; X Bezug XZ Darstellung.
XS2 (+ XS1 (- NL GL))
XS3 (+ XS1 (- NL FASE))
XS4 (+ XS1 NL)
YS1 (- (cadr SP2) (/ GD 2))   ; Y Bezug XZ Darstellung.
YS2 (+ YS1 FASE)
YS3 (+ YS1 (- GD FASE))
YS4 (+ YS1 GD)
SX (- GL FASE)    ; X Länge für Rechteck Gewinde.
SY (- GD (* FASE 2)) ; Y Länge für Rechteck Gewinde.
```

Der Punkt PS1 erhält die Koordinaten XS1,YS1. Der Punkt PS2 erhält die Koordinaten XS3,YS1 usw. Mit der Klammer am Ende wird der Befehl *setq* abgeschlossen:

```
PS1 (list XS1 YS1)
PS2 (list XS3 YS1)
PS3 (list XS4 YS2)
PS4 (list XS4 YS3)
PS5 (list XS3 YS4)
PS6 (list XS1 YS4)
PS7 (list XS2 YS2)
)
```

Wir zeichnen die Linien von PS1 nach PS2, nach PS3, nach PS4, nach PS5
und nach PS6:

```
(command "linie" PS1 PS2 PS3 PS4 PS5 PS6)
(command)
```

Das Unterprogramm R-ECK wird aufgerufen. Die Variablen PS7, SX und SY
werden als Variablen in das Unterprogramm übernommen:

```
(R-ECK PS7 SX SY)
```

Das Unterprogramm lautet:

```
; 2. Rechteck.  Aufruf mit Angabe Startpunkt, Delta X und Delta Y
   (defun R-ECK (STPR DXR DYR / XR1 XR2 YR1 YR2 PR1 PR2 PR3 PR4)
```

Es wird die Funktion R-ECK definiert. Die Variablen STPR, DXR und DYR
erhalten die Werte der mitgenommenen Variablen PS7, SX und SY. Es werden
lokale Variablen aufgelistet.

Es soll das innere Rechteck gezeichnet werden. Auf eine nochmalige Erklärung der einzelnen Zeilen kann verzichtet werden, da es sich schon um mehrfach verwendete Befehle handelt:

```
(setq XR1 (car STPR)
      XR2 (+ XR1 DXR)
      YR1 (cadr STPR)
      YR2 (+ YR1 DYR)
      PR1 (list XR2 YR1)
      PR2 (list XR2 YR2)
```

```
                  PR3 (list XR1 YR2)
              )
              (command "linie" STPR PR1 PR2 PR3 STPR)
              (command)
          )
```

Eine Klammer schließt die Funktion *R-ECK* ab und eine weitere Klammer die Funktion *SCHAFTXZ*.

11.2.2 Programmausdruck

Jedesmal, wenn der Befehl „*SCHRAUBE*" eingegeben wird, läuft das oben geschilderte Programm ab. Das gesamte Programm zum Zeichnen einer Schraube sieht folgendermaßen aus:

```
;*************************** SCHRAUBE.LSP ****************************
; Autodesk Frankfurt , September 87 , Leo Weissenberger
; Parameter Programm zur Darstellung einer Schraube nach DIN 931
; Parameter sind :
; NL Nennlänge
; GL Gewindelänge
; SW Schlüsselweite
; KH Kopfhöhe
; SH Schulterhöhe
; GD Gewindedurchmesser
; und einige abgeleitete Grössen
;
; Siehe K-SCHRA1.SLD   X und Y Achsabschnitte
;       K-SCHRA2.SLD   Zuordnung der Konstruktionspunkte
;       SCHRAUBE.SLD   Eingabe Parameter zur Orientierung
;
; Das Gesamtprogramm ist in folgende Module gegliedert :
; 0.   EINGABE
; 1.   KOPF-XY
; 2.   SCHAFTXY
; 3.   KOPF-XZ
; 4.   SCHAFTXZ
;
; Bezugspunkt ist jeweils die Achse
;
 (defun EINGABE ()
    (setq SP1 (getpoint "\nStartpunkt für XY  eingeben "))
    (setq SP2 (getpoint "\nStartpunkt für YZ  eingeben "))
    (command "zeigdia" "schraube")
    (setq SW (getreal "\nSchlüsselweite     ="))
    (setq NL (getreal "\nNennlänge          ="))
    (setq GL (getreal "\nGewindelänge       ="))
    (setq KH (getreal "\nKopfhöhe           ="))
    (setq SH (getreal "\nSchulterhöhe       ="))
    (setq GD (getreal "\nGewindedurchmesser ="))
    (command "neuzeich")
  )
; 1 Umwandlung von Altgrad in Bogenmass
```

```
      (defun ABI (WI)
        (* WI (/ 180 pi))
      )
  ; 2. Rechteck.  Aufruf mit Angabe Startpunkt, Delta X und Delta Y
      (defun R-ECK (STPR DXR DYR / XR1 XR2 YR1 YR2 PR1 PR2 PR3 PR4)
        (setq XR1 (car STPR)
              XR2 (+ XR1 DXR)
              YR1 (cadr STPR)
              YR2 (+ YR1 DYR)
              PR1 (list XR2 YR1)
              PR2 (list XR2 YR2)
              PR3 (list XR1 YR2)
        )
        (command "linie" STPR PR1 PR2 PR3 STPR)
        (command)
      )

  ;
  ; Zeichnen des Kopfes in XY Ansicht
   (defun KOPF-XY (/ RSW)
    (setq RSW (/ SW 2))
    (command "polygon" 6 SP1 "U" RSW)
    (command "drehen" "1" "" SP1 30)
    (command "kreis" SP1 RSW)
    (command)
   )
  ; Zeichnen Schaftes in XY Ansicht
   (defun SCHAFTXY (/ HP1 HL1 GDR)
    (setq GDR (/ GD 2))
    (command "kreis" SP1 GDR)
    (setq HL1 (* GDR 0.9))                      ; 0.9 ist frei angenommen
    (setq HP1 (polar SP1 (abi 10) HL1))         ; Hilfspunkt für
  Konstruktion
    (command "bogen" "m" SP1 HP1 "w" 270)
   )

  ;
  ; Modul Kopf in XZ Ansicht
   (defun KOPFXZ (/ EES X1 X2 X3 X4 Y1 Y2 Y3 Y4 Y5 Y6 Y7 Y8 Y9
                    P1 P2 P3 P4 P5 P6 P7 P8 P9 P10 P11 P12 P13 P14 P15)
  ;
  ; Vorberechnungen für die Darstellung der inneren Kanten
  ; und die Projektion der Rundung am Kopf
  ;
    (setq EES (* SW 1.15)                       ; Mass Ecke Ecke des Sechsecks
          Y1 (- (cadr SP2) (/ EES 2))           ; Y unten
          Y2 (+ Y1 (/ EES 8))
          Y3 (+ Y1 (/ EES 4))
          Y4 (+ Y1 (/ EES 2))
          Y5 (+ Y4 (/ EES 4))
          Y6 (+ Y5 (/ EES 8))
          Y7 (+ Y1 EES)
          Y8 (- (cadr SP2) (/ SW 2))
          Y9 (+ Y8 SW)
          X1 (- (car SP2) (+ SH KH))            ; X links aussen
          X2 (+ X1 (* KH 0.2))                  ; Faktor 0.2 willkürlich gewählt
```

```
                    X3 (+ X1 KH)
                    X4 (car SP2)
                )
      ; Zuordnung der Punktlisten P1 bis P9
        (setq P1 (list X2 Y1)
              P2 (list X1 Y2)
              P3 (list X2 Y3)
              P4 (list X1 Y4)
              P5 (list X2 Y5)
              P6 (list X1 Y6)
              P7 (list X2 Y7)
              P8 (list X3 Y3)
              P9 (list X3 Y5)
              P10 (list X3 Y7)
              P11 (list X3 Y1)
              P12 (list X3 Y8)
              P13 (list X4 Y8)
              P14 (list X4 Y9)
              P15 (list X3 Y9)
        )
    ; Zeichnen der Linien
        (command "linie" P3 P8)            ; untere wagerechte
        (command)
        (command "linie" P5 P9)            ; obere  wagerechte
        (command)
        (command "linie" P1 P11 P10 P7)  ; Aussenkontur Kopf oben unten rechts
        (command)
        (command "linie" P2 P6)            ; Aussenkontur Kopf links
        (command)
        (command "linie" P12 P13 P14 P15)
        (command)
    ; Zeichnen der Bögen
        (command "bogen"  P1 P2 P3)
        (command)
        (command "bogen"  P3 P4 P5)
        (command)
        (command "bogen"  P5 P6 P7)
        (command)

    ) ; Ende Modul KOPFXZ
    :
    ; Modul SCHAFTXZ
    (defun SCHAFTXZ (/ FASE XS1 XS2 XS3 XS4 YS1 YS2 YS3 YS4 SX SY
                        PS1 PS2 PS3 PS4 PS5 PS6 PS7)
        (setq FASE (/ (* 0.1 GD) 2)        ; Schräge am Ende des Gewindes
              XS1 (car SP2)                ; X Bezug XZ Darstellung
              XS2 (+ XS1 (- NL GL))
              XS3 (+ XS1 (- NL FASE))
              XS4 (+ XS1 NL)
              YS1 (- (cadr SP2) (/ GD 2)) ; Y Bezug XZ Darstellung
              YS2 (+ YS1 FASE)
              YS3 (+ YS1 (- GD FASE))
              YS4 (+ YS1 GD)
              SX (- GL FASE)               ; X Länge für Rechteck Gewinde
```

```
                    SY (- GD (* FASE 2))       ; Y Länge für Rechteck Gewinde
                    PS1 (list XS1 YS1)
                    PS2 (list XS3 YS1)
                    PS3 (list XS4 YS2)
                    PS4 (list XS4 YS3)
                    PS5 (list XS3 YS4)
                    PS6 (list XS1 YS4)
                    PS7 (list XS2 YS2)
              )
       (command "linie" PS1 PS2 PS3 PS4 PS5 PS6)
       (command)
       (R-ECK PS7 SX SY)
    )
  ;
  ;
  ;
  ; Haupt - Programm  SCHRAUBE
  (defun C:SCHRAUBE ()
    (EINGABE)   ; Modul Eingabe
    (KOPF-XY)   ; Modul XY  Kopf zeichnen
    (SCHAFTXY) ; Modul XY  Schaft zeichnen
    (KOPFXZ)    ; Modul XZ  Kopf zeichnen
    (SCHAFTXZ) ; Modul XZ Schaft zeichnen
    (command "neuzeich")
  )
```

12   Befehle mit Dialogfenster

Bei AutoCAD ist die Eingabe von Befehlen über sogenannte *Dialogfenster* möglich. Diese Möglichkeit setzt bestimmte Grafikkarten voraus. Jeder Dialog-Befehlsname beginnt mit **DD** (Dynamischer Dialog). Der Aufbau eines Dialogfensters wurde in Abschnitt 2.6.4 beschrieben.

12.1   DDRMODI (Zeichnungshilfen)

Der Befehl DDRMODI kann direkt über die Tastatur eingegeben oder über das Abrollmenü **Modi** und das Untermenü **Zeichnungshilfen** gewählt werden. Er umfaßt die Funktionen FANG, RASTER, SKALA, ORTHO und ISOEBENE und steuert den KPMODUS direkt. DDRMODI kann auch transparent verwendet werden. Bild 12-1 zeigt das Dialogfenster für den Befehl DDRMODI.

Bild 12-1
Dialogfenster
für den Befehl
DDRMODI

Wenn der X-Wert von FANG, RASTER oder SKALA geändert wird, dann ändert sich der Y-Wert entsprechend. Wenn der X-Wert und der Y-Wert unterschiedlich groß sein sollen, muß zuerst der Y-Wert eingegeben werden. Werden für FANG, RASTER und SKALA Werte gesetzt, werden damit nicht automatisch die entsprechenden Modi eingeschaltet. Dies muß über die dafür in Frage kommenden Festfunktionstasten (Abschn. 2.7, Tabelle 2-2) geschehen.

12.2 DDOMODI (Objektmodi)

Dieser Befehl kann direkt eingegeben oder über das Abrollmenü **MODI** und das Untermenü **Objektmodi** gewählt werden. Er kann auch transparent verwendet werden.

Bild 12-2
Dialogfenster
für den Befehl
DDOMODI

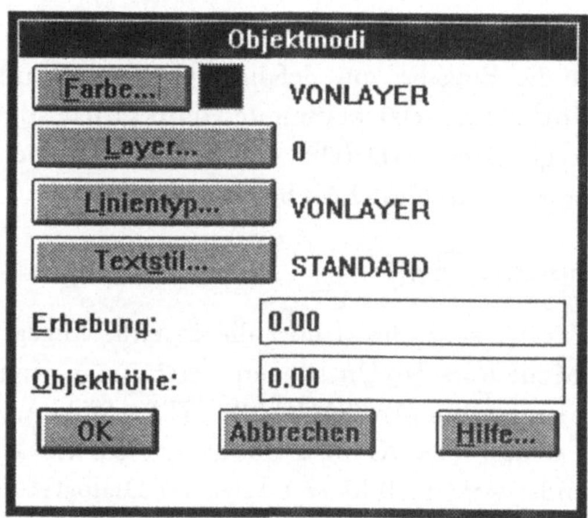

Für die Eingabe der Farbe, des Linientyps, des Layers oder des Textstrings eines Objektes erscheinen entsprechende neue Dialogfenster auf dem Bildschirm. Im Dialogfenster für den Linientyp werden nur die bereits mit dem Befehl LINIENTP geladenen Linientypen angezeigt. Die Erhebung und die Objekthöhe können im Hauptdialogfenster eingegeben werden.

12.3 DDLMODI (Layersteuerung)

Dieser Befehl kann sowohl direkt über die Tastatur als auch über das Abrollmenü **Modi** und das Untermenü **Layersteuerung** gewählt werden. Auch dieser Befehl kann transparent verwendet werden.

Bild 12-3
Dialogfenster
für den Befehl
DDLMODI

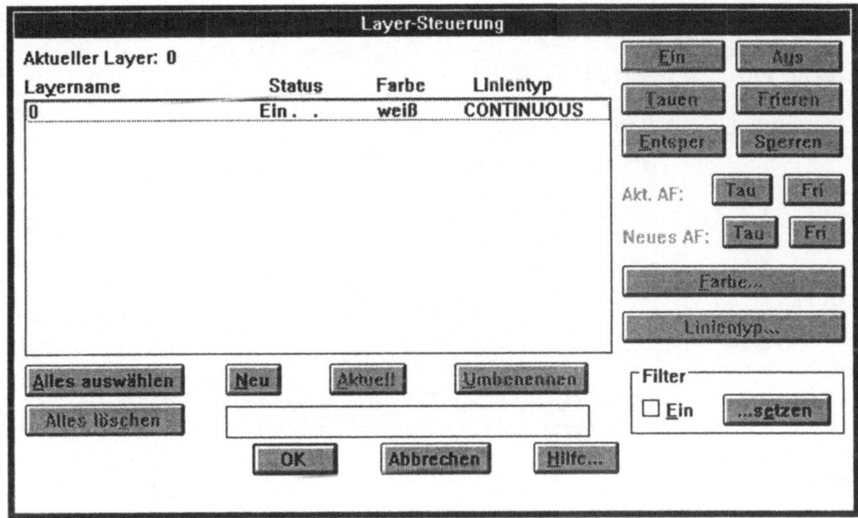

Mit den Überprüfungsfeldern (Abschn. 2.7.4, Bild 2-13) können der aktuelle Layer gesetzt, Layer ein- und ausgeschaltet sowie Layer aufgetaut und eingefroren werden. In den Anfragefeldern können die Farbe und der Linientyp eines Layers gesetzt werden. Es erscheinen dann weitere Dialogfenster. Neue Layer werden durch entsprechende Eingaben in das Feld *Neuer Layer* erzeugt. Im Dialogfenster für den Linientyp werden nur die mit dem Befehl LINIENTP bereits geladenen Linientypen angezeigt.

Hinweis:

Hinweis! Bevor Sie einen der Layer verändern können, muß dieser zuerst im Überprüfungsfeld durch Anpicken mit Ihrem Zeigegerät blau unterlegt werden.

12.4 EINFÜGE

Die Funktion **EINFÜGE** (mit Attributanfrage) wurde bereits in Kapitel 9.3.1 beschrieben. Die Attributanfrage kann über ein Dialogfenster gesteuert werden. Dazu muß die Systemvariable **ATTDIA** auf einen Wert ungleich null gesetzt werden. Sobald der Block eingefügt wird, erscheint bei den Attributanfragen das entsprechende Dialogfenster mit den Attributnamen und Attributwerten. Der Vorgabewert des Attributs wird im Eingabefeld angezeigt und kann verändert werden. Als Beispiel zeigen wir hier das Dialogfenster, das bei der Einfügung des Blocks WIDER (Abschn. 9.3.1) erscheint.

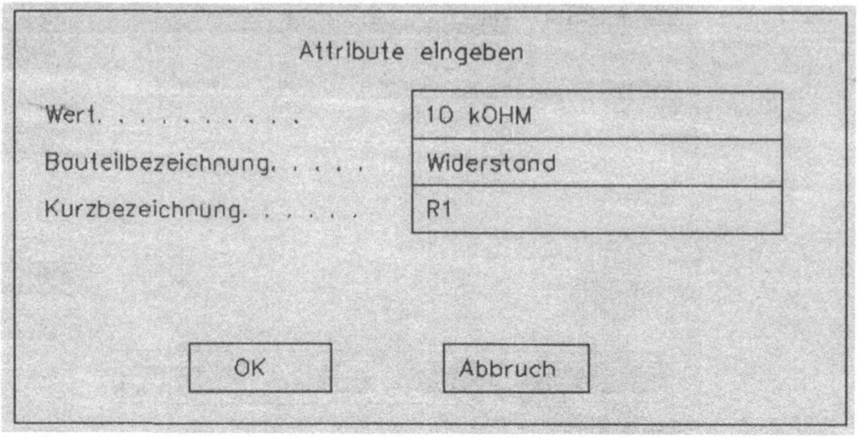

Bild 12-4
Dialogfenster
bei der Ein-
fügung von
Block WIDER

12.5 DDATTE

Mit diesem Befehl können Blockattribute mit Hilfe eines Dialogfensters verändert werden. Das Dialogfenster ist das gleiche wie beim Befehl EINFÜGE.
Der Titel lautet hier *„Attribute eingeben"*. Wenn Sie auf eines der Eingabefelder
zeigen, können Sie den entsprechenden Wert ändern.

12.6 DDEDIT

Mit dem Befehl **DDEDIT** können sowohl Texte als auch Attributdefinitio-
nen verändert werden.

Die Befehlsanfrage lautet:
Befehl: <DDEDIT>
<Text oder ATTDEF Objekt wählen>/Zurück:

Wird ein Text oder eine Attributdefinition gewählt, erscheint Bild 12-5.

Bild 12-5
Dialogfenster
Text editieren

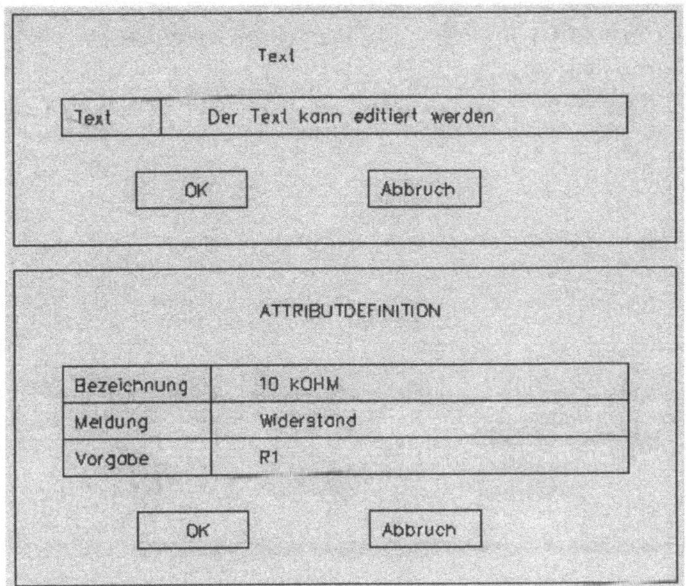

Bei der Wahl von **Zurück** wird die letzte eingegebene Veränderung zurückgenommen.

12.7   DDBKS

Mit dem Befehl DDBKS können sämtliche Möglichkeiten der Funktion BKS (Abschn. 10.7.1.1) über ein Dialogfenster gewählt werden. Es können Benutzerkoordinatensysteme benannt oder umbenannt werden. Bild 12-6 zeigt das Dialogfenster *BKS Kontrolle.*

Zu dem Dialogfenster gelangen Sie über das Abrollmenü *MODI, BKS, Benanntes BKS.*

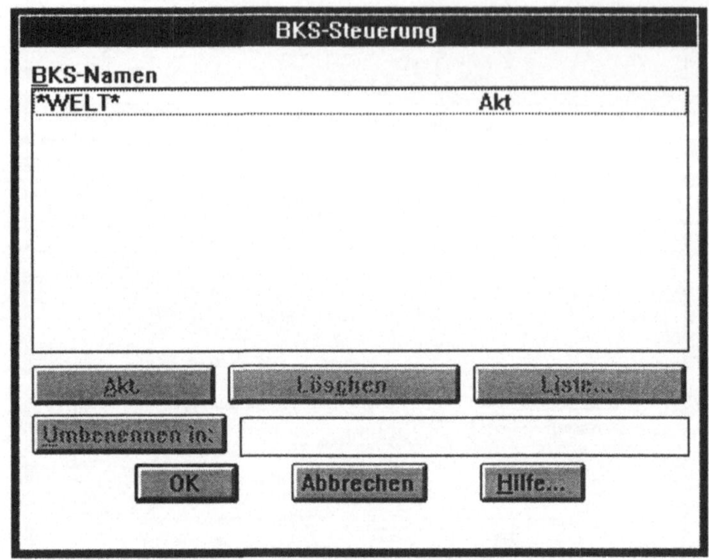

Als erstes müssen Sie das vorhandene BKS „WELT" durch Anpicken blau unterlegen. Wird nun das Feld *Liste* gepickt, erscheinen der Ursprung und die Richtung der x-, y-, und z-Achse auf dem Bildschirm.

13 AutoCAD-Menüs

13.1 AutoCAD-Hauptmenü

Beim Start von AutoCAD wird der Zeichnungseditor mit dem Bildschirmmenü gezeigt. Wählen Sie hier das Abrollmenü „DATEI" in der linken oberen Bildschirmecke. Folgendes Menü wird angezeigt:

```
AutoCAD
* * * *

NEU...
ÖFFNEN..

SICHERN
KSICH...

BEENDEN
QUIT

INFO
KONFIG
KMPILIER
WIEDERHE
REINIT:
vorher
LETZTES
ZEICHNEN
EDIT
```

Bild 13-1
AutoCAD-
Abrollmenü
DATEI

In Tabelle 13-1 sind die Möglichkeiten der Menüauswahl zusammengestellt.

Tabelle 13-1
Auswahlmög-
lichkeiten im
AutoCAD-
Hauptmenü

Nummer	Wirkung
AutoCAD	Beendet AutoCAD
Neu	Beginnt eine neue Zeichnung
Öffnen	Lädt eine bestehende Zeichnung
Plot	Gibt eine Zeichnung über einen Stiftplotter aus
Plot	Gibt eine Zeichnung über einen graphikfähigen Drucker aus
Konfigurieren	Wechselt in das Konfigurationsmenü - Dort können Peripheriegeräte angepaßt werden
Dienstprogramme	Wechselt in das Datei-Dienstprogramm
Kompilieren	Kompilieren von Symbolen oder Zeichensätzen zur schnelleren Verarbeitung

13.2 AutoCAD-Konfigurationsmenü

Beim Wechsel in das Konfigurationsmenü wechselt der Grafikeditor zuerst in
den Dialogmodus. Es erscheint als nächstes die Einstellung der aktuellen Konfiguration. Anschließend erscheint die in Bild 13-2 Auswahlmöglichkeiten im
Konfigurationsmenü.

Bild 13-2
Auswahlmög-
lichkeiten im
Konfigura-
tionsmenü

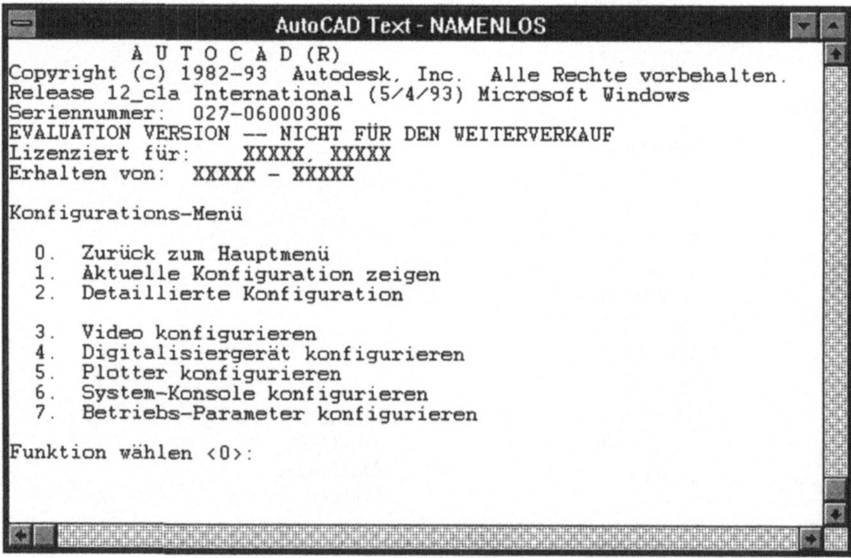

Punkt **0 und 1** erklären sich von selbst. Falls mehrere Schnittstellen zur Verfügung stehen, muß man vor der Konfiguration der Peripheriegeräte den Punkt **2** wählen. Es wird dann bei der weiteren Konfiguration in Punkt **4** oder **5** zusätzlich nach der Schnittstelle gefragt, über die das entsprechende Gerät an den Computer angeschlossen ist. Die Konfiguration der einzelnen Geräte entspricht der Beschreibung in Abschnitt 2.5 bei der Erstkonfiguration von AutoCAD. Eine System-Konsole (**Punkt 6**) läßt sich je nach Rechnertyp einstellen.

13.3   Betriebsparameter-Menü

Bild 13-3 zeigt das Betriebsparameter-Menü.

Bild 13-3
Betriebspara-
meter-Menü

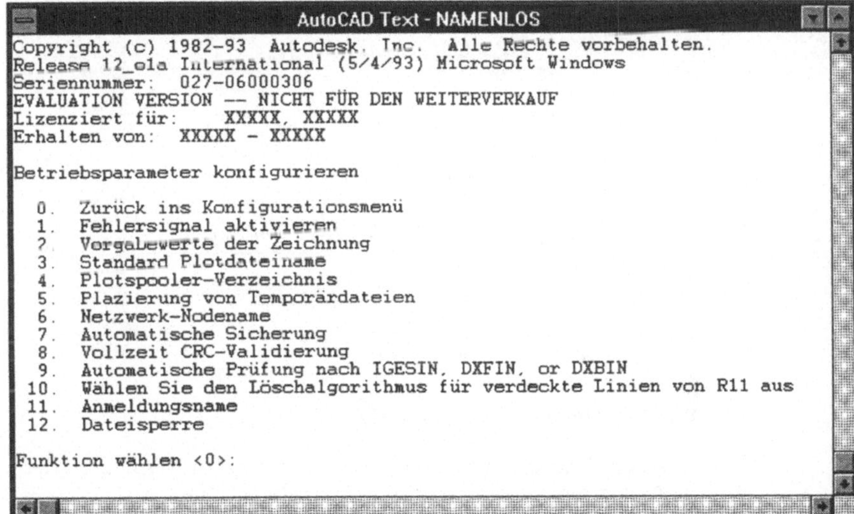

Die einzelnen Möglichkeiten erklären sich von selbst und werden deshalb nicht näher erläutert.

13.4   Datei-Dienstprogramm

Bild 13-4 zeigt die zur Verfügung stehenden Möglichkeiten:

Bild 13-4
Datei-Dienst-
programm

Die einzelnen Funktionen sind in Abschnitt 10.12.4 unter dem Befehl **DA-TEIEN** erklärt.

13.5   Abroll-Menüs

Einige Befehle können auch während der Durchführung anderer Befehle aufgerufen werden (transparente Befehle, Abschn. 5.3.3). Die transparenten Befehle sind an einem vorangestellten Apostroph zu erkennen (z. B. 'ZOOM).

In Bild 13-5 sind alle zur Verfügung stehenden Abrollmenüs zusammengestellt.

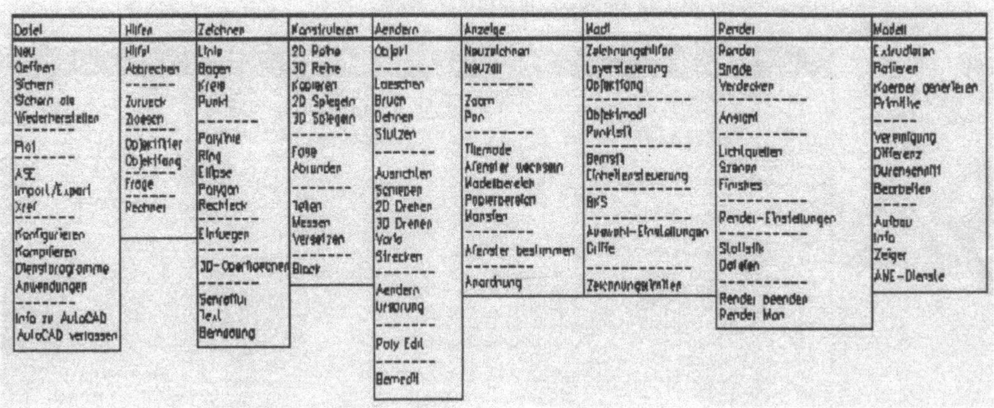

Bild 13-5 Abrollmenüs in AutoCAD

Aus dem Text der Abrollmenüs kann abgelesen werden, ob der angegebene Befehl ein Bildmenü hervorruft oder ein neues Abrollmenü erzeugt.

Ein Befehl mit folgenden **Punkten** erzeugt ein **Bildmenü**.

Ein Befehl mit Pfeil (>) führt in ein neues Abrollmenü.

14 Übungsbeispiele

In diesem Kapitel werden drei Übungsbeispiele vorgestellt:

1. Übungsbeispiel zur Funktion SCHRAFFUR.

2.Vorderansicht eines Rückschlagventils (komplexe Konstruktionszeichnung).

3. Möblierung eines Raumes (Layer-Technik).

14.1 Übungsbeispiel zur Funktion SCHRAFF

Alle in Bild 14-1 gezeichneten Objekte wurden zur Schraffur gewählt.

Bild 14-1
Schraffur-
beispiel

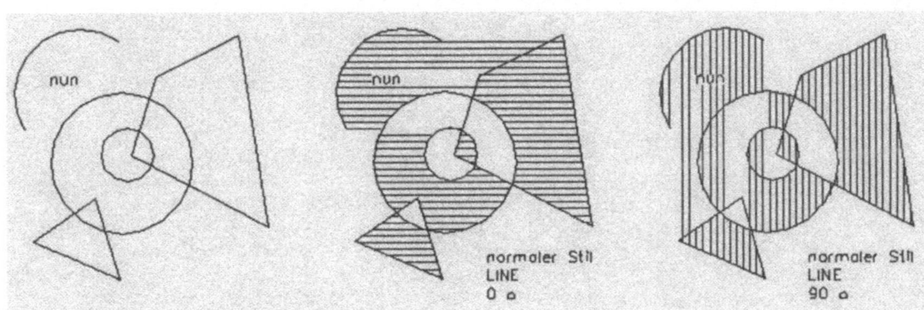

Überlegen Sie, wie die Zeichnung schraffiert werden wird, wenn Sie folgende Eingaben für die Muster vornehmen:
a) Muster: <<u>LINE</u>>
Winkel: <<u>0</u>>.
b) Muster: <<u>LINE</u>>
Winkel: <<u>90</u>>.
c) Muster: <<u>LINE</u>>
Winkel: <<u>15</u>>.

d) Muster: <u><DOTS,A></u>
Winkel: <u><90></u>.
e) Muster: <u><DOTS,I></u>
Winkel: <u><10></u>.

Bild 14-2 zeigt die Schraffurergebnisse.

Bild 14-2
Schraffierte
Objekte

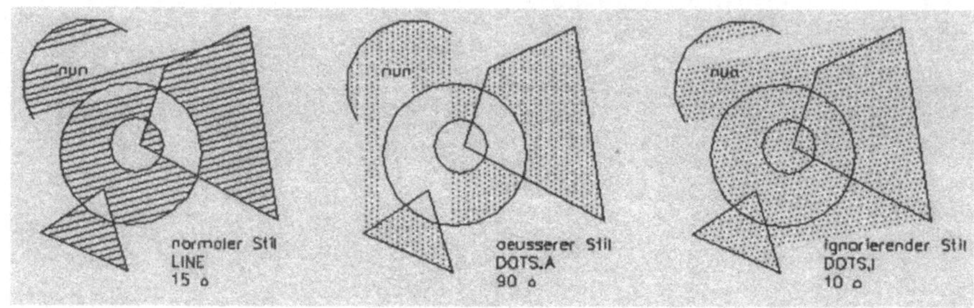

14.2 Vorderansicht eines Rückschlagventils

Wir zeichnen ein Rückschlagventil.

Bild 14-3
Vorderansicht
eines Rück-
schlagventils
ohne Bema-
ßung

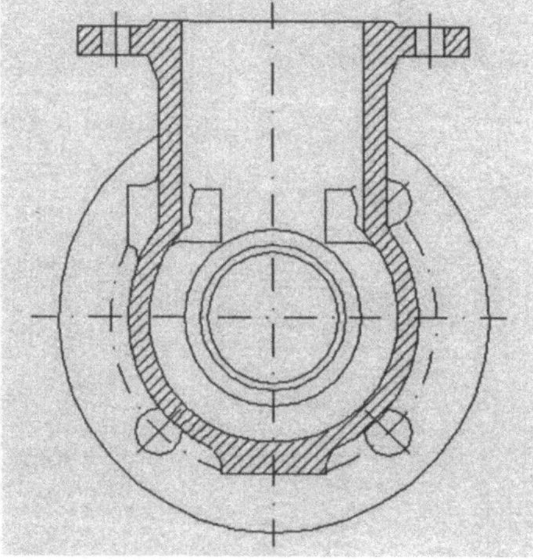

Normalerweise gehört zu einer Zeichnung nicht nur eine Vorder-, sondern
auch eine Seitenansicht. Da diese aber keine Besonderheiten beim Zeichnen
aufweist, wurde sie weggelassen. Der Körper wird in zwei Bildern (Bild 14-4
und Bild 14-5) bemaßt, da die Zeichnung sonst zu unübersichtlich werden
würde.

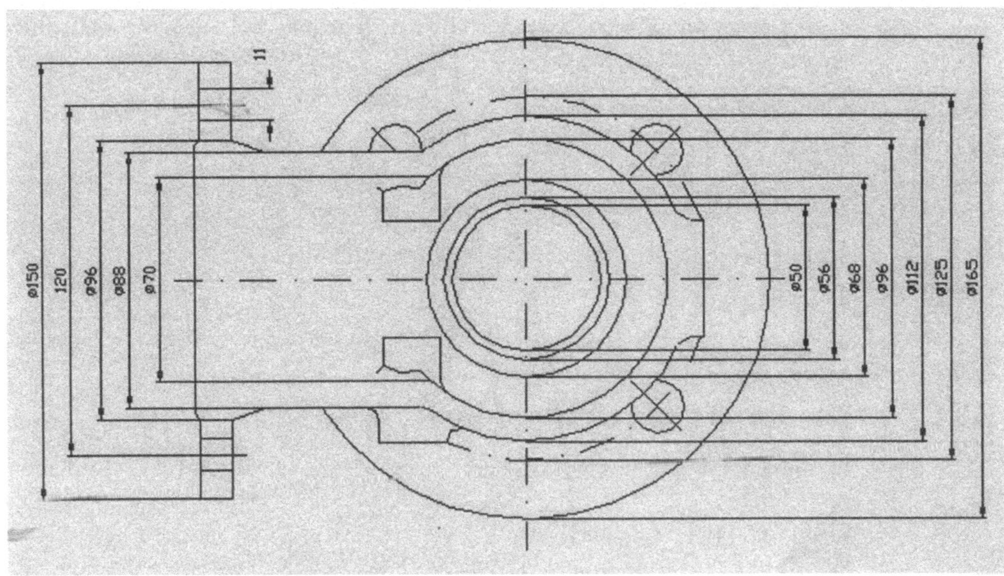

Bild 14-4 Vorderansicht mit waage-rechter Bemaßung

Bild 14-5
Vorderansicht
mit senkrech-
ter Bemaßung

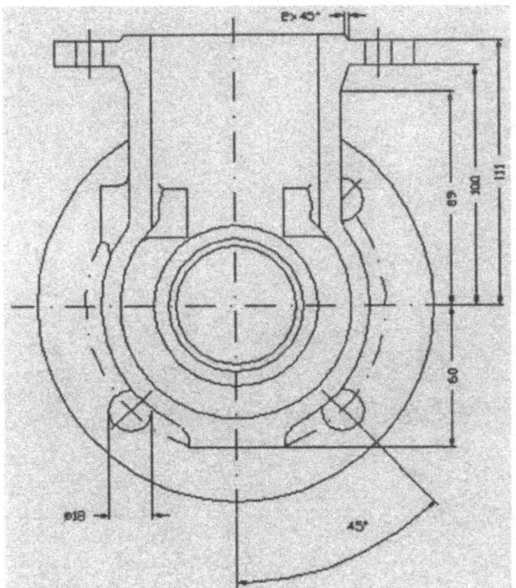

Der gesamte Körper wird aus Kreisen und Linien zusammengesetzt. Dazu sind folgende Schritte nötig:

1. Zeichnen der Kreise mit den Radien 25, 28, 34, 48, 56 und 82.5 Einheiten.

2. Wechseln des Linientyps, Zeichnen des Kreises mit Radius 62.5 Einheiten.

3. Wechseln des Linientyps, Zeichnen der drei kleinen Kreise mit Radius 9.

4. Zeichnen der oberen rechten Hälfte, bestehend aus Linien, einschließlich der strichpunktierten Linie.

5. Spiegeln der oberen Hälfte.

6. Zeichnen des Abflußstutzens.

7. Zeichnen des linken Teils des Auges.

8. Unterbrechen der unsichtbaren Kreise und Linien.

9. Abrunden.

10. Schraffieren.

14.2.1   Zeichnen der Kreise mit verschiedenen Radien

Es werden die Kreise mit den Radien 25, 28, 34, 48, 56 und 82.5 Einheiten gezeichnet.
Befehl: <NOCHMAL KREIS>
3P/2P/TTR/<Mittelpunkt>: <100,120>
Durchmesser/<Radius>: <25>
KREIS 3P/2P/TTR/<Mittelpunkt>: <@>
Durchmesser/<Radius>: <28>
KREIS 3P/2P/TTR/<Mittelpunkt>: <@>
Durchmesser/<Radius>: <34>
KREIS 3P/2P/TTR/<Mittelpunkt>: <@>
Durchmesser/<Radius>: <48>
KREIS 3P/2P/TTR/<Mittelpunkt>: <@>
Durchmesser/<Radius>: <56>
KREIS 3P/2P/TTR/<Mittelpunkt>: <@>
Durchmesser/<Radius>: <82.5>
KREIS 3P/2P/TTR/<Mittelpunkt>: <CTRL C>

14.2.2   Wechseln des Linientyps und Zeichnen des Kreises

Befehl: <**MODI**>
<<u>LINIENTP</u>>
?/Erzeugen/Laden/Setzen: <<u>S</u>>
Neuer Objektlinientyp (oder ?) <VONLAYER>: <<u>STRICHPUNKT</u>>
?/Erzeugen/Laden/Setzen: < ↵ >

Befehl: <<u>KREIS</u>>
3P/2P/TTR/<Mittelpunkt>: <@>
Durchmesser/<Radius>: <<u>62.5</u>> ·

14.2.3   Wechseln des Linientyps, Zeichnen der drei kleinen Kreise und der jeweiligen Mittellinie

a) Zeichnen der Mittellinie mit anderem Linientyp

Befehl: <LINIE>

Von Punkt: <@50.5<45>

Nach Punkt: <@24<45>

Nach Punkt: [↵]

Befehl: <LINIENTP>

?/Erzeugen/Laden/Setzen: <S>

Neuer Objektlinientyp (oder ?) <STRICHPUNKT>: <VONLAYER>

?/Erzeugen/Laden/Setzen: <RETURN>

b) Konstruieren des rechten oberen Kreises mit Radius 9

Befehl: <KREIS>

3P/2P/TTR/<Mittelpunkt>: <@12<225>

Durchmesser/<Radius>: <9>

c) Zeichnen von 4 Kreisen

Befehl: <REIHE>

Objekte wählen: *Wahl des Kreises mit seiner Mittellinie*

Objekte wählen: [↵]

Rechteckige oder polare Anordnung (R/P): <P>

Mittelpunkt der Anordnung: <100,120>

Anzahl Elemente: <4>

Auszufüllender Winkel (+=GUZ, -=UZ) <360>: [↵]

Objekte drehen beim Kopieren <J>: [↵]

Befehl: <LÖSCHEN>

Objekte wählen: *Wahl des linken oberen Kreises mit seiner Mittellinie*

Objekt wählen: [↵]

Bild 14-6 zeigt die entstandene Zeichnung.

Bild 14-6
Kreisformen
des Rück-
schlagventils

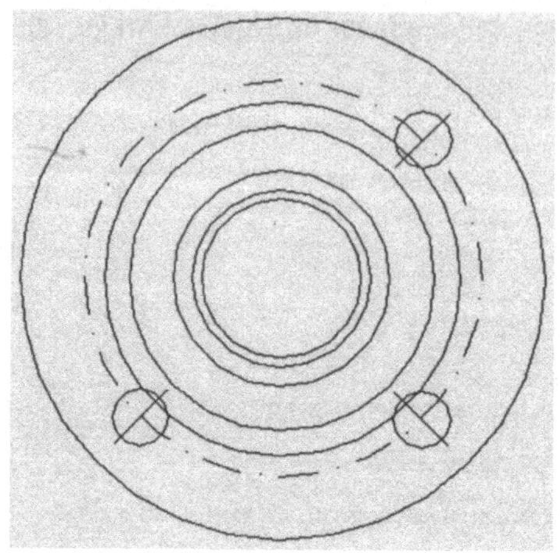

14.2.4   Zeichnen der oberen rechten Hälfte

Befehl: <NOCHMAL LINIE>
LINIE Von Punkt: <100,233>
Nach Punkt: <@46,0>
Nach Punkt: <@2,-2>
Nach Punkt: <@27,0>
Nach Punkt: <@0,-11
Nach Punkt: <@-27,0>
Nach Punkt: <@-4,-11>
Nach Punkt: <@0,-50>
Nach Punkt: [↵]
LINIE Von Punkt: <135,233>
Nach Punkt <@0,-60>
Nach Punkt: [↵]
LINIE Von Punkt: <154.5,231>
Nach Punkt <@0,-11>
Nach Punkt: [↵]
LINIE Von Punkt: <165.5,231>
Nach Punkt <@0,-11>
Nach Punkt: [↵]
LINIE Von Punkt: <130,149>
Nach Punkt <@-10,0>
Nach Punkt: <@0,20>
Nach Punkt <130,169>
Nach Punkt [↵]
LINIE Von Punkt: [Strg][C]

Befehl: <BOGEN>
Mittelpunkt/<Startpunkt>: <131,155>
Mittelpunkt/Endpunkt/<Zweiter Punkt>: <132,163>
Endpunkt: <130,169>

Befehl: [↵]
BOGEN Mittelpunkt/<Startpunkt>: <@>
Mittelpunkt/Endpunkt/<Zweiter Punkt>: <131.5,170>
Endpunkt: <132,171>

Es folgt das Zeichnen der Mittellinie der Bohrung:
Befehl: <LINIENTP>
?/Erzeugen/Laden/Setzen: <S>
Neuer Objektlinientyp (oder ?) <CONTINUOUS>: <STRICHPUNKT>
?/Erzeugen/Laden/Setzen: [↵]
Befehl: <LINIE>
Von Punkt: <160,236>
Nach Punkt <@0,-21>
Nach Punkt: [↵].

Bild 14-7 zeigt das bis jetzt gezeichnete Bild.

Bild 14-7
Rückschlag-
ventil

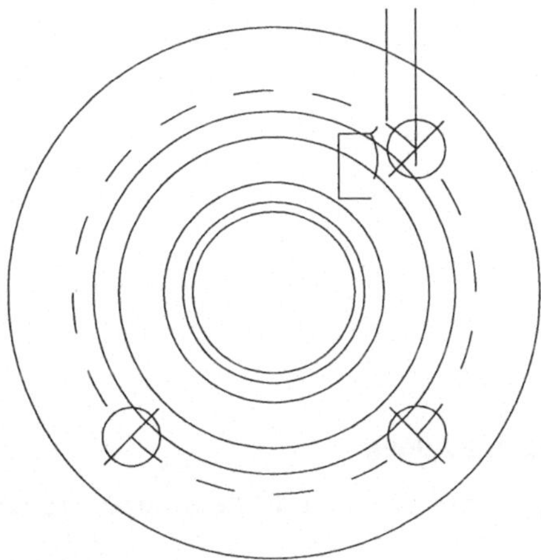

14.2.5   Spiegeln der oberen Hälfte

Befehl: <SPIEGELN>

Objekte wählen: *Wahl sämtlicher gezeichneter Linien und Bögen ohne die Mittellinien der kleinen Kreise*
Objekte wählen: [↵]

Erster Punkt der Spiegelachse: <100,120>

Erster Punkt der Spiegelachse: <100,120>
Zweiter Punkt: <@0,20> (20 willkürlich gewählt)
Alte Objekte löschen? <N>: ⏎

Es wird die Mittellinie gezeichnet.

Befehl: <NOCHMAL LINIE>
Von Punkt: <7,120>
Nach Punkt <@182,0>
Nach Punkt: ⏎
LINIE Von Punkt: <100,240>
Nach Punkt <100,32>
Nach Punkt: ⏎
LINIE Von Punkt: Strg C.

14.2.6 Zeichnen des Abflußstutzens

Die senkrechten Linien des Abflußstutzens zeichnen wir mit einer Länge von
5 Einheiten. Sie werden später abgerundet.

Befehl: <LINIENTP>
?/Erzeugen/Laden/Setzen: <S>
Neuer Objektlinientyp (oder ?) <CONTINUOUS>: <AUSGEZOGEN>
?/Erzeugen/Laden/Setzen: ⏎

Befehl: <LINIE>
Von Punkt: <80,65>
Nach Punkt <@0,-5>
Nach Punkt: <@40,0>
Nach Punkt: <@0,5>
Nach Punkt: ⏎.

14.2.7 Zeichnen des linken Teils des Auges

Mit folgenden Anweisungen wird das linke Teil des Auges gezeichnet:
Befehl: ⏎
LINIE Von Punkt: <49,170.25>
Nach Punkt <@-5,0>
Nach Punkt: <@0,-22.5>
Nach Punkt: <@5,0>
Nach Punkt: ⏎.

Auf dem Bildschirm sehen Sie Bild 14-8.

Bild 14-8
Rückschlag-
ventil

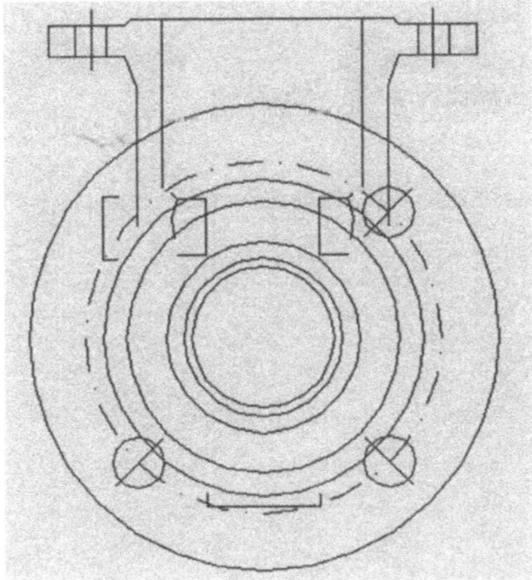

14.2.8   Unterbrechen der unsichtbaren Kreise und Linien

Der Kreis mit Radius 48 soll unterbrochen werden. Dazu muß der Kreis nicht exakt an den jeweiligen Schnittstellen unterbrochen werden. Die unterbrochenen Kreise werden im nächsten Arbeitsgang abgerundet. Der strichpunktierte Kreis muß exakt an dem Schnittpunkt mit dem kleinen Kreis, der linken senkrechten Kante bzw. den Kanten des Abflußstutzens, abgebrochen werden. Auch der Kreis mit Radius 82.5 soll direkt an seinen Schnittpunkten mit der Gehäuseaußenwand gebrochen werden.

Die weiteren Unterbrechungen führen Sie bitte selbständig durch. Achten Sie darauf, daß vom ersten zum zweiten Bruchpunkt im Gegenuhrzeigersinn gelöscht wird. Bild 14-9 zeigt die entsprechenden Unterbrechungsstellen.

Bild 14-9
Unterbre-
chungsstellen

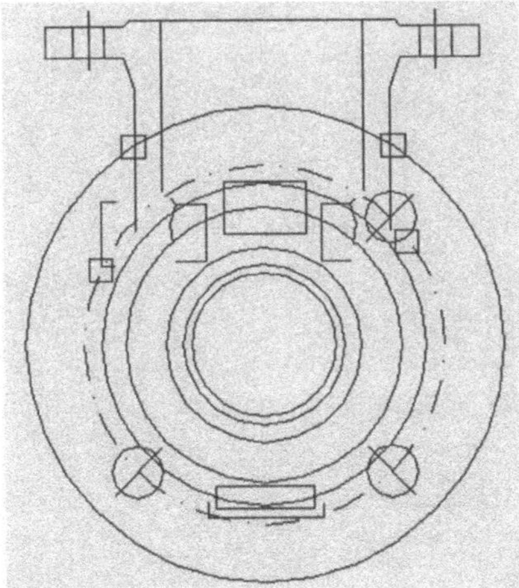

Befehl: <NOCHMAL BRUCH>
Objekt wählen: <126,158>
Zweiter Punkt (oder E für ersten Punkt): <85,165>
BRUCH Objekt wählen:

Bild 14-10 zeigt das Ergebnis nach den Unterbrechungen.

Bild 14-10
Rückschlag-
ventil nach
Unterbre-
chung der
Kreise und
Linien

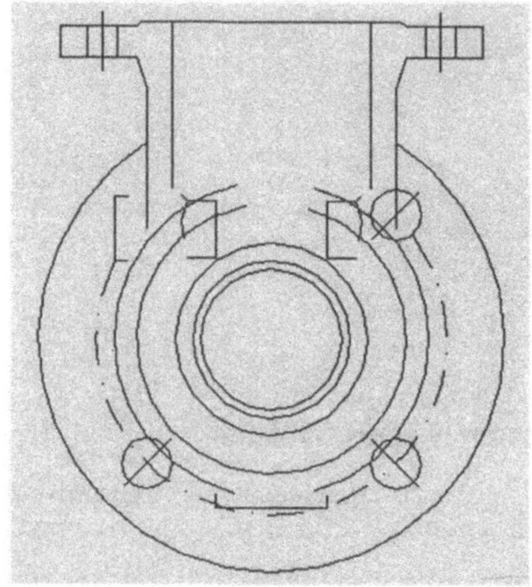

14.2.9   Abrunden

Bild 14-11 zeigt die mit Radius 0 abzurundenden Stellen.

Bild 14-11
Abzurun-
dende Stellen
(Rundungsrad
ius=0)

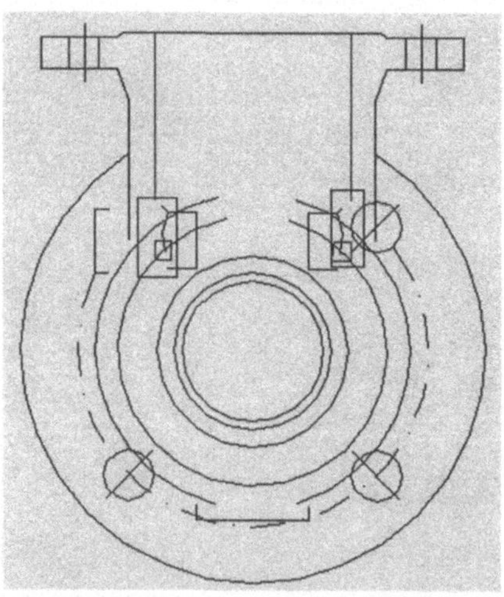

Als Beispiel zeichnen wir den Übergang der rechten senkrechten Linie in den
Kreis mit Radius 48.
Befehl: **<NOCHMAL ABRUNDEN>**
Polylinie/Radius/<Zwei Objekte wählen>: <135,184>
<140,147>.

Die restlichen Übergänge zeichnen Sie bitte selbständig.

Bild 14-12 zeigt das Ergebnis.

Bild 14-12
Rückschlag-
ventil nach
Abrunden mit
Radius null

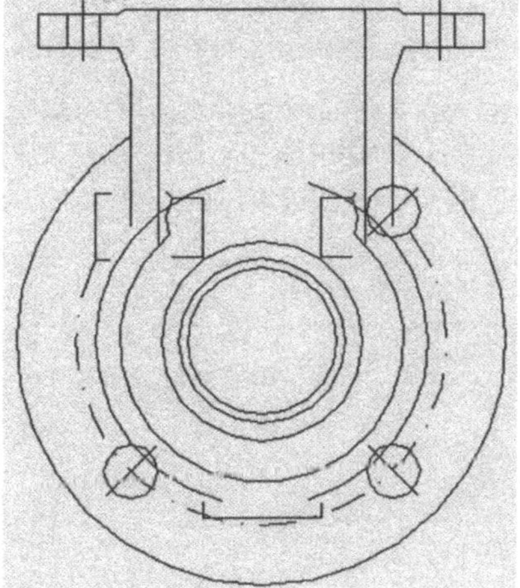

Der Rundungsradius wird auf 5 Einheiten geändert und die restlichen Über
gänge gezeichnet (Bild 14-13).

Bild 14-13
Abrundungs-
stellen mit
Radius 5

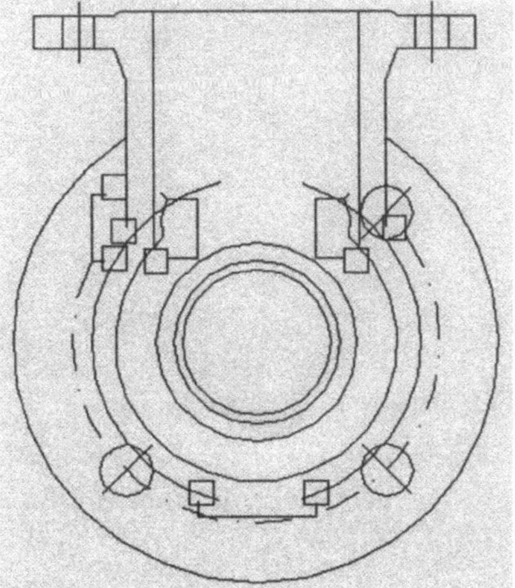

Wir runden beispielsweise den Übergang des oberen Augenteils in die senkrechte Linie ab.

ABRUNDEN Polylinie/Radius/<Zwei Objekte wählen: <<u>r</u>>

Rundungsradius eingeben <0.00>: <<u>5</u>>

ABRUNDEN Polylinie/Radius/<Zwei Objekte wählen: <<u>48,170</u>>
<<u>56,181</u>>

ABRUNDEN Polylinie/Radius/<Zwei Objekte wählen: <___>

Geben Sie nun die weiteren Objekte an, die abgerundet werden sollen. Schließen Sie den Befehl ABRUNDEN mit der Befehlsfolge [Strg][C] ab. Sollte ein Teil der Rundungsradien gelöscht werden, wiederholen Sie an der entsprechenden Stelle den Abrundungsvorgang. Meistens wird ein Rundungsradius gelöscht, wenn an eine Linie mehrere Rundungsradien angepaßt werden.

Zum Schluß müssen die Kreise mit Radius 9 unterbrochen werden. Da hierzu keine neuen Befehle notwendig sind, führen Sie dies bitte selbst durch und verwenden dazu die Funktion BRUCH. Bild 14-14 zeigt das Rückschlagventil ohne Schraffur.

Bild 14-14
Rückschlagventil ohne Schraffur

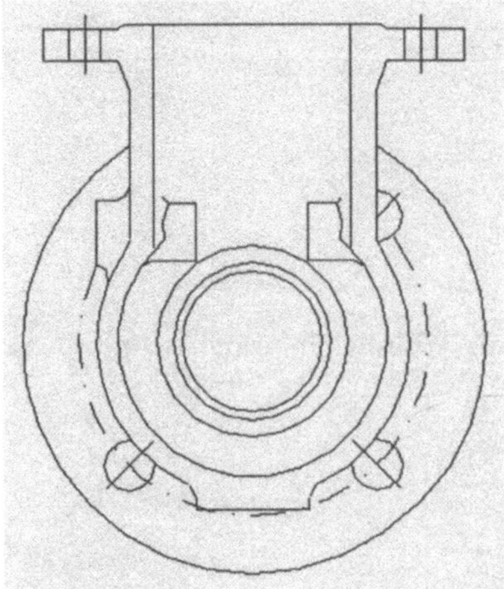

14.2.10   Schraffieren

Bevor Sie schraffieren mit der Funktion **<SCHRAFF>**, unterbrechen Sie bitte mit der Funktion BRUCH sämtliche Linien, die nicht als ganze Linie Begrenzungslinien darstellen. Bruchpunkt ist dabei der Schnittpunkt mit der nächsten Schraffurbegrenzungslinie. Schraffieren Sie dann mit dem Schraffurmuster LINE, dem Maßstab 25 und dem Winkel 45. Falls die Schraffur nicht das gewünschte Ergebnis ergibt, untersuchen Sie die Begrenzungslinien, indem sie den transparenten Befehl **ZOOM Fenster** während der Objektwahl zur Begrenzung der Schraffur benutzen. Besonders kleine Abrundungsradien zwischen den Linien werden meist übersehen. Als Ergebnis erhalten Sie Bild 14-3.

Wenn Sie allerdings die bessere Schraffurfunktion **<GSCHRAFF>**, ebenfalls aus dem Zeichnen-Bildschirmmenü verwenden, so können Sie sich das Teilen der Linien mit der Funktion Bruch sparen. Sie brauchen nur, wie bereits weiter vorne erklärt, einen Punkt innerhalb der zu schraffierenden Fläche anzupicken, und die gesamte Fläche, welche von der Linienkontur umgeben ist, wird mit der definierten Schraffur ausgefüllt. Dies macht der neue Schraffuralgorithmus von AutoCAD12 möglich.

14.3 Möblieren eines Raumes (Layer-Technik)

Bild 14-15 zeigt ein Zimmer, das möbliert werden soll.

Bild 14-15
Grundriß
eines Zimmers

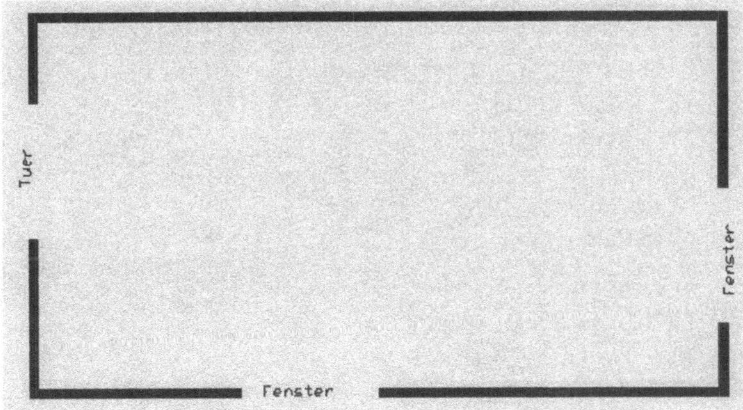

Folgende Möbel sollen aufgestellt werden:

Bild 14-16
Aufzustellen-
de Möbel

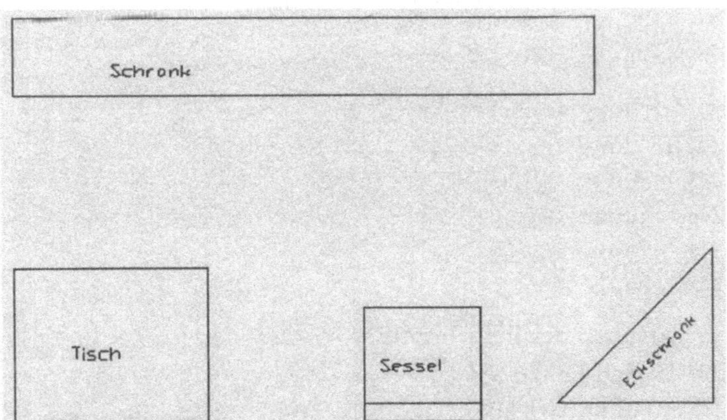

Zuerst werden die Möbel gezeichnet und als Blöcke gespeichert. Anschließend wird der Grundriß des Zimmers gezeichnet. Wir wechseln die Betrachtungsebene (den Layer) und möblieren versuchsweise das Zimmer. Anschließend wechseln wir wieder auf eine neue Ebene (Layer) und schalten die alte aus. Durch Zuschalten oder Ausschalten der entsprechenden Layer kann die neue Möblierung mit der letzten direkt verglichen werden.

14.3.1 Zeichnen der Möbel

a) Zeichnen des Tisches

Die Grenzen für die Zeichnung (Limiten) liegen bei 0,0 und 600,400.
Befehl: <LIMITEN>

Ein/Aus/<Linke untere Ecke> <0.00,0.00>: ⏎
Obere rechte Ecke <410.00,287.00>: <600,400>
Befehl: <ZOOM>
Alles/Mitte/...: <A>
Regeneriere Zeichnung

Befehl: <NOCHMAL LINIE>
Von Punkt: <20,20>
Nach Punkt: <@100,0>
Nach Punkt: <@0,80>
Nach Punkt: <@-100,0>
Nach Punkt: <s>.

b) Zeichnen des Sessels
LINIE Von Punkt: <200,20>
Nach Punkt: <@60,0>
Nach Punkt: <@0,60>
Nach Punkt: <@-60,0>
Nach Punkt: <s>
LINIE Von Punkt: <200,30>
Nach Punkt: <@60,0>
Nach Punkt: ⏎.

c) Zeichnen des Schranks
LINIE Von Punkt: <20,190>
Nach Punkt: <@300,0>
Nach Punkt: <@0,40>
Nach Punkt: <@-300,0>
Nach Punkt: <s>.

d) Zeichnen des Eckschranks
LINIE Von Punkt: <300,30>
Nach Punkt: <@80,0>
Nach Punkt: <@0,80>
Nach Punkt: <s>
LINIE Von Punkt: <CTRL C>.

Die einzelnen Möbelstücke werden mit der Funktion **BLOCK** als einzelne
Blöcke abgespeichert. Die entsprechenden Basispunkte lauten:

Blockname	Basispunkt
TISCH	20,20
SESSEL	200,20
SCHRANK	20,190
ECK	380,30

14.3.2   Zeichnen des Grundrisses

Nach dem Abspeichern der Blöcke ist auf dem Bildschirm kein Objekt mehr zu sehen. Der Grundriß des Raumes wird mit der Funktion **BAND** gezeichnet. Die Bandbreite beträgt 5 Einheiten.

Befehl: <NOCHMAL BAND>
Bandbreite <1.00>: <5>
Von Punkt: <30,190>
Nach Punkt: <@0,50>
Nach Punkt: <@400,0>
Nach Punkt: <@0,-100>
Nach Punkt: [↵]
BAND
Bandbreite <5.00>: [↵]
Von Punkt: <@0,-80>
Nach Punkt: <@0,-40>
Nach Punkt: <@-200,0>
Nach Punkt: [↵]
BAND
Bandbreite <5.00>: [↵]
Von Punkt: <@-80,0>
Nach Punkt: <@-120,0>
Nach Punkt: <@0,90>
Nach Punkt: [↵]
BAND
Bandbreite <5.00>: <CTRL C>.

14.3.3   Möblierung 1

Wir wechseln jetzt die Ebene (Layer) und wählen den Layer 1. Da die Möbelstücke mit dem Layer 0 abgespeichert wurden (gleichbedeutend mit der Layerzuordnung VONLAYER), nimmt das Möbelstück beim Einfügen in die Zeichnung die Layerbezeichnung des Layers an, in den es eingefügt wird.

Befehl: <LAYER>.

Es öffnet sich das Dialogfenster *Layersteuerung*. Durch Anpicken mit dem Zeigegerät wird der vorhandene Layer blau unterlegt.

Der Layername erscheint unten im Namensfeld. Picken Sie mit Ihrem Zeigegerät <NEU> an, dann können Sie den ab jetzt blau unterlegten Layernamen ändern. (Ändern Sie den Layernamen von null auf eins).

Nach der Änderung picken Sie nochmals <NEU> an, und der neue Layername erscheint im Layerfenster. Unterlegen Sie den neuen Layernamen im Layerfenster blau durch Anpicken mit dem Zeigegerät. Picken Sie anschließend **<AKTUELL>** an, um den neuen Layer auch zum aktuellen Layer zu machen. Anschließend bestätigen Sie dies mit **<ok>**. Das Dialogfenster Layersteuerung verschwindet, und der neue Layer ist als aktueller Layer gesetzt. Dies können Sie links oben auf der Anzeigeleiste im Grafikmodus erkennen, wo eine „1" für den aktuellen Layer Eins erscheint.

Es werden die einzelnen Möbelstücke in den Raum eingefügt. (s. Bild 14-17).

Bild 14-17
Möblierungs-
variante 1

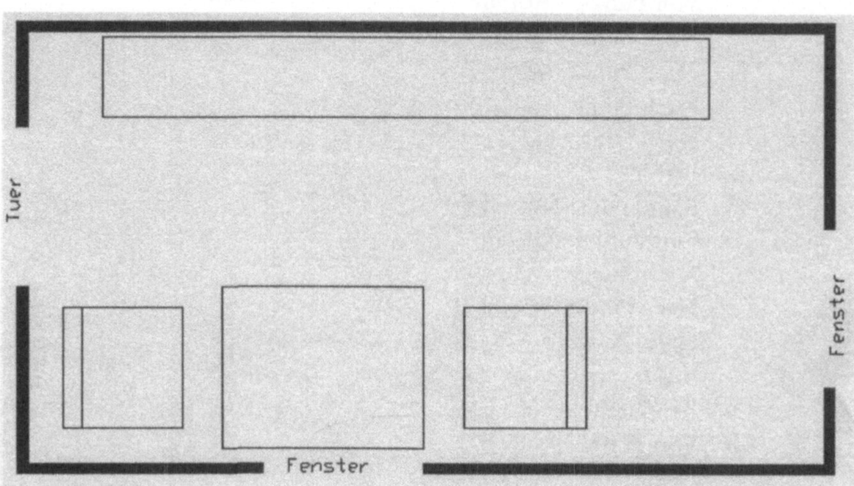

Befehl: **<NOCHMAL EINFÜGE>**
Blockname (oder?): <SCHRANK>
Einfügepunkt: <70,195>
X Faktor <1>/Eckpunkt/XYZ: ⏎
Y Faktor (Vorgabe=X): ⏎
Drehwinkel <0>: ⏎
EINFÜGE Blockname (oder?) <SCHRANK>: <SESSEL>
Einfügepunkt: <VDREHEN>
Drehwinkel: <270>
Einfügepunkt: <50,100>
X Faktor <1>/Eckpunkt/XYZ: ⏎
Y Faktor (Vorgabe=X): ⏎
Drehwinkel <0>: <270>
EINFÜGE Blockname (oder?) <SESSEL>: <TISCH>
Einfügepunkt: <130,30>
X Faktor <1>/Eckpunkt/XYZ: ⏎
Y Faktor (Vorgabe=X): ⏎
Drehwinkel <0>: ⏎
EINFÜGE Blockname (oder?) <TISCH>: <SESSEL>
Einfügepunkt: <VDREHEN>

Drehwinkel: <90>
Einfügepunkt: <310,40>
X Faktor <1>/Eckpunkt/XYZ: ⏎
Y Faktor (Vorgabe=X): ⏎
Drehwinkel <0>: <90>
EINFÜGE Blockname (oder?) <SESSEL>: Strg C.

Bei dieser Möblierung paßt der Eckschrank nicht in das Zimmer. Diese Möblierung wird deshalb gelöscht, indem die Layerebene 2 gewählt und der Layer 1 ausgeschaltet wird.

Befehl: **<LAYER>**.

Verfahren Sie nun im Dialogfenster *Layersteuerung* in der gleichen Reihenfolge wie unter Punkt 14.3.3. Allerdings müssen Sie diesmal den neuen Layer 2 setzen. Anschließend müssen Sie noch den Layer 1 durch Anpicken blau unterlegen. Nun können Sie den Layer 1 durch Anpicken der Taste <AUS> ausschalten.

14.3.4 Möblierung 2

Es soll die Möblierung nach Bild 14-18 gezeichnet werden:

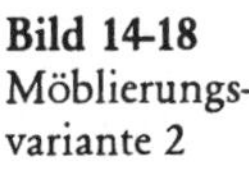

Bild 14-18
Möblierungsvariante 2

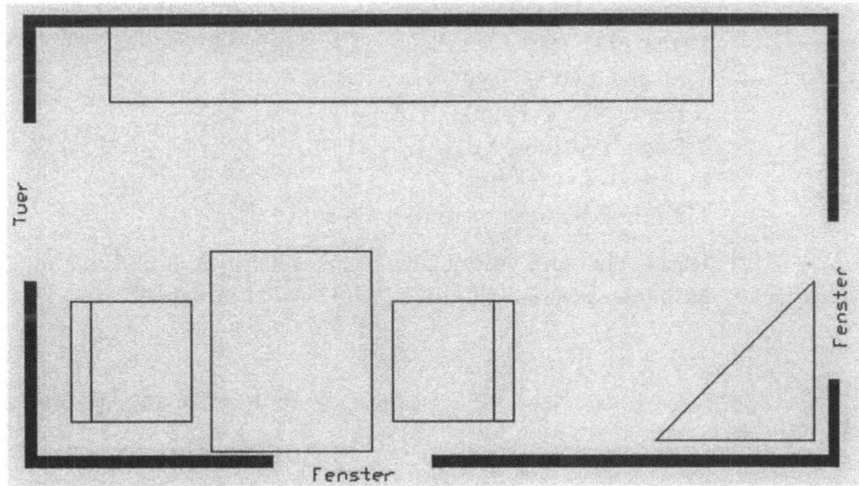

Befehl: **<NOCHMAL EINFÜGE>**
Blockname (oder?) <SESSEL>: <SCHRANK>
Einfügepunkt: <70,195>
X Faktor <1>/Eckpunkt/XYZ: ⏎
Y Faktor (Vorgabe=X): ⏎
Drehwinkel <0>: ⏎

EINFÜGE Blockname (oder?) <SCHRANK>: <ECK>
Einfügepunkt: <420,30>
X Faktor <1>/Eckpunkt/XYZ: [↵]
Y Faktor (Vorgabe=X): [↵]
Drehwinkel <0>: [↵]
EINFÜGE Blockname (oder?) <ECK>: <SESSEL>
Einfügepunkt: <VDREHEN>
Drehwinkel: <270>
Einfügepunkt: <50,100>
X Faktor <1>/Eckpunkt/XYZ: [↵]
Y Faktor (Vorgabe=X): [↵]
Drehwinkel <0>: <270>
EINFÜGE Blockname (oder?) <SESSEL>: <TISCH>
Einfügepunkt: <VDREHEN>
Drehwinkel: <90>
Einfügepunkt: <200,25>
X Faktor <1>/Eckpunkt/XYZ: [↵]
Y Faktor (Vorgabe=X): [↵]
Drehwinkel <0>: <90>
EINFÜGE Blockname (oder?) <TISCH>: <SESSEL>
Einfügepunkt: <VDREHEN>
Drehwinkel: <90>
Einfügepunkt: <270,40>
X Faktor <1>/Eckpunkt/XYZ: [↵]
Y Faktor (Vorgabe=X): [↵]
Drehwinkel <0>: <90>
EINFÜGE Blockname (oder?) <SESSEL>: [Strg][C].

Durch Ein- und Ausschalten der Layerebenen 1 und 2 können die beiden Möblierungsvarianten miteinander verglichen werden.

15 Zusatzanwendungen für AutoCAD

In jeder Konstruktionszeichnung sind viele Informationen abgelegt, beispielsweise die Zeichnungsnummer, die Bezeichnung, Bemaßungs- und Bearbeitungsdaten. Alle diese Informationen können durch entsprechende Programme weiterverarbeitet werden, da AutoCAD diese Daten so ablegt, daß andere Programme darauf zurückgreifen können. Für Ingenieure sind folgende vier Anwendungsfelder von besonderer Wichtigkeit:

1. Zeichnungsverwaltung

2. Bibliothek für Normteile

3. Variantenkonstruktion

4. Erzeugen des NC-Programms aus der Zeichnung.

Die vierte Möglichkeit ist besonders wichtig, weil damit ein bedeutender Schritt in Richtung Automatisierung der Fertigung (CAM: Computer Aided Manufactoring) gegangen werden kann.

15.1 Zeichnungsverwaltung

Eine Zeichnungsverwaltung hat die Aufgabe, Zeichnungen bei Bedarf wieder aufzufinden, um bei Neukonstruktionen auf bereits bestehende Lösungen zurückgreifen zu können. Die Kenndaten einer Zeichnung, beispielsweise die Zeichnungsnummer, der Zeichnungsnamen, der Auftraggeber, der Bearbeiter, das Datum und entsprechende Stichworte werden zu diesem Zweck in einer Datenbank abgelegt.

Als Beispiel für ein Zeichnungsverwaltungssystem wird *ACAD-ZV* vorgestellt, das von der Firma *Mensch und Maschine* vertrieben wird. In einer Maske werden die Daten aus dem Zeichnungskopf von AutoCAD übernommen. In einer zweiten Maske, die Bild 15-1 zeigt, werden zusätzlich noch Stichworte übernommen.

Bild 15-1
Bildschirm-
maske in
ACAD-ZV zur
Erfassung von
Stichworten

```
 P & W  Software
 Zeichnungsverwaltung                        Datum:  25.06.88
 Zeichnungsdaten                             Modus:  Ändern

 PFAD / Zeichnung    D:\ACAD90DS\           Zeichnungsname   AZVFLY01
 PFAD / Dia          D:\ACAD90DS\           Dia (J-N)   J
 Zeichnungsbeschr    Kurvenscheibe für Kopierfräse
 Stichworte 1.Z.
 Stichworte 2.Z.
 Firmenname          Werkzeugmaschinen KG     Abteilung Konstruktion
 Auftraggeber        Ferdinand Müller AG
 Projektnummer       06154711
 Projektbezeich.
 gezeichnet am       09.10.87                 Name    gez Meier
 geprueft am         09.10.87                 Name    gepr Obermüller
 Normgeprueft am     10.10.87                 Name    ngepr Meister
 Masstab     1:1          Toleranz DIN 7168       Planart Einzelteilzeichnung
 Ersatz fuer              Ersetzt durch           ED-Zeit
 ARCHIV/Zeich             ARCHIV/Dia                      Blatt 1      von 37

 ACHTUNG!! Änderungen der Schriftblockinformation sollten ueber ACAD
 erfolgen, da sie in der Zeichnung sonst nicht aktualisiert werden.
      ^W=Speichern    ESC=Abbrechen
```

Zwischen allen Daten können logische Verknüpfungen hergestellt werden, so daß gezielt gesucht werden kann. Im vorliegenden Beispiel handelt es sich um eine Kurvenscheibe. Falls in späteren Konstruktionen Kurvenscheiben verwendet werden sollen, können Sie die bereits konstruierten aufsuchen. Dazu können Sie beispielsweise nach folgenden Kriterien suchen: Eine *Kurvenscheibe*, die vom Konstrukteur *Hafner* stammt und *nach* dem *13. 7. 1988* erstellt wurde. Die einzelnen Konstruktionen werden in Bildschirm-Masken, als Listen oder in AutoCAD-Dias zusammengestellt und Sie können diese durchblättern.

Auch Änderungen von Zeichnungen werden von der Zeichnungsverwaltung erfaßt. Dazu dienen besondere Änderungs- bzw. Ergänzungszeilen, wie sie Bild 15-2 zeigt.

Bild 15-2
Ergänzungs-
einträge für
Konstruk-
tionen

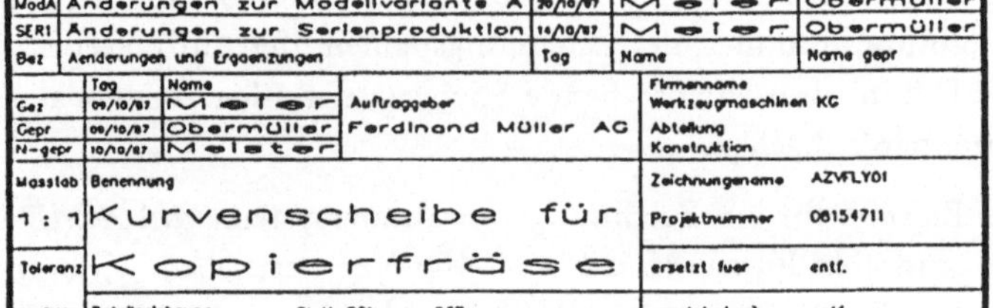

ModA	Änderungen zur Modellvariante A	20/10/87	Meier	Obermüller
SER1	Änderungen zur Serienproduktion	14/10/87	Meier	Obermüller
Bez	Aenderungen und Ergaenzungen	Tag	Name	Name gepr

	Tag	Name		Firmenname
Gez	09/10/87	Meier	Auftraggeber	Werkzeugmaschinen KG
Gepr	09/10/87	Obermüller	Ferdinand Müller AG	Abteilung
N-gepr	10/10/87	Meister		Konstruktion

Masstab	Benennung	Zeichnungsname	AZVFLY01
1 : 1	Kurvenscheibe für	Projektnummer	06154711
Toleranz	Kopierfräse	ersetzt fuer	entf.
DIN 7168m	Detailzeichnung Blatt 001 von 037	ersetzt durch	entf.

Diese Informationen werden in die Datenbank übernommen und stehen zur späteren Auswertung weiter zur Verfügung.

15.2   Normteile-Bibliothek

Für den Konstrukteur ist es sehr wichtig, auf genormte Teile direkt zugreifen zu können, ohne daß diese Teile von neuem konstruiert werden müssen. Mit dem Zusatzprogramm *CADiLib*, von Prof. Dr. Ziegler an der FH Niederrhein in Krefeld entwickelt und durch die Firma *Mensch und Maschine* vertrieben, stehen etwa 300 000 Normteile zur Verfügung (Speicherplatz 1 MB auf der Festplatte). Wird von den Normteilen beispielsweise Muttern ausgewählt, dann erscheint eine Maske zur Auswahl sämtlicher Varianten von Muttern und Schraubenverbindungen ohne Schaft (Bild 15-3).

Bild 15-3
Auswahl-
maske für
Schrauben-
verbindungen

```
  *** Schraubenköpfe, Muttern und Verbunde ***
Sechskantschraubenkopf   -  1    Mutterdraufsicht     -  3
Schlitzschraubenkopf     -  2    Ihre Wahl      -->     <1>

Ohne Kuppe      -  0  Kernansatz    -  4  Splintzapfen  -  7
Kegelkuppe      -  1  Spitze        -  5  Ansatzkuppe   -  8
Linsenkuppe     -  2  Ringschneide  -  6  Ansatzspitze  -  9
Zapfen          -  3  Bolzenende:  Ihre Wahl     -->    <1>

Unterlegscheibe  125 A -  1  Kronenmutter      935  -  6
Unterlegscheibe  125 B -  2  Kronenmutter      979  -  7
Federring              -  3  Hutmutter         917  -  8
Sechskantmutter  934   -  4  Hutmutter        1587  -  9
Sechskantmutter  439   -  5

Wählen Sie (1/2/3) für Kopf und (1/2/3/4/.../9) für Ende
Unterlagen/Muttern 1     2     3     4     5     6     7     8
Schraubenkopf      <0>   <1>  < >  < >  < >  < >  < >  < >
Schraubenende      <1>   <0>  <7>  < >  < >  < >  < >  < >
        Schraubendurchmesser                       [10 ]
        Klemmlänge der Verbindung                  [35 ]
Wählen Sie (4/5/6/7/8/9) für Mutterdraufsicht        < >
```
```
Feld  20  Zeichenzahl  05  Attribut  numerisch       Fr 24-Jun-1988 15:55:11.89
```

Rechte Spalte der Maske:

AutoCAD
CADILib Bibliothek Maschinenbau
Modul21
Muttern/Verbunde

Mit den erfolgten Eintragungen (Werte in spitzen und eckigen Klammern) ergibt sich eine Schraubverbindung M10 der Klemmlänge 35 mm mit Sechskantschraube, je einer Scheibe und einem Federring auf beiden Seiten und einer Kronenmutter (Bild 15-4).

Bild 15-4
Ausgewählte
Schraub-
verbindung

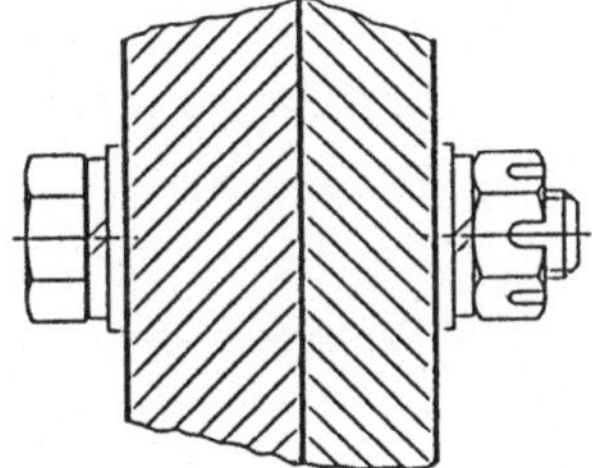

Das ausgewählte Teil wird in AutoCAD als Block abgespeichert und kann an jede Stelle der Zeichnung (auch sichtbar mit eingeschaltetem Zugmodus) eingesetzt werden.

15.3 Variantenkonstruktion

Häufig werden dieselben Teile, beispielsweise eine Nabe, konstruiert. Der einzige Unterschied besteht darin, daß die Geometriedaten unterschiedlich sind. Solche *Variantenkonstruktionen* können mit dem Zusatzpaket *Synthesis*, das von der Firma *Mensch und Maschine* weiterentwickelt wurde, sehr schnell ausgeführt werden. Der entsprechende Prototyp wird, wie Bild 15-5 zeigt, nicht fest bemaßt, sondern mit einer Variablen.

Bild 15-5
Prototyp-
Zeichnung

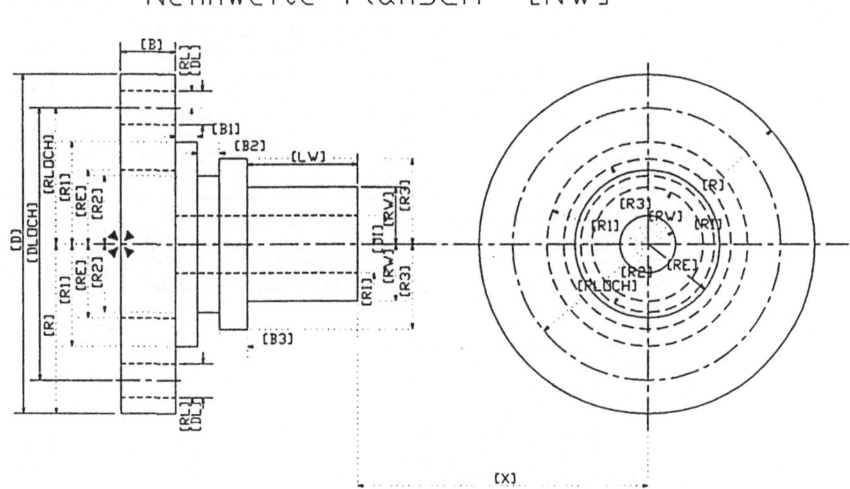

Die einzelnen Variablen können über festgelegte Tabellen (z. B. DIN-Normen) bestimmt oder über Formeln errechnet werden. Für unterschiedliche Flansch-Dicken, Schaft-Längen und Lochanzahl erhält man folgende Varianten:

Bild 15-6
Varianten für
Naben

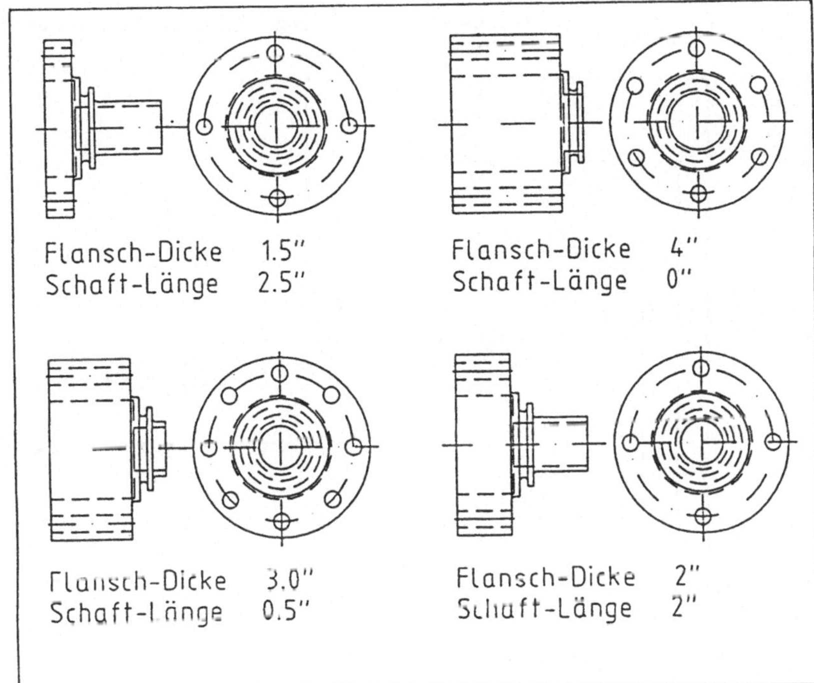

Das eigentliche Problem besteht in der Konstruktion des Prototyps, in dem
alle Möglichkeiten vorgesehen werden müssen (Maximaldefinition); ferner in
der Zusammenstellung der Werte oder formelmäßigen Zusammenhänge der
Variablen. Einzelne Teile werden bei der Konstruktion weggelassen, wenn der
Variablenwert null beträgt.

Neben der Konstruktion von Varianten können auch entsprechende
Berechnungen durchgeführt werden, beispielsweise Festigkeitsnachweise bei
unterschiedlichen Auslegungen. Ein weiteres Einsatzfeld ist die
Angebotserstellung und die Kalkulation.

15.4   Erzeugen des NC-Programms aus der Zeichnung

Jedes NC-Programm besteht aus Geometriedaten, die für die Maschine in
Wegdaten umgesetzt werden müssen, verknüpft mit entsprechenden
Technologie- und maschinenspezifischen Steuerinformationen. Da die
Geometriedaten in AutoCAD bereits in der Zeichnungsdatenbank vorliegen,
können diese direkt als Konturdaten für die Maschine verwendet werden,
ohne die Geometrie nochmals in einer anderen Programmiersprache
programmieren zu müssen.

Mit dem Zusatzpaket *ACAD-NC* der Firma *COMUKOS* soll ein NC-Programm zur Fertigung einer Kreistasche (Bild 15-7) erstellt werden.

Bild 15-7
Konstruk-
tionszeich
nung der
Kreistasche

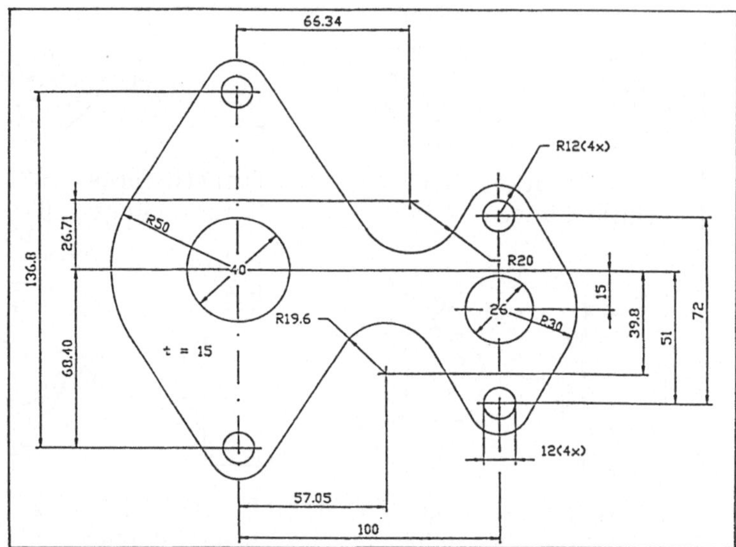

Zur Erstellung eines NC-Programms, ausgehend von der Konstruktionszeichnung, ist die Layer-Technik von AutoCAD von großem Vorteil, weil damit zusammengehörende Eigenschaften zusammengefaßt auf eine Ebene gelegt werden können.

Folgende Schritte sind zur Erstellung eines NC-Programms erforderlich:

1. Ausblenden aller für die Fertigung unwichtigen Informationen
Bemaßungen, Schraffuren, Hilfs- und Konstruktionslinien beispielsweise werden auf eine Ebene (Layer) gelegt und ausgeblendet.

2. Zuordnen der Technologieinformationen zu Bearbeitungsschritten
Die einzelnen Bearbeitungsschritte werden auf verschiedene Ebenen (Layer) gelegt, z. B. Konturbearbeitung, Fräsen oder Bohren (s. Bild 15-8). Durch die numerische Reihenfolge der Ebenen (Layer) wird eine Fertigungsreihenfolge bestimmt.

Bild 15-8
Zuordnung
der Techno-
logieinfor-
mation

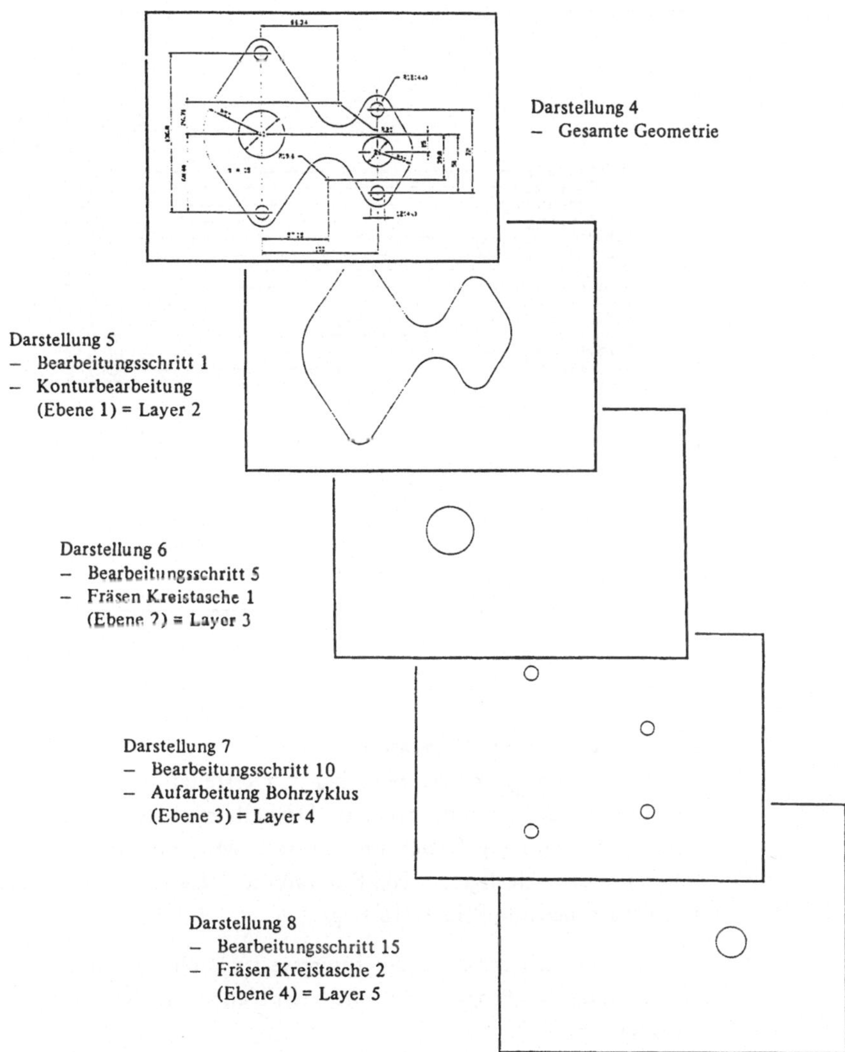

3. Auswahl von Werkzeuginformationen

In AutoCAD kann eine Werkzeuginformations-Bibliothek angelegt werden, in
der die Werkzeuge und ihre entsprechenden Daten (z. B. Vorschub und
Drehzahl) als Blöcke abgespeichert sind. Bild 15-9 zeigt eine solche
Werkzeuginformation:

Bild 15-9
Werkzeug-
information

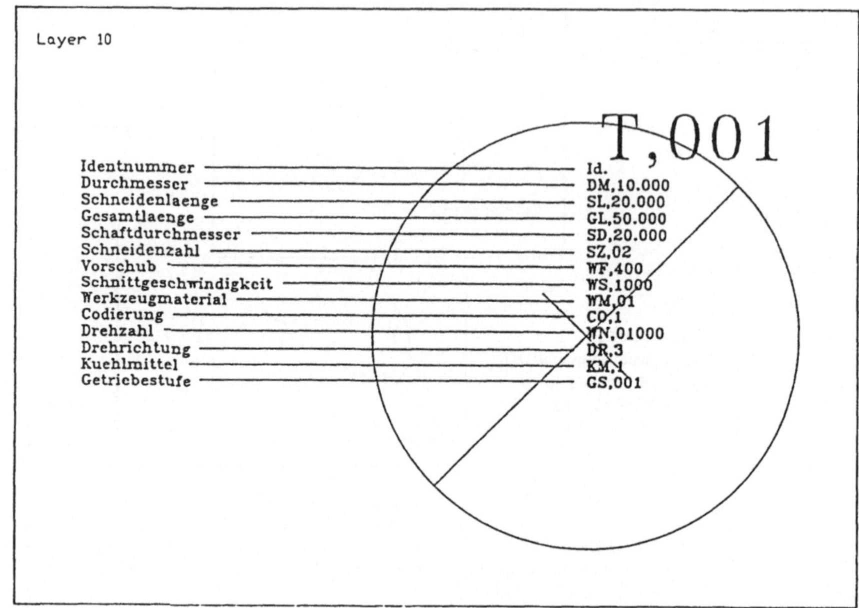

4. Erstellen des NC-Programms

NC-Maschinen unterschiedlicher Hersteller weisen Besonderheiten hinsichtlich der Steuerungen auf. Deshalb muß festliegen, welches Teil auf welcher Maschine gefertigt werden soll. Mit entsprechenden *Postprozessoren* werden die fertigen NC-Programme erstellt, wie dies für die Konturbearbeitung Bild 15-10 zeigt.

Von großem wirtschaftlichem Interesse ist auch die Möglichkeit, aus bereits bestehenden NC-Programmen die entsprechenden Zeichnungen in AutoCAD zu erzeugen.

Bild 15-10

NC-Programm
zur Kontur-
bearbeitung

```
%    1 G71

N   10 G99 T   1 R       5.000 L       50.000
N   20 G17 T   1 S    1000 M06
N   30 G00 G40 G90 Z       200.000 M03
N   40 X         66.340 Y         26.710
N   50 Z          2.000
N   60 G01 Z           .000 F     500 M08
N   70 G91 Z        -20.000
N   80 G90 G42 X        66.340 Y           6.710
N   90 G02 X         49.710 Y         15.599 I       66.340 J       26.710
N  100 G01 X          9.978 Y         75.067
N  110 G03 X         -9.978 Y         75.067 I         .000 J       68.400
N  120 G01 X        -41.574 Y         27.778
N  130 G03 X        -41.574 Y        -27.778 I         .000 J         .000
N  140 G01 X         -9.978 Y        -75.067
N  150 G03 X          9.984 Y        -75.057 I         .000 J      -68.400
N  160 G01 X         40.743 Y        -28.927
N  170 G02 X         74.224 Y        -30.354 I       57.050 J      -39.800
N  180 G01 X         89.608 Y        -57.000
N  190 G03 X        110.392 Y        -57.000 I      100.000 J      -51.000
N  200 G01 X        125.981 Y        -30.000
N  210 G03 X        125.981 Y           .000 I      100.000 J      -15.000
N  220 G01 X        110.392 Y         27.000
N  230 G03 X         89.610 Y         27.005 I      100.000 J       21.000
N  240 G01 X         83.656 Y         16.702
N  250 G02 X         66.340 Y          6.710 I       66.340 J       26.710
N  260 G01 G40               Y         26.710
N  270 Z          2.000 M09

N  280 G00 G40 G90 Z       200.000
N  290 X          .000 Y          .000 M08
N  300 Z          2.000
N  310 G77 P01       -3.000 P02       -5.000 P03       -2.000 P04       50
           P05       20.000 P07        0
N  320 G79 M09

N  330 G99 T   2 R       4.000 L       40.000
N  340 G17 T   2 S    1000 M06
N  350 G00 G40 G90 Z       200.000 M03
N  360 X        100.000 Y        -15.000 M08
N  370 Z          2.000
N  380 G77 P01       -2.000 P02       -7.000 P03       -2.000 P04       40
           P05       13.000 P07        0
N  390 G79 M09

N  400 G99 T   6 R       6.000 L       70.000
N  410 G17 T   6 S    1000 M06
N  420 G00 G40 G90 Z       200.000 M03
N  430 X          .000 Y        -68.400
N  440 Z         -2.000 M08
N  450 G83 P01    -2.000 P02   -20.000 P03   -6.000 P04       2 P05      100
N  460 G79
N  470 X        100.000 Y        -51.000
N  480 G79
N  490                 Y         21.000
N  500 G79
N  510 X          .000 Y         68.400
N  520 G79 M09
N  530 G00 Z       200.000

N  540 M30
N  550 %    1 G71
```

Anhang

Liste der Systemvariablen

ganz   =   Ganzzahl

reell   =   reelle Zahl

Punkt   =   Punkt

Text   =   Textzeichenkette

K   =   in Konfigurationsdatei ACAD.CFG gespeichert

Z   =   in der Zeichnung gespeichert

Befehl	Variable	Typ	gesp.	Bedeutung
Allgemein	ACADPREFIX	Text		Verzeichnisname für Zeichnung (nur lesen)
	ACADVER	Text		AutoCAD-Versionsnummer (nur lesen)
	DWGNAME	Text		Zeichnungsname (nur lesen)
	ERRNO	ganz		Code für Fehler in On-Line-Programmen
	EXPERT	ganz		steuert den Aufruf von Sicherheitsfragen: 0 = Alle Anfragen werden normal aufgerufen 1 = Unterdrückt Sicherheitsanfragen des Befehls Layer 2 = Unterdrückt Sicherheitsanfragen wie bei 1 zusätzlich der Sicherheitsanfrage der Befehle BLOCK/WBLOCK/SICHERN

				3 = Unterdrückt Sicherheits-anfragen wie bei 2 zusätz-lich der Sicherheitsanfrage des Befehls LINIENTYP
				4 = Wie 3 zusätzlich der Sicherheitsanfragen des Befehls BKS, Sichern und AFENSTER sichern
				5 = Unterdrückt alle Meldungen
	FLATLAND	ganz	Z	3D Umwandlungshilfe
				1 = Objektfang, DXF und AutoLISP funktionieren wie in älteren Versionen
				0 = Funktionen nutzen die Möglichkeiten von Version 10
	LASTPOINT	3D Punkt		zuletzt gespeicherter Punkt bei Punkteingabe „@"
	MAXSORT	ganz	Kon-fig.	Maximale Anzahl von Be-fehlen, die beim Listen von Befehlen sortiert werden können
	MENUEECHO	ganz		Steuerbits für Menüecho/-anfrage (Summe der folgen-den Werte)
				1 = Echo von Menü-funktionen unterdrücken
				2 = Systemanfragen werden gedruckt, Menüanfragen werden unterdrückt
				4 = Schalter Ctrl P wird unterdrückt. Vorgabe ist 0, d.h. alle Menüfunktionen und Systemanfragen werden angezeigt
	MENUENAME	Text	Z	Name der aktuell geladenen Menüdatei (nur lesen)
	REGENMODE	ganz	Z	1 = ein, 0 = aus (für REGENAUTO)

	TEMPREFIX	Text		Verzeichnisnamen, der zur Aufnahme von Temporär-dateien konfiguriert ist (nur lesen)
	USERI-5	ganz	Z	Fünf Variablen zur Speiche-rung und Wiederge-winnung von ganzzahligen Werten
	USERI-5	reell	Z	Fünf Variablen zur Speiche-rung und Wiedergewinnung von reellen Werten
Abfrage-befehle	AREA	reell		Fläche berechnet von FLÄCHE, LISTE oder DBLISTE (nur lesen)
	DISTANCE	reell		Abstandsberechnung durch ABSTAND (nur einlesen)
	PERIMETER	reell		Umfang berechnet von FLÄCHE, LISTE oder DBLISTE (nur lesen)
ABRUN-DEN	FILLETRAD	reell	Z	Abrundungsradius
Ansichts-fenster	CVPORT	ganz	Z	Identifikationssumme des aktuellen Anzeigefensters
	MAXACTVP	ganz		Maximale Anzahl von An-sichtsfenstern, die gleichzei-tig regeneriert werden sollen
	TILEMODE	ganz	Z	1 = kompatibel mit Version 10 0 = aktiviert Papierbereich (verwendet MANSFEN)
	VIEWMODE	3D Punkt	Z	Bitcode des Ansichtsmodus für das aktuelle Ansichts-fenster (nur einlesen) Summe von: 1 = perspek-tivische Ansicht aktiv 2 = vordere Schnittfläche aktiv 4 = hintere Schnittfläche aktiv

Befehl	Variable	Typ	gesp	Bedeutung
Ansichts- fenster				8 = Modus "UCS follow" aktiv 16 = Vordere Schnittfläche nicht am Auge
ATTRI- BUTE	AFLAGS	ganz		Attributsflagge Bit-Code für den Befehl ATTDEF (Summe der folgenden Zahlen) 1 = unsichtbar, 2 = konstant, 4 = prüfen, 8 = Vorwahl
	ATTDIA	ganz	Z	Wenn gleich 1, erscheint beim Befehl EINFÜGE bei Attributeingaben ein Dialog-fenster, 0 ruft Anfragen auf
	ATTMODE	ganz	Z	Anzeigemodus für Attribute (0 = aus, 1 = normal, 2 = ein)
	ATTREQ	ganz	Z	Wenn 1, erscheinen Attri-butanfragen; wenn 0, werden die Vorgaben verwendet (keine Wirkung, wenn ATTDIA = 1)
AutoLISP	CMDECHO	ganz		Bei Benutzen der AutoLISP-Funktion "COMMAND" werden Anfragen und Ein-gaben rückübertragen. (1 = ein, 0 = aus)
BAND	TRACEWID	reell	Z	Vorgabe der Bandbreite
BASIS	INSBASE	3D Punkt	Z	Basispunkt für Einfügung
BEM	DIMxx	angep.	Z	Alle Bemaßungsvariablen (BEMxx) sind als System-variablen (DIMxx) veränder-bar
Bild- schirm- variable	DIASTAT	ganz		Status beim Verlassen eines Dialogfensters; 0: Abbruch; 1: OK (schreibgeschützt)

	FILEDIA	ganz	Konf.	1: verwendet wenn möglich Dialogfenster 0: verwendet keine Dialog-fenster, außer sie werden durch Tilde verlangt
	POPUPS	ganz		1, wenn Bildschirmtreiber die Dialogfenster, Bild-menüs usw. unterstützt 0, wenn er diese nicht unterstützt. (nur einlesen)
	SCREENSIZE	2D Punkt		Größe des aktuellen Ansichtsfensters in Pixel, X und Y (nur einlesen)
	SHADEDGE	ganz	Z	0: Flächen schattiert, Kanten nicht ausgeleuchtet 1: Flächen schattiert, Kanten in Hintergrundfarbe 2: Flächen nicht gefüllt, Kanten in Objektfarbe 3: Flächen in Objektfarbe, Kanten in Hintergrundfarbe
	SHADEDIF	ganz	Z	Verhältnis von ambientem zu diffusem Licht
	VIEWCTR	3D Punkt	Z	Mittelpunkt des aktuellen Ausschnitts (nur einlesen)
	VIEWSIZE	reell	Z	Höhe des aktuellen Aus-schnitts in Zeichnungs-einheiten (nur einlesen)
BKS	UCSFOLLOW	ganz	Z	1 = jedes neue BKS wird automatisch in der Draufsicht gezeichnet 0 = Wechsel des BKS ändert nicht die Ansicht
	UCSICON	ganz	Z	Bitcode des Koordinaten-systemsymbols,Summe aus: 1 = Symbol wird angezeigt 0 = Wenn das Symbol ange-zeigt wird, wird es wenn möglich auf den Ursprung gesetzt
	UCSNAME	Text	Z	Name des aktuellen Koordi-natensystems (nur einlesen)

	UCSORG	3D Punkt	Z	Ursprung des aktuellen Koordinatensystems
0	UCSXDIR	3D Punkt	Z	X-Richtung des aktuellen BKS (nur einlesen)
	UCSYDIR	3D Punkt	Z	Y-Richtung des aktuellen BKS (nur einlesen)
	WORLDUCS	ganz		1 = BKS gleich WKS; 0 = BKS ist nicht gleich WKS (nur einlesen)
	WORLDVIEW	ganz	Z	Befehlseingaben von DAN-SICHT und APUNKT sind relativ zum aktuellen BKS 1 = für die Dauer von DANSICHT und APUNKT ist aktuelles BKS = WKS
BOGEN	LASTANGLE	reell		Endwinkel des zuletzt einge-gebenen Bogens (nur einle-sen)
DAN-SICHT	BACKZ	reell	Z	Abstand hintere Schnitt-fläche in Zeichnungs-einheiten (nur einlesen)
	FRONTZP	reell	Z	Abstand vordere Schnitt-fläche in Zeichnungs-einheiten (nur einlesen)
	LENGS-LENGTH	reell	Z	Brennweite in mm für aktuelles Ansichtsfenster (nur einlesen)
	TARGET	3D Punkt	Z	BKS-Koordinaten des Ziel-punktes für aktuelles An-sichtsfenster (nur einlesen)
	VIEWDIR	3D Punkt	Z	Ansichtsfenster des aktu-ellen Ansichtsfensters in Weltkoordinaten (nur einlesen)
	VIEWTWIST	reell	Z	Ansichtsdrehwinkel für das aktuelle Ansichtsfenster (nur einlesen)
Einheiten	ANGBASE	reell	Z	Richtung des Winkels 0
	ANGDIR	ganz	Z	1 = Winkel im UZ, 0 = Winkel im GUZ

	AUNITS	ganz	Z	0 = Dezimalgrad; 1 = Grad, Minuten, Sekunden; 2 = Neugrad; 3 = Bogenmaß; 4 = Feldmaß
	AUPREC	ganz	Z	Dezimalstellen für Winkeleinheit
	COORDS	ganz	Z	0 = Koordinatenanzeige wird erst beim Picken eines neuen Punktes nachgeführt 1 = Anzeige der absoluten Koordinaten, wird ständig nachgeführt 2 = Winkel und Abstand zum letzten Punkt werden angezeigt, wenn Winkel oder Abstand verlangt wird
	LUNITS	ganz	Z	Modus für lineare Einheit. 1 = wissenschaftlich; 2 = dezimal; 3 = engineering; 4 = archit.; 5 = Bruch

Befehl	Variable	Typ	gesp	Bedeutung
Einheiten	LUPREC	ganz	Z	Dezimalstellen oder Benenner für lineare Einheit
	UNITMODE	ganz	Z	0: zeigt gebrochene Fuß- und Zollwerte und Winkel in Feldmaß an 1: zeigt gebrochene Fuß- und Zollwerte und Winkel in Feldmaß in Eingabeformat an
FACETTE	CHAMFERA	reell	Z	Erster Facettenabstand
	CHAMFERB	reell	Z	Zweiter Facettenabstand
FÜLLEN	FILLMODE	ganz	Z	Füllmodus: 1 = ein, 0 = aus
KP-MODUS	BLIPMODE	ganz	Z	Konstruktionspunkte (1 = ein, 0 = aus)
Kurven-linien	SPLFRAME	ganz	Z	
	SPLINESEGS	ganz	Z	Anzahl der Liniensegmente zwischen zwei Kontroll-punkten
LAYER	CLAYER	Text	Z	aktueller Layer (nur einlesen)
	VIRSETAIN	ganz	Z	0: Ein/Aus und Frieren/-Tauen-Werte für Layer, die von XRET abhängen, werden bei jedem Laden auf den Status der referenzierten Zeichnung zurückgesetzt. 1: Werte der aktuellen Zeichnung werden beibehalten
LIT-FAKTOR	LTSCALE	reell	Z	Globaler Größenfaktor für Linientypen
Objekt-eigen-schaften	CECOLOR	Text	Z	aktuelle Elementfarbe (nur einlesen)
	CELTYPE	Text	Z	aktueller Elementlinientyp (nur einlesen)
	ELEVATION	reell	Z	aktuelle 3D-Erhebung
	THICKNESS	reell	Z	aktuelle 3D-Objekthöhe

Objekt- wahl	HIGHLIGHT	ganz		Ausleuchten bei Objektwahl 1 = ein, 0 = aus
	PICKBOX	ganz	K	Höhe des Objekt- wahlfensters in Pixel
OFANG	APERTURE	ganz	K	Höhe des Objekt- fangfensters in Pixel
	OSMODE	ganz	Z	Bit-Code der Objekt- fangmodi - Summe der: 1 = Endpunkte, 2 = Mittelpunkt, 4 = Zentrum, 8 = Punkt, 16 = Quadrant, 32 = Schnittpunkt, 64 = Einfügen, 128 = Lot auf, 256 = Tangente, 512 = nächster, 1024 = Quick
PEDIT	SPLFRAME	ganz	Z	1 = - Rahmen für Kurvenlinie wird angezeigt - Definitionsmasche einer Polygonmasche mit angep. Oberfl. wird angezeigt - unsichtbare Seiten von 3D- Flächen werden angezeigt 0 = - Rahmen für Kurvenlinie wird nicht angezeigt. - nur die angepaßte Oberfläche einer Polygon- masche wird angezeigt. - unsichtbare Seiten von 3D- Flächen werden nicht ange- zeigt
	SPLINETYPE	ganz	Z	von "PEDIT-Kurve" erzeugte Kurvenlinie; 5 = Quadra- tische Spline, 6 = kubische Spline

	SURFTYPE	ganz	Z	Mit "PEDIT-Glätten" angepaßte Oberfläche; 5 = Quadratische B-Spline-Oberfläche, 6 = kubische B-Spline-Oberfläche, 8 = Bezier-Oberfläche
PUNKT	PDMODE	ganz	Z	Modus der Punktanzeige
QTEXT	QTEXTMODE	ganz	Z	Quicktextmodus 1 = ein, 0 = aus
	PDSIZE	reell	Z	Größe der Punktanzeige
Referenzen	HANDLES	ganz	Z	0: Objektreferenzen sind ausgeschaltet, 1: Referenzen aktiv (schreibgeschützt)
SKIZZE	SKETCHING	reell	Z	Genauigkeitsabstand beim Skizzieren
	SKPOLY	ganz	Z	Skizzieren erzeugt Linien wenn 0, wenn 1 Polylinien
SPIEGELN	MIRRTEXT	ganz	Z	Wenn ungleich 0 werden Texte gespiegelt, Wenn gleich 0 wird die Textorientierung beibehalten
Text	TEXTEVAL	ganz		Wenn gleich 0, werden alle Textketten oder Attributwerte als solche verstanden, Wenn gleich 1, werden sie als AutoLISP-Ausdrücke evaluiert.
	TEXTSIZE	reell	Z	Vorgabe der Texthöhe für neue Textelemente, die mit dem aktuellen Textstil gezeichnet werden. (Keine Bedeutung für fixe Höhe)
	TEXTSTYLE	Text	Z	Name des aktuellen Textstils (nur lesen)
Zeichnungsgrenzen	EXTMAX	3D Punkt	Z	Obere rechte Zeichnungsgrenze (nur einlesen) in 3D Weltkoordinate
	EXTMIN	3D Punkt	Z	Untere linke Zeichnungsgrenze (nur einlesen) in 3D Weltkoordinate

	LIMCHECK	ganz	Z	Limitenüberprüfung; 1 = ein, 0 = aus
	LIMMAX	2D Punkt	Z	Obere rechte Zeichnungslimite
	LIMMIN	2D Punkt	Z	Untere linke Zeichnungslimite
	VSMAX	3D Punkt		Koordinaten der rechten oberen Ecke des aktuellen "virtuellen" Bildschirms (nur lesen)
	VSMIN	3D Punkt		Koordinaten der linken unteren Ecke des aktuellen "virtuellen" Bildschirms (nur lesen)

Befehl	Variable	Typ	gesp	Bedeutung
Zeich- nungs- hilfen	AXISMODE	ganz	Z	Skala 1 = ein, 0 = aus
	AXISUNIT	2D Punkt	Z	Skalaabstand, X und Y
	GRIDMODE	ganz	Z	Raster 1 = ein, 0 = aus
	GRIDUNIT	ganz	Z	Rasterwert, X und Y
	ORTHOMODE	ganz	Z	Orthomodus 1 = ein, 0 = aus
	SNAPANG	reell	Z	Fang/Raster-Drehwinkel
	SNAPBASE	2D Punkt	Z	Fang/Raster/Basispunkt
	SNAPISOPAIR	ganz	Z	Aktuelle isometrische Ebene (0 = links, 1 = oben, 2 = rechts)
	SNAPMODE	ganz	Z	Fangmodus (1 = ein, 0 = aus)
	SNAPSTYL	ganz	Z	Fangstil (0 = standard, 1 = isometrisch)
	SNAPUNIT	Punkt	Z	Fangwert, X und Y
Zeit	CDATE	reell		Kalender/Datum/Zeit (nur einlesen)
	DATE	reell		Julianischer Kalender/- Datum/Zeit (nur einlesen)
	TDCREATE	reell	Z	Zeit und Datum des Zeich- nungsbeginns (nur einlesen)
	TDINDWG	reell	Z	Totale Editierzeit (nur einlesen)
	TDUPDATE	reell	Z	Zeit und Datum der letzten Revision/Sicherung
	TDUSRTIMER	reell	Z	Benutzer-Stoppuhr (nur ein- lesen)

Sachwortverzeichnis

W

X

Y

Z